21世纪全国高等院校物业管理专业系列规划教材

物业管理法律法规
（第2版）

王怡红 编著

清华大学出版社
北京

内 容 简 介

本书以物业管理法律法规理论知识为重点,以提高物业管理专业毕业生处理物业管理与服务中发生的纠纷案件的能力为主线,注重对学生服务能力与素质的培养与训练。本书全面、系统地总结了近年来国家及地方出台的物业管理法律与法规,系统地收集、整理、编纂了现行的物业管理法律法规,是物业管理法律法规的集大成。

本书可作为普通高等院校物业管理专业专科生、本科生的教材,也可作为从事物业管理与服务相关工作人员的参考读物。

本书封面贴有清华大学出版社防伪标签,无标签者不得销售。
版权所有,侵权必究。举报:010-62782989,beiqinquan@tup.tsinghua.edu.cn。

图书在版编目(CIP)数据

物业管理法律法规 / 王怡红编著. —2 版. —北京:清华大学出版社,2021.3(2025.1 重印)
21 世纪全国高等院校物业管理专业系列规划教材
ISBN 978-7-302-57409-5

Ⅰ. ①物… Ⅱ. ①王… Ⅲ. ①物业管理—法规—中国—高等学校—教材 Ⅳ. ①D922.181

中国版本图书馆 CIP 数据核字(2021)第 023438 号

责任编辑:邓 婷
封面设计:刘 超
版式设计:文森时代
责任校对:马军令
责任印制:丛怀宇

出版发行:清华大学出版社
网　　址:https://www.tup.com.cn,https://www.wqxuetang.com
地　　址:北京清华大学学研大厦 A 座　　　　邮　编:100084
社 总 机:010-83470000　　　　　　　　　　邮　购:010-62786544
投稿与读者服务:010-62776969,c-service@tup.tsinghua.edu.cn
质量反馈:010-62772015,zhiliang@tup.tsinghua.edu.cn
印 装 者:北京鑫海金澳胶印有限公司
经　　销:全国新华书店
开　　本:185mm×260mm　　　印　张:19　　　字　数:448 千字
版　　次:2013 年 9 月第 1 版　　2021 年 4 月第 2 版　　印　次:2025 年 1 月第 6 次印刷
定　　价:59.80 元

产品编号:087793-01

前 言 | Foreword

据统计，截至 2018 年年底，我国物业管理行业管理规模为 279.3 亿平方米，经营收入为 7 043.63 亿元，物业服务企业数量为 12.7 万家，从业人员数量为 983.7 万人。近年来，在宏观政策的调控下，房地产市场发展趋于理性，而物业管理行业作为美好生活的提供者将成为行业下半场重要的角色，迎来重要的发展机遇。受政策利好、高新技术应用和居民消费升级等多方因素的影响，物业管理行业加速整合、竞争加剧，综合实力稳步提升。特别是 2014 年首家物业服务企业赴港上市，打开了物业服务企业登陆资本市场的大门。自此，物业管理行业在资本的支持和多方利好的助推下进入了发展的快车道。

2020 年是我国内地物业管理诞生的第 39 个年头，如今的物业管理立法已趋于系统化、法治化。1981 年 3 月 10 日，深圳市第一家涉外商品房管理专业公司——深圳市物业管理公司正式成立，从此物业管理行业在国内逐步兴起。近代物业管理起源于 19 世纪 60 年代的英国，至今已有一百多年的历史。尽管我国内地的物业管理仅走过 39 年的发展历程，但发展迅猛，日趋成熟，而且法律法规也愈发完善。我国的物业管理市场已经日渐成熟，主要表现在以下几个方面：物业管理法律法规更加完善，政府监管日趋规范；经过行业的不断重组，物业管理企业实力增强，市场化行为更加理性、规范；专业技术重组使得物业管理的专业技术服务基本实现专业化、社会化；业主维权行为趋于理性；业主委员会的运行逐步规范并开始纳入政府监管范围。

我国物业管理将以民生为导向，推动行业向现代服务业转型升级，推进"美好环境与幸福生活共同缔造"活动，打造共建、共治、共享的社会治理格局，坚持全面落实创新、协调、绿色、开放、共享的发展理念，助力社区的力量，坚决打好消费扶贫攻坚战，坚持人才队伍建设，提升行业从业人员的素质，提高物业服务水平与服务能力。

近年来，我国物业管理法律法规迅速完善，与物业管理相关的政策法规大量出台并付诸实施，物业管理法治化进程逐步加快。在法律层面上，有 2020 年十三届全国人大三次会议表决通过的《中华人民共和国民法典》；在行政法规层面上，有 2007 年国务院公布的《国务院关于修改〈物业管理条例〉的决定》（国务院令第 504 号）；在行政规章层面上，有 2007 年国家发改委、建设部印发的《物业服务定价成本监审办法（试行）》（发改价格〔2007〕2285 号），2007 年建设部、财政部印发的《住宅专项维修资金管理办法》（建设部、财政部令第 165 号），2009 年住房和城乡建设部颁布实施的《业主大会和业主委员会指导规则》（建房〔2009〕274 号），2009 年最高人民法院公布的《关于审理物业服务纠纷案件具体应用法律若干问题的解释》（法释〔2009〕8 号）和《关于审理建筑物区分所有权纠纷案件具体应用法律若干问题的解释》（法释〔2009〕7 号）等。《中华人民共和国民法典》物权编在体例上进一步分为通则、所有权、用益物权、担保物权和占有五个分编，同时在内容上做出了多处修改，进一步完善了业主的建筑物区分所有权和土地承包经营权等相关制度，并对居住权的相关内容进行了明确。

物业管理法律法规在变化中日益完善，在业主的权利与义务、业主大会、前期物业管理,以及物业的使用与维护等方面均有修改规定。近年来,各省、市、自治区均出台了物业管理法规,完善了物业管理法规体系。例如,北京市出台了分类科学、服务细化的《住宅物业服务标准》,辽宁、山东、陕西、广东、天津等地区都出台或修订了物业管理条例。

近年来,物业管理行业从业人员的学历水平有所提升,但高素质人才仍较为缺乏。从2018年500强物业企业从业人员的学历构成中可以看到,高学历从业人员相对较少,本科生、硕士研究生、博士研究生三者占比分别为7.36%、0.249 6%、0.01%,总和不足10%;高中以下比例较大,达到57.76%;中专生、大专生次之,占比分别为19.26%、15.389%。随着行业的发展,特别是高新技术的应用,物业企业必须对人才结构进行优化和调整,并强化自身,吸引更多的人才加入,促进企业合理的人才资源配置,增强企业的核心竞争力。

"物业管理法律法规"是面向物业管理本科、专科专业人才培养而设立的一门专业主干课程。由于高层次的应用型物业管理人才的需求亟待满足,各高校正在或者已经将原来的物业管理高职教育升格为本科教育。本教材就是为了总结我国物业管理法律法规的最新研究成果,指导广大物业服务人员和物业管理专业学生学习并掌握我国现行物业管理法律法规,同时学会解决日益复杂的物业管理服务实践中的法律纠纷案件而出版的。

笔者作为国家首批注册物业管理师,从事物业管理法律法规教学20年,长期在各大物业服务公司担任顾问,积累了丰富的教学经验与科研成果,收集了大量物业管理与服务中的法律纠纷案例,但依然认为我国的物业管理法律法规建设不是理论研究的产物,而是源于实践,需要随着实践而完善,而理论的发展必须依赖于实践的不断成熟。但是,目前物业管理市场的实践还很不成熟,理论自然也不太成熟,因此,提升物业管理法规的层次和效力、依法治理、建立健全物业管理法规体系、完善物业管理法规内容并做到内容与体系协调成为我们的重要任务。我国现已经有46所高校成功开办了物业管理本科教育,各高校物业管理专业人才培养方案和教学计划与内容也在不断调整,专业建设逐步完善。鉴于近年来我国物业管理立法不断完善,而且物业管理专业培养高层次物业管理人才的需求亟待满足,我们对《物业管理法律法规》这本书进行大规模改版、重新发行。

展望未来,物业管理行业加速整合,集中度持续提升,而且优秀的物业服务企业之间相互促进,有望加大上下游业务链资源共享,共同打造美好生活联盟,再加上资本市场等信息技术的应用,必将不断提高物业服务品质,助力高品质和智能化的生活服务空间。物业管理高等教育必然随着物业管理行业的迅速发展而成为一个规模化、增速高的蓝海市场。

编 者

目 录 | Contents

第一章 物业管理法概论 ... 1
第一节 物业与物业管理 ... 2
一、物业与物业管理概述 ... 2
二、我国物业管理立法发展概况 ... 6
第二节 我国物业管理立法介绍 ... 9
一、物业管理法的概念和调整对象 ... 9
二、物业管理法的渊源 ... 10
三、我国物业管理的立法模式 ... 11
四、物业管理法的立法原则 ... 12
五、物业管理法律法规地位与作用 ... 13
复习思考题 ... 14
案例分析 ... 14

第二章 物业管理法律关系 ... 15
第一节 物业管理法律关系概述 ... 16
一、物业管理法律关系的概念与特征 ... 16
二、物业管理法律关系的构成要素 ... 17
三、物业管理法律关系的分类 ... 18
四、物业管理法律事实 ... 19
五、涉外物业管理民事法律关系 ... 21
第二节 物业管理法律关系一般原理 ... 22
一、物业服务企业的概念 ... 22
二、物业服务企业的权利和义务 ... 23
三、物业管理行政监督管理机关 ... 27
复习思考题 ... 28
案例分析 ... 28

第三章 物业管理法律责任 ... 29
第一节 法律责任概述 ... 32
一、法律责任的含义与特征 ... 32
二、法律责任的分类 ... 32
三、法律责任归结原则 ... 33
第二节 物业管理法律责任概述 ... 34
一、物业管理法律责任的含义 ... 34

二、物业管理法律责任的特征 ·· 35
　　三、物业管理法律责任的分类 ·· 35
　　四、物业管理法律责任的构成要件 ·· 37
　　五、物业管理法律责任的归责原则 ·· 39
第三节　建设单位的法律责任 ··· 40
　　一、建设单位在物业管理中的违法行为 ·································· 40
　　二、建设单位应承担的物业管理的法律责任 ···························· 41
第四节　物业服务企业的法律责任 ··· 42
　　一、物业服务企业在物业管理中的违法行为 ··························· 42
　　二、物业服务企业应承担的法律责任 ····································· 44
第五节　业主的法律责任 ·· 46
　　一、业主在物业管理中的违法行为 ······································· 46
　　二、业主应承担的物业管理法律责任 ···································· 48
复习思考题 ··· 50
案例分析 ·· 50

第四章　物业服务企业的设立及其法律地位 ······························ 51
第一节　物业服务企业概述 ··· 52
　　一、物业服务企业的概念与特征 ·· 52
　　二、物业服务企业的分类 ·· 52
　　三、物业服务企业的常见模式 ·· 53
　　四、物业服务行业的发展历程 ·· 54
　　五、物业服务行业的发展现状 ·· 55
　　六、物业管理行业面临的挑战 ·· 56
　　七、物业管理行业发展方向 ··· 57
第二节　物业服务企业的设立及运作 ·· 59
　　一、物业服务企业的设立 ·· 60
　　二、物业服务企业的运作 ·· 63
第三节　物业服务企业组织机构 ·· 65
　　一、物业服务企业组织机构设置的要求 ································· 65
　　二、物业服务企业组织机构设置的形式 ································· 65
复习思考题 ··· 66
案例分析 ·· 66

第五章　物业管理招投标法律规定 ·· 68
第一节　物业管理招投标概述 ··· 69
　　一、物业管理招标的概念和主体 ·· 69
　　二、物业管理招标的类型 ·· 69
　　三、物业管理招标的方式 ·· 70
　　四、物业管理招标的特点 ·· 73

五、物业管理招标的策划与实施 ·· 74
　第二节　物业管理投标 ·· 78
　　　一、物业管理投标的条件和程序 ·· 78
　　　二、物业管理投标书的编写 ·· 82
　　　三、物业管理投标的技巧与策略 ·· 87
　复习思考题 ·· 89

第六章　前期物业管理法律规定 ·· 90
　第一节　前期物业管理概述 ·· 92
　　　一、前期物业管理的概念 ·· 92
　　　二、物业管理前期介入的必要性 ·· 92
　　　三、前期物业服务企业的选聘 ·· 93
　　　四、前期物业管理的特征 ·· 93
　　　五、前期物业管理的主要内容 ·· 94
　第二节　物业的承接查验 ··· 95
　　　一、承接查验的概念 ·· 95
　　　二、物业承接查验前的准备工作 ·· 96
　　　三、承接查验与竣工验收的区别 ·· 97
　　　四、承接查验中应注意的事项 ·· 97
　　　五、承接查验的内容 ·· 98
　　　六、承接查验的作用 ·· 99
　　　七、承接查验的有关要求与标准 ·· 99
　第三节　城市住宅小区竣工综合验收管理办法 ·· 102
　　　一、城市住宅小区竣工综合验收概述 ·· 102
　　　二、住宅小区竣工综合验收应符合的条件 ·· 103
　　　三、申请住宅小区竣工综合验收应当提交的资料 ···································· 103
　　　四、住宅小区竣工综合验收的程序与法律责任 ······································ 103
　第四节　住宅室内装饰装修管理规定 ·· 104
　　　一、住宅室内装饰装修管理概述 ·· 104
　　　二、住宅室内装饰装修管理规定 ·· 104
　　　三、开工申报与监督 ·· 105
　　　四、委托与承接 ·· 106
　　　五、室内环境质量 ·· 106
　　　六、竣工验收与保修 ·· 107
　　　七、法律责任 ·· 107
　复习思考题 ·· 108
　案例分析 ·· 108

第七章　业主及其相关组织权利与义务 ·· 110
　第一节　业主概述 ·· 111

一、业主的概念 111
　　二、业主的分类 111
　　三、业主的权利与义务 111
　　四、业主在物业管理实践中应注意的几个问题 113
　第二节　业主大会 114
　　一、业主大会的概念和特征 114
　　二、物业管理区域与业主大会设立 115
　　三、业主大会的职责 116
　　四、业主大会的召开 117
　第三节　业主委员会 119
　　一、业主委员会的概念及特征 119
　　二、业主委员会的性质 119
　　三、业主委员会的产生 120
　第四节　管理规约 124
　　一、管理规约的概念 124
　　二、制定管理规约的法律依据 124
　　三、管理规约的订立原则 125
　　四、管理规约的基本内容 125
　　五、违反管理规约行为的处理方法 126
　复习思考题 128
　案例分析 128

第八章　物业服务合同法律制度 130

　第一节　物业服务合同概述 131
　　一、物业服务合同的概念 131
　　二、物业服务合同的特征 131
　　三、物业服务合同的种类 132
　第二节　物业服务合同的订立及效力 133
　　一、物业服务合同的订立原则 134
　　二、物业服务合同的订立程序 134
　　三、物业服务合同的形式 135
　　四、物业服务合同的内容 135
　　五、签订物业服务合同应注意的问题 136
　　六、物业服务合同的效力 137
　第三节　物业服务合同履行、变更、转让与终止 139
　　一、物业服务合同的履行 139
　　二、物业服务合同的变更、转让 141
　　三、物业服务合同的终止 142
　　四、物业服务合同终止后物业服务人的后合同义务 143

第四节　物业服务合同违约责任 ··· 144
　　　　一、违约责任的概念 ·· 144
　　　　二、违约责任的构成要件 ·· 144
　　　　三、承担违约责任的方式 ·· 145
　　复习思考题 ·· 147
　　案例分析 ··· 148

第九章　物业质量管理法律制度 ··· 149
　　第一节　质量与质量管理 ·· 151
　　　　一、质量的定义 ·· 151
　　　　二、质量管理的定义 ·· 153
　　　　三、物业服务质量的概念、类型、特性 ································· 153
　　　　四、物业服务质量标准概述 ··· 156
　　第二节　建筑工程的质量责任制度 ·· 158
　　　　一、建立完善建筑工程质量责任制度的必要性 ······················· 158
　　　　二、我国工程质量责任制度概况 ··· 159
　　　　三、工程质量责任制度的特点 ·· 163
　　第三节　物业的竣工验收制度 ··· 165
　　　　一、竣工验收的概念与种类 ··· 165
　　　　二、建设工程竣工验收的监督管理机构 ································· 166
　　　　三、物业竣工验收的条件 ·· 167
　　　　四、竣工验收的程序 ·· 167
　　第四节　物业的质量保修制度 ··· 168
　　　　一、物业保修责任 ··· 168
　　　　二、物业质量保修办法 ··· 168
　　第五节　商品住宅的质量保证书和使用说明书制度 ························· 170
　　　　一、《住宅质量保证书》 ··· 170
　　　　二、《住宅使用说明书》 ··· 171
　　　　三、《住宅质量保证书》和《住宅使用说明书》的交付 ·········· 171
　　　　四、《住宅质量保证书》《住宅使用说明书》样本 ················· 171
　　复习思考题 ·· 177
　　案例分析 ··· 177

第十章　物业服务费法律规定 ·· 179
　　第一节　物业服务费概述 ·· 181
　　　　一、物业服务费的概念与特征 ·· 181
　　　　二、物业服务费的收费原则 ··· 182
　　　　三、物业服务费的定价方式 ··· 182
　　第二节　物业服务费的构成 ·· 183
　　　　一、物业服务费的范围 ··· 183

二、物业服务费的分类 ……………………………………………………………183
第三节　物业服务费的收取与监督 ………………………………………………184
　　一、物业服务费的收取 ……………………………………………………………184
　　二、催收管理 ………………………………………………………………………184
　　三、物业服务费的监管 ……………………………………………………………185
复习思考题 ……………………………………………………………………………187
案例分析 ………………………………………………………………………………187

第十一章　《民法典》在物业管理中的法律规定 ………………………………188

第一节　建筑物区分所有权 ………………………………………………………190
　　一、建筑物区分所有权的概念 ……………………………………………………190
　　二、建筑物区分所有权的特征 ……………………………………………………191
　　三、建筑物区分所有权的构成 ……………………………………………………192
第二节　共有部分与共有权 ………………………………………………………192
　　一、共有部分的范围 ………………………………………………………………192
　　二、共有部分 ………………………………………………………………………193
　　三、业主共有权 ……………………………………………………………………194
　　四、业主的权利和义务 ……………………………………………………………195
第三节　区分所有权下的相邻关系 ………………………………………………197
　　一、不动产相邻关系的概念和法律特征 …………………………………………197
　　二、处理不动产相邻关系的原则 …………………………………………………198
　　三、不动产相邻关系纠纷的种类及处理方法 ……………………………………199
第四节　《民法典》在物业管理中确定的原则 ……………………………………201
　　一、规定了建筑物区分所有权的原则 ……………………………………………201
　　二、规定了建筑区划内的道路、绿地、相关场所等的共有权的原则 …………201
　　三、规定了业主的共同决定权的原则 ……………………………………………202
　　四、赋予了业主对物业管理方式选择权的原则 …………………………………202
　　五、规定了规划车位、车库权属的原则 …………………………………………202
　　六、规定了高度危险作业造成他人损害应该承担的责任 ………………………203
　　七、规定了业主的司法救济权原则 ………………………………………………204
　　八、规定了相邻建筑物通风、采光和日照的原则 ………………………………204
复习思考题 ……………………………………………………………………………204
案例分析 ………………………………………………………………………………205

第十二章　解决物业管理纠纷的法律途径 ………………………………………206

第一节　物业管理纠纷概述 ………………………………………………………207
　　一、物业管理纠纷的定义和特点 …………………………………………………207
　　二、物业管理纠纷产生的原因 ……………………………………………………208
第二节　物业管理纠纷的类型 ……………………………………………………212
　　一、前期物业管理纠纷 ……………………………………………………………212

二、物业管理纠纷的常见类型 ································ 214
第三节　物业管理纠纷的防范与处理 ································ 215
　　一、防范和避免物业管理纠纷的产生 ································ 215
　　二、物业管理纠纷的处理 ································ 223
复习思考题 ································ 227
案例分析 ································ 228

第十三章　国外和中国香港的物业管理法律法规简介 ································ 229
　第一节　国外和中国香港的物业管理体制 ································ 229
　　一、英国物业管理制度 ································ 229
　　二、美国物业管理制度 ································ 230
　　三、德国物业管理制度 ································ 230
　　四、新加坡物业管理制度 ································ 231
　　五、日本物业管理制度 ································ 231
　　六、中国香港物业管理制度 ································ 232
　　七、发达国家和地区物业管理的特点 ································ 232
　第二节　国外和中国香港的物业管理立法 ································ 233
　　一、英国的物业管理立法 ································ 233
　　二、美国的物业管理立法 ································ 234
　　三、法国的物业管理立法 ································ 234
　　四、新加坡的物业管理立法 ································ 235
　　五、日本的物业管理立法 ································ 235
　　六、中国香港的物业管理立法 ································ 236
　第三节　国外和中国香港的物业管理立法的借鉴 ································ 236
　　一、具备完备的社会基础和法律基础 ································ 236
　　二、物业管理的管理体系和运作体系比较健全 ································ 237
　　三、政府管理与业主自治相结合的管理体制 ································ 237
　　四、物业服务企业专业化、市场化程度高 ································ 238
　　五、各国或地区依据自身情况确定有特色的物业管理 ································ 238
　复习思考题 ································ 239

参考文献 ································ 240

附录一　物业管理条例 ································ 241

附录二　中华人民共和国招标投标法 ································ 248

附录三　房屋建筑工程质量保修办法 ································ 256

附录四　城市住宅小区竣工综合验收管理办法 ································ 258

附录五　业主大会和业主委员会指导规则 ································ 260

附录六　物业管理企业财务管理规定 268

附录七　住宅专项维修资金管理办法 271

附录八　物业服务收费管理办法 278

附录九　最高人民法院关于审理物业服务纠纷案件具体应用法律若干问题的解释 281

附录十　最高人民法院关于审理建筑物区分所有权纠纷案件具体应用法律
　　　　若干问题的解释 283

附录十一　《物业管理法律法规》参考作业题 286

附录十二　其他法律法规 290

第一章 物业管理法概论

📖 内容提要

本章主要讲述物业的概念与法律属性、物业管理的概念及其在我国的发展、物业管理法的调整对象、物业管理的立法模式,以及物业管理法的立法原则、地位与作用。

✏️ 学习目标

1. 掌握物业与物业管理的概念、物业管理法的调整对象和物业管理法的渊源。
2. 理解物业管理的立法模式和物业管理法的立法原则。
3. 了解物业管理法的地位与作用。

📖 案例导入

重庆渝北区加州花园住宅建筑外立面着火案

【案情介绍】

2020年1月1日下午4点55分,重庆市消防救援总队指挥中心接到报警称:重庆市渝北区加州花园 A4 栋 2 楼住宅建筑外立面着火,其中 2~30 层外阳台不同程度过火。接警后,重庆消防部门先后调派了 7 个支队、10 个中队、38 辆消防车赶赴现场处置。据现场视频显示,起火建筑系一栋高层建筑,有十几层都可见明火。

重庆市消防救援总队副参谋长陈禹说:"我们到现场之后采取了三个措施:第一个措施是安排攻坚小组,逐层对所有住户进行搜救,共搜救出了 68 名人员,疏散了 200 多名人员。第一遍搜救过程中没有发现有人员伤亡。第二个措施是安排到场的力量分片包干,每个单位负责几层,逐层采取内攻的措施,破拆住户门,进入房间内部消灭火势。第三个措施是使用举高消防车出水来消灭外立面的火灾,同时防止火势沿外立面继续蔓延。"

火灾发生时,小区周边的消防通道被隔离桩、停放的轿车等占用。附近市民合力掀翻、抬走堵路车辆,给消防车让路。消防人员提醒,冬季进入火灾高发期,市民应当做好防火工作,清理家中的可燃物,出门时关好电器、燃气,同时保障消防通道的通畅。

【案例点评】

保持消防通道畅通,守护生命安全。消防通道是火灾发生时的生命通道,很多火灾之所以造成重大人员伤亡,原因之一就是消防通道被堵上了。占用消防通道,不仅会造成消防车无法通行,影响消防人员救援,而且是违法行为。根据《中华人民共和国消防法》(以下简称《消防法》)第 28 条规定,任何单位、个人,不得占用、堵塞、封闭疏散通道、安全出口、消防车通道。人员密集场所的门窗不得设置影响逃生和灭火救援的障碍物。《消防法》第 60 条规定：占用、堵塞、封闭消防车通道，妨碍消防车通行的，对单位责令改正，处五千元以上五万元以下罚款，对个人处警告或者五百元以下罚款。

消防安全无小事，每一个细节的疏忽都可能造成致命的伤害。物业服务企业要竭力保证消防通道畅通无阻，因为这涉及业主的生命安全。

第一节　物业与物业管理

一、物业与物业管理概述

（一）物业的概念与特征

1. 物业的概念

"物业"（real estate 或 property）是由中国香港传入内地并逐渐流传，以致现在被普遍接受的一个专有名词，指的是单元性房地产。具体来说，物业是指已建成并投入使用的各类房屋建筑及其附属设施、设备和相关场地。物业可以是一个完整的住宅小区，也可以是其中的一栋楼宇、一个单元。物业可以包含各种建筑物类型，如住宅、商业大厦、酒店、宾馆和工业厂房等。近年来，随着物业管理业务领域的拓展，物业的概念有时被延伸至一定的空间场所，如公园、码头等。2003 年 9 月 1 日起生效的国务院颁布的《物业管理条例》没有专门给"物业"下定义，但从《物业管理条例》中"物业管理"的定义可知，"物业"是指房屋及配套设施设备和相关场地。具体来看，物业构成包括以下几个部分。

（1）建筑物本体。它是指已经建成并投入使用的各类建筑物，如住宅、商场、厂房和写字楼等。

（2）配套设施设备。它包括建筑物的附属设施和公共设施。建筑物的附属设施是指保证建筑物各项使用功能的设施，如供水、排水、燃气和消防等设施。公共设施是市政设施的一部分，如物业管理区域内的道路、绿地、停车场、照明路灯和排水管道等。

（3）相关场地。它是指建筑物本体及配套设施设备所占用的土地。

2. 物业的特征

"物业"并不是法律意义上的概念。法律上的"物"包括动产和不动产。物权作为一个法律范畴，指权利人直接支配特定的物的权利，包括所有权、用益物权和担保物权。建筑物的"物权"就是建筑物的所有权和土地的使用权、收益权与处分权，是多种权利的集合体，是一个完整的权利体系。物业所有人有权将物业转让、出租、抵押等。

（二）物业管理及其在我国的发展

1. 物业管理的概念和特征

1）物业管理的概念

物业管理作为房地产的售后服务环节，实际上是房地产开发的延续和完善，是在房地产开发经营中为完善市场机制而逐步建立起来的一种综合性经营服务方式。物业管理既是房地产经营管理的重要组成部分，又是现代化城市管理不可缺少的一环。物业管理有别于其他许多行业，它与民生问题十分密切，承担了部分政府职能，而和谐与民生问题又是各级政府关心的头等大事，这就使得物业管理日益成为社会关注的热点问题。中国物业管理行业在过去三十多年保持稳步增长态势。在每年新房稳定竣工、物业服务渗透率逐步提升以及高品质物业服务具有强劲需求的支撑下，预计未来 5 年物业管理行业仍将保持较快增长，到 2021 年市场规模突破 8 000 亿元。

物业管理的定义有广义和狭义两种。广义的物业管理既包括政府部门的行政管理和行业管理，又包括企业化、专业化的管理，也包括个人的、分散的、自发的房屋管理，并且涉及物业生产、交换、分配、消费的各个环节。狭义的物业管理仅指企业在物业的消费环节对物业所做的维修、养护和管理。《物业管理条例》第 2 条对这种狭义的物业管理做了清晰的界定，该条规定："本条例所称物业管理，是指业主通过选聘物业服务企业，由业主和物业服务企业按照物业服务合同约定，对房屋及配套的设施设备和相关场地进行维修、养护、管理，维护物业管理区域内的环境卫生和相关秩序的活动。"简要地说，这是一种合约式、企业化、社会化的管理。其管理的对象是物业，服务的对象是人。

2）物业管理的特征

（1）物业管理是一种社会化管理模式。物业管理将分散的社会分工汇集起来统一管理，如房屋维修、水电、清洁、保安和绿化等。每位业主只需面对物业服务企业一家就能将所有关于房屋和居住（工作）环境的日常事宜办妥，而不必分别面对各个不同部门，犹如为各业主找到了一个"总管家"。业主只需根据物业管理部门批准的收费标准按时缴纳管理费和服务费，就可以获得周到的服务，既方便业主，又便于统一管理，有利于提高整个城市管理的社会化程度。

（2）物业管理是一种专业化管理。物业管理是由专业的管理企业——物业服务企业实施对物业的统一管理。物业服务企业可以通过设置分专业的管理职能部门来从事相应的管理业务，也可以将一些专项服务委托给相应的专业性服务企业。例如，物业保安可以向保安公司雇聘保安人员；园林绿化可以承包给专业的绿化公司；环境卫生也可以承包给专业的清洁公司。

（3）物业管理是一种经营性管理。物业管理单位是企业单位，必须按照物业管理市场的运行规则参与市场竞争，依靠自己的经营能力和优质的服务在物业管理市场上争取自己的位置和拓展业务，用管理的业绩去赢得商业信誉。物业服务企业的服务性质是有偿的，即推行有偿服务、合理收费。物业管理的经营目标是保本微利、量入为出，而不是高额利润。物业服务企业可以采取"以业养业、自我发展"策略，利用多种经营使物业管理具有造血功能，这样既减轻了政府和各主管部门的压力和负担，又使得房屋维修、养护、环卫、治安、管道维修、设备更新的资金有了来源，还能使业主得到全方位、多层次、多项目的服务。但是，近年来随着物价上涨和人力成本上升，物业管理行业盈利能力弱、抗风险能力差、招工难等问题始终困扰着物业服务企业，使企业经营困难，面临着生存的巨大压力。

（4）物业管理是一种规范化管理。物业管理既有国家法律法规和物业服务合同的明确规定，也有物业管理的专业性技术规范。物业服务企业的选聘、业主大会的召开、业主委员会的成立、物业服务合同的签订等都要符合法律规定。同时，物业服务企业从事物业管理活动必须遵循相应的专业技术规范，如常用消防器材使用养护的规范、电梯设备使用保养的规范等。

2. 我国物业管理行业将会呈现四大发展趋势

1) 专业化

随着未来物业管理行业的专业化分工进一步明晰，预计国内将出现三类主导性企业。

（1）物业资产管理商。业务重心以物业资产管理为主，包括咨询、租赁、销售、并购和招商等，兼顾部分日常运营物业服务，如商场、写字楼的日常运营物业服务。

（2）物业运营管理商。业务重心以制定物业管理方案，组织调度专业服务商提供相应服务为主。此外，物业运营管理商将会根据市场需求和自身能力择机拓展一部分专业服务能力及资产管理能力。

（3）物业专业服务提供商。业务重心专注在专业的外包服务，如设备维修、园林绿化等，不直接托管楼盘。

2) 多元化

无论是住宅物业，还是商写公建等非住宅物业，围绕客户需求，物业管理行业的服务类型将趋于多元化。服务的多元化一方面体现为面向地产运营环节的服务横向延展，即在"四保一服务"的基础服务以外，企业可拓展家装、房屋经纪、家政、财务运营管理、楼宇招商和市场营销管理等多元化服务；另一方面则体现为从运营环节向投资拓展、设计、建设、销售等地产产业链上游环节延伸，提供相配套的服务，如项目选址、资产评估、设计咨询、项目开发管理和案场服务等。

3) 定制化

物业服务标准将进一步趋于定制化，即从目标客户的需求出发，制定清晰、可量化的服务标准。服务标准的定制化能够为收费价格的调整提供充足的依据，推进定价的市场化，同时也能够提升服务定价的透明度，减少物业服务公司和业主之间的潜在纠纷。此类定制化的服务标准在美国等成熟市场已经屡见不鲜。以美国最大的住宅物业公司 FirstService 为例，在电梯清洁标准上，高端楼盘为"干净且发亮"，中端楼盘则是"干净"；在室内空气质量标准上，根据入住人群的不同定制化香氛，如针对亚裔社区会在香氛中混入檀香等亚洲元素。

4) 智能化

物业行业智能化的基础是数据积累整合，沉淀人流、物流、商流等相关数据，从而基于数据提升管理效率，探索业务创新机会。

数据积累整合需要依托智能化设备的应用和开放式平台的搭建，而数据类型可涵盖业主信息、员工信息、设备信息、社区信息和日常运营信息等各方面。例如，美国纽约哈德逊广场就通过各类设备传感器、环境传感器、数字天线和无线路由等智能化设备实现社区数据的采集。除积累整合数据外，智能化设备可实现对资源的优化调度和问题的快速响应，而开放式服务平台的搭建则是对接第三方增值服务的重要载体。依托数据建立一体化的信息化管理平台，整合客户、运营、财务等各类模块，能够有效地降低服务成本，提升服务效率，支撑业务规模化扩张。例如，美国最大的住宅物业公司 FirstService 通过搭建一体化信息服务平台，定制业主、业主委员会、物业经理的接入界面，满足多元需求，如面向业主的包裹查询服务，面向物业公司内部员工的社区财务报表生成服务等。

基于大数据开展业务模式创新和提升企业价值在全球很多行业均有所应用，也将是我国物业智能化发展的长期趋势。目前，我国物业行业正处在数据整合的起步阶段，随着数据的不断积累，长期来看，基于大数据开展的业务模式创新也将逐步展开。

经过三十多年的探索与实践，我国的物业管理已从默默无闻发展到妇孺皆知，从星星之火到具有燎原之势，从蹒跚起步逐步壮大崛起，从传统的房产管理发展到市场化、社会化、专业化的物业管理。今天，我国物业管理行业拥有了世界上最大的管理规模、最快的增长速度、最多的物业服务企业和最庞大的从业队伍，并在重大活动，如奥运会、世博会、新冠病毒防疫等大型活动中发挥了不可替代的作用，尤其是在2020年年初全国疫情防控的主战场中扮演了重要角色。物业管理行业是为数不多的"逆势"操作行业之一，受到了社会各界广泛的好评。此次疫情让物业管理得到了政府、业主和资本商场的认可。

物业管理有利于改善人们工作、学习、生活环境，有利于维护社会的稳定，有利于增加社会的财富，有利于促进国民经济的增长，有利于业主的幸福与健康。物业管理已成为城市社区管理的重要组成部分，体现了现代化城市管理的水平。可以说，没有高水平的物业管理就没有现代化的城市管理。

案例 1-1

业主家中财产被盗，物业服务企业是否承担责任

【案情介绍】

2018年10月，李某发现自己和邻居家的房门均被撬，而且自家中有贵重物品被盗。李某自述财物损失高达19万元。之后，李某又花费4 000元维修及更换了被撬房门。随后，李某将物业服务企业告到法院。他认为，盗窃发生时，其已交纳物业管理费，与物业服务企业形成了物业服务合同关系，而小区监控设备因故障自2018年7月一直处于瘫痪状态，所以物业服务企业未尽到职责内的安全防范义务。因此，李某要求物业服务企业承担50%的赔偿责任。请问物业服务企业应不应该承担责任？为什么？

【案例点评】

法院认定本案被告物业服务企业在提供物业服务过程中存在瑕疵，理应对原告方损失承担补充赔偿责任。结合其过错情况，法院酌定由被告方承担就确定损失部分的20%补充赔偿责任。

根据物业服务合同，物业服务企业一般对物业管理的公共秩序、环境卫生、绿化等事项提供协助管理或服务，即其提供的是小区物业的公共服务。因此，对业主家中的财物安全，需经业主与物业服务企业协商在物业服务合同中予以特别约定。如无特别约定，则结合实际情况考虑物业服务企业在提供物业服务中是否存在过错，如果存在过错，则物业服务企业应根据过错程度承担相应的赔偿责任；如果没有过错，则物业服务企业不承担任何责任。

二、我国物业管理立法发展概况

关于法治建设，党的十一届三中全会提出了"有法可依、有法必依、执法必严、违法必究"的十六字方针。关于依法治国，党的十九大强调坚持依法治国、依法执政、依法行政共同推进，坚持法治国家、法治政府、法治社会一体建设，并提出新的十六字方针：科学立法、严格执法、公正司法、全民守法。新十六字方针为新时代法治建设指明了方向，提供了根本遵循。在这样一个时代大背景下，物业管理立法建设应当服务于法治社会建设的大局，紧紧围绕全面依法治国的新十六字方针开展工作。

如果以1994年公布的《城市新建住宅小区管理办法》（建设部33号令）为起点，我国物业管理法制建设已经走过26年的历程。经过多年的实践，我们已经建立起以《中华人民共和国民法典》（以下简称《民法典》）为基础，以《物业管理条例》为核心，以地方性法规和部门规章为主体，以数以万计的规范性文件为支撑的物业管理法律政策体系。虽然我们每年都有大量关于制定《中华人民共和国物业管理法》（以下简称《物业管理法》）、《业主大会组织法》等法律的人大建议和政协提案，但可以肯定地说，物业管理早已走出了"无法可依"的困境，进入了"有法可依"的时代。经过多方的努力，我国物业管理行业已经初步构建起物业管理与社区治理相结合的物业服务监管体系、行业执法和司法裁判相衔接的物业管理司法体系以及四方参与和四级联动相协调的物业纠纷调处体系。

《民法典》已由中华人民共和国第十三届全国人民代表大会第三次会议于2020年5月28日通过，自2021年1月1日起施行。《民法典》共七编，依次为总则编、物权编、合同编、人格权编、婚姻家庭编、继承编、侵权责任编，以及附则，共1260条。同时，在涉及物业管理立法方面的内容上也做出了十几处修改，《民法典》每一条文都对应着细致入微的民生关切，是一部具有中国特色、体现时代特点、反映人民意愿的大典，是人民美好生活的法治保障。

其中涉及物业管理立法修改，包括以下内容。

1. 关于业主共同议事表决规责的调整规定

《民法典》第二编物权，第六章业主的建筑物区分所有权，第278条对业主共同决定相关事项的议事表决规则有新调整。主要是：① 从整体上适当降低业主共同决定事项，特别是使用建筑物及其附属设施维修资金的表决通过门槛。② 提高了召开业主大会会议，共同决定相关事项的会议召开或者议事启动门槛。

首先，召开业主大会、共同决定相关会议召开或者启动门槛有所提高。《民法典》第278条第2款规定："业主共同决定事项，应当由专有部分面积占比三分之二以上的业主且人数占比三分之二以上的业主参与表决。"即业主大会会议召开或者议事启动门槛，调整为"双三分之二以上"业主参加。显然此门槛提高了。

其次，是业主共同决定相关事项的表决通过门槛适度降低。《民法典》将业主大会会议召开或者议事启动门槛，由"双过半"业主参加表决，但是将表决通过计票基数，由全体业主调整为参与表决业主。同时，将"使用建筑物及其附属设施的维修资金"事项，从特别表决事项调整为一般事项。即按照《民法典》规定：业主共同决定"筹集建筑物及其附属设施的维修资金"以及"改建、重建建筑物及其附属设施"时，最低门槛是全体业主的"双半数"同意。

2. 关于物业服务人的一般义务法律规定

《民法典》第三编合同，第二十四章物业服务合同，第 942 条规定："物业服务人应当按照约定和物业的使用性质，妥善维修、养护、清洁、绿化和经营管理物业服务区域内的业主共有部分，维护物业服务区域内的基本秩序，采取合理措施保护业主的人身、财产安全。对物业服务区域内违反有关治安、环保、消防等法律法规的行为，物业服务人应当及时采取合理措施制止、向有关行政主管部门报告并协助处理。"

此条规定与《物业管理条例》对物业服务企业的义务规定有所不同，增加了采取合理措施保护业主的人身、财产安全义务，同时赋予了物业服务人对物业服务区域内违反有关治安、环保、消防等法律法规的行为制止的权利。

3. 关于对于公共维修资金使用法律规定

《民法典》第二编物权，第六章业主的建筑物区分所有权，第 278 条规定，使用建筑物及其附属设施维修资金"修改为"双过半数"。降低了通过这一事项的表决要求，第 278 条规定："下列事项由业主共同决定：……

（五）使用建筑物及其附属设施的维修资金；……业主共同决定事项，应当由专有部分面积占比三分之二以上的业主且人数占比三分之二以上的业主参与表决……决定前款其他事项，应当经参与表决专有部分面积过半数的业主且参与表决人数过半数的业主同意。"

第 281 条规定："建筑物及其附属设施的维修资金，属于业主共有……紧急情况下需要维修建筑物及其附属设施的，业主大会或者业主委员会可以依法申请使用建筑物及其附属设施的维修资金。"此规定有利于物业服务企业解决特殊情况下物业维修资金的紧急需要，也有利于业主物业的保值与升值。

4. 关于合同编中增设物业服务合同的规定

《民法典》第三编合同，专门设立了第二十四章物业服务合同。《民法典》第 937 条规定："物业服务合同是物业服务人在物业服务区域内，为业主提供建筑物及其附属设施的维修养护、环境卫生和相关秩序的管理维护等物业服务，业主支付物业费的合同。物业服务人包括物业服务企业和其他管理人。"

物业服务合同终于成为《民法典》保护的 10 种常见有名合同之一，这说明这种事关老百姓生活幸福的行业，受到了国家法律的保护和规范。

5. 关于高空抛物的法律责任

侵权责任篇中明确了物业服务企业对高空抛物的负责，增加了物业安全保障义务。《民法典》第七编侵权责任，第八章高度危险责任，第 1241 条规定："遗失、抛弃高度危险物造成他人损害的，由所有人承担侵权责任。所有人将高度危险物交由他人管理的，由管理人承担侵权责任；所有人有过错的，与管理人承担连带责任。"

第 1253 条规定："建筑物、构筑物或者其他设施及其搁置物、悬挂物发生脱落、坠落造成他人损害，所有人、管理人或者使用人不能证明自己没有过错的，应当承担侵权责任。所有人、管理人或者使用人赔偿后，有其他责任人的，有权向其他责任人追偿。"此条还是侵权严格责任制度。

第1254条规定："禁止从建筑物中抛掷物品。从建筑物中抛掷物品或者从建筑物上坠落的物品造成他人损害的，由侵权人依法承担侵权责任；经调查难以确定具体侵权人的，除能够证明自己不是侵权人的外，由可能加害的建筑物使用人给予补偿。可能加害的建筑物使用人补偿后，有权向侵权人追偿。物业服务企业等建筑物管理人应当采取必要的安全保障措施防止前款规定情形的发生；未采取必要的安全保障措施的，应当依法承担未履行安全保障义务的侵权责任。"

上述三条明确了物业服务企业对高度危险责任认定，加强了物业服务企业对高空抛物的管理力度，意义重大。完善了关于高空抛物坠物的规定，规定发生从建筑物中抛掷物品或者从建筑物上坠落的物品造成他人损害的，公安等机关应当依法及时调查，查清责任人。

6. 关于饲养动物的侵权责任

《民法典》第七编侵权责任，第九章饲养动物损害责任，第1247条规定："禁止饲养的烈性犬等危险动物造成他人损害的，动物饲养人或者管理人应当承担侵权责任。"第1251条规定："饲养动物应当遵守法律法规，尊重社会公德，不得妨碍他人生活。"此条规定有利于物业服务企业加强对业主饲养动物的管理，也有助于解决业主们投诉越来越多的动物扰民问题。

7. 关于林木折断、倾倒或者果实坠落等致人损害的侵权责任

《民法典》第七编侵权责任，第十章建筑物和物件损害责任，第1257条规定："因林木折断、倾倒或者果实坠落等造成他人损害，林木的所有人或者管理人不能证明自己没有过错的，应当承担侵权责任。"

此条规定无疑又增加了物业服务企业对林木折断、倾倒或者果实坠落的法律责任。

8. 关于物业费催交的合法手段的规定

《民法典》第三编合同，第二十四章物业服务合同，第944条规定："业主应当按照约定向物业服务人支付物业费。物业服务人已经按照约定和有关规定提供服务的，业主不得以未接受或者无需接受相关物业服务为由拒绝支付物业费。业主违反约定逾期不支付物业费的，物业服务人可以催告其在合理期限内支付；合理期限届满仍不支付的，物业服务人可以提起诉讼或者申请仲裁。物业服务人不得采取停止供电、供水、供热、供燃气等方式催交物业费。"

9. 关于共有部分收入归业主的法律规定

《民法典》第二编物权，第六章业主的建筑物区分所有权，第282条规定："建设单位、物业服务企业或者其他管理人等利用业主的共有部分产生的收入，在扣除合理成本之后，属于业主共有。"此条严格规定了共有部分收益归业主，明确规定了建设单位、物业服务企业利用公共部位开展多种经营业务是合法的，可以扣除合理成本。但是物业服务企业开展多种经营服务难度将会增加。

10. 关于业主对物业服务合同的任意解释权的法律规定，更换物业会变得更加容易

《民法典》第三编合同，第二十四章物业服务合同，第946条规定："业主依照法定程序共同决定解聘物业服务人的，可以解除物业服务合同。决定解聘的，应当提前六十日书面通知物业服务人，但是合同对通知期限另有约定的除外。"

第948条规定："物业服务期限届满后，业主没有依法作出续聘或者另聘物业服务人的决定，物业服务人继续提供物业服务的，原物业服务合同继续有效，但是服务期限为不定期。当事人可以随时解除不定期物业服务合同，但是应当提前六十日书面通知对方。"

关于业主对物业服务合同的任意解释权的法律规定，更换物业服务企业会变得更加容易，对于物业服务企业将是更大的挑战。尤其是不定期合同的规定，一方面解决了没法续签合同的物业服务企业的法律地位问题，另一方面也给了业主随时解聘物业服务企业的权利。

11. 关于政府有关部门在物业管理领域的职责更加明确的法律规定

《民法典》颁布实施后，物业有关法律法规更加完善、系统，业主的权利意识会更加增强。政府有关部门在物业管理领域的职责更加明确。《民法典》作为一部民事法律，列出了不少条文对行政部门的职责，也体现了国家对物业服务行业的重视，体现了对有关行政部门充分发挥政府职能，对物业服务行业予以指导、协助的要求。同时将行政法的相关规定纳入《民法典》，还体现了《民法典》对业主、物业服务人在物业相关实践中的指导意义，无论是业主、物业使用人，还是物业服务人，在物业领域遇到问题时，都可以合理寻求有关行政部门的帮助，依法维护自身利益。

第二节　我国物业管理立法介绍

一、物业管理法的概念和调整对象

（一）物业管理法的概念

物业管理法的概念可以从广义和狭义两个层次来表述：广义的物业管理法是指调整在物业管理过程中产生的一系列社会关系的法律规范的总称，包括宪法、法律法规、地方性法规等有关物业管理的规范性文件；狭义的物业管理法是指立法机关颁布的物业管理方面的专门法律或法规，如国务院颁布的《物业管理条例》等。

（二）物业管理法的调整对象

物业管理法是指拥有立法权的国家行政机关、地方各级人大依照法定的程序制定和颁布的有关物业管理活动中各物业管理主体的地位、权利、义务、行为等方面的规范性文件。物业管理法的调整对象主要包括两大类：一是调整不平等主体之间的行政管理关系，即调整政府在物业管理活动中的行政管理关系；二是调整平等主体之间的民事关系，主要是调整物业服务企业与业主在物业管理活动中的协作关系。

1. 物业管理活动中的行政管理关系

物业管理活动涉及面广，同社会发展息息相关。同时，物业管理活动的优劣直接影响

着人们的工作和生活,甚至影响社会的安定。因此,国家必须对物业管理活动实行严格的管理。物业管理活动中的行政管理关系,主要包括政府主管部门与业主、业主委员会、物业使用人的关系,政府主管部门与物业服务企业的关系,政府与建设单位的关系。一方面,政府要对物业管理活动进行规划、指导、协调与服务;另一方面,政府要对物业管理活动进行检查、监督、调节与控制。这其中既要明确责任,又要有效监管,因此,必须有物业管理法律规范的调整。

2. 物业管理活动中的民事关系

物业管理活动中的民事关系是指因物业管理活动而产生的国家、企事业单位、社会团体、公民之间的民事权利、义务关系,主要包括物业服务企业与建设单位的关系,物业服务企业与业主、业主委员会的关系。这些方面既涉及国家、社会利益,又关系着个人的利益,因此,应当按照《中华人民共和国民法》和物业管理法律法规中的民事法律规范予以调整。

二、物业管理法的渊源

物业管理法的渊源是指以宪法为核心的各种物业管理制定法为主的形式,即物业管理法律规范的各种表现形式。

(一)宪法

《中华人民共和国宪法》(以下简称《宪法》)由全国人民代表大会制定,具有最高的法律效力。《宪法》是物业管理法律规范制定的基础和依据,并且物业管理法律规范的规定不得同《宪法》相抵触,否则无效。

(二)法律

法律是由最高权力机关全国人民代表大会及其常务委员会根据宪法颁布的规范性文件,其效力仅次于宪法。目前我国尚未制定专门调整物业管理法律关系的法律,如《物业管理法》,但也有了部分相关的与物业管理有关的法律,主要有《民法典》、《中华人民共和国公司法》(以下简称《公司法》)、《中华人民共和国城市房地产管理法》、《中华人民共和国招标投标法》(以下简称《招标投标法》)、《消防法》等。

(三)行政法规

行政法规是国家最高行政机关国务院根据宪法和法律颁布的规范性文件,其效力次于宪法和法律。行政法规往往是由主管部门制定的实施细则,具有灵活、详细的特点。我国涉及物业管理方面的行政法规有《建设工程质量管理条例》《物业管理条例》等。《物业管理条例》是目前规范物业管理、维护业主和物业服务企业合法权益的基本法律,是我国物业管理中最主要、最直接、最高效力的行政法规。

(四)部门规章

国务院所属部、委、署根据宪法、法律、行政法规在各自权限内所发布的规范性命令、指示和规章，其地位和效力低于行政法规。与物业管理有关的部门规章较多，主要是由住房与城乡建设部发布。目前，有关物业管理的部门规章主要有2003年6月建设部发布的《前期物业管理招标投标管理暂行办法》（建住房〔2003〕130号），2003年11月国家发展改革委、建设部发布的《关于印发物业服务收费管理办法的通知》（发改价格〔2003〕1864号）等。

（五）地方性法规

地方性法规是指由省、自治区、直辖市或全国人大常委会特别授权的城市的人民代表大会及其常务委员会制定和发布的，实施于本地区的法规。它们在不与宪法、法律、行政法规相抵触的情况下才是有效的。其效力低于宪法、法律和行政法规。例如，1998年7月29日通过并于2008年11月28日修订的《广东省物业管理条例》，2004年8月19日通过并于2010年12月23日修订的《上海市住宅物业管理规定》等。地方性法规与当地的经济发展水平和物业管理发展水平有关，对当地物业管理市场的发展和完善及规范化起着积极的作用。

（六）司法解释

司法解释也是物业管理法律规范的表现形式之一。司法解释是指国家最高司法机关根据法律赋予的职权就具体应用法律问题所制作的具有普遍司法效力的规范性文件。司法解释中关于物业管理法律规定的规范性解释是有法律约束力的，因而也应纳入物业管理法律规范的表现形式中。

此外，在物业管理过程中涉及的物业服务合同、管理规约等文件本身不具有法律效力，但在一定条件下会对当事人产生法律约束力。例如，业主委员会代表全体业主与物业服务企业签订的物业服务合同对全体业主和物业服务企业都具有法律约束力。

三、我国物业管理的立法模式

世界各国经济制度、文化传统、社会组织体系以及物业管理行业的发展程度不同，导致世界各国物业管理的立法模式不同。总的来说，主要包括民法模式、物业管理法规模式、住宅法模式和建筑物区分所有权模式（又称单行法模式）四种。

（一）民法模式

民法模式应用具有代表性的国家如意大利和瑞士，即在民法典中设定一定条款，用以规范物业管理中的法律关系，如《意大利民法典》第1117条至第1139条关于共同部分和管理人等规定。其最大的优点在于以民事基本法形式确立了物业管理法律制度，将物业管理纳入民商法的调整范围，使民法典更加完善与系统。其缺点是无法详尽物业管理各项制度，使法律的操作性削弱，难以发挥作为法律的价值功能。鉴于此，法律学者认为此种模式弊大于利。鉴于其缺点，采取此种模式的国家较少。

（二）物业管理法规模式

物业管理法规模式以中国香港和台湾地区为代表，专设物业管理法规，统一规定物业管理法律关系，如香港地区的《建筑物管理条例》。我国内地的物业管理立法，不管是地方立法还是国家立法基本都采用此类模式。这种立法模式将物业管理法律关系从区分所有权法中独立出来集中规定，具有显著的特色。从历史上看，此种模式是关于物业管理立法的最新模式，带有一些人法因素。这是其他模式的立法所不具备的，因此具有较大的优势，更符合物业管理的目的。

（三）住宅法模式

住宅法模式的应用以英国、加拿大、澳大利亚、新西兰等国为代表，主要是制定一部住宅法，对各类型住宅的所有、出租等法律关系进行专门调整，将物业管理融入其中作为一个重要的部分。例如，英国于1957年制定的《住宅法》第三部分对区分所有建筑物之管理规定为多头管理体制，住宅的管理机关为房屋管理当局，包括按照《住宅法》成立的住宅公司、符合1960年慈善团体的法定信托组织、都市发展公司及威尔士乡村发展理事会。此种模式的优点有些像民法模式。缺点主要是将物业管理局限于住宅，而非住宅物业则无法律依据进行调整，与日益发展的物业管理不相适应。与我国当前许多地方物业管理立法相似，此种住宅法模式难以满足对各种物业类型进行规范的需要。

（四）建筑物区分所有权模式

建筑物区分所有权模式又称单行法模式，其应用以德国、日本、法国等国为代表，专门制定建筑物区分所有权法，其中设专章或专节对物业管理进行调整。例如，1962年4月4日日本颁布的《有关建筑物区分所有权之法律》，后于1979年和1983年两次修正。该种模式将物业管理法规作为建筑物区分所有权的三大要素之一加以规定，揭示了物业管理法律关系与建筑物区分所有权的内在联系，特别是对明确物业管理中各当事人的法律地位具有重要意义。从民法模式到住宅法模式再到建筑物区分所有权模式，对物业管理法律关系进行规制的法律层次愈加专业化，内容也日趋具体和完善，符合历史发展的逻辑，因此被越来越多的国家所采用。

四、物业管理法的立法原则

（一）当事人地位平等的原则

第一，依据《民法典》第二编物权第六章业主的建筑物区分所有权规定，业主、业主委员会与物业服务企业构成建筑物区分所有权人、区分所有权管理人与区分所有建筑物管理服务人之间平等的法律关系。

第二，依据《民法典》第三编合同第二十四章物业服务合同的规定，按照物业管理与服务合同构成合同当事人之间平等的法律关系。

第三，依据《消费者权益保护法》的相关规定，构成消费者与经营者之间平等的法律关系。

（二）保障物业合理使用的原则

物业管理是城市管理和房地产开发经营的重要组成部分，一方面，良好的物业管理在树立城市形象、改善城市投资环境等方面有着积极的作用；另一方面，保持物业和附属设施的完好，不仅能够提高居民的生活质量，而且可以使物业保值、升值。

因此，管理好、使用好、维护好物业，对城市的发展、社会的进步都具有极为重要的意义。物业管理的推进与发展，改革了我国城市管理体制与房地产管理体制，改善了广大居民的生活、工作环境，推动了和谐社会的建设。

（三）保护当事人合法权益的原则

保护公民和法人的合法权益是我国物业管理法的主要任务，因为公民和法人的合法权益是其进行物业交易和正常生活的前提和基础。同时，保护物业权利人的合法权益也是维护正常的物业管理市场秩序、促进市场经济发展的必要条件。内容包括：第一，任何公民和法人的合法权益均受到法律的保护；第二，当公民和法人的合法权益受到非法侵犯时，均有权依法通过各种救济途径实现自己的权利，包括依法向人民法院提起诉讼；第三，任何公民和法人都不得非法侵害其他公民或者法人的合法权利，否则就要承担相应的法律责任。

（四）有利于物业管理行业健康发展、建立和谐社会与和谐社区的原则

物业管理法律法规不可能对所有的物业管理法律问题做出具体规定，而目前我国的物业管理立法和司法均落后于物业管理市场的发展，难以适应日益出现的纷繁复杂的经济活动的需要，因此，物业管理立法有待于进一步健全和完善。如果在实际生活中遇到物业管理法规没有规定的相关问题，就要遵循市场经济规律，用市场经济观念判断是否有利于物业管理行业的发展。凡是有利于物业管理行业健康发展的行为，都应予以支持和保护。

五、物业管理法律法规地位与作用

市场经济就是法治经济，它需要通过一系列的法律、法规、规章来规范经济运行的秩序。物业管理行业的蓬勃发展，客观上要求用物业法律法规加以规范、推动和保障。物业管理法的作用，是指该法的功能实际发挥而对物业管理社会关系秩序产生的现实影响效果或者社会效应。加强物业管理法治建设，对我国现代化的历史进程、物业管理行业的健康发展和业主合法权益的维护等有着十分重要的作用。

（一）维护物业管理市场秩序

虽然我国的物业管理市场得到了迅猛发展，但市场管理还很薄弱。首先，物业产权关系不明晰。受物业产权人的委托实行物业管理服务，应以产权明晰为管理的基础，但是很多住宅小区服务对共用部位、公用设施设备及小区配套的房屋、设施设备、道路、场地等产权界定尚未明确，责权利难以界定，给物业管理和物业收费带来很大的困难。其次，物业建管之间缺乏有效的衔接。一些开发项目在规划、施工阶段留下较多问题，而建管脱节造成了物业管理先天不足。有的工程质量低劣，有的配套设施不完善，有的开发建设单位在商品房促销时对物业管理做出不切实际的承诺，都给后续的物业管理带来了困难。最后，业主与物业服务企业双向选择的机制尚未建立。在大多数地区，物业管理的市场环境没有形成。因此，为了维护物业管理市场秩序，应当通过法律的形式，规范各市场主体的权利

和义务，保障物业管理市场的健康发展。

（二）保障物权人的合法权益

物业管理权益是一个统一的、多层次的整体。现有的物业管理权益包括物业所有权、物业使用权、物业抵押权、物业租赁权等。物业管理权利人包括国家（有时作为特殊民事主体）、公民、法人和其他组织等。在现阶段物业既是重要的生产资料，又是必需的生活资料，同时也是业主的一种最宝贵的财产形式。为了维护物业所有人或者使用人的利益，也为了维护社会稳定，国家在物业管理法规中规定了许多维护物业管理权益的制度。例如，为规范物业管理服务收费，明确了物业管理收费的定价原则、定价方式和价格构成等。

（三）为物业服务企业提供优质服务保障，为解决物业纠纷提供法律依据

物业管理的核心内容是物业服务企业为业主提供令其满意的物业服务。物业管理服务质量的优劣直接关系到能否创建和保持安全、舒适的人居环境。物业管理法律法规既是业主和物业服务企业约定权利与义务的法律依据，也是业主和物业服务企业的行为准则。业主的权利与物业服务企业的义务不能违约，更不能违法。业主与物业服务企业都必须严格遵守合同约定，物业服务企业应按照合同为业主提供约定的物业管理与服务。

在业主与物业服务企业之间因合同订立与履行发生纠纷时，物业管理法律法规是人民法院进行审判的依据。据此，业主与物业服务企业签订物业服务合同时，应本着审慎的态度，保证签约时意思表示真实、合同内容合法、合同条款缜密。由此可见，物业管理法律法规具有为纠纷解决提供法律依据的作用与功能。

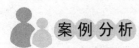

复习思考题

1. 物业与物业管理的概念是什么？
2. 物业管理法的调整对象是什么？
3. 物业管理的特征有哪些？
4. 物业管理法的立法模式有哪些？
5. 物业管理法的地位与作用是什么？

案例分析

某住宅小区设有 120 个车位的地上停车场，在业主入住后不久发生了是否应该交纳停车费的争议。业主认为，开发商在售楼广告中称提供停车的配套服务，而停车场系小区的共用部位，归全体业主所有，那么既然是业主自己的，就理应不交费，若是外来车辆则可收费。停车场的所有权应该归谁？停车场是否应有偿使用？为什么？

第二章　物业管理法律关系

📖 内容提要

本章的主要内容是物业管理法律关系的概念与特征、物业管理法律关系的构成要素与分类、物业管理法律事实、涉外物业管理民事法律关系、物业服务企业的权利和义务，以及物业管理行政监督管理机关监管的方式和职能。

✏️ 学习目标

1. 掌握物业管理法律关系的概念与特征。
2. 熟知物业管理法律关系的构成要素。
3. 了解物业管理法律关系的种类。

案例导入

"房屋存在质量问题"业主能否拒交物业费

【案情介绍】

2007年，某物业服务企业与蒋某签订小区前期物业管理服务协议，约定由该物业企业对小区实行物业管理服务，按建筑面积向业主收取物业服务费。蒋某在交纳2007年11月1日至2008年10月31日期间的物业管理费后，未按约定交纳2008年11月1日至2010年4月30日期间的物业管理费用，共计2 487.24元。物业服务企业多次向蒋某催交物业费无果，就起诉到法院，要求蒋某交纳物业费。

蒋某在法庭上辩称，开发商交付的房屋存在质量问题，其房屋内部墙体存在裂缝，开发商预埋的管道也存在渗水情况，要求物业服务企业协商解决上述问题，但物业服务企业并没有解决。只要物业服务企业协调解决上述质量问题，他立即支付物业管理费。

【案例点评】

物业服务企业依合同履行物业服务后，作为业主的蒋某应当依合同履行支付物业服务费的义务。最高人民法院《关于审理物业服务纠纷案件具体应用法律若干问题的解释》（法释〔2009〕8号）第6条规定经书面催交，业主无正当理由拒绝交纳或者在催告的合理期限内仍未交纳物业费，物业服务企业请求业主支付物业费的，人民法院应予支持。关于蒋某要求物业服务企业解决房屋内部墙体裂缝、开发商预埋的管道渗水问题的主张，是业主与开发商之间的关系。只要房屋还在保修期内，就应由开发商负责修复房屋质量问题。关于房屋质量问题维修的主张与物业服务纠纷系属不同的法律关系，如蒋某确有证据证明系开发商交付的房屋存在质量问题，可另行主张权利。

第一节　物业管理法律关系概述

一、物业管理法律关系的概念与特征

（一）物业管理法律关系的概念

法律关系是法律规范在调整人们的行为过程中形成的法律上的权利和义务的关系，是基于法律规范而形成的特殊社会关系。物业管理法律关系也是一样，它是物业法律规范在调整物业管理活动的过程中形成的特定主体间的权利和义务关系，是具体的法律关系系统中的一个分支关系，是物业管理社会关系中的法律调整形式。例如，国务院颁布的《物业管理条例》第43条规定："物业服务企业可以根据业主的委托提供物业服务合同约定外的服务项目，服务报酬由双方约定。"据此，业主与物业服务企业就可以根据业主的委托开展物业服务合同约定以外的物业服务，从而形成一种物业与业主的民事合同关系。

（二）物业管理法律关系的特征

1. 物业管理法律关系性质的多种主体性

物业区分所有关系和物业管理业务内容的复杂性决定了物业管理法律关系的复杂性，使其在性质上体现出多重性的特征。物业管理法律关系既包括横向的平等主体之间在物业委托管理和特约服务过程中发生的物权、债权等民事法律关系，又包括纵向的法律地位不平等主体，即与物业管理有关的国家职能机关和业主、业主团体、物业使用人、物业服务企业、物业开发单位之间所发生的行政管理关系，还包括因国家对物业管理行业和物业管理市场的干预调控而发生的经济法律关系。因此，物业管理法律关系具有一定的综合性，是由多种性质的法律关系交叉重叠构成的，这一点有别于其他单一性质的法律关系。

2. 物业管理法律关系基本主体的特定性

物业管理法律关系的基本主体是指享有物业所有权的业主和合法取得物业管理权的物业服务企业。他们通过市场机制作用和合同来建立有偿的管理服务关系。

3. 物业管理法律关系客体的特殊性

物业管理法律关系的客体是物业和基于物业派生出来的服务。虽然物业属于物的范畴，但又不同于传统法律规定的不动产。现代意义的物业更突出物业的空间和环境，因此，保护业主们的共有共用空间权和共享环境权是现代物业管理的重点任务之一。物业服务企业的产品是服务产品，虽然像其他商业性服务一样具有有偿性，但是受特定物业管理辖区的范围限制且受国家对住宅物业管理的特别优惠政策的调控。

4. 物业管理法律关系的国家干预性

物业价值、物业居住环境和工作环境对于业主、城市生活和城市风貌的利益关系都有很大的影响。因为物业占用的土地的所有权属于国家，所以土地用途受国家管制。土地上的房屋和其他定着物管理状况对于土地的增值情况影响很大，因此，为了保护业主的利益，维护国有土地收益，避免因管理不善而人为地造成物业类社会财富的减损，并促进居住环境和投资环境的可持续发展，国家必然要通过法律法规对物业管理市场、物业服务企业资质和物业管理运作环节与行为关系施以必要的有效干预。这种干预是国家对物业管理行业的管理，目的在于引导物业管理行业健康发展。例如，政府对物业管理投标活动进行管理，要求开发商与物业服务公司签订前期物业管理协议，对业主委员会实行登记确认制度，物业管理行政主管部门负责组织特定住宅区的首次业主大会会议，选举产生业主委员会，对管理规约、物业管理服务合同实行备案公示制度等。

二、物业管理法律关系的构成要素

物业管理法律关系的构成要素是指该种关系的构成因素或条件，包括主体、客体和内容。

（一）物业管理法律关系的主体

物业管理法律关系的主体是指依法参加到物业管理法律关系中，并在其中享有权利和承担义务的人。

1. 业主

业主是物业的所有权人，是自然人，也是物业管理法律关系的主体，包括我国公民、外国人和无国籍人。在近现代民法中，有本国国籍的自然人均能从生至死享有公民权。世界各国立法对本国公民和非本国公民的自然人的法律地位一般待遇不平等，但随着现代国家逐渐推广国民待遇，这种差别在缩小。

2. 法人

法人是相对于自然人而言被法律虚拟地赋予人格的组织。依据《民法典》的规定，法人资格应具备的条件：① 依法成立；② 有必要的财产和经费；③ 有自己的名称、组织机构和场所；④ 能够独立承担民事责任。法人包括机关法人、事业单位法人、社会团体法人和企业法人。物业服务企业是一种具有独立法人地位的企业组织，它通过提供专业化的物业管理和服务与业主产生物业管理法律关系。

3. 其他组织

非法人团体也是一种社会组织，如业主大会、业主委员会，它也要依法成立，有自己的名称、组织机构，有必要的财产与经费。它与法人的区别在于不能独立承担法律责任。虽然物业服务企业本身是法人，但其下属的特定物业管理区域的物业管理处则不是法人，只是公司的分支机构。

4. 政府主管部门

政府作为主管部门，在物业管理行业中正在发挥越来越大的作用。党建引领的物业管理制度体系正在建立。国家作为一个整体，有时也是物业管理法律关系的参加者。例如，在对国有资产这种物业的管理活动中，国家就是业主。

（二）物业管理法律关系的客体

物业管理法律关系的客体又称权利客体，是权利义务所指向的对象，具体包括以下几个。

1. 物

作为物业管理法律关系客体的物是指物业，包括房屋及其附属的设备、设施和相关的场地。

2. 非物质财富

非物质财富包括创作活动的产品和其他与人身相联系的非财产性财富。在物业管理活动中，在物业管理的早期介入阶段对物业规划设计的意见，物业管理区域内的管理规定以及物业服务公司因进行物业管理服务所形成的品牌商标等都是物业管理法律关系的客体。

3. 权利

业主对物业享有所有权。基于物业所有权派生的一些权利和基于受委托进行物业管理行为涉及的一些权利是物业管理法律关系的客体，包括物业相邻权、阳光权和通风权、物业代管权、公共秩序维护权等。

4. 行为结果

一定的行为结果可以满足权利人的利益和需要，也可以成为法律关系的客体。在物业管理活动中，权利人通过行为达到某种效果以实现自身所追求的利益。例如，物业服务企业在与小区签订的物业管理合同中承诺提供安保服务，那么根据该合同，物业服务企业不仅要提供安保服务，而且要提供该服务行为产生的效果即良好的秩序维护环境。行为结果可以表现为有形的结果，也可以表现为无形的结果，如对物业进行修缮和维护时要有有形的行为结果。

（三）物业管理法律关系的内容

法律关系的内容是指权利和义务。物业管理法律关系的内容就是物业管理法律关系的主体享有的权利和承担的义务。其中，权利是指物业管理法律关系主体依法按照自己的意志，做出或者不做出某种行为，以及要求他人做出或不做出某种行为的资格。例如，物业所有权人、使用人依法可以合法使用物业及其配套设施，而且可以要求他人不得侵犯自己的合法所有权和使用权。义务是指物业管理法律关系主体依法律规定或合同约定所承担的某种必须履行的责任，或称必须做出、不做出某种行为的责任。例如，依照物业服务合同的约定，物业服务公司承担做出相应的管理服务行为并达到约定效果的义务，业主则承担交付相应管理费的义务。权利和义务是具有一致性的，没有无权利的义务，也没有无义务的权利。一般情况下，物业管理法律关系的主体是既享有权利又承担义务的，但具体的权利和义务在不同的法律关系下又有所不同。

三、物业管理法律关系的分类

物业管理法律关系可按不同划分标准分为多种类型。

（一）根据规范法律关系的法律类型分类

1. 物业管理民事法律关系

物业管理民事法律关系是指法律地位平等的主体（包括自然人、法人、其他组织）之间依照与物业管理相关的民事法律规范形成的权利和义务关系，如物业财产权行使法律关系、物业管理服务合同法律关系和物业服务公司向业主、物业使用人提供特约服务法律关系等。

2. 物业管理行政法律关系

物业管理行政法律关系是指政府、物业管理主管行政部门、其他有关职能部门之间及其与业主、业主团体、物业服务企业、其他与物业管理有关的主体之间，因行政管理而依照与物业管理相关的行政管理法律规范形成的权利和义务关系，如主管部门的指导和监督法律关系、物业服务企业资质证书审批法律关系、对物业管理中的违法行为依法予以行政处罚法律关系。

3. 物业管理经济法律关系

物业管理经济法律关系是指国家及政府职能部门在干预与协调整个房地产市场及物业管理行业的过程中与业主、业主团体、物业服务企业及其他法人（物业的开发建设方）和社会组织（物业管理行业协会等）之间依法形成的权利（权力）和义务关系，如物业管理行业发展和计划法律关系、物业管理收费价格调控法律关系。

4. 物业管理刑事法律关系

物业管理刑事法律关系是指行为人在物业管理活动中严重违反物业管理法律法规，给国家、集体、自然人或者法人的财产或生命健康造成严重损害，情节严重，触犯国家刑事法律规定的，由司法机关依法追究的刑事法律关系。

（二）根据物业管理法律规范调整的对象分类

根据物业管理法律规范调整的对象不同，可以分为物业产权法律关系、业主自治法律关系、物业合同法律关系、物业服务企业提供特约服务法律关系、物业管理收费法律关系、物业管理用房和经营用房法律关系、物业使用和维护法律关系，以及物业管理行业和物业管理活动行政法律关系等。

四、物业管理法律事实

物业管理法律事实是法律规范所规定的，能够引起法律后果，即法律关系产生、变更和消灭的现象。物业管理法律关系是不会自然而然地产生，也不是仅凭法律的规定就可以在当事人之间产生的。只有法律事实的出现才能引起法律关系的产生、变更或消灭。所以，法律规范是法律关系的前提，而法律事实是法律关系变化的条件。

（一）物业管理法律事实对物业管理法律关系的影响

1. 物业管理法律关系的产生

物业管理法律关系的产生是指基于一定法律事实的出现，使物业管理主体间形成法律上的权利和义务关系。例如，业主委员会与物业服务企业签订物业服务合同，才产生物业管理的服务法律关系。

2. 物业管理法律关系的变更

物业管理法律关系的变更是指某种法律事实的出现，使原来存在的物业管理法律关系构成的诸要素（主体、内容、客体）发生变化。例如，住宅区的建设单位在移交住宅区时，物业管理用房所有权的主体由开发建设方变为住宅区全体业主共同所有，双方的权利和义务发生变化。

3. 物业管理法律关系的终止

物业管理法律关系的终止是指一定法律事实的出现，使原来存在的物业管理法律关系主体之间的权利和义务终止或消失。例如，业主大会合法辞退原聘用的物业服务公司，会导致原有的物业服务管理法律关系归于消灭。

（二）物业管理法律事实的划分

物业管理法律事实依据其是否与物业管理法律关系主体的意志有关而划分为法律事件和法律行为两类。

1. 法律事件

法律事件是指法律规定的、不以物业管理法律关系主体的意志为转移而能引起物业管理法律关系产生、变更或终止的客观情况。包括：① 不可抗力事件的事实和社会意外事件的事实，指人们不可预见、不可避免、不可克服的事件，如地震、洪水、社会性意外事件、战争等。② 自然人的死亡或法人的解散、破产终止的事实。③ 时间经过。物业服务合同和特约服务合同对服务提供时间和服务报酬支付时间有约定，法律对诉讼时效和权利的除斥期间有时间持续性限制的规定，即时间经过的事实可能引起一定法律关系的发生或终止。

2. 法律行为

法律行为是指依物业管理法律关系主体的自觉意志能够引起物业管理法律关系变化的活动客观事实。它是人们有意识的自觉活动，是主体将自己的内在意思表现于外部，能够产生一定法律效果的行为，包括积极的作为和消极的不作为。法律行为也可依据是否合乎法律规定分为合法行为与违法行为（包括违约行为、侵权行为）。

案例 2-1

业主拒交 16 元停车费，物业人员躺车前不让走，真相是怎么回事

【案情介绍】

2018 年 11 月 5 日，一名着工作服的女子躺在一辆白色轿车前，阻挡车辆离开。据称，这是绵阳市高新区美立方小区的物业工作人员与车主之间因停车费发生纠纷时的场面。网上舆论一边倒的指责物业工作人员。今天我们来揭开真相，还管理员一个清白。

11 月 8 日上午 11 时许，记者来到美立方小区，随机采访了几名业主。他们表示，事情发生在 11 月 5 日，这辆别克从地下停车场出来后，门岗计价器显示要交纳 48 元停车费，但车主认为太贵而拒绝交纳，随后与收费人员发生矛盾。

车主与同车人员下车拆除停车杆准备驾车离开，一名物业女性工作人员便躺在车前阻止其离开。报警后，民警赶到现场处理，整个过程大约持续了10分钟。

一名业主告诉记者，美立方小区于2014年开盘，截至2018年11月1日前，业主临时停车都是按照一天3元的标准收取。

10月22日，小区物业公司张贴出《关于地下停车场正式收费的通知》，称美立方小区地下停车场将于11月1日恢复正常收费，收费标准按照绵阳市发展和改革委员会相关备案书执行，具体为临时停放车辆起价4元（3小时），3小时后每超过1小时加收1元，停车24小时不超过16元。

物业：不是涨价，而是恢复收费

记者在采访中了解到，物业公司此举引起了很多业主的质疑：收费依据是否合理？收费是否涉嫌哄抬？还有部分业主认为，物业公司和开发商没有与业主进行协商就单方面涨价，既不合理，也不合规。

美立方物管付经理告诉记者"这次不是涨价，而是恢复收费"。付经理表示，美立方小区开发商为绵阳华美置业有限公司，开盘后按照3元/天的标准收取地下停车位的停车费是公司制定的临时优惠政策，是为了在前期的装修高峰期方便业主车辆进出。

付经理称，考虑到包括建设成本在内的各种因素，公司根据绵阳市发展和改革委员会于2014年5月26日颁发的《政府指导价机动车停车场收费备案书》（市价〔2014〕198号）规定，决定从2018年11月1日起取消临时收费政策，恢复正常收费。

开发商：业主可以合法维权

绵阳华美置业有限公司副总经理杜金玉表示，作为小区开发企业和地下停车位产权所有人，公司希望业主通过合法手段维权，不要影响小区的正常生活秩序和物管履职，并且公司将严格按照相关文件、备案书制定的收费标准收取停车费。同时，公司也愿意在合法合规、理性协商的前提下，与业主代表、居委会、主管部门共同研究，妥善解决此事。

发改委：收费符合政策规定

绵阳市发展和改革委员会对此进行了回复：经查，高新区飞云大道18号美立方小区物业地下停车场公司于2014年在市发改委收费管理科进行了停车收费备案。该公司收取地下停车费符合相关政策规定，地下停车收费标准为：起价4元/3小时，3小时后每超过1小时加收1元，一天24小时不超过16元。绵阳市发改委贯彻四川省发改委《关于进一步加强机动车停放服务收费管理的通知》（川发改价格〔2013〕1046号）的相关要求，放开了高新区飞云大道18号美立方小区地下停车场收费标准。

绵阳市发改委相关负责人表示，作为产权方，绵阳华美置业有限公司有权对美立方小区地下停车位的出售、出租和临时停放定价，并将收费标准在醒目位置进行公示。

【案例点评】

物业服务企业车位收费符合政策规定，但是缺乏与业主沟通协商，导致工作被动。物业人员躺在车前不让走这种行为精神可嘉，但形象不好。

五、涉外物业管理民事法律关系

涉外物业管理民事法律关系是指物业管理民事法律关系的三个要素中，有一个或几个涉外因素，即物业管理民事法律关系中的人（包括自然人、法人、其他组织的团体人）、物（标的）或者一定的法律事实与外国、其他法域或国际社会产生并存在某种关系。

为了加强对外国人在中国境内私有房屋的管理，保护房屋所有人的合法权益，早在1984年8月国务院就批准了《中华人民共和国城乡建设环境保护部关于外国人私有房屋管理的若干规定》（城住字〔1984〕470号）。该规定第1条明确规定："对外国人在中国境内的个人所有、数人共有的自用或出租的住宅和非住宅房（以下简称外国人私有房屋）的管理，应当遵守《城市私有房屋管理条例》的规定。"第5条规定："外国人私有房屋所有人因不在房屋所在地或因其他原因不能管理其房屋时，可以在房屋所在地委托代理人代为管理。委托代理应由本人出具委托书。"现行国家和地方物业管理规范文件中，均未将外国人拥有的物业或外销的商品房排除在外，也未单独做出特别的规定，由此可以推定物业管理立法者是默示适用国民待遇原则的。

国际通行的物权冲突规范准则是涉外物权适用物之所在地法。根据我国《民法典》规定：不动产的所有权适用不动产所在地法律。最高人民法院《关于贯彻执行〈中华人民共和国民法通则〉若干问题的意见》第186条中进一步指出："不动产的所有权、买卖、租赁、抵押、使用等民事关系，均应适用不动产所在地法律。"所以，对在我国境内发生的涉外管理物业问题和纠纷的处理，依法适用我国的法律。至于物业服务企业向具有外国人身份的业主、物业使用人提供非物业性服务而引发的服务违约纠纷，属于合同争议，依据《民法典》的规定处理，即涉外合同的当事人可以选择处理合同争议所适用的法律，但法律另有规定的除外。涉外合同当事人没有选择的，适用与合同有最密切联系的国家的法律。

应该注意的是，中国内地和港澳台地区人员的物业管理法律关系不属于涉外关系。他们在内地人民法院起诉、应诉的民事案件，不能作为涉外案件处理。

第二节 物业管理法律关系一般原理

一、物业服务企业的概念

物业服务企业是指按照法定的条件与程序设立、登记备案，并具有独立企业法人地位，依据物业服务合同从事物业管理相关活动的经济实体。物业服务企业是我国服务企业的一种类型。我国企业的法律形态主要包括个人独资企业、合伙企业、公司、股份合作企业和国有国营企业五种形式。我国的物业服务企业主要是以公司形态存在的，这也是市场经济和服务业发展的要求。

企业按照不同的标准可以有许多分类，如依据企业的所有制性质可分为国有企业、集体企业和私营企业；依据企业的法律地位可分为法人企业和非法人企业；依据投资者不同可分为内资企业、外商投资企业和港澳台商投资企业等。

我国公司只有两种形式，即有限责任公司和股份有限公司。相应地，物业服务公司也必须以这两种形式存在。物业服务公司是指依照《公司法》在我国境内设立的，具备相应的资质等级，依照有关的法律法规和物业服务合同的规定对物业进行专业化管理，以盈利为目的的企业法人。物业服务公司的设立、变更、解散、清算等事项都必须符合我国《公司法》的规定。

二、物业服务企业的权利和义务

物业管理法律关系的内容即法律关系主体的权利和义务。在前面有关章节中已对物业管理法律关系主体中的行政管理部门、业主方和独立监督方的权利与义务做了阐述，故在此只对物业服务企业的权利和义务做出说明。在我国现行法律中，直接规定物业服务企业的权利和义务的规范主要集中在《民法典》和《物业管理条例》中，归纳起来包括以下几点。

（一）物业服务企业的权利

物业服务企业的权利按权利来源依据和涉及外部关系性质不同可以分为以下八项。

（1）依《公司法》规定享有的经营自主权。物业服务企业采取公司形式。《公司法》第5条规定："公司从事经营活动，必须遵守法律、行政法规，遵守社会公德、商业道德，诚实守信，接受政府和社会公众的监督，承担社会责任。公司的合法权益受法律保护，不受侵犯。"《公司法》第12条规定："公司的经营范围由公司章程规定，并依法登记。"公司应当在登记的经营范围内从事经营活动。物业管理法律法规也明确规定物业服务企业有权在其登记的经营范围内开展多种经营，物业服务企业的经营自主权不容侵犯，物业管理行政部门和业主都不得违法干涉属于物业服务企业自主经营和管理范围内的事务及活动。

（2）依物业管理法规的规定享有的管理办法拟制权。《物业管理条例》第22条规定："建设单位应当在销售物业之前，制定临时管理规约，对有关物业的使用、维护、管理，业主的共同利益，业主应当履行的义务，违反临时管理规约应当承担的责任等事项依法作出约定。建设单位制定的临时管理规约，不得侵害物业买受人的合法权益。"

（3）依物业管理法规和物业服务合同规定享有的管理事务执行权。物业管理事务执行权的具体表现形式是多样的，包括对违反辖区物业管理规定的行为制止权，聘用专业公司（如清洁公司、保安公司等）和专业人员承担专项管理业务工作的选聘权，业主方（业主委员会）协助管理的知情权，物业养护、维护、保护技术措施的决定权，物业管理专用房屋的使用权，车辆行使及停泊引导权，业主公益活动组织办事权，物业维修基金领用权等。

（4）依物业管理法规和物业服务合同规定享有的管理费用收取权。物业管理费用实际上是物业管理服务价格，又称物业管理服务收费。物业管理服务收费分三种类型：① 公共性服务收费，也称日常管理费。② 公众代办性服务收费，实际分为收取的代办手续费和代有关部门收取的费用（如水费、电费、燃气费、公房房租等）。物业服务企业代收代缴行为，是代政府职能部门和公用事业部门从事烦琐收费工作，方便了广大业主，有利于提高收费办事效率和服务质量。③ 特约性服务收费，属于为满足业主、物业使用人个别需求而应约定提供针对性服务所收取的费用。物业管理服务收费的利润率暂由各省、自治区、直辖市政府物价主管部门根据本地区实际情况确定。由于《物业服务收费管理办法》将物业管理服务收费的定义局限于住宅物业的管理服务收费范围，故难以适用于非住宅物业的管理服务收费情形。从理论上分析，物业服务企业的管理服务收费权是由管理服务成本费代收权（为物业管理委托方代理收取的）、便民代劳收费权（为政府职能部门和公用事业部门代收代缴费用的)、法定税费预收权(收得的这部分收益还得用于缴纳法定税费)和服务佣金(利润)自收权四种类型构成的。因此,物业管理在行使收费权时,应注意向收费对象说明收费项目与相应收费权类型的关系,以免引起收费对象对其收费权利行使正当性、合法性的误解,从而减少收费障碍。

(5) 公司有从事专项经营服务业务的权利。《物业管理条例》第39条规定:"物业服务企业可以将物业管理区域内的专项服务业务委托给专业性服务企业,但不得将该区域内的全部物业管理一并委托给他人。"

(6) 拒绝摊派权。

(7) 要求业主大会、业委会协助管理权。

(8) 劝阻、制止、处理违反物业管理合同的行为权利。《物业管理条例》第45条规定:"对物业管理区域内违反有关治安、环保、物业装饰装修和使用等方面法律、法规规定的行为,物业服务企业应当制止,并及时向有关行政管理部门报告。有关行政管理部门在接到物业服务企业的报告后,应当依法对违法行为予以制止或者依法处理。"

(二) 物业服务企业的义务

关于物业服务人的一般义务法律规定,《民法典》第942条规定:"物业服务人应当按照约定和物业的使用性质,妥善维修、养护、清洁、绿化和经营管理物业服务区域内的业主共有部分,维护物业服务区域内的基本秩序,采取合理措施保护业主的人身、财产安全。对物业服务区域内违反有关治安、环保、消防等法律法规的行为,物业服务人应当及时采取合理措施制止、向有关行政主管部门报告并协助处理。"

物业服务企业的义务可分为按照《公司法》规定应履行的一般义务、依《民法典》、物业管理法律法规与物业服务合同应履行的专业义务和特约服务合同应履行的特约义务三类。概括起来,物业服务企业应承担的涉及企业外部关系的义务主要包括以下几个方面。

1. 依法从业义务

《公司法》第5条规定:"公司从事经营活动,必须遵守法律、行政法规,遵守社会公德、商业道德,诚实守信,接受政府和社会公众的监督,承担社会责任。"物业管理法规中也明确要求物业服务企业依法从事物业管理经营活动。依法从业是一项与建设具有中国特色的法治国家密切相关的义务。物业服务企业应当增强和坚持正确的法治观念,认清依法从业、依法管理的重要意义。例如,1981年3月10日成立的全国第一家涉外商品房管理专业公司即深圳市物业服务公司,根据境外人士极为重视法治环境的情况,在公司成立之初就制定了"依法管理、业主至上、服务第一"的宗旨。又如,深圳市华侨城物业服务有限责任公司也奉行"依法管理、竭诚服务、追求卓越、温馨家庭"的服务质量方针。类似这样明确把"依法管理"或"依法从业"的观念和要求列入企业行为宗旨或方针内容第一位的物业服务企业,在国内为数众多。

2. 专业服务义务

物业服务企业向物业管理委托方提供的是专业化管理服务。这种专业服务义务的履行,在效果上应当能够保持物业和公共设备与设施完好、环境整洁优美、公共秩序良好,保障物业使用方便和安全，体现中国优秀文化传统和社区文明特色。

根据物业管理法规的有关规定，物业服务企业承担的专业化管理服务的义务范围包括：① 房屋本体及其固定配套设备设施的合理使用指导、维修和定期养护；② 消防设施、网络设施、电梯及其机电设备、道路和路灯、停车场、车棚、渠、池塘、井等共用配套设施、设备和公共场所的合理使用指导、维修、养护和管理；③ 园林绿化地段的维修、养护和管理；④ 环境和公共卫生维护、改善技术措施（清洁、杀菌、除污染等）；⑤ 劝阻、制止违反法规、业主公约、物业管理规约的行为，协助有关部门和业主团体维持社区公共秩序和治安秩序；⑥ 按照有关规定对车辆的行使和停泊进行引导和管理；⑦ 对物业管理区域经常进行全面巡视、检查，发现共同设备或公共设施损坏时，立即采取保护措施，并按照物业管理服务合同的约定进行维修或更新，若接到物业损坏报修，限时进行维修和处理；⑧ 做好物业维修、更新及其费用收支的各项记录，妥善保管物业管理档案资料和有关的账册，并定期（三个月或半年）向业主委员会等物业管理委托方报送物业维修、更新费用的收支账目，接受审核；⑨ 法律法规和物业服务合同规定的其他具有专业性的服务，如物业服务企业的非专业服务项目。可纳入其多种经营范围，而有关服务的权利与义务由服务关系当事人双方约定。

3. 达标服务义务

达标服务义务，也称规范化服务义务。物业服务企业应当按照国家和其管辖区域所在城市规定的技术标准和规范以及业主委员会等物业管理委托方审定的物业管理服务年度计划，实施管理与服务。《深圳经济特区物业管理行业管理办法》第 20 条规定："物业管理企业提供物业管理服务，应当遵循国家有关的强制性标准；没有国家强制性标准的，应当符合市主管部门规定的行业标准。鼓励物业服务企业采用国外先进的管理服务标准，提高管理服务水平。"积极采用国际标准和国外先进标准有利于促进企业技术进步和行业发展，有利于加强规范化管理，以法治代替人治，对提高和稳定产品质量、提高企业的竞争和生存能力有重要作用，可以给企业带来更好的市场信誉，同时也可以指导开发商或业主委员会选择合格的物业服务机构。

4. 履行合同义务

《民法典》第 937 条规定："物业服务合同是物业服务人在物业服务区域内，为业主提供建筑物及其附属设施的维修养护、环境卫生和相关秩序的管理维护等物业服务，业主支付物业费的合同。"

第 938 条规定："物业服务合同的内容一般包括服务事项、服务质量、服务费用的标准和收取办法、维修资金的使用、服务用房的管理和使用、服务期限、服务交接等条款。物业服务人公开作出的有利于业主的服务承诺，为物业服务合同的组成部分。物业服务合同应当采用书面形式。"

第 939 条规定："建设单位依法与物业服务人订立的前期物业服务合同，以及业主委员会与业主大会依法选聘的物业服务人订立的物业服务合同，对业主具有法律约束力。"

5. 报告的义务

《民法典》第 943 条规定："物业服务人应当定期将服务的事项、负责人员、质量要求、收费项目、收费标准、履行情况，以及维修资金使用情况、业主共有部分的经营与收益情况等以合理方式向业主公开并向业主大会、业主委员会报告。"

6. 接受监督义务

物业管理法规规定物业服务企业应当接受业主委员会等物业管理委托方、全体业主和物业使用人及有关部门的监督，定期听取监督方的意见和建议，改进和完善管理服务。

7. 配合社区活动义务

社区工作千头万绪，说到底是要服务于人民，造福于人民，这是社区建设的基本立足点。物业管理辖区往往是与社区范围相重合的，而且物业管理与社区文明建设也有着紧密的联系，因此，物业服务企业要认识到社区建设工作的重要意义。作为社区的单位成员之一，作为社区中业主团体自治管理事务的代理执行人，物业服务企业理应发挥自身优势，积极、自觉地支持所在社区的建设工作，以改革创新精神和高度重视态度配合当地居民委员会等社区工作组织和街道政府做好社区管理、社区服务的有关工作，配合业主委员会、居委会积极开展多种形式、健康向上的社区文化活动，丰富居民的精神生活，力争在对市民的"三义"（爱国主义、集体主义、社会主义）、"三知"（党的基本知识、科学文化基本知识、市场经济基本知识）、"三德"（社会公德、职业道德、家庭美德）和"三业"（敬业、精业、创业）教育活动中，在"走百家、进万户，察民情、除困难，办实事、暖人心，聚众力、创幸福"活动中做出自己应有的贡献。

8. 做好撤管与交接义务

《民法典》第 949 条规定："物业服务合同终止的，原物业服务人应当在约定期限或者合理期限内退出物业服务区域，将物业服务用房、相关设施、物业服务所必需的相关资料等交还给业主委员会、决定自行管理的业主或者其指定的人，配合新物业服务人做好交接工作，并如实告知物业的使用和管理状况。原物业服务人违反前款规定的，不得请求业主支付物业服务合同终止后的物业费，造成业主损失的，应当赔偿损失。"

第 950 条规定："物业服务合同终止后，在业主或者业主大会选聘的新物业服务人或者决定自行管理的业主接管之前，原物业服务人应当继续处理物业服务事项，并可以请求业主支付该期间的物业费。"

物业服务企业在撤管或者终止物业管理服务合同时，应配合依法选定的接管单位接管，按照规定移交有关物业、物品和档案。依据《物业管理条例》第 29 条："在办理物业承接验收手续时，建设单位应当向物业服务企业移交下列资料：① 竣工总平面图，单位建筑、结构、设备竣工图，配套设施、地下管网工程竣工图等竣工验收资料；② 设施设备的安装、使用和维护保养等技术资料；③ 物业质量保修文件和物业使用说明文件；④ 物业管理所必需的其他资料。物业服务企业应当在前期物业服务合同终止时将上述资料移交给业主委员会。"

物业管理法律关系的客体，取决于物业服务合同中的有关管理服务内容的具体规定。从关于物业管理法律关系客体的分析和本章中关于物业服务企业专业服务义务及物业权属的分析中不难推知物业管理运作法律关系的客体种类，故不再赘述。

案例 2-2

物业服务企业是不是"第二警力"

【案情介绍】

陈某入住时与某物业服务企业签订了物业服务协议书。某日,陈某晚上下班后将自己的摩托车未加防盗装置就停放在了小区内。第二天上班时,陈某发现自己的摩托车已不在停放点了,便立即报了警,但一直未破案。不久,陈某起诉至法院,请求法院判令物业服务企业承担责任,赔偿丢失摩托车的损失。

【案例点评】

陈某在入住时,与物业服务企业签订了物业服务协议书。该合同是物业服务企业对陈某提供物业管理服务的承诺和陈某愿意接受服务与物业管理的明确表示。但是双方并未就陈某的财产由物业服务企业保管签订过保管合同或有其他约定,因此,物业服务企业无保管陈某摩托车的义务。尽管物业服务企业对小区的安全负有日常管理的义务,但其所承担的小区安全防范的义务只是协助地方公安工作的义务。

当前,业主与物业服务企业的纠纷大多是业主家庭财产的被盗问题。许多业主片面地理解物业服务企业就是小区的"第二警力",一旦自己的家庭财产遭遇损失就将物业服务企业推上被告席。然而,这并不意味着物业服务企业必须承担业主失窃的后果,因为社会安全的责任不应该由物业服务企业负责。

三、物业管理行政监督管理机关

(一)监管机关

《民法典》颁布实施后,物业相关法律法规会更加完善、系统,业主的权利意识会更加增强。政府有关部门在物业管理领域的职责更加明确。《民法典》作为一部民事法律,列出了不少条文对行政部门的职责,也体现了国家对物业服务行业的重视,体现了对有关行政部门充分发挥政府职能,对物业服务行业予以指导、协助的要求。同时将行政法的相关规定纳入《民法典》中,还体现了《民法典》对业主、物业服务人在物业相关实践中的指导意义,无论是业主、物业使用人,还是物业服务人,在物业领域遇到问题时,都可以合理寻求有关行政部门的帮助,依法维护自身利益。

(二)监管的方式和职能

1. 监管的方式

目前,政府对物业管理市场的管理,不再是行政性和福利性的管理,而是正在完成角色转换,立足于宏观管理,通过法规来实现管理目标。政府的基本职能和作用是把物业管理市场置于法律监督之下,本着疏导的原则为物业管理市场充分发挥功能创造有法可依、有章可循的良好外部环境,使物业管理法治化、规范化,主要体现在以下三个方面。

(1)制定物业管理的政策法规。

(2)对物业管理经营企业进行管理,包括领导和进行物业管理质量评优工作、制定物业管理的管理标准、对物业服务企业进行资质管理,以及指导、帮助和监督物业服务企业的工作。

(3)指导和帮助业主委员会的工作,协调、解决物业管理市场运作中出现的情况和问题。

2. 监管的职能

政府对监管物业管理活动的具体职能可分为以下三种。

(1)前期物业管理中的政府监管。前期物业管理的负责人是物业的开发商,但某些工作却必须在政府有关部门的指导下进行。例如,竣工验收;组织或监督第一次业主大会的召开,对选举产生的业主委员会进行登记,并对其工作依法监督;向业主委员会提供物业服务合同范本等。

(2)房地产行政主管部门对物业服务企业的监管。物业服务企业由房地产行政主管部门归口管理。物业管理工作应当在其指导下进行。房地产行政主管部门主管物业管理的主要工作有:组织物业服务企业参加评比;负责物业服务企业经营资质审批;对物业管理人员进行岗位资格培训。

(3)物业管理具体工作中的政府监管。在物业管理的房屋维修、修缮与改造,物业附属设备、设施的维护、保养与更新,相关场地的维护与管理,消防设备的维护、保养与更新,治安与保卫,通过值班、看守、巡逻进行的防火、防盗、防水及突发事件的处理,清扫保洁,庭院绿化,车辆管理等方面,都需要消防部门、公安部门、交通管理部门、城市环境保护部门等的依法管理。

复习思考题

1. 法律关系的概念是什么?
2. 什么是物业管理法律关系?物业管理法律关系有哪些构成要素?
3. 法律事实的概念是什么?
4. 试述物业管理法律关系的特征。
5. 业主在物业管理中有哪些权利与义务?
6. 物业服务企业在物业管理活动中有哪些权利与义务?

案例分析

某住宅小区物业服务企业是由开发商聘请的,但业主入住后对该物业服务企业服务不满意,双方矛盾很大,因此小区业主委员会在征得全体业主同意之后决定解聘该物业服务企业。但是该物业服务企业称其与开发商签订的前期物业服务协议中写明:"同意开发商委托的物业服务企业管理,合同期为两年。"因此,业主现在无权解聘物业服务企业。业主称物业服务质量不好,而且物业管理服务质量不稳定,所以必须提前解聘现有的物业服务企业。但是物业服务企业认为如果业主坚持解聘公司,就要承担相应的违约责任。为此,业主与物业服务企业争执不下,于是诉诸法院。你认为本案该如何处理?为什么?

第三章 物业管理法律责任

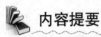 **内容提要**

本章主要介绍法律责任的含义、特征、分类与归结原则，物业管理法律责任的含义、特征、分类、构成要件与归责原则，建设单位在物业管理中的违法行为，以及物业服务企业与业主的法律责任。

 **学习目标**

1. 了解法律责任的含义、分类和归结原则。
2. 掌握物业管理法律责任的含义及特征。
3. 熟知物业管理法律责任的归责原则及构成要件。
4. 掌握建设单位、物业服务企业和业主的违法行为与法律责任。

案例导入

楼上漏水的维修费用能否由楼下分担

【案情介绍】

2018年年初，王女士购买了毛坯房，装修后就住了进去。有一天，王女士接到物业服务企业的电话，说楼下的邻居反映她家的洗手间漏水，想让王女士将整个洗手间重新维修一次，并说漏水的原因是洗手间的防水措施没做好。王女士认为这应该属于开发商的责任，因为开发商当时没有做好防水。物业服务企业也认为开发商当时没做好防水。但是，开发商说交给王女士的是毛坯房，没有责任做好洗手间的防水措施。于是王女士提出，因楼下住户是受益者，所以维修费用应该两家各付一半。

【案例点评】

1. 相邻关系的概念

所谓物业相邻关系，是指两个或两个以上相邻物业的所有人或占有人、使用人在行使相邻物业的占有、使用、收益、处分时，彼此给予便利或接受限制而发生的权利义务关系。依据《民法典》中对相邻关系的规定，物业相邻关系的实质是对物业相邻各方合法权益的维护和对相邻各方行使权利的一定限制，保障相邻各方正确行使其所有权或使用权，并防止受相邻对方的侵害，要求各方在行使所有权或使用权时不得损害相邻对方的合法权益。

2. 物业相邻关系的分类

物业相邻关系主要包括以下几类。

（1）相邻通行关系。一般而言，对楼梯、通道、停车场、道路等公用部位、公共设备及公共场地，相邻各方均有通行和使用的权利，任何一方不得将其擅自占为己有或改变其用途。此外，相邻各方负有共同维修的义务。若一方设置障碍影响相邻方正常生活，相邻方有权要求其排除妨碍或恢复原状。相邻方因建筑施工的需要而临时占用相邻对方的房屋或庭院的，相邻方应予以方便。在物业管理范围内，有业主或使用人擅自损坏、拆除公用设施，并造成一定损失的，物业服务企业有权责令有关责任人予以赔偿。

（2）相邻疆界关系。一般而言，未经相邻方同意，擅自超越界限建造房屋的，应当停止侵占并恢复越界部分的原状。另外，一方种植的树木枝条超越界限影响相邻方房屋的采光、通风或影响相邻方房屋安全的，应当采取措施锯掉越界的树枝或移栽他处。

（3）相邻排水关系。一般而言，共用同一排水的相邻各方，不得任意破坏、堵截或故意使污水流入邻居房屋。若发生这种情况，相邻他方有权请求停止侵害，并可要求其赔偿相应的损失。

（4）相邻环境关系。一般而言，根据有关法律的规定，相邻方在排放"三废"（废水、废气、废渣）时，应严格按照环境保护法规定的标准进行，不得影响相邻他方正常的生产和生活。若相邻方实施了上述排放行为，相邻他方有权要求其停止侵害，排除妨碍，采取相应的防护措施，并赔偿损失。另外，相邻一方在住宅小区内不得随意发出超标的噪声，不得随意践踏或占用公共绿地，否则物业服务企业有权予以制止，并责令其限期整理。

3. 《民法典》相关规定

第二编　物权

第七章　相邻关系

第二百八十八条　不动产的相邻权利人应当按照有利生产、方便生活、团结互助、公平合理的原则，正确处理相邻关系。

第二百八十九条　法律、法规对处理相邻关系有规定的，依照其规定；法律、法规没有规定的，可以按照当地习惯。

第二百九十条　不动产权利人应当为相邻权利人用水、排水提供必要的便利。对自然流水的利用，应当在不动产的相邻权利人之间合理分配。对自然流水的排放，应当尊重自然流向。

第二百九十一条　不动产权利人对相邻权利人因通行等必须利用其土地的，应当提供必要的便利。

第二百九十二条　不动产权利人因建造、修缮建筑物以及铺设电线、电缆、水管、暖气和燃气管线等必须利用相邻土地、建筑物的，该土地、建筑物的权利人应当提供必要的便利。

第二百九十三条　建造建筑物，不得违反国家有关工程建设标准，妨碍相邻建筑物的通风、采光和日照。

第二百九十四条　不动产权利人不得违反国家规定弃置固体废物，排放大气污染物、水污染物、土壤污染物、噪声、光辐射、电磁辐射等有害物质。

第二百九十五条　不动产权利人挖掘土地、建造建筑物、铺设管线以及安装设备等，不得危及相邻不动产的安全。

第二百九十六条 不动产权利人因用水、排水、通行、铺设管线等利用相邻不动产的,应当尽量避免对相邻的不动产权利人造成损害。

4. 物业管理法律责任的归责类型

在物业管理法律责任体系中,不同行为的归责基础即追究法律责任考虑的归责要素是不尽一致的,因而使归责条件存在一定的差别,表现为不同的归责原则。根据归责原则的不同,可将物业管理法律责任的构成划分为不同的归责类型。主要有以下三种归责类型。

(1) 过错责任类型。凡是因实施了违法行为而致人损害者,如果不能证明自己主观上没有过错,就被推定为有过错并承担相应的法律责任。过错的性质和程度,反映行为人对自己行为的认识水平。法律要求每一位具有行为能力的主体能够理性地预见自己行为的后果,并对自己的行为后果负责。按过错责任归属何方主体的情况不同,可分为侵害人过错责任、受害人过错责任和侵害人与受害人双方过错责任三种具体类型。如果受害人本人对受损害也有过错,则可减轻侵害人的责任。

(2) 无过错责任类型,又称严格责任类型。只要行为人做出特定侵权行为或违约行为而造成损害结果,不论其主观有无过错,都应当依法承担法律责任。这种责任类型适用于产品责任、某些特殊侵权责任和合同违约责任。

《民法典》第三编 合同

第八章 违约责任

第五百七十七条 当事人一方不履行合同义务或者履行合同义务不符合约定的,应当承担继续履行、采取补救措施或者赔偿损失等违约责任。

第五百七十八条 当事人一方明确表示或者以自己的行为表明不履行合同义务的,对方可以在履行期限届满前请求其承担违约责任。

第五百七十九条 当事人一方未支付价款、报酬、租金、利息,或者不履行其他金钱债务的,对方可以请求其支付。

对违约责任的原则规定就是无过错责任原则。

无过错责任的优点突出表现为,在涉及无过错责任的诉讼中,举证责任倒置和抗辩事由受严格限制,原告只需向法庭证明自己受损害的事实存在和该损害与被告相关,或者只证明被告未履行合同义务的事实即可,不需要举证证明被告有过错,也不需要被告证明自己对于不履行义务或做出侵权行为无过错,免去了证明过错有无的困难。被告只能举证证明原告未受损害、损害是原告自己的行为或第三人的行为或不可抗力造成的,而不得单纯证明本人无过错而要求免除责任。因此,无过错责任原则加强了对受害人的保护,也方便裁判,从而节省诉讼成本。对于合同关系而言,违约责任是由合同义务转化而来,本质上是出于当事人双方的约定,不是法律强加的。但是,法律确认了合同拘束力,在一方不履行时追究违约责任,不过是执行当事人的意愿和约定而已。不履行合同与违约责任直接联系,二者互为因果关系。违约责任采用无过错归责原则,有利于促使当事人严肃对待合同,有利于维护合同的严肃性,增强当事人的责任心和法律意识。由于物业管理中存在大量的服务合同关系,因而掌握无过错责任类型的法理知识,对物业管理关系各方都是十分必要的。

(3) 公平责任类型,又称衡平责任。凡是当事人对发生的损害没有过错,也没有做出违法行为,但受害人要求有关当事人承担民事责任的,法院依据《民法典》的相关规定,可以根据实际情况,按照公平合理原则由当事人分担民事责任。

该案件属于开发商的责任,而且开发商应该尽到房屋的保修义务,所以应该由开发商进行维修。虽然楼下的邻居是相邻方和受益方,但没有责任分担维修费用。因此,王女士的要求不符合法律的规定。

第一节 法律责任概述

一、法律责任的含义与特征

(一)法律责任的含义

法律责任有广义和狭义之分。广义的法律责任是指任何组织和个人均负有的遵守法律,自觉地维护法律尊严的义务。狭义的法律责任是指违法者对违法行为所应承担的具有强制性的法律上的责任。法律责任同违法行为紧密相连,只有实施某种违法行为的人(包括法人),才承担相应的法律责任。

(二)法律责任的主要特征

法律责任是社会责任的一种,它与其他的社会责任如政治责任、道义责任等有着密切的联系,也有着本质区别。法律责任的主要特征具体表现为以下几个方面。

1. 法律责任具有法定性

引起法律责任的原因是法律关系主体违反了法定的或约定的义务。没有违法行为,就谈不上法律责任。法律责任具有内在的逻辑性,其中违法行为是原因,追究责任或承受制裁是后果。同时,法律责任的内容必须是法律明确且具体规定的。

2. 法律责任须由专门的国家机关或者部门来认定

法律责任是根据法律的规定而让违法者承担的一定责任,是法律适用的一个组成部分,必须由专门的国家机关或者部门来认定。

3. 法律责任具有强制性

法律责任的履行由国家强制力保证,违反法律时就要受到法律的制裁,这是国家强制力在法律范围中的具体体现。但是,并非一切法律责任的追究都需要国家强制力的直接介入。例如,民事责任可以由当事人自行协商或承担,只在责任人拒绝承担民事责任时,才由国家强制进行责任的追究和执行。强制性是对公民权利的一种潜在保证。

4. 法律责任的大小与违法程度相适应

责任方式由法律规定,通常有补偿与制裁两种。根据违法行为的性质和危害程度的不同,责任人所应承担的法律责任也有所区别。

二、法律责任的分类

根据违法行为所违反的法律的性质,可以把法律责任分为民事法律责任、刑事法律责任、行政法律责任、经济法律责任、违宪法律责任和国家赔偿责任。

（一）民事法律责任

民事法律责任是指由于违反民事法律、违约或者民法规定所应承担的一种法律责任。民事法律责任包括停止侵害、排除妨碍、消除危险、返还财产、恢复原状、修理、重作与更换、赔偿损失、支付违约金、消除影响、恢复名誉和赔礼道歉等十种。

（二）刑事法律责任

刑事法律责任是指行为人因其犯罪行为所必须承受的，由司法机关代表国家确定的否定性法律后果。刑事法律责任包括主刑和附加刑。其中，主刑包括管制、拘役、有期徒刑、无期徒刑和死刑；附加刑包括罚金、剥夺政治权利、没收财产和驱逐出境。

（三）行政法律责任

行政法律责任是指因违反行政法规定或因行政法规定而应承担的法律责任。行政法律责任分为行政处分和行政处罚两种。其中，行政处分包括警告、记过、记大过、降级、撤职和开除；行政处罚包括警告、罚款、没收违法所得、没收非法财物、责令停产停业、暂扣或吊销许可证、暂扣或者吊销执照、行政拘留，以及法律、行政法规规定的其他行政处罚。

（四）经济法律责任

经济法律责任是指国家机关、社会组织、公民个人以及其他经济法主体违犯经济法规范，不履行或不完全履行经济义务或滥用经济权利时，应当对国家或受损害者承担的责任。追究违法者的经济法律责任是一种法律制裁措施。经济法律责任的制裁措施包括责令违法者赔偿经济损失、支付违约金、罚款、没收财物、停业整顿、吊销营业执照等。

（五）违宪法律责任

违宪法律责任是指由于有关国家机关制定的某种法律、法规和规章，或有关国家机关、社会组织或公民从事了与宪法规定相抵触的活动而产生的法律责任。

（六）国家赔偿责任

国家赔偿责任是指在国家机关行使公权力时由于国家机关及其工作人员违法行使职权所引起的由国家作为承担主体的赔偿责任。

三、法律责任归结原则

法律责任的归结包括归责和免责两个方面，它是指对违法行为所引起的法律责任进行判断、确认、追究以及免除的活动。其实施是由国家特设或者授权的专门机关依照法定程序进行的活动。违法者的民事责任和刑事责任的归结属于人民法院，行政责任的归结属于具有特定职权的国家行政机关。此外，经授权的组织和仲裁机构也可以依法归结民事责任。法律责任的归结必须严格按照法定程序进行，不得任意扩大或缩小责任范围和责任程度。

法律责任的归结必须遵循一定的原则。这些原则体现了立法者的价值取向，也是司法必须遵循的原则。根据我国的法律规定，法律责任的归结一般应遵循以下四个原则。

（一）责任法定原则

责任法定原则的含义为：① 法律责任作为一种否定的法律后果应当由法律规范预先规定；② 当违法行为发生后，应当按照事先预定的责任的性质、范围、期限和方式来追究违法者、违约者或者其他相关责任人的责任；③ 无法律授权的任何国家机关都不能认定和归结法律责任；④ 国家机关不得超越权限追究责任主体的法律责任，不得向责任主体追究法律明文规定以外的责任。同时，人民法院可以运用司法解释与判例等方式行使自由裁量权，准确认定和归结行为人的法律责任，这是责任法定原则的具体实现，与该原则的内涵并不冲突。

（二）因果关系的原则

在认定和归结法律责任时，不仅要确认违法行为和损害结果的存在，而且要确定这一违法行为与它引起的损害后果之间具有内在的、直接的、逻辑的联系。其含义包括：① 在确定行为人的责任之前，应当首先确认行为与损害之间的因果关系；② 应考虑行为人主观因素与客观行为之间的因果关系；③ 区分这种因果关系是必然的还是偶然的，是直接的还是间接的。

（三）责任相当原则

责任相当原则要求法律责任的大小、处罚的轻重与违法行为的轻重相适应。其具体内容包括：① 法律责任的性质应与违法行为的性质相适应，既不能用刑事责任代替民事责任，也不能用行政责任来代替民事责任和刑事责任；② 法律责任的种类和轻重应与违法行为的具体情节相适应，因为具体的情节反映了不同的社会危害程度，在法律责任的归结方面会有所不同；③ 法律责任的轻重和种类与行为人的主观过错相适应。

（四）责任自负原则

凡是实施了违法行为的人，都应当对自己的违法行为负责，都必须独立承担法律责任，既要保证责任人受到法律的追究，也要保证无责任人不受法律的制裁。当然，责任自负原则也不是绝对的，在法律明文规定的情况下，为了保护社会利益，可能会产生责任转移承担的问题，如监护人对被监护人、担保人对被担保人承担的责任等。

第二节 物业管理法律责任概述

一、物业管理法律责任的含义

物业管理法律责任有广义和狭义之分。广义的物业管理法律责任是指民事、经济、行政法律关系主体，因当事人的行为违反物业管理法律规范确定的义务或物业服务合同约定的义务，或者因不正当行使权利、职权，或者因某种法律事实出现，而要依法承担的具有强制性或惩罚性的负担。本书中的物业管理法律责任采取的是广义的含义。

物业管理法律责任是物业管理的法律制度得以运行的基础，其目的在于全面保障各法律关系主体所负义务的履行，有效地保护各物业法律关系主体的合法权益，使因被破坏而不平衡的原有合法权利义务关系恢复平衡，从而保障物业管理法律规范得以严格执行和遵守。

二、物业管理法律责任的特征

物业管理法律法规调整对象的特殊性决定了物业管理法律责任具有以下三个特征。

（一）民事责任为主、多种责任并存

物业管理民事责任绝大多数是通过管理规约和物业服务合同来确定的，而有关业主自治机构设立、运行的法律责任以及行政管理方面的法律责任都是由法律、法规规定的。物业管理本质上是一类特殊的民事关系，因此在其责任体系中，民事责任居主要地位。主要体现在两个方面：其一，民事责任的优越性，即凡是能够通过承担民事责任解决的，不再设定行政责任，但对涉及违反行政管理规定，损害公共利益，需要给予行政处罚的，则优先保证民事责任的承担，以维护全体业主的利益；其二，业主自我管理、自我监督，即当某些业主的违法行为损害全体业主的共同利益时，由业主自我管理、自我约束，然后再承担法律责任。以规定民事责任的方式来实现国家行政管理的目的，体现了市场经济条件下国家行政管理的新理念。国家行政机关由直接的干预者变成宏观的调控者，通过为社会生活主体设定科学的行为规则和责任体系，让社会主体自己判断是非，对自己的行为负责。

（二）法律责任的复合关系普遍存在

与物业管理活动有关的法律责任种类较多，民事责任、行政责任、刑事责任等并存于物业管理的法律责任体系中。由于物业管理中的违法行为往往损害的是多数业主的利益，或损害了物业管理秩序的稳定，已经具有侵犯公共利益的性质，因此民事责任与行政责任复合、民事责任与刑事责任复合、行政责任与刑事责任复合的现象比较普遍。不少违反物业管理法规的行为也同时违反了其他相关法律、法规的规定，因此，违法行为人要同时承担多种责任。尤其是物业服务企业，由于它提供的服务具有特殊性和违法行为影响具有广泛性，在承担民事责任的同时往往还要接受行政处罚。

（三）技术规范在责任确定过程中起着十分重要的作用

物业管理是一项综合的服务工作，涉及物业维护、房屋修缮、白蚁防治、危房鉴定、卫生防疫、人居环境保护和改善、共用设施设备和市政设施运营与维修养护等许多专业技术，因此国家和行业组织制定了许多相关的技术标准和技术规程。这些技术标准和技术规程应该成为确定法律责任的重要依据。

三、物业管理法律责任的分类

尽管法律责任在某些情况下是基于某些法定事由而产生的，但在绝大多数情况下，违

法行为是法律责任产生的前提。因此，法律责任发生的原因大致上可分为四种：① 侵权行为，即侵犯他人人身权利、财产权利的行为；② 违约行为，即合同当事人不履行或不完全履行合同的行为；③ 行政违法行为，即违反行政法规的行为；④ 犯罪行为，即具有严重社会危害性、触犯刑事法律，应当受到刑法处罚的行为。其中，侵权行为和违约行为将导致民事责任的承担；行政违法行为将导致行政责任的成立；犯罪行为将直接导致刑事责任的承担。在物业管理中，侵权行为、违约行为、行政违法行为和犯罪行为都可能发生，因此以下三种责任都可能存在。

（一）物业管理民事责任

物业管理民事责任是指自然人、法人或其他组织因违反物业服务合同、民事法律规定或者存在违反法律规定的其他事由而依法承担的法律责任。它主要体现为一种财产责任，是为了补偿当事人所受的损失，通常可以由当事人协商确定。根据我国相关法律规定，物业管理民事责任的承担方式主要有以下七种。

1. 停止侵害

停止侵害是指对行为人正在实施的侵权行为，受害人有权请求其停止实施或请求人民法院予以制止。

2. 排除妨碍

排除妨碍是指权利人行使权利受到他人不法阻碍或妨害时，有权请求行为人排除妨碍或请求人民法院强行排除。

3. 消除危险

消除危险是指存在造成财产或人身损害的可能时，权利人有权请求行为人消除或请求人民法院强制其消除。

4. 返还财产

返还财产是指在权利人的财产被行为人不法侵占时，权利人有权请求返还该财产。

5. 恢复原状

恢复原状是指在财产被不法损害或形状被改变而有复原的可能时，受害人有权请求恢复财产未受损坏或未改变时的状态。

6. 赔偿损失

赔偿损失是指行为人以其财产填补受害人的损失。

7. 修理、重作或更换

修理、重作或更换是指交付的标的物质量不符合规定或约定时，予以修理、重作或更换。民事责任可因不可抗力、正当防卫、紧急避险、受害人过错和受害人同意而免除。

（二）物业管理行政责任

物业管理行政责任是指行政机关及行政管理相对方因违反行政法律、法规的规定而应承担的法律责任。就物业管理行政责任而言，承担责任的方式有以下两类。

1. 行政处罚

行政处罚即对物业管理行政相对人违反物业管理行政法规的行为所实施的制裁。行政处罚包括以下几个方面。

（1）警告。警告是指相关行政主管部门对违法者实施的一种书面形式的谴责和告诫。

（2）通报批评。通报批评是指县级以上人民政府房地产行政主管部门在一定范围内公布建设单位、物业服务企业的违法行为，以促使其加以改正。

（3）罚款。罚款是指相关行政部门对于违反行政法律规范，不履行法定义务的个人、物业服务企业、建设单位所做的一种经济上的处罚。

（4）责令限期改正。责令限期改正是指相关行政部门要求违法者对不法状态予以纠正的一种措施，其目的在于要求违法者将不法状态恢复为合法状态。

（5）没收违法所得。没收违法所得是由相关行政主管部门实施的将行政违法行为人的部分或全部违法收入、物品或其他非法占有的财务收归国家所有的处罚方式。

（6）责令停止营业。责令停止营业一般附有限期整顿的要求，是相关行政主管部门限制违法物业服务企业、建设单位从事生产、经营活动的处罚方式。

（7）吊销资质证书。吊销资质证书是指房地产行政主管部门收回物业服务企业从事物业管理活动的资格证明，进而剥夺物业服务企业在这一行业发展的权利。

2. 行政处分

行政处分即由物业管理行政主体对其工作人员在执行公务中违反物业管理行政法规的行为所实施的处理。

（三）物业管理刑事责任

物业管理刑事责任是指在物业管理过程中行为人严重违反物业管理法律规范，触犯刑事法律而应承担的法律责任。在物业管理法律责任体系中引入刑事责任的目的在于从根本上确保物业管理秩序符合市场经济的要求，以强有力的方式保证物业管理活动的正常进行。刑事责任是由犯罪行为引起的，由刑事法律规范规定的最为严厉的法律责任，必须由司法机关判决。引发物业管理刑事法律责任承担的刑事犯罪主要涉及自然人犯罪和单位犯罪两类。

自然人犯罪主要涉及的罪名有诈骗罪、盗窃罪、重大责任事故罪、渎职罪、玩忽职守罪、侵占罪、挪用公司资金罪和商业贿赂罪等；单位涉及的主要罪名有偷税罪、逃税罪和商业贿赂罪等。上述罪名在《中华人民共和国刑法》（以下简称《刑法》）中有详细规定，因此物业管理立法不可能也不需要单独就这方面做出规定，直接适用《刑法》即可。刑事责任可因不可抗力、正当防卫、紧急避险和职务行为而免除。

四、物业管理法律责任的构成要件

法律责任的构成要件是指构成法律责任必须具备的条件，它是国家机关要求行为人承担法律责任时进行分析判断的标准。物业管理法律责任的一般构成要件包括以下几个方面。

（一）具备责任能力

责任能力是指一个人对其违法行为承担责任的能力。行为人有无责任能力主要是指他能否通过自己的意志或意识来理性地理解法律的要求，辨认自己行为的目的、性质和后果，并能够最终支配、控制自己的行为，承担因此导致的法律后果。责任能力的差异导致在有些情况下"违法主体"与"责任主体"并不完全一致。无民事行为能力和限制民事行为能力的自然人通常不具有或不完全具有责任能力，因而依法对自己所实施的违法行为不负责任或不负完全责任，但其行为引发的民事损害赔偿责任依法转由其法定监护人承担。

（二）存在过错

过错是指行为人实施行为时对自己的违法行为及其后果所持的一种心理认识状态，包括故意和过失。故意是指明知自己的行为会发生损害后果，而希望或者放任这种结果发生。过失是指行为人应当预见自己的行为可能发生损害后果，因疏忽大意而没有预见，或者已经预见但轻信能够避免而导致损害发生。如果行为人在主观上既没有故意也没有过失，那么在法律没有特殊规定的情况下，其对损害结果不必承担法律责任。例如，业主因家庭暴力而身受重伤，但物业服务企业并没有接到业主求救或其他业主的举报，那么业主不得以物业服务企业没有履行维护安全的职责而要求其承担损害赔偿责任。相反，因物业服务企业怠于履行安全设施的维修职责而导致歹徒进入业主住所造成了人身损害和财产损失的，物业服务企业理应为其过错承担责任。

（三）产生违法行为

违法行为是指物业管理法律关系的主体因故意或过失违反物业管理法规的规定，或者违反具有法律效力的物业服务合同的约定，进而侵害了受保护的物业管理法律关系的行为。在绝大多数情况下，物业管理违法行为是物业管理法律责任产生的前提，只要行为没有违法，即使造成一定的损害后果，也不必承担法律责任。例如，物业服务企业在火灾中为紧急疏散居民而给部分业主造成了损失，在法律上可归结于紧急避险，属合法行为，无须对造成的损失承担责任。在特定的情况下，物业管理法律责任的产生还可能以法律的规定为构成要件。例如，物业服务企业出于保护业主财产的考虑，将其未加锁的自行车推至办公室保管，因此承担了返还原物的法律责任，但该责任并不是基于违法行为，而是由于法律的规定。

（四）发生损害事实

损害事实是违法行为对法律所保护的社会关系和社会秩序造成的侵害。损害事实与物业管理法律责任的关系体现在两个方面：第一，损害事实是构成物业管理法律责任的一个必要条件。这种损害事实具有客观性，是对社会特定利益关系造成的危险或损坏，并且这种危险或损坏达到了法律规定应追究相应责任的程度。第二，损害事实不同于损害结果。损害结果是违法行为导致的实际损失，其类型主要有人身损害、财产损害、精神损害和其他利益的损害。尽管有些违法行为没有损害结果，但是构成了对一定的社会关系或者社会秩序的侵害，因而引发了法律责任的承担。例如，不具备法定资质的物业服务企业与业主委员会订立了物业服务合同，尽管它提供的物业管理符合法律规定和合同要求，但是构成了对物业管理秩序的侵害，因此必须承担行政处罚等不利后果。

（五）违法行为与损害事实之间存在因果关系

这种因果关系是客观的，即损害事实是违法行为所引起的必然结果，而违法行为正是引起损害事实的原因。如果某种损害事实不是因某人的行为必然引起的，则该行为就不对此结果负责。由于行为与结果之间的联系多种多样，有必然联系和偶然联系、直接联系和间接联系、一果多因和一因多果之分，因此在把物业管理法律责任归于某一违法行为时，必须搞清楚违法行为与特定的损害事实之间的联系。这对于将行为定性、确定法律责任种类和大小具有重要影响。例如，物业管理区域内修缮的沟渠未有明显标志使某业主摔伤，对此要确定责任归属，必须先弄清损害事实与侵权行为之间的因果关系，即明确挖沟渠的当事人是业主、业主委员会、物业服务企业，还是供水、供电、供气单位，挖沟渠的理由是否合法，是否尽到了告知义务，是否具备必要的防范措施。

五、物业管理法律责任的归责原则

归责原则是指基于一定的归责事由确定是否成立的法律原则，它反映了一国评价违法行为的特定社会物质生活条件和社会基本价值观念。其中，归责事由是使归责原则发生作用的核心要素，即责任人最终因为什么而受到法律否定性的评价。

法律体系确立的归责原则主要包括三项：第一，过错责任原则。该原则将主观过错作为判断法律责任是否成立的核心要素。按此原则，致害人只有在有过错的前提下才承担相应的民事责任，无过错则无责任。第二，无过错责任原则。该原则亦称严格责任原则，是指无论行为人主观是否有过错，只要其行为与损害后果间存在因果关系就应承担责任，除非具备法定的免责事由。第三，公平责任原则。公平责任原则是指在加害人和受害人都没有过错，损害事实已经发生的情况下，以公平考虑作为价值标准，根据实际情况和可能，由双方当事人公平地分担损失的归责原则。

在物业管理法律责任体系中，不同行为的规则基础即追究法律责任考虑的归责事由是不尽一致的，因而下面将根据责任类型的不同加以详细论述。

（一）物业管理民事责任的归责原则

物业管理民事责任是由违约责任与侵权责任构成的，物业管理中的违约责任主要是基于物业服务合同中义务责任和侵权责任。

《民法典》第七编侵权责任，第 1164 条规定："本编调整因侵害民事权益产生的民事关系。"第 1165 条规定："行为人因过错侵害他人民事权益造成损害的，应当承担侵权责任。依照法律规定推定行为人有过错，其不能证明自己没有过错的，应当承担侵权责任。"第 1166 条规定："行为人造成他人民事权益损害，不论行为人有无过错，法律规定应当承担侵权责任的，依照其规定。"第 1167 条规定："侵权行为危及他人人身、财产安全的，被侵权人有权请求侵权人承担停止侵害、排除妨碍、消除危险等侵权责任。"

（二）物业管理行政责任的归责原则

在行政法律责任制度中，过错责任原则是根本性的归责原则。但是现代行政法上的过错责任原则出现了"过程客观化"的趋势，即从考察行为人主观的心理状态转向考察客观的行为状态。若行为不符合某种行为标准就意味着对注意义务的违反，即可推定过错的存在。在各国的行政法上，行政机关违反法定职责，行政管理相对方违反行政法规规定的义务，均可作为判断过错的客观标准。在物业管理实践中表现为，只要行政管理相对方违反了行政法规、规章的要求，职权机关即可追究其责任。例如，物业服务企业超标收费，即使是因为提供的服务质量很高导致成本上升等合理理由也不能视为其行为合法的依据。无过错责任原则是行政法律责任中的补充性原则，实际上是一种"社会责任论"，它蕴含的价值可以归结为利益均衡，即在发生损害的情况下，应当根据社会公共利益或公共政策权衡冲突双方的利益，以达到合理的损失分配。

（三）物业管理刑事责任的归责原则

过错责任原则是刑事责任的唯一归责原则，物业管理刑事责任也不例外。过错责任的本质是一种道义性的价值评价，是基于伦理的立场对行为人的主观心理的否定评价。过错意味着行为人的自由意志选择了恶果，因而具有道德上的可谴责性。主观与客观相统一的刑事责任原则是刑法的基本原则，刑事责任的归结以行为人的主观过错为规则要件。要想将违法行为认定为犯罪行为，仅有犯罪构成中的客观要件是不够的，还需具备犯罪构成所要求的主观要件，即犯罪主体在主观上是存在故意或者过失的。例如，因意外事件而产生社会危害性的行为就是因为不具备犯罪构成的主观要件而不被认定为犯罪。

第三节　建设单位的法律责任

一、建设单位在物业管理中的违法行为

建设单位处于物业管理中的第一个环节，不仅决定着物业本身的质量，而且由其主导前期物业管理，也关系之后的物业管理与服务能否高水平、顺利地进行。由于建设单位在物业管理中地位的重要性，《物业管理条例》中有相当一部分条款是对建设单位进行规范的，并明确了以下行为的违法性及建设单位因此应承担的法律责任。

（一）建设单位作为新建房屋出售单位，没有履行在前期物业管理中的法律规定

违反《民法典》《物业管理条例》关于前期物业管理的规定，不履行或部分履行自己在物业管理方面依法应以"作为"方式履行的义务，如没有选聘物业服务企业，没有制定业主临时管理规约，在销售物业前没有将业主临时管理规约向物业买受人明示并予以说明等。

（二）办理物业承接验收手续时，拒不移交或延迟移交物业资料

在办理物业承接验收手续时，建设单位应向物业服务企业移交下列资料：① 竣工总平面图，单体建筑、结构、设备竣工图，配套设施、地下管网竣工图等验收资料；② 设施设备的安装、使用和维护保养等技术资料；③ 物业质量保修文件和物业适用说明文件；④ 物业管理所必需的其他资料。拒不移交或延迟移交给物业服务企业带来损失的，应当承担赔

偿责任。

（三）建设单位违法选聘物业服务企业

建设单位违法选聘物业服务企业具体表现为三种情况：① 不通过招标的方式选聘物业服务企业；② 在以招标形式选聘物业服务企业而投标少于 3 人的情况下，没有经过物业所在地的区、县人民政府房地产行政主管部门批准，采用协议方式选聘物业服务企业；③ 建设单位擅自处分属于业主的物业共用部位、共用设施设备的所有权或者使用权，给业主造成损失。

（四）建设单位在物业管理区域内不按照规定配置必要的物业管理用房

一般包括两种情况：① 在规划设计时没有考虑物业管理用房；② 将原来规划设计的物业管理用房移作他用。

（五）未经消防安全审批或使用不合格的消防材料

未经消防安全审批或使用不合格的消防材料具体包括以下几种情况：① 建筑工程的消防设计未经公安消防机构审核或者经审核不合格而擅自施工；② 擅自变更建筑工程消防设计；③ 依法应当进行消防设计的建筑工程竣工时未经消防验收或者验收不合格，擅自使用；④ 公众聚集的场所未经消防安全检查或检查不合格，擅自使用或者开业；⑤ 擅自降低消防技术标准施工，使用防火性不符合国家标准或者行业标准的建筑构件和建筑材料，或者采用不合格的装修、装饰材料施工。

二、建设单位应承担的物业管理的法律责任

（一）建设单位在物业管理中的民事责任

由于以上违法行为，建设单位侵犯了业主或物业服务企业的财产权和人身权，应承担下列民事责任。

1. 停止侵害

建设单位擅自占用属于业主的物业共用部位、共用设施设备的，应停止占用；擅自处分物业共用部位、共用设施设备尚处于交易状态的，应停止交易。同时，侵害可以是积极的作为，也可以是消极的不作为，因此停止侵害也意味着法定义务的实际履行。对于上述第一种和第二种违法行为，建设单位除了承担责任，还必须制定业主临时管理规约，在销售时向业主出示该规约，及时移交物业资料等。

2. 恢复原状

建设单位必须将作为其他用途的物业管理用房恢复原用途使用。

3. 赔偿损失

建设单位擅自处分物业共用部位、共用设施设备给全体业主造成损失的，需要赔偿损失，而具体的赔偿数额由法院判定。

（二）建设单位在物业管理中的行政责任

建设单位的违法行为损害了业主的利益、侵犯了物业管理秩序，但后果尚不严重的，可以由行政主管部门进行处理。根据《物业管理条例》第56条、第57条、第58条、第61条的规定，主要承担下列几种行政责任。

1. 责令限期改正

县级以上地方人民政府房地产行政主管部门可以：① 责令建设单位在规定的期限内对没有通过招标或没有用协议方式选聘物业服务企业的行为予以纠正，依照有关规定进行招标，应当经过批准才能协议选聘物业服务企业的，要履行批准手续，以消除没有招标或者没有经过批准而用协议方式选聘物业服务企业引起的不良影响和不利后果；② 责令建设单位在规定的期限内将有关资料移交给物业服务企业；③ 责令建设单位在规定的期限内，在物业管理区域内按照规定配置必要的物业管理用房。

2. 罚款

县级以上地方人民政府房地产行政主管部门可以根据情节轻重，对建设单位的下列行为进行相应处罚：① 建设单位违法选聘物业服务企业的，可处10万元以下的罚款；② 建设单位擅自处分属于业主的物业共用部位、共用设施设备的所有权或者使用权的，处5万元以上20万元以下的罚款；③ 不按照规定移交有关资料的，可处1万元以上10万元以下的罚款；④ 不按照规定配置必要的物业管理用房的，处10万元以上50万元以下的罚款；⑤ 县级以上人民政府公安机关对未经消防安全审批，使用不合格消防材料的建设单位及直接负责的主管人员和其他直接责任人员可处以罚款。

3. 通报

县级以上地方人民政府房地产行政主管部门对责令限期改正但逾期仍不移交有关资料的建设单位，可以予以通报。

4. 没收违法所得

县级以上地方人民政府房地产行政主管部门对建设单位没有在物业管理区域内按照规定配置物业管理用房所取得的收益，或者将物业管理用房挪作他用的收入，可以予以没收。

第四节　物业服务企业的法律责任

一、物业服务企业在物业管理中的违法行为

物业服务企业是物业管理与服务的直接提供者，是物业管理市场的主要参与者。《民法典》每一条文都对应着细致入微的民生关切，是一部具有中国特色、体现时代特点、反映人民意愿的大典，是人民美好生活的法治保障。同时《民法典》也规范了物业服务企业的行为。近年来，虽然物业管理的总体服务水平有很大提高，但物业管理实践中的违法违

规行为仍屡有发生。根据法律的规定并结合物业管理实践，可以将物业服务企业存在的违法违规行为归结为以下几点。

（一）物业服务企业未能履行物业服务合同的约定，导致业主人身、财产安全受到损害

这一违法违规行为主要表现为：① 拒绝履行，有的故意毁约，指物业服务企业有履约能力而不履行合同；② 履行不能，指合同中约定的义务在客观上无法履行；③ 延迟履行，指物业服务企业虽有履行合同的行为，但没有完全按照合同的规定履行，如在履行标的、数量、质量、地点、方式等方面不符合合同的约定要求。

（二）物业服务企业聘用未取得物业管理资格证书的人员从事物业管理活动

用人单位招用技术工种的劳动者时，必须从取得相应职业资格证书的人员中录用，物业管理人员在此之列。物业管理人员的职业资格按照国家标准分为物业管理人员、助理物业管理师和物业管理师三个等级。未通过国家统一鉴定考核而未取得物业管理职业资格证书的人员不得从事物业管理活动。

（三）物业服务企业将一个物业管理区域内的全部物业管理一并委托给他人

物业服务企业将其在一个物业管理区域内所承担的权利和义务全部转移给他人，由他人提供物业管理的行为，不管其委托单位是否具有物业服务企业资质，都构成违法作为。

（四）未经业主大会同意，物业服务企业擅自改变物业管理用房的用途

擅自改变物业管理用房的用途是指将物业管理用房出租给他人用于经营，或者用作其他非物业管理的用途等。未经业主大会同意是违法行为产生的前提，但经业主大会同意将物业管理用房用作经营的，不属于违法行为之列。

（五）违法使用物业管理区域内的物业共用部位、共用设施设备

这一违法违规行为具体表现为：① 未经业主大会讨论通过，擅自改变物业管理区域内按照规划建设的公共建设和公共设施用途；② 未经业主委员会同意擅自占用、挖掘物业管理区域内的道路、场地，或在约定期限内没有恢复原状，损害业主共同利益；③ 未经业主大会讨论通过，擅自利用物业共用部位、共用设施设备进行经营。

（六）物业服务企业拒不按照法律法规规定移交有关物业资料

在前期物业管理中，物业服务企业应当在物业服务合同终止时将有关物业资料移交给业主委员会；在物业服务合同终止时，物业服务企业应当将有关资料交给业主委员会或者新的物业服务企业。

（七）物业服务企业违反专项维修资金管理规定的行为

只要符合下列情形之一的，即可视为物业服务企业违法：① 擅自挪用维修资金，将专项维修资金挪用作自己使用，或者借给他人使用；② 未定期公布维修资金收支账目；③ 拒绝接受业主委员会或者业主查询；④ 维修质量问题造成经济损失或其他后果；⑤ 其他损害业主利益的行为。

（八）物业服务企业违规收费

物业服务费用应当区分不同物业性质和特点分别实行政府指导价和市场调节价。根据《物业服务收费管理办法》（发改价格〔2003〕1864号）第6条规定："物业服务收费应当区分不同物业的性质和特点分别实行政府指导价和市场调节价。具体定价形式由省、自治区、直辖市人民政府价格主管部门会同房地产行政主管部门确定。"物业服务企业违反价格法律、法规和规定，凡有下列行为之一者，可视为违规收费：① 越权定价、擅自提高收费标准；② 擅自设立收费项目，乱收费用；③ 不按规定明码标价；④ 提供的服务质价不符；⑤ 只收费不服务或者多收费少服务；⑥ 其他违法行为。

二、物业服务企业应承担的法律责任

（一）物业服务企业在管理中的民事责任承担方式

1. 继续履行

一方当事人违约，另一方当事人可要求其履行或者请求法院判决其履行合同约定的特定义务。业主及业主自治机构可以要求物业服务企业按照物业服务合同的约定履行义务，但由于物业服务合同的标的是劳务的提供，不适用强制履行，所以当物业服务企业拒不履行合同义务时，只能通过赔偿等方式承担。

2. 停止侵害、恢复原状

物业服务企业将一个物业管理辖区内的全部物业管理一并委托给他人的，必须收回委托，自己进行实际管理；未经业主大会同意，物业服务企业擅自改变物业管理用房用途的，应按规划恢复物业管理用房用途；违法使用物业管理区域内物业共用部位、共用设施设备的，应停止非法使用，恢复原状；拒不按法律、法规规定移交有关物业资料的，须立即移交。

3. 消除危险

物业服务企业未经业主委员会同意擅自占用、挖掘物业管理辖区内道路、场地，或在约定期限内没有恢复原状的，必须及时采取必要的措施，设置必要的安全设备，及时清理、填埋物业管理区域内的道路、场地，以保证业主的安全。

4. 及时补救措施

如物业管理质量不符合规定，应当按照当事人的约定承担违约责任；如无约定或约定不明确的，业主可根据标的的性质和损失的大小，采取对对方减少价款或报酬等措施。未经业主大会同意，物业服务企业擅自改变物业管理用房以及利用物业公共建筑、共用设施进行经营的，业主大会可令物业服务企业将所得收益用于补充专项维修资金。

5. 返还财产

物业服务企业利用物业共用部位、共用设施设备进行经营所取得的收益，应当主要用于补充专项维修资金，或交由业主大会决定。

6. 赔偿损失

物业服务企业未取得资质证书从事物业管理，聘用未取得物业管理职业资格证书的人员从事物业管理活动，或将一个物业管理区域内的全部物业管理活动一并委托给他人等违法行为给业主造成损失的，应当予以赔偿。

（二）物业服务企业在物业管理中的行政责任

由于物业服务企业提供的物业管理具有公益性，当物业服务企业实施违法行为时，在承担民事责任的同时往往还需要承担相应的行政责任。

1. 警告

县级以上人民政府房地产行政主管部门可针对以下行为对物业服务企业发出警告书，予以谴责或警戒：① 物业服务企业挪用装修维修基金；② 违法使用物业管理区域内的公共建筑和共用设施；③ 未经业主大会同意，擅自改变物业管理用房用途。

2. 通报

物业服务企业拒不移交物业资料的，县级以上地方人民政府房地产行政主管部门可在一定范围内公布报告，以促使其改正。

3. 责令限期改正

县级以上地方人民政府房地产行政主管部门可对下列行为责令限期改正：① 物业服务企业拒不移交物业资料的，必须在限期内移交；② 物业服务企业聘用未取得物业管理职业资格证书人员的，必须解除与未取得物业管理职业资格证书人员的聘用关系；③ 物业服务企业将一个物业管理区域内的全部物业管理一并委托给他人的，应在规定的时限内解除与他人签订的合同；④ 物业服务企业必须在规定期限内将改变公共建筑和共用设施用途的房屋恢复原状，将占用、挖掘的道路、场地恢复原状，停止利用共用部位、共用设施设备进行的经营。

4. 没收违法所得

物业服务企业未取得资质证书从事物业管理活动的，属于严重的违法行为，无论其是否产生不良影响或者危害后果，县级以上地方人民政府房地产行政主管部门都必须没收违法所得。

5. 罚款

县级以上地方人民政府房地产行政主管部门可以根据情节轻重，对物业服务企业的下列行为进行处罚：① 物业服务企业拒不移交物业资料，责令限期改正后仍不移交的，处1万元以上10万元以下的罚款；② 物业服务企业在不具有资质的情况下从事物业管理活动，在承担其他责任的同时，可处5万元以上20万元以下的罚款；③ 物业服务企业将一个物业管理区域内的全部物业管理一并委托给他人的，处委托合同价款30%以上50%以下的罚款；④ 对挪用专项维修资金的物业服务企业，可以并处挪用数额 2 倍以下的罚款；⑤ 未经业主大会同意，擅自改变物业管理用房用途的，对物业服务企业并处 1 万元以上 10 万元以下的罚款；⑥ 违法使用物业管理区域内的公共建筑和共用设施的，处 5 万元以上 20 万元以下的罚款。

6. 吊销资格证书

有下列行为之一的，颁发证书的房地产行政主管部门可以在给予其他行政处罚的同时，吊销物业服务企业的资格证书：① 物业服务企业超越资质要求承接物业管理项目，或以欺骗手段取得资质证书的；② 物业服务企业将一个物业管理区域内的全部物业管理一并委托给他人的；③ 挪用专项维修资金情节严重的。此外，政府价格主管部门会同房地产行政主管部门应当加强对物业服务企业的管理内容和标准以及服务费项目和标准的监督。物业服务企业违反价格法律、法规的规定，由政府价格主管部门根据《中华人民共和国价格法》（以下简称《价格法》）和《价格违法行为行政处罚规定》予以处理。

（三）物业管理人员在物业管理中的刑事责任

对挪用公共维修资金的直接负责的主管人员和其他直接责任人员，依照关于挪用公司资金罪或者其他的规定依法追究刑事责任。《刑法》第 272 条规定："公司、企业或者其他单位的工作人员，利用职务上的便利，挪用本单位资金归个人使用或者借贷给他人，数额较大、超过三个月未还的，或者虽未超过三个月，但数额较大、进行营利活动的，或者进行非法活动的，处三年以下有期徒刑或者拘役；挪用本单位资金数额巨大的，或者数额较大不退还的，处三年以上十年以下有期徒刑。"如物业服务企业为国有企业，或者相关负责人是其他国有企业单位委派的物业服务企业从事公务的人员，则构成挪用公款罪。《刑法》第 384 条规定："国家工作人员利用职务上的便利，挪用公款归个人使用，进行非法活动的，或者挪用公款数额较大、进行营利活动的，或者挪用公款数额较大、超过三个月未还的，是挪用公款罪，处五年以下有期徒刑或者拘役；情节严重的，处五年以上有期徒刑。挪用公款数额巨大不退还的，处十年以上有期徒刑或者无期徒刑。"

第五节　业主的法律责任

一、业主在物业管理中的违法行为

业主作为物业管理与服务的一方主体，既是物业管理的接受者，又是物业管理的参与者。物业管理与服务的顺利进行离不开物业服务企业的努力，更离不开业主的合作和监督。因此，《物业管理条例》对业主的行为也进行了必要的规范，明确规定了业主的违法行为。

（一）业主违反物业服务合同约定逾期不交纳物业服务费用

这里的"业主"包含个别业主和建设单位两种情况。已竣工但尚未出售或者尚未交给物业买受人的，物业服务费用由建设单位交纳。如其拒不交纳或者延迟交纳，则构成违约，须承担相应的法律责任。

（二）业主不及时履行修缮义务，涉及毗连房屋的安全和小区观瞻

这一违法行为具体表现为：① 房屋所有人或修缮责任人不按照国家和地方有关规定修缮房屋，造成房屋严重损坏或者危害他人生命财产；② 无故阻碍房屋修缮，造成严重后果；③ 房屋修缮过程中发生质量、安全事故。

（三）业主不按规定及时修理危险房屋

业主和其他负有房屋修缮义务的人，应当定期查勘房屋，掌握房屋受损情况，发现损坏及时修缮；在暴风、雨雪等季节，应当做好预防工作，发现房屋险情应及时抢险修复。在房屋修缮时，该房屋的使用人和相邻人应当予以配合，不得借故阻碍房屋的修缮。

（四）进行室内装饰装修的过程中的违法行为

进行室内装饰装修的过程中的违法行为主要包括下列行为。
（1）在车辆、行人通行的户外施工，不安置警示标志。
（2）在晚间居民正常的睡眠时间进行有噪声的房屋装修施工。
（3）从楼上向地面或由垃圾道、下水道抛弃因装饰、装修居室而产生的废弃物及其他物品。
（4）违规堆放、使用、清运装饰材料，家庭居室装饰、装修所形成的各种废弃物，不按照有关部门指定的位置、方式和时间进行堆放及清运。
（5）破坏或者拆改厨房、厕所的地面防水层，以及水、暖、电、煤气等配套措施。
（6）任意刨凿顶板，不经穿管直接埋设电线或者改线。
（7）随意增加楼地面净荷载，在室内砌墙或者超负荷吊顶、安装大型灯具及吊扇。
（8）随意在承重墙上穿洞，拆除连接阳台门窗的墙体，扩大原有的门窗尺寸或者另建等法律规定的行为。

（五）业主挪用专项维修资金

所谓"挪用"，是指将专项维修资金自己使用，或者借给他人使用。该行为侵害的是其他业主对专项维修资金所有权和物业进行维修养护的权利。

（六）违法使用物业管理区域内的公共建筑和共用设施

违法使用物业管理区域内的公共建筑和共用设施具体表现为以下三个方面。
（1）擅自改变物业管理区域内按照规划建设的公共建筑和共用设施用途，擅自改变小区内土地用途，改变房屋、配套设施的用途、结构外观，毁损设施、设备，危及房屋安全。
（2）擅自占用、挖掘物业管理区域内道路、场地，损害业主共同利益，私搭乱建、乱停乱放车辆，在房屋共用部位乱堆乱放，随意占用、破坏绿化、污染环境、影响住宅小区景观，噪声扰民。
（3）擅自利用物业共用部位、共用设施设备进行经营。所谓"擅自"，是指业主利用共用部位、共用设施设备进行经营，既没有告知物业服务企业，也未得到业主大会的同意，

更没有报经有关行政主管部门批准，并按照规定办理有关手续。

（七）业主以业主大会或者业主委员会的名义，从事违反法律、法规的活动

业主以业主大会或者业主委员会的名义，从事违反法律、法规的活动，构成犯罪的，依法追究刑事责任；尚不构成犯罪的，依法给予治安管理处罚。

二、业主应承担的物业管理法律责任

（一）业主的民事责任

业主在物业管理中从事违法行为，给他人合法的财产权利和人身权利造成损害的，应承担以下民事责任。

1. 继续履行

继续履行又称强制履行，指在违约方不履行合同时，由法院强制违约方继续履行合同债务的违约责任承担方式。业主不履行物业服务合同约定的义务，主要表现为逾期不交纳物业服务费用时，应承担继续履行的责任。《物业管理条例》第65条规定："违反物业服务合同约定，业主逾期不交纳物业服务费用的，业主委员会应当督促其限期交纳；逾期仍不交纳的，物业服务企业可以向人民法院起诉。"由此造成的损失和费用，由违约业主承担。

2. 消除危险

在业主可能危及毗连房屋和公共安全、影响小区观瞻时，或者业主不及时修缮或不及时修理危房时，业主委员会和物业服务企业可以对有关业主进行批评教育、责令限期修缮、消除危险。如果业主拒不修缮，业主委员会和物业服务企业可以代为修缮，所发生的费用由业主承担。如果已经造成损失，违法业主应当赔偿损失。

3. 排除妨碍

业主对自有物业进行修缮，业主委员会和物业服务企业对公共建筑和共用设施进行修缮，或在业主拒绝履行修缮义务时强制代为修缮，遭遇业主、相邻人或者其他人的无理阻挠时，权利人有权请求人民法院排除妨碍，以便于修缮活动的进行。

4. 赔偿损失

业主在利用自有物业的过程中，给相邻业主或公共建筑、共用设施造成损失的，违法业主应当赔偿损失，赔偿的数额以实际损失为限。

5. 返还财产

业主擅自挪用的专项维修资金必须返还，同时，业主利用物业共用部位、共用设施设备进行经营取得的利益，应当主要用于补充专项维修资金，也可以按照业主大会的决定使用。业主擅自经营的，应将所得收益填补专项维修资金，或交由业主大会决定使用。

物业使用人在物业管理活动中的权利和义务由业主和物业使用人约定，但不得违反法律、法规和管理规约的规定。物业使用人违反《物业管理条例》和管理规约的规定的，有关业主应承担连带责任。所谓连带责任，是指依照法律规定或者当事人的约定，两个或者

两个以上当事人对其共同债务全部承担或部分承担,并因此引起其内部债务关系的一种民事责任。它属于共同责任中的一种。当物业使用人在利用物业过程中进行了违法行为时,权利人可要求物业使用人承担全部责任,也可以直接要求业主承担全部责任。由业主承担全部责任的,可以根据物业使用人的过错或者二者之间的约定予以补偿。

(二) 业主的行政责任

1. 警告

县级以上地方人民政府房地产行政主管部门可对业主的以下行为处以警告:① 业主委员会成员与物业服务企业合谋挪用专项维修资金;② 违法使用物业管理区域内的公共建筑和共用设施。

2. 没收违法所得

业主委员会委员与物业服务企业合谋挪用专项维修资金从事经营、炒股、借贷等获得的违法所得,县级以上地方人民政府房地产行政主管部门可以予以没收。

3. 罚款

县级以上地方人民政府房地产行政主管部门可以根据情节轻重,对业主的下列行为进行处罚:① 业主参与挪用专项维修资金的,可予以警告、没收违法所得并处挪用数额2倍以下的罚款;② 业主非法使用物业管理区域内的公共建筑和共用设施的,处1 000元以上1万元以下的罚款。

4. 责令限期改正

县级以上地方人民政府房地产主管部门可责令业主在规定的期限内将改变用途的公共建筑和共用设施恢复原状;将占有、挖掘的道路恢复原状;强制业主停止利用物业共用部位、共用设施设备进行经营的行为。

需要说明的是,对业主进行的行政处罚只能由行政机关执行,而物业服务企业不能直接进行制裁,更不能为了制止违法行为而侵犯业主或物业使用人的人身权益与财产权益。对物业管理区域内违反有关治安、环保、物业装饰装修和使用等方面法律、法规规定的行为,物业服务企业应当制止,并及时向有关行政主管部门报告。有关行政主管部门在接到物业服务企业的报告时,应当依法对违法行为予以制止并依法处理。

(三) 业主的刑事责任

《物业管理条例》第66条规定:"业主以业主大会或者业主委员会的名义,从事违反法律、法规的活动,构成犯罪的,依法追究刑事责任;尚不构成犯罪的,依法给予治安管理处罚。"

一般来说,业主在物业管理中挪用专项维修资金构成侵占罪。《刑法》第270条规定:"将代为保管的他人财务非法占为己有,数额较大,拒不退还的,处二年以下有期徒刑、拘役或者罚金;数额巨大或者有其他严重情节的,处二年以上五年以下有期徒刑,并处罚金。"

其他违法行为尚不构成犯罪的,根据《中华人民共和国治安管理处罚法》第2条规定:"扰乱公共秩序,妨害公共安全,侵犯人身权利、财产权利,妨害社会管理,具有社会危害性，依照《中华人民共和国刑法》的规定构成犯罪的，依法追究刑事责任；尚不够刑事处罚的，由公安机关依照本法给予治安管理处罚。"

复习思考题

1. 法律责任的含义与特征是什么？
2. 法律责任的分类与归责原则有哪些？
3. 物业管理法律责任的分类与特征有哪些？
4. 物业管理法律责任的构成要件有哪些？物业管理法律责任的归责原则有哪些？
5. 建设单位在物业管理中的违法行为与法律责任分别有哪些？
6. 物业服务企业在物业管理过程中的违法行为与法律责任分别有哪些？
7. 业主在物业管理中常见的违法行为有哪些？业主应承担哪些法律责任？

案例分析

1. 2019年1月5日下午，济南市某小区业主王先生将一辆新买的价值23.5万元的轿车停放在本小区物业服务企业指定的露天停车位上，并按物业服务企业的要求交了8元临时停车费。1月6日上午，当王先生要开车出去办牌照时，发现此车已不翼而飞，随即告知物业服务企业并向派出所报案。经公安干警多方追查，该案一直未破。2019年2月5日，王先生以已向物业服务企业交纳了临时停车费，物业服务企业有责任保管看护好车辆为由，要求物业服务企业赔偿车辆丢失的全部损失。一审法院认为，无证据证明物业服务企业疏于管理，要求赔偿缺乏法律依据，依法驳回王先生的诉讼请求，诉讼费由王先生承担。承担物业服务法律责任的构成要素是什么？上述一审判决的法律依据是什么？是否正确？

2. 张某买了一套商品房，办理入住手续后，物业服务企业要求张某交3 000元的装修押金，否则不发门钥匙。装修完毕后，张某到物业服务企业要求退还押金，没想到却被物业服务企业以违章装修为由罚了500元。张某一气之下将物业服务企业告上法庭。物业服务企业有罚款权吗？为什么？物业服务企业该不该收取装修押金？为什么？物业服务企业有哪些权利？

3. 某小区9楼的业主张某在自家卫生间的东墙开窗，将厚厚的外墙打穿。物业服务企业多次上门加以阻止，但该业主不听劝阻，继续施工安装窗户，致使9层到底层的墙面被泥浆污染，破坏了小区的整体外观。另一业主则在房屋的储藏室里擅自安装了抽水马桶、洗脸盆，改变了废水立管的下水三通，致使楼下业主储藏室内的橱柜及物品受损。物业服务企业两次向这两个业主发出整改通知，责令其拆除未果。业主是否有权随意破坏墙体以及改变房屋用途添加卫生设备？物业服务企业经常会碰到业主违章的情况，应该如何制止业主的违章行为？

第四章 物业服务企业的设立及其法律地位

内容提要

本章主要介绍物业服务企业的概念、特征与分类、物业服务企业的设立与运作、物业服务企业的注册登记以及常见的物业服务企业组织机构与管理。

学习目标

1. 掌握物业服务企业的概念、特征与种类。
2. 掌握物业服务企业的设立与运作程序。
3. 熟知物业服务企业机构设置。

物业服务企业权利与义务如何界定？此案应当承担责任吗

【案情介绍】

某住宅区李先生夫妇凌晨被室内的脚步声惊醒，立即起床打开卧室的门，发现有人已经走到客厅的过道处，此人自称是物业服务企业的秩序维护员，说是因为房门虚掩，为张先生夫妇的安全考虑而入室检查。

张先生夫妇把物业服务企业告上了法庭，称秩序维护员是在张先生夫妇深夜熟睡之机闯入，使他们受到了精神刺激，影响了正常的生活，物业服务企业应该就此不当行为承担责任，并要求赔偿精神损害共计 10 万元。请问物业服务企业秩序维护员进入业主住宅，是否属于不当行为，物业服务企业是否应当承担责任？

【案例点评】

张先生夫妇身为业主，与物业服务企业间形成了服务与被服务关系。维护公共秩序、维护业主的利益是物业服务企业的职责。但在履行职责时应注意采取适当合理的方式，如果措施不当就会侵害业主的利益。本案中，由于秩序维护员的不当闯入侵害了业主的合法权益，造成业主受到惊吓，应该由物业服务企业承担一定的责任。对于此类事情，物业服务人员应将其视为紧急事件，不要盲目地处理，而应该采取与业主联系或者上报物业经理或者请求派出所介入，因为物业服务企业人员没有权力未经允许进入业主私人住宅内。

第一节 物业服务企业概述

一、物业服务企业的概念与特征

物业服务企业是指按照法定的条件与程序设立、登记备案,并具有独立企业法人地位,依据物业服务合同从事物业管理相关活动的经济实体。物业服务企业特征可以归纳为以下三点。

(1) 独立的企业法人。物业服务企业严格遵循法定程序建立,拥有一定的资金、设备、人员和经营场所;拥有明确的经营宗旨和符合法规的管理章程,具备相应的物业管理资质;独立核算,自负盈亏,以自己的名义享有民事权利,承担民事责任;所提供的服务是有偿的和盈利性的。

(2) 属于服务性企业。物业服务企业的主要职能是通过对物业的管理和提供的多种服务,确保物业正常使用,为业主和物业使用人创造一个舒适、方便、安全的工作和居住环境。物业服务企业本身并不制造实物产品,它主要是通过常规性的公共服务、延伸性的专项服务、随机性的特约服务、委托性的代办服务和创收性的经营服务等项目,尽可能实现物业的保值和增值。因此,物业服务企业的"产品"就是服务,与工业企业等其他经济组织是有区别的。

(3) 具有一定的公共管理性质的职能。物业服务企业在向业主和物业使用人提供服务的同时,还承担着物业区域内公共秩序维护、市政设施的配合管理、物业的装修管理等工作,其内容带有公共管理的性质。

二、物业服务企业的分类

物业服务企业的分类方法有很多,这里只介绍其中具有代表性的几种分类方法。

(一) 按照投资主体的经济成分来划分

1. 国有物业服务企业

国有物业服务企业的资产属于国家所有。这类企业大多是从全民所有制企业或行政事业单位中分离出来,以原有企业或行政事业单位的房屋管理和维修部门为基础,由原有企业或行政事业单位负责组建的。这类企业在刚成立时往往依附于原有企业或行政事业单位,管理的物业一般是由原有企业或行政事业单位自建的,具有自建自管的特点。随着物业管理市场的不断发展和全民所有制企业改革的不断深入,这类企业已逐步走上市场化发展的轨道。

2. 集体所有制物业服务企业

集体所有制物业服务企业的资产属于集体所有。这类企业一般是以街道原有的房产管理机构为基础,由街道或其他机构负责组建,管理街道区域内的物业或其他物业。此外,这类企业还可以由集体所有制的房地产开发公司负责组建，主要管理企业自己开发的各类房产。

3. 民营物业服务企业

民营物业服务企业是指民营性质的物业服务企业。近年来，民营物业服务企业迅速发展，市场份额越来越大。

4. 外资物业服务企业

外资物业服务企业是以外商独资经营、中外合资经营或合作经营等形式进行运作的物业服务企业。

5. 其他物业服务企业

其他物业服务企业是指企业资产属于多种所有制经济成分的投资主体所有的物业服务企业。

（二）按股东出资形式来划分

1. 物业服务有限责任公司

物业服务有限责任公司的股东以其出资额为限，对公司承担有限责任，公司以其全部资产对公司的债务承担责任。

2. 物业服务股份有限公司

物业服务股份有限公司的全部资产被分为等额股份，股东以其所持股份为限对公司承担责任，公司以其全部资产对公司的债务承担责任。

3. 股份合作型物业服务企业

股份合作型物业服务企业的股东通过订立合作经营章程，按其股份享有权利和义务，企业以其全部资产对其债务承担责任。

4. 上市公司

近年来，随着资本对物业服务企业的持续看好，物业管理行业作为资本的"新宠儿"备受青睐。物业管理行业拥有万亿级管理面积，发展空间与成长潜力巨大。目前，南都物业在A股上市，另外25家企业登陆香港主板，如彩生活服务集团、中海物业、中奥到家、绿城服务、祈福生活服务、雅生活服务、浦江中国、碧桂园服务、保利物业、时代邻里、蓝光嘉宝、鑫苑物业等。近期将会有更多物业服务企业上市交易。社会对物业服务公司价值的看好也体现在二级市场上。据统计，这25家物业服务公司在香港上市后，近九成公司的股价在2020年2月取得正收益，其中碧桂园服务上涨了25%，远远跑赢同期大盘。

三、物业服务企业的常见模式

（一）房地产建设单位的附属子公司或部门

房地产建设单位的附属子公司是指由房地产开发建设单位投资成立的法人或非法人物业服务企业。另外，也有部分房地产企业在其内部设立专门部门（不属于企业），承担售后物业的管理工作。这种企业的特点是房地产建设单位与物业管理单位之间属上下级关系。这类物业服务企业过去的主要管理对象为上级建设单位开发的房地产项目，但近年来随着市场化进程不断推进，除管理上级建设单位开发的项目外，也通过市场获取物业管理项目。

（二）独立的物业服务企业

独立的物业服务企业是指不依附于房地产开发建设单位和其他单位，独立注册、自主经营、自负盈亏的物业服务企业。

（三）物业服务集团公司

物业服务集团公司主要由集团总公司和下属子公司或分公司构成。集团总公司是宏观控制机构，集团发展的战略决策由总公司负责，总公司机关中设若干业务处室和行政办公部门；子公司或分公司既可按地域设置，也可按专业服务内容划分，如楼宇设备的维修公司、清洁服务公司、保安服务公司以及物业服务公司。

四、物业服务行业的发展历程

从1981年深圳第一家物业服务企业诞生至今，中国内地物业服务行业已走过39年的历程。物业管理的发展历程可分为四个阶段。

（一）第一阶段从1981年到1993年，为探索阶段

在改革开放之初，各行各业都在探索之中。1981年，诞生了第一家物业服务企业，即深圳市物业管理有限公司。同年，深圳市东湖丽苑小区成为第一个实施物业服务的小区。1983年，深圳市国际商业大厦成为第一个实施物业服务的大厦。1991年，深圳市万科天景花园成立全国第一个业主共管委员会。1993年，第一个地方物业协会——深圳市物业管理协会成立。1993年，第一部地方性法规《深圳经济特区住宅区物业管理条例》颁布。

（二）第二阶段从1994年到2002年，为起步阶段

1994年，我国第一部物业管理制度规范性文件——《城市新建住宅小区管理办法》发布。1998年，《住宅共用部位共用设施设备维修基金管理办法》发布。1999年，《物业服务企业资质管理试行办法》发布。

（三）第三阶段从2003年到2013年，为发展阶段

2003年，《物业管理条例》颁布实施，标志着物业管理走向法制化轨道。2007年，《中华人民共和国物权法》颁布实施，标志着物业管理制度被国家基本法律规定明确下来。这个阶段也是行业法规制度建设最快的阶段，相继制定发布了一系列规章和规范性文件，初步形成了一个相对完整的物业管理法规制度体系。

（四）第四阶段从2014年至今，为转型升级阶段

这个阶段有两个标志性的事件：其一，物业服务行业获得资本市场的认可，行业先后

出现了第一家港股上市企业、第一家 A 股上市企业，随后又有大量物业服务企业上市。其二，在国家"放管服"改革的大背景下，物业管理制度体系做出调整，物业管理师资格、物业服务企业资质相继取消，意味着传统的监管框架已被打破，新的监管框架尚待建立。

（五）第五阶段从 2021 年起，为民法典时代的物业管理阶段

随着《民法典》2021 年 1 月 1 日正式实施，物业管理行业进入研究学习贯彻实施《民法典》阶段。

五、物业服务行业的发展现状

第四次全国经济普查结果显示，经过三十多年的发展，物业管理在整个国民经济和百姓居家生活中发挥着越来越重要的作用，主要体现在以下几个方面。

（1）改善人居环境。通过保安、保洁、保绿、保修等物业服务，维持小区公共秩序，保持小区整洁、美观，保障小区设施设备正常运转，营造小区社区文化，从而极大地改善了小区的人居环境。

（2）人民美好生活的保障。小区治理是社区治理重要组成部分，也是国家治理体系中的基础部分。小区稳，社区才会稳；社区稳，社会才会更稳。小区物业管理是社会治理、业主自治与社区服务的交汇点，物业服务企业承担了小区内大量社会管理的任务，疫情以来更是获得广泛认可，为社会抗击疫情做出了重要贡献。

（3）促进社会经济发展。物业服务行业作为一个万亿级规模的产业，是国民经济的一支重要力量。物业服务对我国居民家庭中的最大资产——房屋的保值增值，发挥着不可替代的作用。物业服务通过营造良好环境和提供延伸服务，促进了居家服务消费。

（4）缓解就业矛盾。根据第四次全国经济普查结果，在第三产业中，物业服务行业就业规模已超过住宿业、餐饮业和文化娱乐业等行业，成为缓解社会就业矛盾的重要渠道，为退伍军人、农村剩余劳动力、下岗分流人员、大学毕业生等重点人群提供了大量就业机会。此外，作为跨周期性行业，物业服务行业抵御经济周期波动的能力较强，近些年始终保持每年 30 万至 50 万人的新增就业规模，在一定程度上起到了平抑社会就业周期波动的作用。

（5）支持重大改革任务。物业服务行业在国家重大改革任务，如国企"三供一业"改革，政府机关、学校、军队后勤社会化改革，老旧小区改造后长效管理，居家养老等方面，发挥着重要作用。在国家重大活动和重要会议中也活跃着物业服务企业的身影，如 G20、世博会、世园会等。相信在未来的北京冬奥会上，也会看到物业服务企业提供服务保障的身影。在扶贫攻坚方面，包括对接农产品产地与居民家庭、农村贫困人口就业等，物业服务行业都做出了自身的贡献。

（6）促进科技创新。物业服务贴近人们的居家生活，涵盖了小区的方方面面，为科技创新提供了极佳的应用场景。信息时代下的物业服务，无论是对物的管理，还是对人的服务，科技的身影无处不在，智慧社区方兴未艾。一些龙头物业服务企业投入大量的资金用于科技研发，使得物业服务的科技含量快速提升，物业服务和科技之间的界限日益模糊。

六、物业管理行业面临的挑战

物业服务行业发展势头较好,社会评价越来越高。行业发展势头较好的原因主要有以下几个方面:第一,住房制度改革和城镇化进程给物业服务行业发展创造了巨大的空间。第二,物业服务是百姓居家生活的刚需。只要有新的住宅小区和新的大厦项目落成,就需要有物业服务企业的进驻与管理。伴随着房屋存量规模的增加,物业服务规模相应增长。第三,得益于物业行业全体从业人员的共同努力。然而,在行业获得巨大发展的同时,仍然面临挑战与瓶颈,主要反映在以下几个方面。

(一)矛盾纠纷有待化解

2019年11月5日,中国消费者协会发布了《国内部分住宅小区物业服务调查体验报告》。该报告显示,物业服务在业主评价和实地体验两个维度上的结果都不太尽如人意。从各地信访投诉的情况来看,物业管理领域矛盾纠纷仍然多发,纠纷调解机制有待完善。

(二)市场秩序有待规范

尽管物业服务行业已发展了三十多年,但市场无序竞争、违法违规行为仍时有发生。行业准入门槛取消,进入物业服务市场的企业数量显著增加,加剧了企业良莠不齐的状况,使得市场存在劣币驱逐良币的现象。

(三)服务质量有待提高

目前,物业服务行业的整体服务水平不高,服务标准尚待健全,服务意识不强,与业主的期待还有差距。一些物业服务企业和从业人员把自己定位为"管理者"而非"服务者",必然使得服务质量很难提高。

(四)权利与义务有待厘清

物业服务职责边界不清,对物业服务企业进行任务摊派较为普遍,增加了企业负担。很多小区事务,不论是否属于物业服务的职责范畴或合同约定事项,都指派给物业服务企业去做,但没有给予相应的补偿。另外,还存在物业服务主体各方权利与义务不对等,法律法规对业主委员会的约束机制缺失等问题。

(五)市场机制有待完善

行业公平竞争的机制、企业优胜劣汰的机制、物业服务质价相符的机制等均有待建立和完善。

(六)小区治理有待加强

十九届四中全会《中共中央关于坚持和完善中国特色社会主义制度、推进国家治理体系和治理能力现代化若干重大问题的决定》提出,要坚持和完善共建、共治、共享的社会治理制度。目前,小区治理体系还不健全,业委会的作用还未充分发挥,有的不作为甚至乱作为。基层党组织和基层政府在小区事务上往往是缺位的，一些职能部门认为小区内的事都是业主自治范围内的事，把小区当成"法外之地"，导致执法进不了社区。

（七）法规制度有待健全

虽然经过多年努力，行业已初步建立起了一个相对完整的法律制度框架，但是还未达到健全、完善的程度。包括《物业管理条例》在内的一些法规制度出台时间较早，有些内容已不适应行业发展现况和形势要求，如业主大会表决门槛高导致集体表决难等，亟待修订与完善。

七、物业管理行业发展方向

十九大提出，现阶段最主要的任务就是要满足人民日益增长的美好生活需要。物业服务行业发展还不平衡、不充分，还不能满足人民群众对美好生活的需要。十九届四中全会明确提出了，国家治理体系和治理能力现代化，特别是对社会治理体系建设的要求，这些要求为物业服务行业发展指明了方向。物业管理的制度建设和行业发展，必须坚持党的领导，发动群众积极参与，构建人人有责、人人尽责、人人享有的小区治理共同体。这需要企业发展、行业监管和小区治理体系建设三个方面的共同努力。《民法典》也是一部业主利益至上的反映人民意愿的大典，是人民美好生活保证。

（一）在企业发展方面，要实现"三转变一拓展一转型"

"转变一"是要转变服务观念。行业从业人员要把"管理者"观念转变为"服务者"观念，要从传统的对"物"的管理转变为对"人"的服务上来。"转变二"是要转变经营理念。现在很多企业更多的还是关注经济效益，对承担社会责任的关注不够。物业服务具有公共服务属性，不仅是简单的市场行为，企业在追求经济效益的同时应更加关注社会效益。"转变三"是要转变服务方式。要从传统的"人海战术"转变到注重科技应用与创新上来，即通过科技应用降本增效。但是，不能期望用科技替代掉所有的服务，而是要借助科技创新和应用来更好地提供"有温度的服务"。

"一拓展"是要拓展物业服务领域，寻找行业新的利润增长点，如城市服务等。行业要从小区走出来，走向更广阔的空间，提供更丰富、更专业的服务。从小区服务走向城市服务，并非简单的服务延伸，具有挑战性。城市是一个复杂的巨系统，并不是小区的简单放大，城市的范围、服务的种类、服务的深度和广度均远超小区。城市服务不仅是尺度的变化，还包括服务外延和内涵的变化，需要物业服务企业做好规划，苦练内功。此外，一些行业龙头企业已经在居家服务、居家养老等领域做了很多努力，探索居家养老服务的有效模式，这样既可以满足老龄化时代养老服务的需要，也符合企业发展的需要。

"一转型"是要实现物业服务向现代服务业的转型升级。转型升级需要靠行业自己主动"干"出来，而不是等着依靠国家政策"扶"出来。通过改进服务、公平竞争、提升科技含量等方面的努力，来推动行业的转型升级。

近年来，物业管理行业面临着人力成本及各项费用快速提升，而物业费难以上涨的压力，物业服务企业应积极调整经营及管理策略，借助大数据、智能化等新技术，不断优化管理流程，提高管理效率，降本增效，并在激烈的竞争环境中，不断深入挖掘业主需求和探求自身发展优势，推出各种增值服务，不断寻求企业新的盈利增长点。

（二）在行业监管方面，加强法规制度建设

1. 转变行业监管方式

从传统的事前准入监管转变为事中、事后监管，推行"双随机一公开"的建设，加大违法违规行为的查处力度。

2. 加快行业信用体系建设

2018年《物业管理条例》修订，在删减了与企业资质相关内容的同时，增加了信用管理的内容，这使得物业服务行业成为房地产领域各子行业中第一个在信用方面实现立法突破的行业。接下来，要落实《物业管理条例》的规定，研究制定行业信用评价标准，开展多维度信用评价，研究行业信用红黑名单管理办法，加强行业诚信管理，推动实施跨部门守信联合激励和失信联合惩戒。

3. 健全物业服务标准

研究制定物业服务国家标准，推动各地建立健全地方标准，提升物业服务质量。

4. 推行质价相符理念

按照标准提供物业服务，确定相应的服务价格。通过推动服务价格和服务收费的公开透明，获得广大业主和社会的认可，最终实现质价相符。

5. 提升行业形象

物业服务行业有千千万万的从业人员在日夜守护着广大业主的家园，为小区环境和和谐安宁而努力奉献。他们都是普通的劳动者，但仅仅因为工作地点在小区围墙之内，受社会关注和认可的程度远不如围墙外的相近行业。为了增强行业的归属感和荣誉感，需要加大力度挖掘正面典型，如通过鼓励各地评选"最美物业人"，发现和宣传行业典型人物，从而提高社会对行业的了解和认可度。目前，包括杭州、上海在内的一些地方已开展相关工作，受到广大行业从业人员的欢迎，社会反响较好。

6. 研究完善法律法规

研究《民法典》物权编、合同编中等与物业管理相关的条款，提出有利于行业发展的立法建议。研究修订与完善《物业管理条例》，制定配套的规章、规范性文件，构建行业完善的法律法规制度体系。

（三）在社区治理方面，推动完善小区治理体系

1. 加强红色社区物业党建

贯彻落实十九届四中全会会议精神，加强红色社区物业党建，加强党的组织和工作覆盖，强化基层党组织的领导作用，通过党建引领，建立和完善小区综合治理体系。

2. 规范业委会选举和运作

压实街道社区属地管理责任，赋予街道社区对业委会的人选建议权和把关审核权，依

法依规选举出有公心、有热情、有能力的业主特别是业主中的党员，担任业委会成员和业委会主任。强化街道社区对业委会日常运作的指导监督。

3. 建立多方协商平台

社区、业主、物业服务企业和相关职能部门代表参与平台的建立和运作。多方协商平台要发挥两个方面的作用：一是化解矛盾纠纷，即小区内有什么矛盾、业主有什么诉求都可以放在平台上来说，将矛盾纠纷化解在萌芽状态；二是多方协商议事，即当遇到一些小区内解决不了的问题，如小区出入口与市政道路衔接问题、小区围墙外噪声扰民问题等时，通过街道社区牵头，相关部门参与，与业主和物业服务企业一起共同协商解决措施。

4. 明确部门职责

小区事务涉及住建、房管、公安、城管、规划、环保、价格、园林绿化、市政等众多部门，因此，小区综合治理需要明晰各有关部门的职责，推进执法进小区。

5. 发动群众广泛参与

小区是广大业主的家园，而业主作为小区的主人，理应参与小区的治理。加强宣传引导，使广大业主了解业主、业主大会和业委会的权利与义务，监督业委会的日常运作，监督物业服务企业的服务，积极参与小区治理，维护自身的合法权益。小区治理人人有责，只有通过人人尽责，才能实现人人享有，构建共建、共治、共享的小区治理新格局，共同缔造幸福美好的家园。

总之，物业服务企业作为现代服务业，不仅要通过科学管理和及时的设备设施保养与维修，使得物业在长时期内实现保值增值，还要通过各项特约服务，为业主提供一种安全、舒适、优雅的工作、学习和生活环境，并通过各种社会性服务，提高人们的情趣，陶冶人们的情操，建设和谐的文化氛围，引导良好的精神风貌。

随着企业管理规模快速增大，企业规模效应得到体现，且智能化、自动化管理的改善规范了企业管理流程，提升了企业的营运效率，使得物业服务企业的盈利能力不断提升。2018 年，500 强物业服务企业的净利润总值为 226.22 亿元，平均净利润为 4 524.33 万元，净利润率为 7.99%。从盈利结构上看，500 强企业的物业服务净利润为 158.42 亿元，占总净利润的比重为 70.03%，多种经营服务净利润为 67.801 亿元，占比为 29.97%。500 强企业盈利模式仍以基础服务为主，多种经营服务为辅，且多种经营服务盈利能力较为显著。对比净利润和营收结构，500 强物业服务收入在营业收入中占比 79.71%，物业服务净利润占比 70.03%，而多种经营服务在营业收入中占比 20.29%，却创造了 29.97%的净利润，因此，营业收入占比较少的多种经营服务的净利润贡献能力更强。

第二节　物业服务企业的设立及运作

物业服务企业的设立包括实质条件和形式条件。实质条件是指物业服务企业的设立条件。形式条件是指设立物业服务企业需要履行的手续，主要是指注册登记手续。

一、物业服务企业的设立

（一）公司的设立条件

我国《民法典》及其他相应的法律法规对企业法人的成立条件及程序有严格的规定。成立企业法人，必须符合相关法律规定的具体条件。

1. 依法成立

物业服务企业的设立必须合法，其内部机构、经营范围、经营方式等须符合法律要求，必须按照法律规定的程序成立。

2. 有符合企业登记管理要求的注册资本

这既是物业服务企业享受权利、承担义务的物质基础，更是其独立承担民事责任的财产保障。物业服务企业必须具备必需的独立财产和注册资本。

3. 有企业名称和固定的经营管理场所

企业名称是企业组成的一部分，是一个企业区别于另一个企业的标志。根据《企业名称登记管理规定》规定：① 企业只准使用一个名称；② 企业名称应按字号、行业、经营特点、组织形式等组成；③ 企业名称不得具有欺骗性、误导性，不得有损国家和社会公共利益等。生产经营场所是企业进行生产经营等业务活动的所在地。它与企业住所不同，企业住所是其主要办事机构所在地，只能有一个，而经营场所可以有多个，既可以是企业住所，也可以是其他生产经营地点。

4. 有管理机构及与经营管理规模相适应的各类管理人员和专业技术人员

企业应当具有与其经营范围和规模相适应的经营条件，包括管理机构、管理人员及专业技术人员。

（二）物业服务企业的设立条件

物业服务企业是物业管理与服务最常见的组织形态，它作为专门为从事物业管理工作而注册的企业，是我国物业服务企业中的主要模式。

物业服务企业是指按合法程序成立并具备相应资质条件的经营物业管理与服务的企业性经济实体。物业服务企业是独立的企业法人，必须有明确的经营宗旨和经主管部门认可的经营章程，能够独立承担民事责任。物业服务企业属于服务业，自主经营、独立核算、自负盈亏。

物业服务企业的设立除应符合以上企业法人的一般条件外，还应符合《公司法》的有关规定。物业服务企业分为有限责任公司和股份有限公司。物业服务有限责任公司是由 2 个以上 50 个以下股东共同出资，并以其出资额为限对公司承担责任，而公司以其全部资产对公司的债务承担责任的企业法人。物业服务股份有限公司一般是由 5 个以上发起人成立，全部资本划分为等额股份，每个股东以其所持股份为限对公司承担责任，公司以其全部资产对公司的债务承担责任的企业法人。根据《公司法》，设立物业服务企业应具备以下条件：

1. 有企业名称

企业有名称，如自然人有姓名一样。企业的名称一般由企业所在地、具体名称、经营类别、企业种类等四部分组成。在确定具体名称时可考虑原行业的特点、所管物业名称的特点、地理位置、企业发起人的名字等。根据国家工商行政管理局制定的《企业名称登记管理规定》有关精神，企业名称中不得含有下列内容和文字：有损于国家社会公共利益的；可能对公众造成欺骗或误解的；外国国家地区名称、国际组织名称；党政名称、党政军机关名称、群众组织名称、社会团体名称及部队番号；汉语拼音字母（外文名称中使用的除外）、数字；其他法律、行政法规规定禁止的。

对于使用中国、中华或者冠以国际字词的企业名称只限于全国性的大公司、国务院或者授权机关批准的大型进出口企业和大型企业集团，以及国家工商行政管理局规定的其他企业。在企业名称中用"总"字的必须设三个以上分支机构。

根据《企业名称登记管理规定》的有关规定，设立公司应当申请名称预先核准。法律、行政法规规定必须报经审批后成立的公司，如三资公司或者公司经营范围中有法律、行政法规规定必须审批的项目的，应当在报送审批前办理公司名称预先核准，然后以核准的名称报送审批。例如，设立外商投资的物业服务企业，在报经有关外经贸行政管理机关审批前必须将申请名称报工商行政管理部门预先核准。

设立有限责任公司，应当由全体股东指定的代表或共同委托的代理人申请名称预先核准；设立股份有限公司，应当由全体发起人指定的代表或共同委托的代理人申请名称预先核准。申请时，必须提交：① 全体股东或发起人签署的申请书；② 股东或发起人的法人资格证明或者自然人的身份证明等。

工商行政管理机关应当自收到申请文件之日起 10 日内做出核准或驳回的决定；决定批准的，应当发给企业名称预先核准通知书。公司名称是企业品牌中的一部分，从开始起名时就要注意其合法性和效应性，一般要求简明、响亮、有寓意、有创意。

2. 有公司住所

《民法典》规定，法人以它的主要办事机构所在地为住所。物业服务企业的主要办事机构所在地为物业服务企业的住所。物业服务企业设立条件中的住所用房可以是自有产权房，也可以是租赁用房。在租赁用房作为住所时，必须办理合法的租赁凭证，且房屋租赁的期限必须在一年以上。有了确定的住所，就可以确定所属工商行政管辖的行政机关了。

3. 有法定代表人

物业服务企业作为企业法人，经国家授权审批机关或主管部门审批和登记主管机关核准登记注册后，其代表企业法人行使职权的主要负责人是企业法人的法定代表人。当企业申请登记经核准后，主要负责人即取得了法定代表人资格。法定代表人必须符合下列条件：有完全民事行为能力；有所在地正式户口或临时户口；具有管理企业的能力和有关的专业知识；具有从事企业的生产经营管理能力；产生的程序符合国家法律和企业章程的规定；符合其他有关规定的条件。

物业服务企业选好法定代表人对企业的经营管理有着至关重要的作用。物业服务企业法定代表人应在合法的前提下，在企业章程规定的职权范围内行使职权、履行义务，代表企业法人参加民事活动，对物业管理全面负责，并接受本公司全体成员监督，接受政府部门、主管物业管理行政机关的监督。

4. 有注册资本

注册资本是公司从事经营活动，享受和承担债权债务的物质基础。一般来说，注册资本的大小直接决定公司的偿债能力和经营能力。世界各国对公司的最低的资本额都有具体、严格的规定。我国有关法律也对各类公司的注册资本有所规定。

企业法人登记管理有关规章规定了各类公司的注册资本：生产性公司的注册资本不得少于 30 万元人民币，咨询服务性公司的注册资本不得少于 10 万元人民币。物业服务企业作为服务性企业，其注册资本不得少于 10 万元人民币。

5. 有公司章程

公司章程是明确企业宗旨、性质、资金状况、业务范围、经营规模、经营方向、组织形式、组织机构，以及利益分配原则、债权债务处理方式、内部管理制度等的规范性书面文件。其内容一般应包括：① 公司的宗旨；② 名称和住所；③ 经济性质；④ 注册资金数额以及来源；⑤ 经营范围和经营方式；⑥ 公司组织机构及职权；⑦ 法定代表人产生程序及职权范围；⑧ 财务管理制度和利润分配方式；⑨ 其他劳动用工制度；⑩ 章程修改程序；⑪ 终止程序；⑫ 其他事项。

有限责任公司的章程应载明下列事项：① 公司名称和住所；② 公司经营范围；③ 公司注册资本；④ 股东的姓名或名称；⑤ 股东的权利和义务；⑥ 股东的出资方式和出资额；⑦ 股东转让出资的条件；⑧ 公司的机构及产生办法、职权、议事规则；⑨ 公司法定代表人；⑩ 公司解散事由与清算办法；⑪ 股东认为需要规定的其他事项。股东应当在公司章程上签名、盖章。

股份有限公司章程应当载明下列事项：① 公司名称和住所；② 公司经营范围；③ 公司设立方式；④ 公司股份总数、每股金额和注册资本；⑤ 发起人的姓名或者名称、认购的股份数；⑥ 股东的权利和义务；⑦ 董事会的组成、职权、任期和议事规则；⑧ 公司法定代表人；⑨ 监事会的组成、职权、任期和议事规则；⑩ 公司利润分配办法；⑪ 公司的解散事由与清算办法；⑫ 公司的通知和公告办法；⑬ 股东大会认为需要规定的其他事项。

6. 有相应的物业专业人员

企业法人登记管理有关规章规定，申请成立全民、集体、联营、私营、三资等企业，必须有与生产经营规模和业务相适应的从业人员，其中专职人员不得少于 8 人。物业服务企业一般应具有 8 名以上的专业技术管理人员，其中中级职称以上的须达 3 人以上。

设立物业服务有限责任公司，应当由 2 人以上 50 人以下股东共同出资；设立股份有限公司，除国有企业改建为股份有限公司的以外，应当有 5 个以上发起人，且其中须有过半数的发起人在中国境内有住所。国家授权投资的机构或部门可以单独设立国有独资的有限责任公司。外国投资者包括外国的企业和其他经济组织或个人，可以独资设立外资性质的物业管理有限责任公司。

（三）物业服务企业的注册登记

物业服务企业具备了设立的条件，还要进行注册登记。物业服务企业营业前必须到工商行政主管部门进行注册登记。

1. 登记管辖

注册登记应根据注册登记管辖范围来进行。

（1）国家工商行政管理总局负责登记的公司有：① 国务院国有资产监督管理机构履行出资人职责的公司以及该公司投资设立并持有50%以上股份的公司；② 外商投资的公司；③ 依照法律、行政法规或者国务院决定的规定，应当由国家工商行政管理总局登记的公司；④ 国家工商行政管理总局规定应当由其登记的其他公司。

（2）省、自治区、直辖市工商行政管理局负责本辖区内下列公司的登记：① 省、自治区、直辖市人民政府国有资产监督管理机构履行出资人职责的公司以及该公司投资设立并持有50%以上股份的公司；② 省、自治区、直辖市工商行政管理局规定由其登记的自然人投资设立的公司；③ 依照法律、行政法规或者国务院决定的规定，应当由省、市工商行政管理局登记的公司；④ 国家工商行政管理总局授权登记的其他公司。

（3）设区的市（地区）工商行政管理局、县工商行政管理局，以及直辖市的工商行政管理分局、设区的市工商行政管理局的区分局，负责本辖区内下列公司的登记：① 《中华人民共和国公司登记管理条例》第6条和第7条所列公司以外的其他公司；② 国家工商行政管理总局和省、自治区、直辖市工商行政管理局授权登记的公司。

前款规定的具体登记管辖由省、自治区、直辖市工商行政管理局规定。但是，其中的股份有限公司由设区的市（地区）工商行政管理局负责登记。

2. 企业设立登记应提交的文件

（1）股东的主体资格证明或者自然人身份证明。

（2）公司法定代表人签署的设立登记申请书。

（3）全体股东指定代表或者共同委托代理人的证明。

（4）公司章程。

（5）依法设立的验资机构出具的验资证明，法律、行政法规另有规定的除外。

（6）股东首次出资是非货币财产的，应当在公司设立登记时提交已办理其财产权转移手续的证明文件。

（7）载明公司董事、监事、经理的姓名、住所的文件以及有关委派、选举或者聘用的证明。

（8）公司法定代表人任职文件和身份证明。

（9）企业名称预先核准通知书。

（10）公司住所证明。

二、物业服务企业的运作

（一）向上级主管部门提出设立物业服务企业的申请

通常具有房屋产权的事业或企业单位，在为本系统分支机构或职工提供良好的工作环境和居住环境而设立物业服务企业时，需要向主管部门提出设立公司的申请。此外，在设立三资物业服务企业前,首先要经过对外经济贸易主管部门审查批准。应注意的是,报经有关部门审批不是设立所有物业服务企业都要遵循的法定程序。

(二) 全体股东共同制定公司章程

公司的出资人在公司设立后即为公司的股东,全体股东应当共同制定公司章程。依照《公司法》规定,公司章程应当载明:① 公司的名称和住所;② 公司的经营范围;③ 公司的注册资本;④ 股东的姓名或名称及住所;⑤ 股东的权利和义务;⑥ 股东的出资方式和出资额;⑦ 股东转让出资的条件;⑧ 公司的机构及其产生办法、职权、议事规则;⑨ 公司的法定代表人;⑩ 公司的解散事由和清算办法;⑪ 公司的股东认为应当载明的其他事项等。

(三) 申请验资

根据公司股东实际交纳的全部出资额,包括货币、实物、工业产权、非专利技术和土地使用权等,由法定验资机构即会计律师事务所进行验资,并出具证明。

(四) 公司名称预先核准申请

公司的名称不仅是公司章程必须记载的事项,也是公司登记的必要事项。物业服务企业在向公司的登记机关申请设立公司登记之前,应向工商行政登记主管机关提出预先核准公司名称申请。

(五) 物业服务企业的申报资料

内资企业(含国有、集体、股份合作)一般应提供下列资质资料。
(1) 主管单位对申请物业服务企业的经营资质进行审批的报告。
(2) 设立物业服务企业的可行性报告和上级主管单位的审批文件。
(3) 管理章程。
(4) 公司法人代表任命书或聘任书。
(5) 验资证明。
(6) 注册及经营地点证明。
(7) 拥有或受托管理物业的证明材料。
(8) 具有专业技术职称的管理人员的资格证书或证明文件。
(9) 其他有关资料。

外商投资企业(含中外合资、中外合作及外商独资),除需要提供内资企业申报审批所需的有关资料外,还需提供合资或合作项目议定书、合同等文件副本及有关批准文件;外商独资企业应委托本市具有对外咨询代理资质的机构办理申请报批事项。

私营企业除补充个人身份证明和待业证明等有关资料外,其余资质资料大体相同。

(六) 确立物业服务企业的组织机构

物业服务企业的组织机构是对内管理事务,对外代表公司的法定机构。按照《公司法》的有关规定,公司在登记成立前,必须对公司的权力机关、经营决策和业务执行与监督机关，依法做出是否设立的决定。设立公司的董事、监事，应当在公司成立以前，在股东首次会议上选出或由已经确定的员工选出。

（七）物业服务企业组织的设立登记

股东的全部出资经法定的验资机构验资后，由全体股东指定的代表或共同委托的代理人向公司登记机关申请设立公司登记，同时提交公司登记申请书、公司章程、验资证明书、公司的董事与监事名单等有关文件和证明。公司登记机关对符合规定条件的予以登记，对不符合规定条件的不予登记。公司登记机关发给营业执照，公司即告成立。

第三节 物业服务企业组织机构

一、物业服务企业组织机构设置的要求

物业服务企业组织机构的设置应为实现企业的经营目标服务，而企业的经营、管理、服务则主要依靠各职能部门来完成。因此，物业服务企业组织机构的设置是物业管理的计划、组织、指挥、协调、控制等职能的要求。为了保证物业管理统一、畅通、健康、高效地运转，为了保证企业决策层的行政指挥，物业服务企业应设置相应的组织机构。

物业服务企业组织机构的设置应考虑：① 能够充分体现物业服务企业的服务性功能，明确每一个组织机构的功能作用和具体目标；② 能够充分发挥企业员工的潜能；③ 能够保证企业对内、对外关系的协调；④ 从实际出发，对人、财、物等资源合理分配，以低成本的投入达到最高工作效率、经济效益、社会效益和环境效益等方面的要求，设计一个目标明确、功能齐全、机构合理的组织机构。

二、物业服务企业组织机构设置的形式

物业服务企业组织机构的设置必须有利于企业内部运行机制和内部监督约束机制的形成与运作。目前，我国物业服务企业组织机构的设置主要采用直线制、直线职能制、事业部制和矩阵制等组织形式。

（一）直线制

直线制是最早的一种企业管理组织形式，其特点是企业各级单位从上至下垂直领导，各级主管人员对所属单位的一切负责，不设专门职能机构，只设职能人员协助主管人员工作。

直线制的优点是结构简单，责权统一，决策迅速，行动效率高。缺点是对领导者要求较高，要通晓各相关专业知识，亲自处理许多具体业务。直线制适用于管理单一、规模较小的企业或专业化公司，如保洁、保安、绿化、房屋维修等专业公司。

（二）直线职能制

直线职能制是在总经理领导下设立职能机构，而这些职能机构在总经理的授权范围内

向下传达命令和指示。

这种组织形式的主要优点是各职能机构目标清楚，分工明确，能够发挥职能机构的专业管理作用，提高管理效率，减轻总经理的负担。缺点是多头管理，容易造成责任不清。

（三）事业部制

事业部制是在直线制的基础上结合职能制的长处，除各级职能主管负责人外，还设立各个职能机构，而各职能机构有权在自己的业务范围内从事专业管理工作。

事业部制是物业服务企业较为现代化的一种组织机构形式，是管理产品种类复杂、产品差别很大的大型集团公司所采取的一种组织形式。这类集团公司按产品、地区或市场将公司分成几个相对独立的单位，即事业部。这种组织形式的主要特点有：① 实行分权管理，将政策制定和行政管理分开；② 每个事业部都是一个利润中心，实行独立核算和自负盈亏。这种形式一般多由那些规模大、物业种类多、经营业务复杂多样的大型综合性物业服务企业借鉴采用。

（四）矩阵制

矩阵制是在传统的直线职能制纵向领导的基础上，按照业务内容、任务或项目划分而建立横向领导系统，纵横交叉，构成矩阵的形式。其特点是在同一组织中既设置纵向的职能部门，又建立横向的管理系统，而参加项目的成员既受所属职能部门的领导，又受项目组的领导。

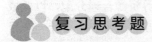

复习思考题

1. 物业服务企业的概念与特征是什么？
2. 物业服务企业的分类与常见模式有哪些？
3. 物业服务企业的设立需具备什么条件？
4. 物业服务企业的组织机构设置有哪些类型？

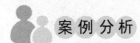

案例分析

1. 施女士是某高档住宅区的业主，住在 19 楼，因在海外生活多年，对卫生设施要求很高。由于施家的卫生间较小，于是施女士别出心裁地将北卧室改为浴室，并安装了一个三角大浴缸。施女士在装修浴室时，采取的防水措施不当，致使浴盆金属软管断裂漏水，浴缸水外溢并渗漏到楼下陈某家中。一年内连续发生了 3 次渗水事件。楼下业主陈某提出意见后，施女士对浴室进行了修理，但仍没有恢复北房间的功能。近期再次发生渗水事件，致使陈家客厅的西墙北角、北卧室屋顶和墙面及窗帘等多处受损。物业服务企业向施女士发出了整改通知，但施女士置之不理。无奈之下，陈某只得将施女士连带物业服务企业一起告上了法庭。施女士私自将没有采取防水措施的卧室改装成卫生间是否违反了物业管理条例？应受到什么处罚？物业服务企业是否尽到了责任？为什么？

2. 某物业服务企业为了扩大经营收入，联系电信公司在小区的楼顶安装了无线电信号装置，同时联系某广告公司在临街外墙面上安装了大幅灯箱广告。其收入一部分作为物业服务企业的管理报酬，另一部分用于小区停车场的设施改造。对于此事，一部分业主认为物业服务企业这么做节约了维修费用，是好事。另一部分业主认为物业服务企业设立广告牌等行为没有征得业主同意，侵犯了业主对共有物业的处分权，同时无线电信号辐射可能对人体产生影响，而且大幅灯箱广告对部分业主家里产生了光污染。因此，要求物业服务企业拆除无线电发射站和灯箱广告。物业服务企业的做法是否正确？为什么？

第五章 物业管理招投标法律规定

内容提要

本章主要介绍物业管理招标的主体、类型、形式和原则、物业管理招标和投标的程序、物业管理投标文件的组成、物业管理方案的主要内容及物业管理投标的策略和技巧。

学习目标

1. 掌握物业管理招投标的概念与招标类型。
2. 熟知前期物业管理招投标的基本程序与要求，物业管理招标书、投标书的主要内容与招投标的方法。
3. 了解物业管理投标的技巧与策略。

案例导入

护国大厦办公楼物业管理服务项目以单一来源方式采购的公示

【案情介绍】

我行护国大厦办公楼2016年物业管理服务合同已到期，为确保办公楼及护国支行的日常维护正常运转，将对护国大厦办公楼物业管理服务进行采购。护国大厦物管服务指定供应商昆明鑫隆源物业管理有限公司，是1996年经昆明市城乡建设局市建字〔1996〕28号文和云南省建设厅云建房〔1996〕第268号文批准成立，专门对护国大厦进行物业管理的公司。公司营业执照经营范围中的第一项就是护国大厦物业管理。我行护国大厦办公楼物业管理服务一直由该公司提供，具有市场唯一性和服务的连续性，拟按单一来源方式进行采购，特此公示。公示期5天（2016年12月9日—2016年12月13日）。公示期间若无异议，将于2016年12月16日对该项目进行单一来源谈判。

联系人：任×× 联系电话：××××××

交通银行云南省分行集中采购中心 2016年12月9日

【案例点评】

政府采购写字楼物业管理服务项目一般要求如下：第一步，接受委托。第二步，确认该项目是否符合单一来源采购的情形之一的，可以申请采用单一来源进行采购：一是只能从唯一供应商处采购的；二是发生了不可预见的紧急情况下不能从其他供应商处采购的；三是必须保持烟油供应商的项目一致性或服务配套的要求。第三步，成立谈判小组。根据规定，谈判小组成员必须由三人以上单数组成，其中专家人数应为总数三分之二以上。第四步，组织谈判并确定成交供应商。第五步，成交供应商提交履约保证金。第六步，组织签订采购合同。第七步，项目经办人对整个采购过程中形成的采购资料按照相关数据进行归档。第八步，合同的履行验收。

第一节　物业管理招投标概述

一、物业管理招标的概念和主体

（一）物业管理招标的概念

物业管理招标是指物业招标人在选聘物业服务企业时，通过制定符合其项目管理服务要求和条件的招标文件向社会或特定的物业服务企业公开，由响应招标的多家物业服务企业参与竞争，经依法评审，从中确定中标企业并与之签订物业服务合同的一种物业服务产品预购的交易行为。

（二）物业管理招标的主体

物业管理招标的主体一般是物业的建设单位、业主大会和物业产权人。

1. 物业的建设单位

根据我国的法律、法规规定，产权多元化的居住物业，在业主大会选聘物业服务企业之前的前期物业管理阶段，由物业建设单位负责选聘物业服务企业承担前期物业管理工作。这时物业招标主体为物业的建设单位，由其负责物业管理招标的组织工作。

2. 业主大会

根据我国的法律、法规规定，产权多元化的居住物业，在业主大会成立后即可选聘物业服务企业。因此，业主大会成立后，应由业主大会负责实施物业管理招标的组织工作。这时物业管理的招标主体为业主大会。

3. 物业产权人

单一产权的物业，在选聘物业服务企业时，由物业产权人作为招标人负责物业管理招标的组织实施工作。另外，凡国有资产管理部门作为产权人负责管理的项目实施招标的，需经其批准后，方可由物业的管理使用单位、政府采购中心作为招标人组织招标。

二、物业管理招标的类型

物业管理招标从不同的角度分类，可以分为不同的类型。

（一）根据物业业态的不同分类

根据物业业态的不同，可以将物业管理招标分为居住物业招标和非居住物业招标两大类。居住物业招标包括多层住宅、高层住宅和别墅等类型项目的招标。非居住物业招标包括商业区、写字楼、工业区、医院、学校和码头等项目的招标。

（二）根据服务内容的不同分类

根据服务内容的不同，可以将物业管理招标分为整体物业服务项目的招标和单项物业服务项目的招标。

整体物业服务项目的招标是指由所聘物业服务企业对招标物业进行全方位的常规物业管理服务，如对房屋共用部位、共用设施设备、公共秩序维护、绿化和卫生保洁等进行综合性的维修、养护和管理。

单项物业服务项目的招标是指由所聘物业服务企业对招标物业常规物业服务项目中的某一项或某几项进行管理和服务。例如，招标人选聘一家企业对卫生保洁或秩序维护进行管理。这时物业服务企业或其他的专业公司均有资格参与投标。

（三）根据招标主体的不同分类

根据招标主体的不同，可以将物业管理招标分为由建设单位、业主大会、物业产权人组织的招标。

前期物业管理阶段一般以物业的建设单位为招标主体组织招标；业主大会成立后，一般以业主大会为招标主体组织招标；单一产权的物业，由物业产权人作为招标主体组织招标。另外，政府投资的项目，一般以国有资产管理部门、根据资金来源不同确定政府采购中心或招标代理机构为招标主体。

（四）根据物业项目服务的方式不同分类

根据物业项目服务的方式不同，可以将物业管理招标分为全权委托管理项目招标和顾问项目招标。

全权委托管理项目招标是由所聘物业服务企业根据物业服务合同约定对物业服务项目自行组织实施管理服务工作。

顾问项目招标是由物业服务企业派驻相应的管理人员，对招标项目管理进行顾问指导服务，而日常运作完全由招标人自行负责。这种管理方式实际是咨询服务的一种延伸。

三、物业管理招标的方式

物业管理招标的方式有公开招标、邀请招标、单一来源方式招标和竞争性磋商招标。

（一）公开招标

公开招标是指物业管理招标人通过公共媒介发布招标公告，邀请所有符合投标条件的不特定的物业服务企业参加竞标的一种招标方式。招标人发布的招标公告必须载明招标人的名称、地址、招标项目的基本情况和获取招标文件的办法等具体事项。《前期物业管理招标投标管理暂行办法》（建住房〔2003〕130号）规定，招标人除在相关公共媒体发布招标公告外，还必须在中国住宅与房地产信息网和中国物业管理协会网上发布免费招标公告。

公开招标的主要特点是招标人以公开的方式邀请不确定的企业法人参与投标，招标程序和中标结果公开，评选条件和程序是预先设定的，且不允许在程序启动后自行改变。公开招标竞争最充分，最能体现公开、公正和公平的原则。

（二）邀请招标

邀请招标又称有限竞争性招标或选择性招标，是指物业管理招标人以投标邀请书的方式邀请特定的物业服务企业参加竞标的一种招标方式。采用这种方式招标时，招标人须在投标邀请书和招标文件中明确招标人的名称、地址、招标项目的基本情况、获取招标文件的办法以及开标日期、时间和地点等具体事项。采取邀请招标方式的，招标人必须向 3 个以上物业服务企业发出投标邀请书。

邀请招标的主要特点是招标方式不公开，投标人是特定的且数量有限。这种方式具有"省时省钱"的优点，主要适用于标的规模较小的物业服务项目，是我国物业管理招投标中采用的主要方式。尽管这种招标方式具有明显的优点，但其缺点也十分明显。由于邀请招标是招标人预先选择了投标人，因此可选择的范围大为缩小了，容易诱使投标人之间产生不合理竞争，造成招标人和投标人之间的作弊现象。因此，邀请招标成功的关键是在选择范围缩小的情况下防止不合理竞争和作弊行为的发生。

（三）单一来源方式招标

单一来源方式招标源自《中华人民共和国政府采购法》（以下简称《政府采购法》），采购机构会直接与单一供应商进行谈判，以确定是否成交。该采购方式是政府采购法定方式中的特例，它不能体现政府采购的竞争性原则，因此，采购机构使用该方式一般比较慎重。对于达到公开招标数额标准，只能从唯一供应商处采购的项目，有关信息应当在财政部门指定的官方媒体上发布公告，以听取相关供应商的意见，接受社会各界的监督。采用单一来源方式招标应当具备下列情形之一：① 只能从唯一供应商处采购的；② 发生了不可预见的紧急情况不能从其他供应商处采购的；③ 必须保证原有采购项目一致性或者服务配套的要求，需要继续从原供应商处添购，且添购资金总额不超过原合同采购金额10%的。

（四）竞争性磋商招标

为了深化政府采购制度改革，适应推进政府购买服务、推广政府和社会资本合作（PPP）模式等工作需要，根据《政府采购法》和有关法律、法规，财政部制定了《政府采购竞争性磋商采购方式管理暂行办法》（财库〔2014〕214 号）。该办法第 2 条规定："本办法所称竞争性磋商采购方式，是指采购人、政府采购代理机构通过组建竞争性磋商小组（以下简称磋商小组）与符合条件的供应商就采购货物、工程和服务事宜进行磋商，供应商按照磋商文件的要求提交响应文件和报价，采购人从磋商小组评审后提出的候选供应商名单中确定成交供应商的采购方式。"

第 3 条规定："符合下列情形的项目，可以采用竞争性磋商方式开展采购：① 政府购买服务项目；② 技术复杂或者性质特殊，不能确定详细规格或者具体要求的；③ 因艺术品采购、专利、专有技术或者服务的时间、数量事先不能确定等原因不能事先计算出价格总额的；④ 市场竞争不充分的科研项目，以及需要扶持的科技成果转化项目；⑤ 按照招标投标法及其实施条例必须进行招标的工程建设项目以外的工程建设项目。"

第 4 条规定："达到公开招标数额标准的货物、服务采购项目，拟采用竞争性磋商采购方式的，采购人应当在采购活动开始前，报经主管预算单位同意后，依法向设区的市、自治州以上人民政府财政部门申请批准。"

第 5 条规定："采购人、采购代理机构应当按照政府采购法和本办法的规定组织开展竞争性磋商，并采取必要措施，保证磋商在严格保密的情况下进行。任何单位和个人不得非法干预、影响磋商过程和结果。"

第 6 条规定："采购人、采购代理机构应当通过发布公告、从省级以上财政部门建立的供应商库中随机抽取或者采购人和评审专家分别书面推荐的方式邀请不少于 3 家符合相应资格条件的供应商参与竞争性磋商采购活动。"

竞争性磋商最早出现在财政部印发的《政府和社会资本合作模式操作指南》（财金〔2014〕113 号）中，明确 PPP 项目采购可以选择竞争性磋商采购方式。为推广 PPP 模式，规范 PPP 项目采购行为，财政部又相继印发了《政府采购竞争性磋商采购方式管理暂行办法》（部财库〔2014〕214 号）、《政府和社会资本合作项目政府采购管理办法》（财库〔2014〕215 号），对竞争性磋商方式的适用范围、采购程序等做了规定。

招标公告正文

济南市地方税务局××分局物业管理服务项目竞争性磋商公告

一、采购项目名称：济南市地方税务局××分局物业管理服务项目

二、采购项目编号：JNLXXL-2016-C004

三、采购项目分包情况

服务名称：物业管理服务　　预算金额：60 万元

四、供应商资格要求

1．中国境内注册，具有独立企业法人资格。

2．具有物业服务企业三级（含暂定）及以上资质。

3．近 3 年内在经营活动中没有重大违法记录。

4．依法缴纳税收和社会保障资金。

5．具备履行合同所必需的设备和专业技术能力。

6．投标人应遵守《中华人民共和国政府采购法》《中华人民共和国民法典》及其他有关的中国法律和法规。

7．本项目不接受联合体报价。

五、提交资格申请材料及购买磋商文件

1．时间：2016 年 3 月 7 日至 2016 年 3 月 11 日，每日上午 8:30—11:30，下午 13:00—16:00（北京时间，法定节假日除外）

2．地点：工业南路 100 号（三庆枫润大厦 A-510）

3．方式：请携带营业执照副本、税务登记证、组织机构代码证、资质证书、法定代表

人授权委托书及被授权人身份证至山东兴联项目管理有限公司现场报名。以上证件均需提供原件及加盖单位公章的复印件各一份，否则不予办理报名手续。

4．售价：详见磋商文件

六、递交响应文件时间及地点

1．时间：详见磋商文件

2．地点：详见磋商文件

七、磋商时间及地点

1．时间：详见磋商文件

2．地点：详见磋商文件

八、联系方式

1．采购人：济南市地方税务局××分局

联系人：×××

联系方式：××××××

2．采购代理机构：山东兴联项目管理有限公司

地址：济南市工业南路 100 号（三庆枫润大厦 A-510）

联系人：×××联系方式：××××××

发布人：山东兴联项目管理有限公司

发布时间：2016 年 3 月 7 日

四、物业管理招标的特点

无论是公开招标，还是邀请招标，招标人既可自行组织实施招标活动，也可委托招标代理机构代为办理。《招标投标法》规定，招标人具有编制招标文件和组织评标能力的，可以自行办理招标事宜。任何单位和个人不得强制其委托招标代理机构办理招标事宜。如招标人不具有自行组织实施招标活动的能力，也可自行选择招标代理机构代为实施招标活动。

由于物业管理服务的特殊性，物业管理招标与其他类型的招标相比具有自身的特点，概括起来就是具有超前性、长期性和阶段性。

（一）物业管理招标的超前性

物业管理招标的超前性是指由于物业管理提前介入的特点，决定了物业管理招标必须超前。物业价值巨大和不可移动性的特点决定了物业一旦建成便很难改变，否则将会造成很大的浪费和损失。因此，在项目的可行性研究、规划设计、建筑施工和综合验收等各个阶段，建设单位应当提前选聘物业服务企业或物业管理的专业人士介入物业管理，使其从日后物业管理和物业使用人的角度向建设单位提出自己合理的建议和要求，以确保物业设施设备的配套符合国家规划要求，进一步提高房屋质量。既然物业管理的提前介入是必要的，这就决定了物业管理招标也具有超前性。

（二）物业管理招标的长期性和阶段性

物业管理招标的长期性和阶段性是指由于物业管理工作的长期性和多阶段性，针对不

同的阶段和不同的服务内容，物业管理招标的内容和方式也有所不同。由于建设单位或业主在不同时期对物业管理有不同的要求，招标文件中的各项管理要求、管理价格都具有阶段性，会随时间的变化而调整。另外，随着物业管理行业竞争的日益激烈，中标企业并非高枕无忧、一劳永逸，随时有被其他企业"挤掉"的危险。根据我国的法律、法规的规定，在前期物业管理阶段，建设单位有权选聘首任物业服务企业承担前期物业管理任务；首次业主大会成立后，业主有权依法更换建设单位聘请的物业服务企业。这些都说明物业管理招标具有长期性和阶段性。

五、物业管理招标的策划与实施

（一）物业管理招标的原则

作为推动行业健康、有序发展的重要手段，物业管理招标只有按一定的原则进行才能真正地体现其优胜劣汰的功能。物业管理招标应当遵循公平、公正和公开的原则。

1. 公平原则

所谓公平原则，是指在招标文件中向所有的物业服务企业提出的投标条件都是一致的。招标人不得以不合理条件限制或排斥潜在投标人，不得对潜在投标人实行歧视性待遇，不得对潜在投标人提出与招标物业服务项目实际不符的资格要求。例如，有的地方采取地方保护主义，限制外地的物业服务企业参加投标；有的地方从企业所有制角度进行限制，不允许民营物业服务企业参加投标；有的地方对某些潜在投标人详尽介绍项目情况并允许其考察项目，而对其他的潜在投标人则掩盖项目情况。这些做法不但损害了投标人的合法权益，而且也必然导致不公平的招标结果。

2. 公正原则

所谓公正原则，是指投标评定的准则，是衡量所有投标书的尺度，即在公平原则的基础上，整个投标评定中所使用的准则应具有一贯性和普遍性。这一原则要求在评标委员会的组成、开标、评标、答辩、定标等整个过程中应严格遵守法律、法规和投标文件的规定，公正地对待每一个投标人，禁止任何单位或个人利用特权或优势获取不当利益。

3. 公开原则

所谓公开原则，是指在招标活动的各个环节要使相关信息保持高度透明，确保招标活动公平、公正地实施。这一原则要求在招标过程中，有关招标的条件、程序、评标方法、投标文件的要求、中标结果等信息，不但对所有的潜在投标人保持一致性，而且要公开透明，不能对个别投标人公开而对其他投标人隐瞒。若违背这一原则，实行暗箱操作，必然搅乱物业管理招标市场，严重损害物业管理行业的健康发展。

另外，在物业管理招标活动中还应坚持合理性原则。招标人选定投标的价格和要求必须合理，不能接受低于正常服务成本的标价，也不能脱离市场的实际情况，提出不切实际的管理服务要求。

为更好地落实以上招标原则，《招标投标法》规定了招标活动中的以下禁止行为。

（1）招标人不得事先预定中标单位或设定不公平条件，不得在招标过程中以言行影响评标委员会或协助某一投标单位获得竞争优势。

（2）招标人不得违反规定拒绝与中标人签订合同。

（3）投标人不得与招标人或其他投标人串通报价，损害国家利益、社会公共利益或者他人的合法权益。

（4）投标人不得向招标人或者评标委员会成员行贿或以其他不正当手段获取中标。

（二）物业管理招标的条件

1. 主体条件

主体条件是指物业管理招标人必须具有的法律法规资格。在前期物业管理阶段，招标人为依法设立的物业建设单位；业主大会成立后，招标主体为业主大会。业主委员会实施招标的，须经业主大会授权，同时应将招投标的过程和结果及时向业主公开。招标项目为国家投资的项目的，须经国有资产管理部门批准或授权后，方可由物业使用单位组织实施招标工作。

2. 项目条件

根据《物业管理条例》的规定，国家提倡建设单位通过招投标的方式选聘具有相应资质的物业服务企业。住宅物业的建设单位，应当通过招投标的方式选聘具有相应能力的物业服务企业；投标人少于3个或者住宅规模较小的，经物业所在地的区、县人民政府房地产行政主管部门批准，可以采用协议方式选聘具有相应能力的物业服务企业。由上述规定可知，必须通过招投标方式选聘物业服务企业的项目仅为建设单位新开发的住宅及同一物业管理区域内的非住宅；新开发的非住宅项目及业主大会选聘物业服务企业的项目，既可采取招投标方式，也可采取协议等其他方式。

（三）物业管理招标的程序

1. 成立招标机构

任何一项物业管理招标，招标人都应在房地产行政主管部门的指导、监督下成立招标机构，并由该机构全权负责整个招标活动。招标机构的主要职责是：拟定招标文件，组织投标、开标、评标和定标，组织签订物业服务合同。招标机构一旦成立，其职责将贯穿整个招投标过程。

成立招标机构主要有两种途径：一是招标人自行成立招标机构，自行组织招投标工作；二是招标人委托专门的物业管理招标代理机构招标。这两种途径都符合我国的相关规定，并各有特点。

2. 编制招标文件和标的

编制招标文件是招标工作最重要的任务之一。招标文件是招标机构向投标人提供的为进行投标工作所必需的文件。它是投标单位编制标书的主要依据。招标人应当根据项目的特点和需要，在招标前完成招标文件的编制工作。招标文件的内容包括：① 招标公告或邀请书；② 投标企业资格文件审查表；③ 投标须知；④ 招标章程；⑤ 招标项目说明书；⑥ 合同主要条款；⑦ 技术规范；⑧ 其他事项的说明及法律法规规定的其他内容。

标的是招标人对招标项目的一种预期价格或预算价格。关于物业管理标的编制，在实践中有多种情况。对于只对目标物业的服务进行服务方案策划招标的招标项目，主要是根据当地政府确定的收费标准、投标人的管理方案等选择中标人，一般可以不设标的；对于增加了收费报价测算的招标，由于在物业的服务费用报价上存在竞争，这时招标方可以依据有关规定和招标文件中所阐述的各种技术、质量和服务方面的要求测算出标的。这时，编制的标的可以作为衡量投标单位报价的准绳，也是评标和确定中标人的重要依据。

招标人应当在发布招标公告或发出投标邀请书的 10 日前，持物业服务项目开发建设的政府批件、招标公告或招标邀请书、招标文件及法律、法规规定的其他材料，报物业服务项目所在地的县级以上人民政府房地产行政主管部门备案。

3. 发布招标公告或投标邀请书

根据《前期物业管理招标投标管理暂行办法》规定，招标人采取公开招标方式的，应当通过公共媒体发布招标公告，并同时在中国住宅与房地产信息网和中国物业管理协会网上发布免费招标公告。招标公告应当载明招标人的名称和地址、招标项目的基本情况以及获取招标文件的办法等事项。

招标人采取邀请招标方式的，应当向 3 个以上物业服务企业发出投标邀请书，投标邀请书应当包含上述招标公告载明的事项。

4. 审查与确认投标单位资格

资格审查是招标人的一项权利，也是招标实施过程中的一个重要步骤，特别是一些大型的公开招标项目，资格审查更是不可缺少的。招标人对投标人的资格审查可以分为资格预审和资格后审两种形式。在实践中，招标人采用资格预审方式的较多。根据《前期物业管理招标投标管理暂行办法》的规定，实行投标资格预审的物业服务项目，招标人应当在招标公告或者投标邀请书中载明资格预审的条件和获取资格预审文件的办法。资格预审文件一般包括资格预审申请书格式、申请人须知、投标申请人提供的企业资质文件、业绩、技术装备、财务状况及拟派项目负责人与主要管理人员的简历、业绩等证明材料。

在资格审查合格的投标申请人过多时，招标人可以从中选择不少于 5 家资格审查合格的投标申请人。资格审查后，招标人应当向资格审查合格的投标申请人发出资格审查合格通知书，告知获取招标文件的时间、地点和方法，并同时向不符合资格的投标申请人告知资格审查的结果。

5. 发售招标文件

招标人应当按招标公告或投标邀请书规定的时间、地点向投标方提供招标文件。除不可抗力外，招标人或招标代理机构在发布招标公告或发出投标邀请书后不得终止招标。招标人应当确定投标人编制投标文件所需要的合理时间。公开招标的物业服务项目，自招标文件发出之日起至投标人提交投标文件截止之日止，最短不得少于 20 日。招标人需要对已发出的招标文件进行必要的澄清或者修改的，应当在招标文件要求提交投标文件截止时间至少 15 日前，以书面形式通知所有的招标文件收受人。澄清或修改的内容为招标文件的组成部分。

6. 召开标前会议

标前会议是招标人在投标人递交投标文件前统一组织的一次项目情况介绍和问题答疑会议。其目的是澄清投标人提出的各类问题。标前会议通常安排在现场，或者先到现场考察，再集中开标前会议。《投标人须知》中一般应注明标前会议的日期，如日期变更，招标人应立即通知所有购买招标文件的投标人。标前会议通常在招标人所在地或招标项目所在地召开，以方便组织投标人进行项目考察。标前会议的记录和各种问题的统一解释或答复，均应整理成书面文件分发给参加标前会议和缺席的投标人。当标前会议形成的书面文件和原招标文件有不一致之处时，应以会议文件为准。

7. 接受投标文件

招标人应当按照招标文件规定的时间和地点接受投标文件。投标人送达投标文件时，招标人应检验投标文件的密封及送达时间是否符合要求，否则招标人有权拒收或作为废标处理。对符合条件者，招标人应发给回执。按国家规定，在投标截止期限前，投标人可以通过正式函件的形式调整报价及做补充说明。

招标人不得向其他人透露已获取招标文件的潜在投标人的名称、数量以及可能影响公平竞争的有关招投标的其他情况。

8. 成立评标委员会

评标委员会由招标人或招标代理机构负责组建。评标委员会由招标人的代表和物业管理专家组成，专家从房地产行政主管部门建立的物业管理评标专家库中采取随机抽取的方式确定。评标委员会的人数一般为 5 人以上单数，其中招标人代表以外的物业管理专家人数不得少于成员总数的 2/3。与投标人有利害关系的人员不得成为评标委员会成员。评标委员会成员名单在开标前应严格保密。

评标委员会成员应遵守职业道德，客观、公正地履行职责，对所有的投标人一视同仁。评标委员会成员不得与任何投标人或者与投标结果有利害关系的人进行私下接触，不得收受投标人、中介人和其他利害关系人的财物或其他好处。

9. 开标、评标及中标

（1）开标。开标应当在招标文件确定的提交投标文件截止时间的同一时间公开进行，开标地点应当为招标文件中指定的地点。开标由招标人主持，邀请所有的投标人参加。开标时，先有招标人或其推选的代表或其委托的公证机构检查投标文件的密封情况；确认无误后，由工作人员当众拆封，宣读投标人名称、投标价格和投标文件的其他内容。开标过程应当进行记录，并存档备查。

（2）评标。物业管理评标一般分为评议标书和现场答辩两个阶段。开标过程结束后立即进入评标程序。评标由评标委员会负责。评标委员会成员评议投标人递交的标书。评议标书应当在严格保密的情况下，由评标委员会根据招标文件规定的要求、评分方式和标准，采取集中会议的方式对所有的投标文件进行严格的审查和比较。评标由每位评委按百分制独立评分，然后按简单算术平均法计算每份投标书的分值。如果招标文件中规定进行现场答辩会，在标书评议结束后由评标委员会进行现场答辩。现场答辩成绩由评委按评分标准独立评分，并按简单算术平均法计算各投标单位的分值。最后由评标委员会根据标书评议分、现场答辩分以及招标单位到投标单位现场采样的信誉分，按权重比例进行叠加计算，排出名次。

评标委员会完成评标后，应当向招标人提出书面评标报告，阐明评标委员会对各投标文件的评审和比较意见，并按照招标文件规定的评标标准和评标方法，推荐不超过 3 名有排序的合格的中标候选人。招标人应当按照中标候选人的排序确定中标人。确定的中标候选人放弃中标或者因不可抗力提出不能履行合同的，招标人可以依序确定其他的中标候选人为中标人。

（3）中标及签订合同。根据《前期物业管理招标投标管理暂行办法》的规定，招标人应当在投标有效截止时间 30 日前确定中标人。投标有效期应当在招标文件中载明。招标人应当向中标人发出中标通知书，同时将招标结果通知所有未中标的投标人，并返还其标书。招标人应当自确定中标人之日起 15 日内，持有关材料向物业所在地的县级以上房地产行政主管部门备案。招标人和中标人应当自中标通知书发出之日起 30 日内，按照招标文件和中标人的投标文件订立书面合同；招标人和中标人不得再行订立背离合同实质内容的其他协议。招标人无正当理由不与中标人签订合同，给中标人造成损失的，招标人应当给予赔偿。

（四）物业管理招标的时间规定

根据《前期物业管理招标投标管理暂行办法》的规定，通过招标方式选择物业服务企业的，招标人应当按照以下规定时限完成物业管理招投标工作。
(1) 新建现售商品房项目应当在现售前 30 日完成。
(2) 预售商品房应当在取得《商品房预售许可证》之前完成。
(3) 非出售的新建物业项目应当在交付使用前 90 日内完成。

第二节　物业管理投标

一、物业管理投标的条件和程序

（一）物业服务企业参与投标的条件

1. 必须符合法律、法规规定的要求

根据我国法律、法规的规定，物业服务企业参与物业管理投标时首先应当取得工商行政管理部门颁发的《企业法人营业执照》；其次要符合不同资质等级物业服务企业承接物业权限的规定。

2017 年 1 月 12 日，国务院印发《关于第三批取消中央指定地方实施行政许可事项的决定》（国发〔2017〕7 号），明确在前两批取消 230 项审批事项的基础上，再取消 39 项中央指定地方实施的行政许可事项。其中包括由《物业服务企业资质管理办法》（建设部令 2004 年第 125 号，2007 年 11 月 26 日、2015 年 5 月 4 日予以修改，2018 年 3 月 18 日住建部正式发布文件废止）规定的，由省、市级住房城乡建设主管部门审批的"物业服务企业二级及以下资质认定"被正式取消。国务院要求，取消审批后，住房和城乡建设部要研究制定物业服务标准规范，通过建立黑名单制度、信息公开、推动行业自律等方式，加强事中、事后监管。

2015年3月13日，国务院发布通知，取消物业管理师等67项职业资格许可和认定事项注册职业资格认定行政审批。紧接着人社部和住建部也取消了物业管理师资格考试，并且在2010年实行物业管理师资格考试之始，各地已先后停止了物业管理人员岗位证书（职业资格）考试和颁证。毫无疑问，物业服务企业资质许可的第二个条件也不再存在。

但是，取消资质许可，不等于物业服务企业可以任意而为，而取消物业从业人员资格限制，也不等于从业人员就不必具有相当的职业素养和水准。取消资质许可，应当使得市场更加成熟，人员素质更加提高，行业发展更具活力。

2. 必须符合招标方规定的要求

在物业管理招投标中，招标方在招标文件中除要求投标人应具备相应的资质条件外，一般还会要求投标人具有与投标物业类似项目的管理经验与业绩，并对投标人的资金、管理和技术实力、投标人的商业信誉、拟派驻项目管理人员的条件、物业管理服务内容与服务标准、投标书的制作，以及合同条款等方面提出具体的要求。投标人只有符合这些条件和要求才有中标的可能性。

（二）物业管理投标的程序

1. 获取招标物业相关信息

物业管理市场竞争日益激烈，谁能迅速、准确地获得第一手信息，谁就可能成为竞争的优胜者。虽然物业服务企业可以随时通过公共媒介查阅物业管理招标的相关信息，但是对于一些大型或复杂的物业服务项目，待看到招标公告后再做投标准备就非常仓促，尤其是对于邀请招标，更有必要提前介入，对项目进行跟踪，获得招标人的信任。根据招标方式的不同，招标人可通过以下方式获取招标项目的信息：① 通过公共媒体获取公开招标项目的信息；② 通过招标方的邀请获得信息；③ 经常派业务人员深入各个建设单位和部门，广泛联系与收集信息；④ 从老客户手中获取其后续物业招标的信息；⑤ 通过咨询公司或业务单位介绍获取招标信息。

2. 进行投标可行性分析，决定是否竞标

一项物业管理投标从购买招标文件到送出标书，涉及大量的人力、物力支出，一旦投标失败，其所有的前期投入都将付之东流，给企业造成很大的损失。另外，如果决策失误也会对中标后的项目管理招致很大的风险。因此，物业服务企业在获取招标信息后应组织专业人员进行可行性分析，制定相应的投标策略和风险控制措施，以保证投标的成功或避免企业遭受损失。可行性分析的内容主要有以下几个方面。

1）招标物业的基本情况分析

了解招标物业的基本情况非常重要，因为不同性质的物业所要求的服务内容、质量标准和技术力量有很大的区别。物业的基本情况主要包括物业的性质、类型、建筑面积、投资规模、使用周期、建筑设计规划和配套设施设备等。物业服务企业可以通过招标文件、现场踏勘、标前会议等渠道获取物业服务项目的基本情况。只有了解了物业服务项目的基本情况才可以为做好项目的组织架构设计、人员及岗位的设置、费用测算等提供准确的依据。

2）招标项目的定位分析

招标物业的定位是在分析招标项目基本情况的基础上，通过进一步的调查，分析招标物业所在地的人文环境、经济环境、政治和法律环境，搞好招标物业服务项目的功能定位、形象定位和市场定位。项目定位分析的目的是准确地确定招标物业的服务内容、服务标准和服务费价格等投标文件的核心内容。

3）对业主物业管理服务的需求调查

物业的业态档次不同，业主与物业使用人对物业管理服务的内容和要求也有很大的区别。例如，政府办公物业和居住物业的使用人对物业管理服务的内容和要求会有很大的区别，普通居住小区和高档别墅区的住用人对物业管理服务的内容和要求也会有很大的区别。业主对物业管理服务的需求调查主要包括业主需求的内容、标准、物业服务消费的承受能力等。

对业主的物业服务需求调查主要有两条渠道：① 详细阅读物业管理招标文件中对物业管理服务内容、要求的具体规定；② 通过市场调研的方式了解招标物业业主的文化层次、生活需求以及对物业管理服务的期望与要求。做好对业主物业管理服务需求的调查，主要为制定物业管理方案中的服务重点和管理措施提供重要依据。

4）物业开发商背景分析

这一层面的分析包括开发商的技术力量、信誉度等的分析。因为物业的质量取决于开发商的设计、施工质量，而有些质量问题只有在物业服务企业接管后才会发现，这必然会增加物业服务企业的维护费用，甚至还有可能影响物业服务企业的信誉，因此，物业服务企业可以通过调查开发商以往所建项目的质量以及其他物业服务企业与之合作的情况，分析判断招标物业开发商的可靠性，尽量选择信誉好、易于协调的开发商所开发的项目。

5）物业招标背景分析

有时招标文件会由于招标者的利益趋向而呈现出某种明显偏向，这对于其他的投标公司而言是极为不利的。因此在阅读招标书时，物业服务企业应特别注意其中有无特殊要求，这有利于物业服务企业做出优劣势判断。例如，某物业服务项目的物业管理招标书中写明必须提供某项服务，而本地又仅有一家物业服务企业可以提供该项服务，这时投标人应注意该物业服务企业是否参与投标，它与招标方的关系是否密切。这些细枝末节看似无关紧要，但万一忽略，则有可能导致投标失败。

6）竞争对手分析

知己知彼，方能百战不殆。对竞争对手的分析主要包括：① 了解竞争对手的数量和综合实力；② 了解竞争对手所管物业的社会影响程度；③ 了解竞争对手与招标方有无背景联系或物业招标前双方是否存在关联交易；④ 了解竞争对手对招标项目是否具有绝对优势及其可能采取的投标策略等。

7）本企业投标条件分析

本企业投标条件分析主要包括：① 招标项目的区域、类型和规模是否符合本企业的发展规划；② 是否符合企业确定的目标客户；③ 预测的盈利、项目风险是否在企业可承受的范围内；④ 企业现有的人力、物力、财力能否满足投标项目的需要等。

8）风险分析

物业管理投标的风险主要包括以下几个方面。

（1）来自招标人和招标物业的风险。例如，招标人提出有失公平的特殊条件、未告知可能会直接影响投标结果的信息、招标人和其他投标人存在关联交易等，这些都会造成不公正的招标结果，给投标人带来很大的风险。

（2）投标人自身失误带来的风险。例如，投标人未进行必要的可行性分析，以致造成投标决策和投标策略的失误；盲目做出服务承诺和价格测算失误，造成未中标或中标后经营亏损等。

（3）来自竞争对手的风险。例如，竞争对手采取低价竞争，采取欺诈、行贿、串通、窃取他人的投标资料和商业秘密等不正当手段获取不当得利，都会给其他投标人带来很大的风险。

（4）通货膨胀风险。通货膨胀风险主要是指由于通货膨胀引起设备、人工等价格上涨，导致其中标后实际运行成本费用大大超过其预算，甚至出现亏损。

物业服务企业只有在投标前对上述因素进行认真分析和评估，才能制定出适合自身条件的竞标策略，从而规避风险，使自己立于不败之地。

3. 登记并取得招标文件

在确定参与投标后，物业服务企业应当按照招标公告或投标邀请书指定的地点和方式登记并取得招标文件。

4. 编制投标文件

投标文件又称投标书，一般由投标函、投标报价表、资格证明文件、物业管理方案和招标文件要求的其他材料组成。常见的做法是根据其性质不同分为商务文件和技术文件两大类。商务文件又叫商务标，主要包括公司简介、公司资格及资信证明文件、投标报价表等资料。技术文件又称技术标，主要包括物业管理方案和招标方要求提供的其他资料。

有的招标方要求投标人在投标文件中禁止透露反映本企业情况的文字、数据或报价等，这时投标方应特别注意。投标人应严格按招标文件的要求编制投标书，并对招标文件提出的实质性要求和条件做出响应。

5. 封送投标文件

投标文件全部编制完毕后，投标人就可以封送标书了。封送标书的一般惯例是，投标人应将所有的投标文件按招标文件要求准备正本和副本。另外，所有的投标文件都必须按招标人在招标公告或投标邀请书中规定的投标截止时间之前送至招标人，否则将很可能成为废标。

6. 参加开标和现场答辩

在接到开标通知后，投标人应按规定的时间、地点参加开标会议。招标人要求进行现场答辩时，投标人应事先做好准备，按时参加，注意答辩时的仪容仪表，做到谈吐大方、答题准确。当招标文件要求参加的答辩人员必须是投标单位拟派项目管理人员时，投标人必须按照投标文件中的承诺派人应辩，未经招标人的同意不得更换。

7. 签约并执行合同

在收到中标通知后,投标人应在 30 日内与招标人签订物业服务合同。另外,双方还应及时协商,做好人员进驻、实施管理前的各项准备工作。

8. 资料整理与归档

无论是否中标,在竞标结束后投标人都应将投标过程中的一些重要文件进行分类归档与保存。这样既为中标企业在合同履行中解决争议提供原始资料,又可对竞标失利分析失败的原因提供资料。投标文件主要包括:招标文件、对招标文件进行澄清或修改的会议记录或书面文件、投标文件,以及同招标方的往来信函等。

二、物业管理投标书的编写

(一)物业管理投标书的编制要求

为了能够竞标成功,物业服务企业在编制标书的过程中除应特别注意投标书的质量、印刷、装潢外,还应特别注意以下几点。

1. 响应性

物业管理投标书的格式、具体内容、应提交的资料、投标报价等必须响应并符合招标文件的具体要求,不得缺项或漏项,否则很难竞标成功。

2. 合法性

物业管理是一项法律法规要求很严的服务性工作。因此,物业服务企业在编制投标书时,必须符合国家法律、法规、规章的具体规定,否则同样难以竞标成功。例如,某城市价格主管部门规定居住小区的物业服务费用实行政府指导价,一级收费基准价为每月每平方米 0.80 元,而某投标书的标价为每月每平方米 0.95 元,则违反了价格主管部门的规定。又如,某地方法规规定,居住小区道路两旁的车位是否收费、收费标准应经业主大会决定,而某物业服务企业的投标书中却私自规定道路两旁停车位的收费标准,这也违反了地方法规的规定。

3. 客观合理性

客观合理性包括两层含义:第一,物业管理投标书本质上是物业服务企业根据对招标物业状况的了解,利用自身管理经验和知识编制的目标物业管理方案。因此,投标书中提出的各项管理措施必须结合招标物业的实际且具有可操作性,切勿千篇一律,不切实际,难以实施。第二,物业服务费用的价格必须合理。例如,实行酬金制的物业服务项目,投标方不能为了取得超额利润而虚报物业服务成本。又如,有的物业服务企业实行亏本竞标策略扰乱市场秩序,其结果必然是中标后减少物业服务项目或降低物业管理服务质量。

(二)物业管理投标书的组成

物业管理投标书,即投标人须知中规定投标者必须提交的全部文件,主要包括以下内容。

1. 投标函

投标函是投标人发给招标人,表示已完全理解招标文件并做出承诺和说明的书面函件。

投标函的主要内容包括以下几个方面。

（1）表明投标人完全愿意按招标文件中的规定承担物业管理服务，按期、保质完成投标项目的物业管理工作。

（2）表明投标人接受物业服务合同全部委托服务的期限。

（3）说明投标报价的有效期。

（4）说明投标人所有投标文件、附件的真实性和合法性，并愿承担由此造成的一切后果。

（5）表明如投标人中标，将按投标文件中的承诺与招标人签订物业服务合同。

（6）表明对招标人接受其他投标人的理解。

（7）表明本投标如被接受，投标人愿意按照招标文件规定的金额提供履约保证金。

2．投标报价表

投标报价表的主要内容包括以下几个方面。

（1）物业服务费用单价、总报价、年费用。

（2）企业资质等级。

（3）出现问题的服务响应的时间。

（4）有无其他的优惠条款。

3．物业管理方案

物业管理方案的基本内容主要包括：① 招标物业服务项目管理的整体设想和构思；② 拟采取的管理方式和运作程序；③ 人员的配备、培训计划；④ 拟接项目的物资装备计划；⑤ 管理指标与管理措施、管理制度；⑥ 整体工作计划与日常物业管理实施计划；⑦ 档案资料的建立和管理；⑧ 费用测算和成本控制措施。

4．招标文件要求提供的其他材料

招标文件要求提供的其他材料主要包括：① 投标单位的情况简介、企业资格证明文件及资信证明文件；② 企业主要业绩；③ 中介机构出具的财务状况报告及招标文件要求提供的其他资料等。

（三）物业管理方案的主要内容

物业管理方案的具体内容应严格按照招标文件的要求编制。由于招标物业的具体情况、招标单位的要求不同，物业管理方案的具体结构内容也会有所不同。通常一份完整的物业管理方案应包括以下主要内容。

1．招标物业服务项目管理的整体设想和构思

这是物业管理方案的核心内容之一，也是编制物业管理方案其他内容的基础。对招标物业的整体设想和构思必须在对项目进行分析研究的基础上确定。因此，项目分析是编制物业管理方案的基础。招标物业服务项目管理的整体设想和构思的主要内容包括以下几个方面。

1）进行项目分析和项目定位

首先，依据招标文件、现场踏勘、招标答疑会等渠道获取的资料，用简明扼要的语言介绍招标物业的建筑面积、占地面积和物业的性质、类型、使用功能等基本情况，篇幅不

宜过长。其次，进行客户服务需求分析，简明地介绍潜在客户群体的定位和服务需求的特征。再次，进行项目的可行性研究和项目定位，用简练的语言概括招标物业的市场定位及投标企业承担该项目的管理服务优势等。例如，某大厦位于某城市的繁华地段，建筑面积3.2万平方米，设施设备齐全先进，智能化程度高，以写字楼为主，集商业零售、餐饮、娱乐、会议服务于一体。某投标物业服务企业在为其编制的物业管理投标书中，根据该项目的特征确定了"现代、高效、环保、繁荣"的整体形象定位。这一定位完整展示了该项目现代化的商务办公形象，诠释了塑造进取、创新和富有效率的商务氛围，树立绿色环保的社会形象的总体服务要求。

2）物业管理服务的重点及难点

投标人在分析了招标物业的基本情况和客户服务需求，明晰项目定位的基础上，应进一步分析招标物业项目物业管理服务的重点和难点。这不仅是招标人和业主最关心的问题，也是显示投标人专业能力和管理水平的标志之一。只有找准招标项目物业管理服务的重点和难点，才能有针对性地提出相应的措施。

一般而言，写字楼物业和综合性商业物业管理服务的重点和难点主要是商务经营和设施设备管理等方面；工业物业管理服务的重点和难点主要体现在消防、污染控制及货物、人员的管理等方面；政府物业管理服务的重点和难点主要体现在维护政府形象、内部特约服务、会议接待、安全及保密管理等方面；居住类物业管理服务的重点和难点主要体现在基础性的物业管理服务内容方面。

3）确定物业管理服务的主要措施

物业投标人在进行招标项目可行性分析并厘清物业管理服务的重点和难点后，要确定最符合物业实际情况和业主需求的主要管理措施，否则上述分析再充分也只是空中楼阁，形同虚设。例如，某物业服务企业竞标某高档物业小区所做的物业管理方案中，首先分析了该项目的基本情况、业主服务需求和管理服务的重点，然后针对该项目提出了以下重点管理措施：① 在智能化管理上，做到"三个到位"；② 在公共秩序管理上，运用先进科技手段，做到"三防结合，确保安全"；③ 装修管理上情理手段、法律手段并用；④ 精心养护园区绿化，实施垃圾分流，加强园区环境建设和环保建设；⑤ 实行大围合整体管理和小围合局部管理相结合的管理办法；⑥ 实施对电梯、安保等方面的专业化服务；⑦ 充分借鉴成功经验，开展卓有成效的社区活动；⑧ 运用科技手段，进行合理调度，有序停车。

2. 拟采取的管理方式和运作程序

拟采取的管理方式和运作程序主要包括以下内容。

1）组织架构

物业管理方案中的组织架构一般分为以下两级架构。

（1）物业服务企业的组织架构。现在大多数的物业服务企业实行董事会领导下的总经理负责制。企业所属中层管理部门的设置数量、名称无千篇一律的固定模式，一般设置综合管理部、财务部、人力资源部、品质管理部、市场拓展部、工程部和经营管理部等部门。物业服务企业的架构一般用图表表示给招标方看。

（2）项目管理部（或物业服务中心）组织架构。项目管理部大多采用直线制的组织形式，主要依据物业规模、物业类型、服务内容等情况设置机构。例如，山东济南某写字楼大厦设置了以客户服务部为中枢，机电工程部、保安部、环境管理部和品质管理部等相关部门密切协同运作的组织架构。设计项目管理部的组织架构时，要把机构、岗位及人数设置等情况用图表一并表示出来，让招标方一目了然。

2）运作程序

运作程序一般由项目整体运作流程、内部运作流程及信息反馈流程组成，一般采用流程图的方法进行展示。流程设计要遵循全面、高效、合理的原则，准确、高效、真实地反映组织结构的功能及运作方式。

3）管理机制

没有好的管理机制，项目物业管理服务的目标就没法实现。管理机制一般由目标管理责任制、激励机制和监督机制组成。目标管理责任制就是将根据项目管理目标制定的各项指标以量化的形式分解给项目的各个部门，并赋予相应的权利，实行责权利的结合；激励机制是在目标管理责任制的基础上设计的激励办法；监督机制是通过政府、业主、社会舆论和企业内部管理等渠道实现的项目运作监督机制。

3. 人员的配备、培训计划

1）人员的配备计划

人员的配备计划主要包括各类人员的编制和专业素质要求等内容。项目中层及以上管理人员应根据物业招标文件的要求列表，具体内容包括人员的姓名、性别、年龄、学历、职称、所学专业和主要从业经历等；操作层员工应列明聘用条件。

2）人员的培训计划

人员的培训主要分为岗前培训和岗中培训两种形式。人员培训计划主要包括项目各类人员培训的内容、时间、方式、地点、目标、主讲人和管理措施等内容，一般采用列表方式说明。

4. 拟接项目的物资装备计划

制订物资装备计划必须以满足项目管理需要为目的，区分轻重缓急，从办公、维修、清洁绿化、秩序维护和员工生活等方面分类用表格的形式进行表述，并注明名称、数量、单价和总价等。

5. 管理指标与管理措施

1）管理指标

管理指标通常由项目管理总体目标和质量指标两部分组成。在招标文件中有具体要求的，投标人应在物业管理方案中对招标人提出的各项管理指标进行明确的响应。招标人在招标文件中未提出具体要求的，投标人在物业管理方案中可依据国家或地方制定的物业服务标准和收费标准等确定总体目标和质量指标。制定管理指标，不仅要响应招标文件的具体要求，还要实事求是、量力而行，切勿盲目承诺。管理指标通常采用表格的形式进行表述。

2）管理措施

管理措施是投标人为完成投标文件中所承诺的各项管理指标而采取的措施。可以采用表格的形式将主要管理措施与管理指标相对应进行详细描述。制定管理措施时，既要与管理指标相对应，又要量力而行。

6. 管理制度

管理制度由公众管理制度和内部管理制度两部分组成。公众管理制度主要是针对业主与物业使用人有关物业使用、维护等方面而制定的制度，主要包括管理规约、装修管理、消防管理、电梯使用管理、临时用电管理、精神文明公约、车辆管理、物业使用管理、道路管理和绿化管理等方面。内部管理制度主要是针对内部员工而制定的管理制度，主要包括部门职责、岗位职责、员工考核、财务管理、员工工作标准和质量考核等方面的内容。如招标文件无具体的要求，一般在物业管理方案中列出管理制度的目录即可，没有必要列出各项管理制度的全文。

7. 整体工作计划

整体工作计划的制订要紧密结合物业管理的内容、工作重点，并结合招标文件的具体要求进行综合考虑。工作计划大致包括筹备期、交接期和正常运作期三个阶段，而每个阶段包括项目、工作内容和完成时间等。以某居住小区为例，筹备期的工作计划主要包括签订前期物业服务合同、拟定物业管理方案、拟定财务预算、筹建项目机构、招聘与培训员工、完善办公住宿条件、制定管理制度和物业验收与接管等。交接期的工作计划主要包括办理入住手续、住户装修管理、档案资料的建立和管理等内容。正常运作期的工作计划主要包括房屋及共用设施设备的维修保养、公共秩序维护、物业环境管理、财务管理、开展社区文化活动、便民服务的开展、用户满意度调查和创优活动等内容。整体工作计划一般采用表格式进行描述。

8. 日常物业管理实施计划

日常物业管理实施计划是物业管理方案的重点内容之一。要依据招标文件的具体要求和物业管理的任务编制日常物业管理实施计划，重点是将各项物业管理服务内容的工作要求、重点和运行管理等进行详细的描述。例如，某物业服务项目的招标人在招标文件中要求投标企业将日常物业管理服务中的房屋及共用设施设备管理、机电设施设备管理、安全管理、绿化管理、清洁管理、车辆管理、社区文化活动、消防管理和紧急事件处理等分别列出实施方案。制订日常物业管理实施计划时要紧密结合项目的实际情况，切勿照抄、千篇一律。

9. 档案资料的建立与管理

档案资料应采取系统、科学的方法进行收集、分类、储存和利用。分类可参照原建设部《关于修订全国物业管理示范住宅小区（大厦、工业区）标准及有关考评验收工作的通知》（建住房物〔2000〕008号）的标准执行。档案资料的体系内容可以用表格的形式进行阐述，具体的管理可采用流程图和文字相结合的方式。另外，物业服务企业要制定一套严格的借阅、保密管理措施。

10. 费用测算

1）物业服务费用的测算依据

物业服务费用是物业管理运作的基础与保证，也是招投标双方最为关心的问题，所以必须对投标物业进行管理费用的测算。物业服务企业要根据拟接管的物业的类型、配套设施设备的档次、服务内容和服务标准，并参照物业所在地区同档次物业的收费标准及企业现有日常综合管理的经验数据进行全面、具体的测算。

2）费用测算的内容

（1）物业服务收入测算。物业服务收入主要包括物业服务费用收入及其他法律规定或合同约定归物业服务企业支配的经营性收入，如停车场收入、物业租赁及经营收入、有偿特约服务收入等。

（2）物业服务成本。物业服务成本是指物业服务企业在从事物业服务项目管理服务过程中所必须耗费的社会平均费用和合理利润之和。物业服务费一般由人员费用、物业共用部位和共用设施设备日常运行与维护费用、绿化养护费用、清洁卫生费用、秩序维护费用、物业共用部位和共用设施设备及公众责任保险费用、办公费用、管理费分摊、固定资产折旧费、税费、利润等部分组成。在测算物业服务费用时具体测算哪些分项费用要依据招标文件中的具体规定，同时还要注意酬金制和包干制的区别。

11. 成本控制措施

（1）充分调动全体员工的积极性，将控制成本费用贯穿于成本费用形成的全过程。

（2）成本费用控制应与提供优质的物业管理服务相结合，不能为降低耗费而不提供或少提供服务。

（3）将成本费用控制与项目全体员工的责权利相结合。

（4）成本由不变成本和可变成本构成。在制订成本控制方案时，应重点控制可变成本。

三、物业管理投标的技巧与策略

（一）编制物业管理投标书的技巧

1. 投标书的内容要全，语言要简练

投标书既能反映出一个企业的整体实力，又能反映出一个企业的管理水平。物业服务企业在编制投标书时要注意以下两点。

（1）投标书的内容要齐全。在编制投标书的过程中，要严格按招标文件的要求编写，不能有漏项，否则在评标中必然受到损失。在测算物业服务费用时，各项费用的计算既要合理，又要全面，更不能漏项，否则也会使企业中标后蒙受损失。

（2）语言要规范，做到明了、精练、自然和实在。"明了"即通俗易懂，让人看了明明白白；"精练"即要求语言文字精练、言简意赅、层次分明、具有吸引力；"自然"即要求语言自然流畅，能吸引评价专家读下去；"实在"即投标书里所写的内容及所承诺的条款实事求是、实实在在。

2. 介绍企业时要如实可信，注意概括

在投标资料中，有一项内容是介绍企业情况，主要是让招标方了解企业的基本情况、企业理念和主要业绩。介绍企业业绩时要真实可信，去掉不切实际的夸张和描述，最好是用表格的方式展示企业获取的各种荣誉证书和获奖证书；介绍企业的其他情况时，要注意用精练的语言进行全面概括，切勿连篇累牍。例如，上海某物业服务企业介绍自己的管理情况时这样写道"质量方针：建一流公司、创一流管理、管一流物业、出一流人才；公司信誉：依法经营、严格管理、规范服务"。又如，上海某物业服务企业这样介绍自己的企业理念"你所想到的，我们将为你做好；你未想到的，我们将为你做到"。

3. 打管理特色牌

打管理特色牌也是编制投标书时常用的一个技巧。在强手如林的物业服务行业中，虽然每家企业都在管理中有一套经验，但要中标却需动一番脑筋，不能泛泛而谈，而要推行"你无我有，你有我优"的策略。例如，有一家物业服务企业将强化制度、强化管理和人性化管理相结合，提出了"好保姆、好管家、好朋友"的物业管理服务宗旨。

4. 打换位思考牌

所谓换位思考，就是不能仅仅站在投标人的立场上想问题，而是换位到招标人的立场上考虑问题。例如，有的开发商公开招标选择物业服务企业是为了找出"卖点"，将其视为房地产营销的重要手段；有的招标人选聘物业服务企业是为了找一家好的企业把目标物业管理好，做到服务周到、费用节省。因此，我们应分别针对招标人的不同需求编制满足他们不同需要的投标书。例如，上海东方电视塔邀标时，某一家物业服务企业利用换位思考策略提出了"不赚东视人的钱，而要为东视人赚钱；不是东视人，要有东视的神（精神）"的服务宗旨，结果一举夺标。

5. 打服务承诺牌

近几年，国家及各省、市陆续出台了一些物业管理服务质量标准。例如，原建设部2000年颁布实施的《全国物业管理示范住宅小区（大厦、工业区）标准及评分细则》（建住房物〔2000〕008号）、中国物业管理协会2004年颁布实施的《普通住宅小区物业管理服务等级标准（试行）》（中物协〔2004〕1号）和2015年4月山东省制定的《山东省物业管理服务规范》。上述各类标准中，不同的服务等级均制定了相应的量化指标。物业服务企业在编制物业管理方案时，在质价相符、量力而行的前提下，对物业招标人承诺的质量指标如能高于国家或行业颁布的相应等级的标准，也会增加物业管理方案的亮点，提高中标的概率。需要注意的是，打服务承诺牌的前提是实事求是，具有可行性，切勿盲目承诺。

6. 打有偿服务与无偿服务相结合牌

物业管理服务的本质特征是有偿性，物业服务企业追求合理的利润是正常的。现在不少有实力的物业服务企业在立足于本职、努力为业主提供各种有偿服务的同时，也尽其所能地为业主提供一些无偿服务项目，使物业服务企业和业主及物业使用人的关系进一步融洽。物业服务企业在编制物业管理方案时，在自身条件允许的情况下，如能承诺为业主提供一些无偿服务项目，既会受到招标方的欢迎，也会增加中标的概率。

（二）制定投标报价的策略和技巧

投标报价是一项技术性和技巧性很强的工作。在投标过程中，要对项目的运作经营管理成本进行准确的计算，确定合理的利润空间，在此基础上预测标的和竞争对手的报价范围。如有可能，可补充一些优惠条件作为报价的附加。在运用好以上投标报价策略的基础上，还要学会采取以下报价的技巧。

1. 多方案报价（竞争性磋商/谈判方式）

多方案报价是指在邀请招标、议标、招标文件不明确或项目本身有多个方案存在时，投标人可准备两个或两个以上的报价，最后与招标方进行协商。

2. 保本报价

保本报价是指按成本加微利报价。这一技巧适用于规模大、远景效益好的项目。这时物业服务企业追求的是规模效益或远景效益。

（三）现场答辩的技巧

开标前，要选择经验丰富、性格沉稳、熟悉项目情况和招投标文件的答辩人。答辩人要做好充分准备并做好模拟演练。

开标时，注重自己的仪容仪表，时刻保持良好的精神状态。介绍标书情况时要重点突出、特色鲜明，重点讲清招标人最为关注的问题，充分体现投标企业的信心和实力。回答问题时要果断、明确、准确，感染招标方和评委，切勿匆忙回答或含糊其辞。

（四）签约谈判的技巧

（1）在签约谈判时要准确把握对方的真实意图，准确判断对方履行合同的诚意和能力。

（2）物业服务合同的主要条款宜细不宜粗，尤其要注意细化以下主要条款：物业服务的项目要逐项写清，不能遗漏；详细约定每项管理服务项目包括的具体内容，如房屋共用部位的维修、养护、管理应包括楼盖、屋顶、楼梯间、公用走廊、承重结构、外墙面等；详细约定各项具体内容的管理服务质量标准，如垃圾清运的频率是一天一次还是两天一次；详细约定在上述的管理服务内容和质量标准下应收取的费用。

（3）既要实事求是，又要留有余地。如对于"24小时供应热水"的服务承诺，在最初仅个别业主入住时则很难做到，应在合同中说明。又如分期建设的住宅小区，在首期的合同中就不应该把小区全部建成后才能提供的管理服务项目列入。

（4）利用免责条款，尽量规避风险。订立合同时应本着公平合理的原则，根据物业的具体情况设立免责条款，明确免责的事项和内容。如在物业服务合同中应当明确物业服务费用不包括业主与物业使用人的人身保险、财产保管等费用，以免引起不必要的纠纷。

复习思考题

1. 物业管理招标的主体有哪些？
2. 物业管理招标的类型是如何划分的？
3. 物业管理招标的方式、特点有哪些？
4. 物业管理招标的原则有哪些？
5. 物业管理招标的条件是什么？
6. 物业管理招标有哪些程序？
7. 简述物业管理投标的条件和程序。
8. 编制物业管理方案的要求是什么？
9. 物业管理方案的主要内容有哪些？
10. 在编制物业管理方案、确定投标报价和签约谈判时应掌握哪些技巧？

第六章 前期物业管理法律规定

内容提要

本章主要介绍前期物业管理法律规定,主要包括前期物业管理的概念、特征与主要内容、物业承接查验的相关内容、城市住宅小区竣工综合验收管理办法和住宅室内装饰装修管理规定。

学习目标

1. 掌握前期物业管理的概念、特征和主要内容。
2. 掌握物业承接查验的概念、主要工作内容与工作步骤,了解竣工验收与承接查验的区别。
3. 了解城市住宅小区竣工综合验收管理办法。
4. 了解住宅室内装饰装修管理规定的基本内容。

案例导入

少交35 000元物业费换来了82万元的巨额违约金

【案情介绍】

几年前,陆婧(化名)在老家买了三套房子。让陆婧没想到的是,从2007年交房开始,小区物业就一直在给她计算违约金。到现在,陆婧竟然拖欠了物业82万元左右的费用,这其中很大一部分是违约金。

陆婧表示,买房的时候说好了物业费每月每平方一元,那么总共103个月,算下来物业费为35 000元左右。陆婧从文件袋中拿出一份《业主公约前期物业管理服务协议》,其中一条提到"乙方不按本协议约定的收费标准和时间交纳有关费用的,甲方有权要求乙方补交并从逾期之日起,按每天所欠金额的百分之一交纳违约金"。

"不是我不接房,是这么高的违约金根本接受不了。"据陆婧介绍,由于自己常年旅居美国,买房前曾和开发商的销售人员口头约定,等房子卖出再接房,到时再补交物业费,并且没有违约金。陆婧说在开发商同意后,她才买下房子,但当时她这一诉求并没有写在合同上。而该小区的物业负责人则表示对此并不知情。

违约金过高,可以请求降低,但是……

陆女士说,之前有人看中了她一套面积为86.22平方米的房子,双方还签订了合同,但由于需另交24万元(违约金和物业费),卖房的过程并不顺利。陆女士说,当年开发商熟知这件事的工作人员都已离职,合同上的开发商电话也无法打通。

记者也来到该小区，小区物业公司负责人邱先生说，他不知道陆女士当初买房时和开发商工作人员的约定。该小区是2007年1月交房的，陆女士没有按时间接房，也没有交纳物业费，按照双方签订的条款，陆女士需要按每天所欠金额的百分之一交纳违约金，不过自从2014年11月小区业委会成立后，物业费违约金的比例调整为每天千分之二交纳。邱先生还表示，"违约金的数额可以协商，但是物业费肯定是要结清的"！

对此，律师刘秀表示，只要开发商交付房子，物业服务企业就开始管理小区，所以物业费是需要交纳的。如果业主一直拖欠物业费，肯定会产生违约金，这需要以合同为依据，但过高的违约金是得不到法院支持的，如果发生诉讼业主可以请求降低违约金。

【案例点评】

业主们注意了：物业费不是想不交就能不交的。

业主应交纳物业费的法律依据包括以下几种。

1. 《民法典》第八章　违约责任

第577条　当事人一方不履行合同义务或者履行合同义务不符合约定的，应当承担继续履行、采取补救措施或者赔偿损失等违约责任。

2. 《民法典》第六章　业主建筑物区分所有权

第273条　业主对建筑物专有部分以外的共有部分，享有权利，承担义务；不得以放弃权利为由不履行义务。

3. 《物业管理条例》

第7条　业主在物业管理活动中，履行下列义务：

（四）按照国家有关规定交纳专项维修资金；

（五）按时交纳物业服务费用。

第41条　业主应当根据物业服务合同的约定交纳物业服务费用。业主与物业使用人约定由物业使用人交纳物业服务费用的，从其约定，业主负连带交纳责任。

已竣工但尚未出售或者尚未交给物业买受人的物业，物业服务费用由建设单位交纳。

第65条　违反物业服务合同约定，业主逾期不交纳物业服务费用的，业主委员会应当督促其限期交纳；逾期仍不交纳的，物业服务企业可以向人民法院起诉。

4. 《业主大会和业主委员会指导规则》

第20条　业主拒付物业服务费，不缴存专项维修资金以及实施其他损害业主共同权益行为的，业主大会可以在管理规约和业主大会议事规则中对其共同管理权的行使予以限制。

5. 最高人民法院《关于审理物业服务纠纷案件具体应用法律若干问题的解释》（法释〔2009〕8号）

第6条　经书面催交，业主无正当理由拒绝交纳或者在催告的合理期限内仍未交纳物业费，物业服务企业请求业主支付物业费的，人民法院应予支持。物业服务企业已经按照合同约定以及相关规定提供服务，业主仅以未享受或者无需接受相关物业服务为抗辩理由的，人民法院不予支持。

第7条　业主与物业的承租人、借用人或者其他物业使用人约定由物业使用人交纳物业费，物业服务企业请求业主承担连带责任的，人民法院应予支持。

第一节　前期物业管理概述

一、前期物业管理的概念

关于前期物业管理,《物业管理条例》第21条规定:"在业主、业主大会选聘物业服务企业之前,建设单位选聘物业服务企业的,应当签订书面的前期物业服务合同。"该条款规定了前期物业服务合同的形式要件。

2003年9月1日建设部颁布的《前期物业管理招标投标管理暂行办法》(建住房〔2003〕130号)第2条规定:"前期物业管理,是指在业主、业主大会选聘物业服务企业之前,由建设单位选聘的物业管理企业实施的物业管理。"根据该办法,并结合《物业管理条例》的一些原则规定,可对前期物业管理做如下定义:前期物业管理,是指房屋出售后至业主委员会与业主大会选聘的物业服务企业签订的物业服务合同生效时止,由建设单位选聘物业服务企业对房屋及配套的设施设备和相关场地进行维修、养护、管理,维护相关区域内的环境卫生和秩序的活动。

二、物业管理前期介入的必要性

(一)物业管理前期介入能减少物业使用中的后遗症

物业管理是代表和维护业主的利益,对所委托的物业进行有效管理。物业管理的前期介入,使物业管理同规划设计、施工建设同步或交叉进行,这样既可以反映出专业化管理得以顺利实施的各种需求,又可以从业主或使用人的角度,凭专业人士的经验和以往管理实践中发现的规划设计上的种种问题和缺陷,对物业的规划、设计进行审视,对不适之处提出修改方案,优化、完善设计中的细节,争取把那些后期管理中力不从心的或返工无望的先天缺陷在物业竣工之前逐项加以妥善解决,减少后遗症,保持房地产开发项目的市场竞争力。

(二)物业管理前期介入有利于物业服务企业对所管物业的全面了解

物业管理行为的实质是服务。然而要服务得好,使业主满意,就必须对物业进行全面的了解。如果物业服务企业在物业交付使用时才介入管理,就无法对诸如土建结构、管线定向、设施建设、设备安装等物业的情况了如指掌。因此,必须在物业的形成过程中就介入管理,才能对养护和维修提出建议,并做好日后养护维修的重点记录。只有如此,物业服务企业才能更好地为业主服务。

(三)物业管理前期介入有利于物业服务企业为后期管理做好准备

物业管理也是一项综合管理工程。通过物业管理把分散的社会分工集合为一体,并理顺关系,建立通畅的服务渠道,以充分发挥物业管理的综合作用。此外,在对物业实体实施管理之前,还应设计物业管理模式,制定相应的规章制度,并协同开发商草拟有关文件制度，筹备成立业主委员会，印制各种证件，以及进行机构设置、人员聘用、员工培训等工作，使物业一旦正式交付验收，物业服务企业便能有序地对物业进行管理。

三、前期物业服务企业的选聘

房屋出售后，由于出售率或者入住率未达到应当召开第一次业主大会的法定条件或者其他原因而导致业主委员会未成立的，有必要也应当对物业进行管理。此时，由于业主大会未能召开，业主委员会尚未成立，只能由房地产开发企业选聘物业服务企业进行管理。从实践来看，前期物业服务对正式的物业管理起着十分重要的作用。房地产开发企业在选择前期物业服务企业时，必须充分考虑和维护未来业主的合法权益，从未来业主的角度来考察、比较各物业服务企业的特点，选择符合业主需要的物业服务企业来进行前期物业管理。因此，有必要对建设单位选聘前期物业服务企业做出明确、具体的规定。

关于建设单位如何选聘前期物业服务企业，《物业管理条例》第 3 条规定："国家提倡业主通过公开、公平、公正的市场竞争机制选择物业服务企业。"《物业管理条例》第 24 条规定："国家提倡建设单位按照房地产开发与物业管理相分离的原则，通过招投标的方式选聘物业服务企业。住宅物业的建设单位，应当通过招投标的方式选聘物业服务企业；投标人少于 3 个或者住宅规模较小的，经物业所在地的区、县人民政府房地产行政主管部门批准，可以采用协议方式选聘物业服务企业。"为配合《物业管理条例》的实施，建设部于 2003 年 6 月 26 日公布了《前期物业管理招标投标管理暂行办法》，对前期物业管理招标投标进行规范。根据《物业管理条例》和《前期物业管理招标投标管理暂行办法》的规定，如何选聘前期物业服务企业要按照物业的性质来确定，住宅物业及同一物业管理区域内的非住宅建设单位必须通过招投标的方式选聘物业服务企业（只有在投标人少于 3 个或者住宅、规模较小的情况下，经依法批准后方可协议选聘物业服务企业）；其他类型的物业，建设单位自行决定是否采取招投标的方式选聘物业服务企业。

四、前期物业管理的特征

相对于正常的物业管理而言，前期物业管理具有以下基本特征。

（一）建设单位的主导性

为业主提供物业服务的物业服务企业由开发商来选择，无论是招投标方式还是协议方式，选择物业服务企业的决定权在建设单位。物业服务的内容与质量、服务费用、物业的经营与管理、物业的使用与维护，以及专项维修资金的缴存、管理、使用和续筹均由建设单位通过招标确定。

（二）业主地位的被动性

相对于建设单位、物业服务企业而言，业主除享有是否购置物业的自由外，其他的权利义务均处于从属地位。例如，业主在签订物业买卖合同时应当对遵守临时管理公约予以书面承诺；对于建设单位与物业服务企业达成的前期物业服务合同约定的内容，业主在买卖合同中不能变更；对于有关物业的使用、维护和专项维修资金的缴存、管理、使用与续筹等方案，业主无权决定等。

（三）前期物业服务合同期限的不确定性

建设单位可以与物业服务企业在签订前期物业服务合同时约定期限，但是只要业主委员会与物业服务企业签订的物业服务合同生效，即使前期物业服务合同约定的期限未满，该合同也即可终止。

（四）监管的必要性

在前期物业管理中，建设单位、物业服务企业处于优势地位，如果对其失去监督，那么业主的合法权益就可能不能得到有效的保障。《物业管理条例》及建设部与之配套的规章对建设单位前期物业管理活动的行为做了一些具体的限制性规定。例如，建设单位制定的管理规约不得侵犯买受人的合法权益，前期物业服务企业的选择要遵守《前期物业管理招标投标管理暂行办法》的规定等。

五、前期物业管理的主要内容

（一）管理机构的设立与人员的培训

机构的设置应根据委托物业的用途、面积、管理深度和管理方式等确定。人员的配备除考虑管理人员的选派外，还要考虑操作层（维修养护、保安、清洁、绿化等）人员的招聘，并依据职责分别进行培训。

（二）规章制度的制定

前期物业管理要制定必要的规章制度、管理机构的职责范围、各类人员的岗位责任、物业各区域的管理规定和用户（住户）手册等。

（三）物业的验收与接管

物业的验收是依照国家建设部及省市有关工程验收的技术规范与质量标准对已建成的物业进行检验。它是直接关系到今后物业管理工作能否正常开展的一个重要环节。物业接管是房地产开发企业向接受委托的物业服务企业移交物业的过程。移交应办书面移交手续。开发企业还应向管理单位移交整套图纸资料，以方便今后的物业管理和维修养护。在物业保修期间，接受委托的物业服务企业还应与房地产开发企业签订保修合同，明确保修项目、内容、进度、原则、责任与方式。

（四）进户管理

进户是指业主、使用人正式进住使用物业，又称"入伙"。业主或承租使用人的进户程序如下所示。

（1）发入住通知书：在物业正式使用条件全部具备后向业主或使用人发出入住书面通知书。

（2）带业主或使用人实地验收物业，着重勘验：① 房屋质量；② 设备使用、质量及运转情况；③ 房型、装修、设施配备等是否与合同相符；④ 外部环境状况及影响。

（3）约定代为装修、添置或更换自用设备或设施等事宜及各种代办事宜。

（4）签订《物业使用公约》。主要内容包括在分清自用与公用部位、设备、设施的前提下确定双方享有的权利和应尽的义务、物业正常使用的行为规范及相应的违约责任。

（5）要求业主或使用人如实填写登记卡。内容包括业主或使用人的名称、通信联络方式和所占用物业的编号、设备、设施及泊车位分配等。属于非居住性质的物业还需登记营业执照、经营范围、职工人数、出行和用餐等相关情况，便于物业管理与服务。

（6）向业主或使用人发放《临时管理规约》，使业主了解物业概况、各项管理制度（如车辆停放管理、装修搬迁管理和物业保修的责任范围、标准、期限等方面的规定），以及楼层权利归属、公用设施设备的合理使用等，以便正确地把握自己的行为。

（7）预收物业管理费或租金。物业服务企业根据有关规定或双方约定向业主或使用人预收物业管理费或租金。

（8）向业主或使用人提供办事指引，即向业主、使用人全面介绍物业管理区域和社区相关部门的办事指南，使他们能及时办理相关手续。

（9）业主、使用人签约领钥匙，完成进户程序。

（五）装修管理

为了搞好装修入住管理，必须做好以下几点工作。

（1）大力宣传装修规定，与业主签订装修协议。装修协议书主要包括：① 装修不得损坏房屋承重结构，破坏建筑物外墙面貌；② 装修不得擅自占用公用部位、移动或损坏公用设施和设备；③ 不得排放有毒、有害物质和噪声超标；④ 不得随地乱扔建筑垃圾；⑤ 遵守用火、用电规定，履行防火职责；⑥ 因装修而造成他人或公用部位、设备或设施损坏的，责任人负责修复或赔偿。

（2）加强装修监督管理。审核装修设计图纸，派人巡视施工现场，发现违约行为及时劝阻并督促其改正。

（3）积极参与室内装修管理。

（4）合理安排业主入住时间。

（六）档案资料的建立

档案资料包括业主资料和物业资料。业主资料包括业主使用人姓名、进户人员情况、联系电话或地址、各项费用的缴交情况和房屋的装修等情况。物业资料主要包括物业各种设计与竣工图纸、位置和编号等。

档案资料的建立主要有收集、整理、归档和利用四个环节。收集的关键是尽可能完整；整理的重点是去伪存真，留下物业管理有用的资料；归档就是按照资料本身的内在规律、联系进行科学的分类与保存。

第二节　物业的承接查验

一、承接查验的概念

物业的承接查验是物业服务企业为维护业主和自身的利益，在正式接管物业之前代表业主对即将交付使用物业的建造质量、管理资料等进行的综合性验收。它先于业主入住之前进行，是确保物业的使用功能、奠定管理基础的极为重要的物业管理前期工作。承接查验合格也是物业交付使用和交付管理的前提条件之一。

二、物业承接查验前的准备工作

房地产开发企业与物业服务企业应在物业项目立项时就建立合作关系，但是尚未聘用物业服务企业的，就由房地产开发企业自设机构来管理物业。一般来讲，由专业化的物业服务企业参与物业的开发全过程，将更利于物业管理的良性发展。目前，大多采取招投标方式选聘物业服务企业，来从开发企业手中接管物业。

从理论上讲，早期介入的物业服务企业并不一定就是前期物业的当然管理者，特别是房地产开发企业决定招标选聘时；反之，早期介入的物业服务企业是否愿意承接该物业的管理也需经过科学的测算和对该物业经营实效的评估和权衡后方可做出抉择。具体有如下几个步骤。

（1）房地产开发企业与物业服务企业接洽前期物业管理委托事项。主要包括：① 管理服务内容、标准、期限；② 保修责任的委托与实施；③ 诸如遗留扫尾工程、空置房出租或看管等代为办理事项；④ 管理服务费构成及筹集；⑤ 管理用房、经营用房的提供使用及收益分配；⑥ 物业及相关资料的验收接管。

（2）在洽谈的过程中，物业服务企业对人力、物力等自身条件和接盘运作、盈亏风险做出测算，据此制定接管方案作为依据与房地产开发企业进一步协商或竞标。如达成一致或中标即可签订前期物业管理委托合同。

（3）一旦签约，物业服务企业就要实施验收接管，同时，还应做好档案资料的移交工作。档案资料有：① 规划图、竣工图、地下管网竣工图；② 各类房层清单；③ 单体建筑结构、设备竣工图及合格证或保修书；④ 公用设施、设备及公共场地清单；⑤ 有关业主或承租使用人的相关资料等。

（4）根据前期物业服务合同所赋予的管理职责，物业服务企业应制定一系列管理制度，以建立正常的管理秩序。管理制度主要有停车场管理办法、电梯使用规定、物业的报修与维修规定等。

（5）为了迎接即将到来的业主入伙，物业服务企业应着手组成该物业的常设管理机构，配备管理人员。

（6）建立与社区主管部门、街道办事处等联系，构筑综合服务体系。前者是指物业正式启动运作后，势必要与社区主管部门和市政及公用事业单位取得联系，获得支持与配合。同时，物业服务企业有一些业务（尤其是业主的特约服务）还需外包给专业服务公司。只有这样，才能使业主入伙后各种需求得到充分满足。

（7）物业正式出售又称"开盘"，这也是前期物业管理开始之日。物业服务企业可以和开发商一起参与楼盘营销。物业服务企业可以提出自己的见解，促进销售顺利进行。从根本上来讲，营销是房地产开发企业与物业服务企业的共同利益所在。楼盘滞销，不仅使开发企业投资得不到完全回报，因滞销造成的空置物业也会给物业服务企业的管理与服务带来困难。首先，物业管理对物业保值增值作用日益明显。其次，参与营销是物业服务企业与消费者（即未来的业主）直接见面的最好机会，了解他们对物业管理的具体要求将对今后业务的开展大有裨益。最后，现行法规规定，在开发企业与业主签订房地产买卖合同时必须附上有关前期物业管理协议及《物业使用公约》《住户手册》等附件，即应在买卖合同中对房地产产权人有承诺遵守小区管理办法的约定。

三、承接查验与竣工验收的区别

承接查验不同于竣工验收。承接查验是由物业服务企业依据《房屋接管验收标准》接管开发商移交的物业所进行的验收。承接查验与竣工验收的区别表现在以下几点。

（一）验收的目的不同

承接查验是在验收合格的基础上，以主体结构安全和满足使用功能为主要内容的再检验；竣工验收是为了检验房屋工程是否达到设计文件所规定的要求。

（二）验收的条件不同

承接查验的首要条件是竣工验收合格，并且供电、采暖、给排水、卫生、道路等设备和设施能正常使用，房屋幢、户编号已经有关部门确认；竣工验收的首要条件是工程按设计要求全部施工完毕，达到规定的质量标准，能满足使用等。

（三）交接的对象不同

承接查验是由物业服务企业接管开发商移交的物业；竣工验收是由开发商验收建筑商移交的物业。

四、承接查验中应注意的事项

物业的承接查验是直接关系到今后物业管理能否开展的重要环节。物业服务企业通过承接查验，可以由对物业的前期管理转入对物业的实体管理中。因此，为确保今后物业管理工作能顺利开展，物业服务企业在承接查验时应注意以下几个方面。

（1）物业服务企业应选派素质好、业务精、工作认真负责的管理人员及技术人员参加验收工作。

（2）物业服务企业既应从今后物业维护保养管理的角度进行验收，也应站在业主的立场上对物业进行严格的验收，以维护业主的合法权益。

（3）承接查验中若发现问题，应明确记录在案，约定期限督促开发商对存在的问题加固补强、整修，直到完全合格。

（4）落实物业的保修事宜。根据建筑工程质量保修的有关规定，由开发商负责保修，向物业服务企业交付保修保证金，或由物业服务企业负责保修，开发商一次性拨付保修费用。

（5）开发商应向物业服务企业移交整套图纸资料，包括产权资料和技术资料。

（6）物业服务企业接受的只是对物业的管理权以及法律赋予的有关权利。

（7）承接查验符合要求后，物业服务企业应签署验收合格凭证，签发接管文件。

当物业服务企业签发了接管文件，办理了必要的手续以后，整个物业验收与接管工作即完成。

五、承接查验的内容

承接查验的内容主要包括以下几个方面。

（一）主体结构

地基沉降不得超过规定要求允许的变形值，不得引起上部结构开裂或毗邻房的损坏。其中，房屋的主体构件无论是钢筋混凝土还是砖石、木结构，变形、裂缝都不能超过国标规定，外墙不得渗水。

（二）屋面与楼地面

各类屋面必须符合国家建筑设计标准的规定，排水畅通，无积水，不渗漏。地面的面层与基层必须粘结牢固，不空鼓，整体平整，没有裂缝、脱皮、起砂等现象。卫生间、阳台、厨房的地面相对标高应符合设计要求，不允许倒流水和渗漏。

（三）装修

钢木门窗均应安装平正牢固，开关灵活；进户门不得使用胶合板制作，门锁安装牢固；门窗玻璃应安装平整，油灰饱满、粘贴牢固；油漆色泽一致，不脱皮、漏刷。

（四）电气

线路应安装平整、牢固、顺直，过墙有导管，铝导线连接不得采用绞接或绑接。每一回路导线间及对地绝缘电阻值不得小于规定要求。照明器具等支架必须牢固，部件齐全，接触良好。避雷装置必须符合国家标准规定。电梯应能准确、正常运转，噪声震动不得超过规定，记录、图纸资料齐全。

（五）水、卫、消防、采暖

管道应安装牢固，控制部件启闭灵活，无滴、漏、跑、冒现象。卫生间、厨房间排水管应分设，出户管长不超过 8 米，并不可使用陶管、塑料管；地漏、排水管接口、检查口不渗漏，管边排水流畅。消防设施应符合国家标准规定，并有消防部门检验合格证。采暖的锅炉、箱罐等压力容器应安装平正，配件齐全，没有缺陷，并有专门检验合格证。各种仪表、仪器、辅机应齐全、安全、灵敏、灵活、精确，安装符合规定，运转准确正常。

（六）附属工程及其他

室外排水系统的标高、窨井的设置、管道坡度、管位和化粪池等都必须符合规定要求。信报箱、挂物钩、晒衣架应按规定安装。另外，还包括场地清除、临时设施与过渡房拆除清理完毕，相应市政、公建配套工程和服务设施也应达到质量要求。

六、承接查验的作用

承接查验是物业服务企业接管开发企业、建设单位或个人委托管理的新建房屋或原有房屋时,以物业主体结构安全和满足使用功能为主要内容的接管检验。对新建房屋,承接查验是竣工验收的再验收。在完成承接查验后,整体物业连同设备就应移交给物业服务企业。

物业承接查验,是物业服务企业在接管物业前不可缺少的重要环节。物业承接查验,不仅包括主体建筑、附属设备和配套设施,而且还包括道路、场地和环境绿化等,所以应特别重视对综合功能的验收。物业的承接查验,由开发建设单位和物业服务企业共同组织验收小组进行。其作用主要体现在以下几个方面。

(1)明确交接双方的责、权、利关系。通过接管合同的签订,实现权利和义务的转移,在法律上界定清楚各自的义务和权利。

(2)确保物业具备正常的使用功能,充分维护业主的利益。通过物业服务企业的承接查验,能进一步促使开发企业或施工企业按标准找出物业质量问题,从总体上提高物业的质量。

(3)承接查验为日后管理创造条件。通过承接查验,一方面使工程质量达到要求,减少日常管理过程的维修、养护工作量;另一方面,根据接管中的有关物业的文件资料,可以摸清物业的性能与特点,预防管理中可能出现的问题,计划安排好各项管理与服务,发挥社会化、专业化、标准化的管理优势。

七、承接查验的有关要求与标准

物业的查验分为新建物业承接查验和原有物业承接查验。其具体的要求与标准可参照《房屋接管验收标准》。

(一)承接查验应提交的资料

1. 新建房屋接管验收应提交的资料

1)产权资料

(1)项目批准文件。

(2)用地批准文件。

(3)建筑执照。

(4)拆迁资料。

2)技术资料

(1)地质勘察报告。

(2)工程合同及开工、竣工报告。

(3)工程预决算。

(4)图纸会审记录。

(5)工程设计变更通知及技术核定单位(包括质量事故处理记录)。

（6）隐蔽工程验收签证。
（7）沉降观测记录。
（8）竣工验收证明书。
（9）钢材、水泥等主要材料的质量保证书。
（10）新材料、构配件和鉴定合格证书。
（11）水、电、暖、通、卫生器具、电梯等设备的检验合格证书。
（12）砂浆、混凝土试块试压报告。
（13）供水、供暖、管道煤气的试压报告。

2. 原有房屋接管验收应验交的资料

1）产权资料

（1）房屋所有权证。
（2）土地使用权证。
（3）有关司法、公证文书和协议。
（4）房屋分户使用清册。
（5）房屋设备及其固定附着物清册。

2）技术资料

（1）房地产平面图。
（2）房屋分间平面图。
（3）房屋及设备技术资料。

（二）水电设备设施的现场验收

1. 供配电系统的现场验收

（1）检查高低压配电柜、高压器有无正式供电，是否满足设计功能，是否按国家及地区有关规程施工，有无事故及安全隐患（如电缆沟有无盖板，有无悬挂安全标示牌，安全有效距离是否合格，高压侧有无隔离设施等），接地网有无可靠接地，设备房有无做好"三防"措施（有无防鼠板、电缆沟，门窗、墙洞有无封网）。

（2）检查发电机系统是否能满足设计功能，机组能否正常使用，机油管路、柴油管路、冷却水路是否畅通。若有两台以上机组，检查能否并车同步进行，烟管有无漏烟现象，有无事故紧急停车功能，应急自动发电功能能否正常起动，供电线路是否正常供电等。

（3）低压电气线路应平整、牢固、顺直，过墙应有导管，导线连接必须紧密；采用管子配线时，连接点必须紧密、可靠，使管路在结构上和电气上均连成整体并有可靠的接地，每回路导线间和对地绝缘电阻值不小于1兆欧/千伏。应按套安装电表或预留表位，并有电气接地装置。照明器具等低压电器安装支架必须牢固，部件齐全，接触良好，位置正确。检查电度表应经过国家供电有关部门检测。

2. 中央空调系统通风工程部分的现场验收

（1）检查中央空调主机能否正常运行，负荷能否在可调节范围内调节运行，冷却泵、冷冻泵、冷却塔能否正常运行，控制柜内电气线路是否符合规范。

（2）检查冷冻管系、冷却管系和阀门，保温是否完好，有无漏水现象，防腐是否符合要求，膨胀水箱能否正常补水。

（3）检查制冷或制热情况能否满足设计要求。

（4）检查柜式风机、盘管内机、新风机、吊顶风机能否正常使用，噪声是否在规定范围内，风管出风是否均匀，风机进风口、出风口有无封闭现象。

3. 消防系统的现场验收

（1）检查消防控制系统烟感、温感、水流等信号能否反应并做出相应的措施，消防栓泵、喷淋泵、排烟风机、排烟阀加压风机等能否自动及手动起动，消防广播事故时能否正常广播。

（2）检查消防管路有无漏水，阀是否保持常开状态（防火水阀除外），消防栓内配件是否缺少，喷淋头是否满足要求，消防栓、喷淋头有无水流，水压是否满足要求。

（3）检查气体灭火系统能否正常运行，气体压力是否在正常范围内，气体有无及时补充更换。

（4）检查各工作生活点手持式灭火器、防毒面具等是否配备整齐，防火门是否合格，有无保持常开状态，消防设施有无故障影响正常使用等。

4. 运输设备的现场验收

（1）直升电梯应能准确地启动运行、选层、平层和停层，引机的噪声和震动声不得超过国家标准的规定值。制动器、限速器及其他安全设备能正常使用。

（2）自动扶梯应运行平稳灵敏可靠，无振动，无杂音，扶手带无钢刺。松紧程度应保持全水平时下垂不大，放松压带轮后可以用手拖动扶手带。安装的隐蔽工程、运转记录、性能检测记录及完整的图纸资料均应符合要求。电梯的应急对讲应能可靠对讲，发生消防火警时应能按要求升到顶层，安全钳应能安全运作。

5. 管道煤气系统的现场验收

主要检查管道煤气是否按国家标准及地区规范安装，管道安装是否良好，有无漏气现象，煤气表安装的高度是否符合要求等。

6. 电信系统的现场验收

要求电信系统线路安装整齐，电话无杂音，接线盒、分线盒安装牢固，电缆铺设符合国家标准。

7. 有线电视网的现场验收

要求有线电视线路铺设整齐，放大器安装稳固，进户线穿墙部分穿管铺设，电视信号图像清晰、声音清楚。

8. 闭路监控系统等的现场验收

主要有如下内容：① 闭路监控系统应图像清晰、稳定、无变形失真；② 防盗对讲设备应对讲良好，声音清晰，无杂音，呼叫反应灵敏，开锁功能迅速、有效。

9. 给排水系统的现场验收

（1）检查自来水公司进水表阀是否完好，启闭是否灵活，高、低蓄水池是否洁净、卫生，同时是否采取封闭措施，是否便于检修、清洗，进水管是否有安全保障措施，水泵电机是否安装稳固，运行时有无振动，压力表等是否指示正常，自动控制系统是否运行正常，有无必要的缺水、溢水故障，管路是否安装牢固、无跑冒滴漏现象。

（2）检查压力供水设备安装、使用是否符合国家标准及地区标准，压力是否在正常控制范围内，安全保护是否完善、能否及时动作。

（3）排水管道不应采用陶瓷管、塑料管，应无跑冒滴漏现象，防腐措施应符合国家标准，管道接口、检查口不得漏水，检查口应便于维修，管道排水应流畅，集水井、砂井、化粪池应畅通，潜水泵应无堵塞，自动控制正常。

（三）小区市政验收

小区的市政包括小区内的道路、排水管道、沟渠、砂井、供水管道、检查井、电讯箱、化粪池、绿化、环卫设施、环保设施等各方面的措施。其中，以下项目验收时，除检验质量外，应注意以下几个方面。

（1）道路：有无积水（路面排水反坡）。
（2）砂井：沟渠排水是否通畅，有无残余建筑垃圾。
（3）供水管道有无渗漏，有条件的在一段时间内检查水管前后水表读数是否相符。
（4）化粪池有无透气管（不能完全密闭）。
（5）小区内有无配备室外消防栓，水压是否足够。
（6）小区内路灯开关分区是否合理，是否有防雷保护。

第三节　城市住宅小区竣工综合验收管理办法

为了加强城市新建住宅小区竣工综合验收和交接管理，提高住宅小区的综合效益，建设部公布了《城市住宅小区竣工综合验收管理办法》（建监〔1993〕814号），自1993年12月1日起实施。

一、城市住宅小区竣工综合验收概述

住宅小区的竣工综合验收是指小区所有建设项目按规划和设计要求全部落成并达到竣工验收标准，满足使用要求时进行的全部工程验收。有的住宅小区是分期建设的，可以实行分期验收，待全部建成后再进行综合验收。分期验收的住宅小区，如果其市政基础设施和公共配套设施满足使用功能要求，可以分期使用。

住宅小区竣工综合验收的目的是加强城市新建住宅小区竣工综合验收和交接管理，提高住宅小区的综合效益，力图在物业竣工综合验收环节再把一道关，淘汰不合格的产品，提高新建住宅小区的房屋建设质量，确保房屋的住用安全，改善人民群众的居住环境。

国务院行政主管部门归口管理全国住宅小区竣工综合验收工作；省、自治区人民政府建设行政主管部门归口管理本行政区域内住宅小区竣工综合验收工作；城市人民政府建设

行政主管部门负责本行政区域内城市住宅小区竣工综合验收工作。住宅小区开发建设单位对所开发的住宅小区质量负最终责任，不得将工程质量不合格或配套不完善的房屋交付使用。城市人民政府建设行政主管部门应当根据国家有关法律、法规和标准规范，对住宅小区的土地使用情况、各单项工程的工程检验合格证明文件以及市政公用基础设施、公共配套设施项目等组织验收。

二、住宅小区竣工综合验收应符合的条件

（1）所有建设项目按批准的小区规划和有关专业管理及设计要求全部建成，并满足使用要求。

（2）住宅及公共配套设施、市政公用基础设施等单项工程全部验收合格，验收资料齐全。

（3）各类建筑物平面位置、立面造型、装修色调等符合批准的规划设计要求。

（4）施工机具、暂设工程、建筑残土、剩余构件全部清运完毕，达到场清地平。

（5）拆迁居民已合理安置。

三、申请住宅小区竣工综合验收应当提交的资料

（1）规划部门及其他专业管理部门批准的选址意见书、建设用地规划许可证、建设工程规划许可证、修建性详细规划及各个单项工程设计文件（图纸）等。

（2）工程承、发包合同。

（3）工程质量监督机构核定的各单项工程质量等级评定文件。

（4）竣工资料（图纸）和技术档案资料。

（5）建设行政主管部门规定的其他文件资料。

四、住宅小区竣工综合验收的程序与法律责任

（一）住宅小区竣工综合验收的程序

（1）住宅小区建设项目全部竣工后，开发建设单位应当向城市人民政府建设行政主管部门提出住宅小区综合竣工验收申请报告。

（2）城市人民政府建设行政主管部门在接到住宅小区竣工综合验收申请报告和有关资料一个月内，应当组成由城建（包括市政工程、公用事业、园林绿化、环境卫生）、规划、房地产、工程质量监督等有关部门及住宅小区经营管理单位参加的综合验收小组。

（3）综合验收小组应当审阅有关验收资料，听取开发建设单位汇报情况，进行现场检查，对住宅小区建设、管理的情况进行全面鉴定和评价，提出验收意见并向城市人民政府建设行政主管部门提交住宅小区竣工综合验收报告。

（4）城市人民政府建设行政主管部门对综合验收报告进行审查。综合验收报告审查合格后，开发建设单位方可将房屋和有关设施办理交付使用手续。验收合格并已办理交付使

用手续的住宅小区，开发建设单位不再承担工程增建、改建费用。

（5）住宅小区竣工验收合格后，开发建设单位应当按照有关规定将完整的小区综合验收资料报送备案。

另外，分期建设的住宅小区，可以实行分期验收，待全部建成后进行综合验收，分期验收的住宅小区、市政公用基础设施和公共配套设施满足使用功能要求的，可以分期投入使用。

（二）住宅小区竣工综合验收的有关法律责任

（1）住宅小区综合验收不合格的，由城市人民政府建设行政主管部门责令开发建设单位限期改正，由此发生的费用由开发建设单位承担。对违反规划要求、市政公用基础设施和公共设施不配套、工程质量低劣的，由验收小组提请有关部门依法查处。

（2）未经综合验收，开发建设单位擅自将房屋和有关设施交付使用的，由城市人民政府建设行政主管部门吊销开发建设资质证书，并可处以罚款。

第四节 住宅室内装饰装修管理规定

中华人民共和国建设部令第 110 号《住宅室内装饰装修管理办法》于 2002 年 2 月 26 日经第 53 次部常务会议讨论通过，自 2002 年 5 月 1 日起施行。

一、住宅室内装饰装修管理概述

《住宅室内装饰装修管理办法》第 2 条规定："在城市从事住宅室内装饰装修活动，实施对住宅室内装饰装修活动的监督管理，应当遵守本办法。本办法所称住宅室内装饰装修，是指住宅竣工验收合格后，业主或者住宅使用人（以下简称装修人）对住宅室内进行装饰装修的建筑活动。"

任何物业一般都由地基基础、房屋主体结构和装饰装修三部分所组成，其中室内、室外装饰装修依附于房屋主体，是房地产业不可分割的重要组成部分。近年来，我国物业装饰装修业迅速发展。但是，一些不具备资质条件或低素质的装饰装修企业，使用不合格的装饰材料，造成物业装饰装修质量低劣，有的还在建筑结构上乱开乱挖，随意更改房屋结构，使房屋存在安全隐患。一些大型公共建筑如商场、电影院、歌舞厅等发生火灾都与室内装饰装修的质量有着密切关系。

《住宅室内装饰装修管理办法》是国家调整物业装饰装修过程中发生的各种社会关系的法律规范的总称，它关系我国物业装饰装修的质量、物业的使用寿命和物业使用者的安全。

二、住宅室内装饰装修管理规定

（一）住宅室内装饰装修活动禁止的行为

（1）未经原设计单位或者具有相应资质等级的设计单位提出设计方案，变动建筑主体和承重结构。

（2）将没有防水要求的房间或者阳台改为卫生间、厨房间。

（3）扩大承重墙上原有的门窗尺寸，拆除连接阳台的砖、混凝土墙体。

（4）损坏房屋原有节能设施，降低节能效果。

（5）其他影响建筑结构和使用安全的行为。

建筑主体是指建筑实体的结构构造，包括屋盖、楼盖、梁、柱、支撑、墙体、连接接点和基础等。

承重结构是指直接将本身自重与各种外加作用力系统地传递给基础地基的主要结构构件和其连接接点，包括承重墙体、立杆、柱、框架柱、支墩、楼板、梁、屋架和悬索等。

（二）装修人从事住宅室内装饰装修活动，未经批准，不得有的行为

装修人从事住宅室内装饰装修活动，未经批准，不得有下列行为。

（1）搭建建筑物、构筑物。

（2）改变住宅外立面，在非承重外墙上开门、窗。

（3）拆改供暖管道和设施。

（4）拆改燃气管道和设施。

以上所列第（1）项、第（2）项行为，应当经城市规划行政主管部门批准；第（3）项行为，应当经供暖管理单位批准；第（4）项行为应当经燃气管理单位批准。

住宅室内装饰装修超过设计标准或者规范增加楼面荷载的，应当经原设计单位或者具有相应资质等级的设计单位提出设计方案。改动卫生间、厨房间防水层的，应当按照防水标准制定施工方案，并做闭水试验。装修人经原设计单位或者具有相应资质等级的设计单位提出设计方案变动建筑主体和承重结构的，或者装修活动涉及《住宅室内装饰装修管理办法》第6条、第7条、第8条内容的，必须委托具有相应资质的装饰装修企业承担。

装饰装修企业必须按照工程建设强制性标准和其他技术标准施工，不得偷工减料，确保装饰装修工程质量。装饰装修企业从事住宅室内装饰装修活动，应当遵守施工安全操作规程，按照规定采取必要的安全防护和消防措施，不得擅自动用明火和进行焊接作业，保证作业人员和周围住房及财产的安全。装修人和装饰装修企业从事住宅室内装饰装修活动，不得侵占公共空间，不得损害公共部位和设施。

三、开工申报与监督

（1）装修人在住宅室内装饰装修工程开工前，应当向物业服务企业或者房屋管理机构（以下简称物业管理单位）申报登记。非业主的住宅使用人对住宅室内进行装饰装修，应当取得业主的书面同意。

（2）申报登记应当提交下列材料：① 房屋所有权证（或者证明其合法权益的有效凭证）；② 申请人身份证件；③ 装饰装修方案；④ 变动建筑主体或者承重结构的，需提交原设计单位或者具有相应资质等级的设计单位提出的设计方案；⑤ 涉及《住宅室内装饰装修管理办法》第6条行为的，需提交有关部门的批准文件；⑥ 涉及《住宅室内装饰装修管理办法》

第7条、第8条行为的，需提交设计方案或者施工方案；⑦ 委托装饰装修企业施工的，需提供该企业相关资质证书的复印件。非业主的住宅使用人，还需提供业主同意装饰装修的书面证明。

物业服务企业应当将住宅室内装饰装修工程的禁止行为和注意事项告知装修人与装修人委托的装饰装修企业。装修人对住宅进行装饰装修前，应当告知邻里。装修人，或者装修人和装饰装修企业，应当与物业服务企业签订住宅室内装饰装修管理服务协议。

（3）住宅室内装饰装修管理协议应当包括下列内容：① 装饰装修工程的实施内容；② 装饰装修工程的实施期限；③ 允许施工的时间；④ 废弃物的清运与处置；⑤ 住宅外立面设施及防盗窗的安装要求；⑥ 禁止行为和注意事项；⑦ 管理服务费用；⑧ 违约责任；⑨ 其他需要约定的事项。

禁止物业服务企业向装修人指派装饰装修企业或者强行推销装饰装修材料。装修人不得拒绝和阻碍物业服务企业依据住宅室内装饰装修管理服务协议的约定，对住宅室内装饰装修活动的监督检查。任何人对住宅室内装饰装修中出现的影响业主利益的质量事故、质量缺陷以及影响其他业主正常生活的行为，都有权检举、控告、投诉。

四、委托与承接

承接住宅室内装饰装修工程的装饰装修企业，必须经建设行政主管部门资质审查，取得相应的建筑业企业资质证书，并在其资质等级许可的范围内承揽工程。装修人委托企业承接其装饰装修工程的，应当选择具有相应资质等级的装饰装修企业，装修人与装饰装修企业应当签订住宅室内装饰装修书面合同，明确双方的权利和义务。

住宅室内装饰装修合同应当包括下列主要内容。

（1）委托人和被委托人的姓名或者单位名称、住所地址、联系电话。

（2）住宅室内装饰装修的房屋间数、建筑面积，装饰装修的项目、方式、规格、质量要求以及质量验收方式。

（3）装饰装修工程的开工、竣工时间。

（4）装饰装修工程保修的内容、期限。

（5）装饰装修工程价格、计价和支付方式、时间。

（6）合同变更和解除的条件。

（7）违约责任及解决纠纷的途径。

（8）合同的生效时间。

（9）双方认为需要明确的其他条款。

住宅室内装饰装修工程发生纠纷的，可以协商或者调解解决。不愿协商、调解或者协商、调解不成的，可以依法申请仲裁或者向人民法院起诉。

五、室内环境质量

装饰装修企业从事住宅室内装饰装修活动，应当严格遵守规定的装饰装修施工时间，降低施工噪声，减少环境污染。

住宅室内装饰装修过程中所形成的各种固体、可燃液体等废物，应当按照规定的位置、方式和时间堆放与清运。严禁违反规定将各种固体、可燃液体等废物堆放于住宅垃圾道、楼道或者其他地方。

住宅室内装饰装修工程使用的材料和设备必须符合国家标准，有质量检验合格证明和有中文标识的产品名称、规格、型号、生产厂厂名、厂址等。禁止使用国家明令淘汰的建筑装饰装修材料和设备。

装修人委托企业对住宅室内进行装饰装修的，装饰装修工程竣工后，空气质量应当符合国家有关标准。装修人可以委托有资格的检测单位对空气质量进行检测。检测不合格的，装饰装修企业应当返工，并由责任人承担相应损失。

六、竣工验收与保修

住宅室内装饰装修工程竣工后，装修人应当按照工程设计合同约定和相应的质量标准进行验收。验收合格后，装饰装修企业应当出具住宅室内装饰装修质量保修书。

物业管理单位应当按照装饰装修管理服务协议进行现场检查，对违反法律、法规和装饰装修管理服务协议的，应当要求装修人和装饰装修企业纠正，并将检查记录存档。

住宅室内装饰装修工程竣工后，装饰装修企业负责采购装饰装修材料及设备的，应当向业主提交说明书、保修单和环保说明书。

在正常使用条件下，住宅室内装饰装修工程的最低保修期限为两年，有防水要求的厨房、卫生间和外墙面的防渗漏为五年。保修期自住宅室内装饰装修工程竣工验收合格之日起计算。

七、法律责任

因住宅室内装饰装修活动造成相邻住宅的管道堵塞、渗漏水、停水停电、物品毁坏等，装修人应当负责修复和赔偿；属于装饰装修企业责任的，装修人可以向装饰装修企业追偿。

装修人擅自拆改供暖、燃气管道和设施造成损失的，由装修人负责赔偿。

装修人因住宅室内装饰装修活动侵占公共空间，对公共部位和设施造成损害的，由城市房地产行政主管部门责令改正，造成损失的，依法承担赔偿责任。

装修人未申报登记进行住宅室内装饰装修活动的，由城市房地产行政主管部门责令改正，处五百元以上一千元以下的罚款。

装修人违反本办法规定，将住宅室内装饰装修工程委托给不具有相应资质等级企业的，由城市房地产行政主管部门责令改正，处五百元以上一千元以下的罚款。

装饰装修企业自行采购或者向装修人推荐使用不符合国家标准的装饰装修材料，造成空气污染超标的，由城市房地产行政主管部门责令改正，造成损失的，依法承担赔偿责任。

住宅室内装饰装修活动有下列行为之一的，由城市房地产行政主管部门责令改正，并处罚款。

（1）将没有防水要求的房间或者阳台改为卫生间、厨房间的，或者拆除连接阳台的砖、混凝土墙体的，对装修人处五百元以上一千元以下的罚款，对装饰装修企业处一千元以上一万元以下的罚款。

（2）损坏房屋原有节能设施或者降低节能效果的，对装饰装修企业处一千元以上五千元以下的罚款。

（3）擅自拆改供暖、燃气管道和设施的，对装修人处五百元以上一千元以下的罚款。

（4）未经原设计单位或者具有相应资质等级的设计单位提出设计方案，擅自超过设计标准或者规范增加楼面荷载的，对装修人处五百元以上一千元以下的罚款，对装饰装修企业处一千元以上一万元以下的罚款。

（5）未经城市规划行政主管部门批准，在住宅室内装饰装修活动中搭建建筑物、构筑物的，或者擅自改变住宅外立面、在非承重外墙上开门、窗的，由城市规划行政主管部门按照《中华人民共和国城乡规划法》及相关法规的规定处罚。

装修人或者装饰装修企业违反《建设工程质量管理条例》（国务院令第279号）的，由建设行政主管部门按照有关规定处罚。

装饰装修企业违反国家有关安全生产规定和安全生产技术规程，不按照规定采取必要的安全防护和消防措施，擅自动用明火作业和进行焊接作业的，或者对建筑安全事故隐患不采取措施予以消除的，由建设行政主管部门责令改正，并处一千元以上一万元以下的罚款；情节严重的，责令停业整顿，并处一万元以上三万元以下的罚款；造成重大安全事故的，降低资质等级或者吊销资质证书。

物业管理单位发现装修人或者装饰装修企业有违反本办法规定的行为不及时向有关部门报告的，由房地产行政主管部门给予警告，可处装饰装修管理服务协议约定的装饰装修管理服务费二至三倍的罚款。

有关部门的工作人员接到物业管理单位对装修人或者装饰装修企业违法行为的报告后，未及时处理，玩忽职守的，依法给予行政处分。

复习思考题

1. 前期物业管理概念是什么？
2. 前期物业管理的特征与主要内容有哪些？
3. 什么是物业承接查验？它与工程竣工验收有什么联系和区别？
4. 物业承接查验应具备哪些条件？
5. 物业承接查验应提交哪些资料？
6. 新建房屋承接查验的程序是怎样的？
7. 原有房屋承接查验的程序是怎样的？
8. 物业承接查验的标准是什么？
9. 物业装饰装修管理规定的主要内容有哪些？

案例分析

1. 李先生与陈女士是某高档住宅小区楼上楼下的邻居，李先生住楼下，陈女士住楼上。

由于居室刚刚购买还未装修，陈女士请来装修公司安装木地板。装修工人违反操作规定，不慎将卧室楼板打穿了 3 个洞，楼下的李先生找陈女士要求协商赔偿，未达成一致意见。陈女士装修中侵害其他业主的权益该不该承担责任？为什么？

2．某大厦业主把其物业委托房产代理商租赁，代理商与住户签订了租赁合约。住户到大厦物业服务公司办理入住手续时，因未携带业主委托代理商签订租赁合同的授权书，物业服务公司不同意住户入住。但代理商声称业主一定会认可的，于是物业服务公司为住户办理了入住手续。事后，业主不承认代理商所签订的合同，要求物业服务公司采取措施收回其物业。物业服务公司发出限期搬迁的通知后，住户不同意搬出，并向物业服务公司投诉，要求物业服务公司赔偿其装修损失近 10 万元。物业服务公司的做法是否正确？为什么？

3．于女士与某房地产开发公司签订的购房合同约定，所购买的房屋可按《建设工程质量管理办法》规定的保修责任和保修期限享有保修，该保修期自房屋实际交付之日起满一年止。于女士办理入住手续后，便委托装修公司对其房屋进行装修。房屋装修完毕后，经过小区物业管理部门的验收，确认于女士房内两个卫生间更换了墙、地砖、洁具等。不久于女士家卫生间热水管突然爆裂，流出的水将屋内铺装的木地板全部浸泡。装修后的事故责任应该由谁来承担？为什么？

4．某小区业主吴先生搬进了新购买的一套精装修三居室。搬进新房不到一个月，发现其主卧室卫生间的地漏返水，三间卧室及走廊地面铺装的复合地板大部分被污水浸泡，踢脚板、卧室门和门套的下沿也被水浸泡，屋内臭味弥漫。物业服务公司在疏通过程中发现，原来阻塞的部位是在该套房屋下部与楼下房屋相连的主下水管线处，阻塞物有水泥等装修垃圾和其他生活垃圾。吴先生认为由于物业服务企业未履行职责造成了损失，故要求物业服务公司进行赔偿。双方几经协商亦未能达成一致意见，吴先生一气之下将物业服务企业告上了法庭。因装修返水造成业主损失应如何处理？

第七章 业主及其相关组织权利与义务

内容提要

本章主要介绍业主、业主大会、业主委员会的基本概念、权利与义务，业主大会召开、业主委员会产生的程序与方式，以及业主自治管理的主要内容和法律性质。

学习目标

1. 掌握业主的概念、分类、权利与义务，业主大会的概念与设立程序。
2. 理解业主委员会的性质与职责和业主自治管理的意义。

案例导入

业主与物业赌气堵小区大门，警方上演教科书式执法

【案情介绍】

不久前，一场"教科书式执法"在某小区上演。

2018年5月26日上午10时许，鄂州葛店开发区某小区某物业公司负责人向警方报警称：有业主用车把小区门口堵了。民警到场后，经查系小区业主黄某因前日20时回家时，被小区物业人员检查车辆出入证，觉得脸上无光，遂用自己的一台白色大众轿车将小区门口堵住。

民警还得知从前日20时至报警前近15个小时，物业人员已两次登门致歉并请求黄某挪车，但黄某一直未挪车。民警同物业人员一起前往黄某住宅，见到黄某后，民警首先对其进行普法，劝导其自行挪车，但是黄某对民警的劝导置之不理。见此情况后，葛店派出所徐教导员对其进行三次警告，责令其将车挪开，但黄某依旧拒绝挪车。警告无效后，民警立即通知相关单位准备将黄某的轿车依法拖离。黄某听闻后，赶在拖车到达之前冲上轿车，直接躺在车的引擎盖上，想以耍赖的方式阻碍民警执法。

这时接近正午，轿车上的温度较高，民警本着劝导为主、惩戒为辅的宗旨，悉心劝导黄某，望其能够悔改，自行挪开车辆，还小区一个通畅的环境。但此时的黄某，见有小区业主围观，更是气盛，拒绝配合民警执法。民警再次对黄某进行警告，但黄某依旧置之不理，并有暴力抗法的倾向。口头警告三次无效后，民警依法对黄某采取强制措施，将黄某带离现场，并将其车辆挪开。

派出所民警这一规范、文明、高效的执法，获得小区群众的一片掌声。

目前，黄某因扰乱公共秩序被公安机关依法处以行政拘留十日的处罚。堵小区门是违法行为！

【案例点评】

维权亦有边界，不能因为维权就不择手段、为所欲为而置公共秩序和他人的合法权益于不顾。

第一节 业主概述

一、业主的概念

业主，即物业的主人，在法律意义上是指物业的所有权人。我国《物业管理条例》第6条规定："房屋的所有权人为业主。"业主既是业主个体自治法律关系的基本主体，又是业主团体自治法律关系的构成主体。业主和依法成立、接受业主委托从事物业管理活动的物业服务企业一起共同构成了物业管理法律关系的主体。

二、业主的分类

依据不同的标准，从不同的角度可对业主做不同的分类。

（1）依据业主的自然属性不同，可将业主分为自然人业主和非自然人业主。自然人业主是指物业的所有权人为自然人，包括一人或多人。非自然人业主是指物业的所有权人为自然人以外的主体，包括法人和其他组织。依据我国现行立法的规定，只有办理房屋登记过户手续之后的购房人才可称为业主。

（2）依据业主资格取得的先后次序不同，可将业主分为原始业主和继受业主。原始业主是指最初取得物业所有权的人。继受业主则为通过原始业主转让、赠与或互易以及继承而取得物业所有权的人。原始业主和继受业主在法律上的权利与义务并无不同。

（3）依据业主是单一的还是多个的，可将业主分为独立所有权业主、区分所有权业主和共有所有权业主。

三、业主的权利与义务

（一）业主的权利

根据《物业管理条例》第6条的规定，业主在物业管理活动中，享有下列权利。
（1）按照物业服务合同的约定，接受物业服务企业提供的服务。
（2）提议召开业主大会，并就物业管理的有关事项提出建议。
（3）提出制定和修改管理规约、业主大会议事规则的建议。
（4）参加业主大会会议，行使投票权。
（5）选举业主委员会成员，并享有被选举权。
（6）监督业主委员会的工作。
（7）监督物业服务企业履行物业服务合同。

（8）对物业共用部位、共用设施设备和相关场地使用情况享有知情权和监督权。

（9）监督物业共用部位、共用设施设备专项维修资金（以下简称"专项维修资金"）的管理和使用。

（10）法律、法规规定的其他权利。

（二）业主的义务

任何民事法律关系，都是由权利和义务一起共同构成该法律关系的内容。物业服务关系作为民事法律关系的一种也不例外。在物业服务法律关系中，业主在享受法定和约定权利的同时，亦承担相应的义务。根据我国《物业管理条例》第7条的规定，业主在物业管理活动中，须履行下列义务。

（1）遵守管理规约、业主大会议事规则。

（2）遵守物业管理区域内物业共用部位和共用设施设备的使用、公共秩序和环境卫生的维护等方面的规章制度。

（3）执行业主大会的决定和业主大会授权业主委员会做出的决定。

（4）按照国家有关规定交纳专项维修资金。

（5）按时交纳物业服务费用。

（6）法律、法规规定的其他义务。

案例 7-1

江门市某物业服务企业诉朱某物业服务合同纠纷案

【案情介绍】

2009年5月21日，某物业的建设单位与旧物业公司签订了《前期物业管理服务合同》。2014年5月，《前期物业管理服务合同》到期后，该建设单位没有再继续选聘原旧物业公司进行物业管理，而是选聘了一家新的物业公司进行管理，并出具《委托书》。《委托书》的内容有："由于原旧物业公司与我司的合约期限于2014年5月31日到期，我司现正委派你司接管物管一职，全权负责处理包括停车管理、水电费代收代缴等所有物业管理日常事务。"

2014年10月27日，新物业公司与旧物业公司签订了《物业管理交接协议书》，约定："① 物业管理于2014年10月31日前移交，届时旧物业公司退出，由新物业公司接管；② 2014年11月1日前的物业管理费、水电费及其他相关费用由旧物业公司收取，之后的由新物业公司收取……"两家物业公司还对物业的其他交接事宜进行了约定。因尚未成立业主委员会，新物业公司也未与业主签订书面的物业服务合同。

朱某是物业某房屋的所有权人，他认为新物业公司并没有与业主签订物业服务合同，因此无权向其收取物业管理费，便自2014年11月开始没有交纳物业管理费。新物业公司遂诉至法院要求朱某支付欠交的物业管理费。

法院经审理认为，建设单位与新物业公司虽然没有签订书面的物业服务委托合同，但物业公司提交的《委托书》《物业管理交接协议书》、水电费发票、抄表记录等证据显示，建设单位事实上已委托新物业公司对该物业进行物业管理。而且经法院现场勘查，物业公司确实为该物业提供了公共设施设备维护、保安、卫生清洁、监控、车辆秩序管理等物业管理服务，由此判定物业公司已进场该物业进行了实际管理。因此，建设单位与新物业公司已经形成了物业管理合同关系。由于该物业业主委员会尚未成立，故该合同属于前期物业服务合同。根据我国《物业管理条例》第21条及《最高人民法院关于审理物业服务纠纷案件具体应用法律若干问题的解释》（法释〔2009〕8号）第1条的规定，即使物业公司没有与各业主签订物业服务合同，上述《委托书》也对所有物业的业主具有约束力。物业公司作为物业服务提供方，在提供了相应的物业服务后有权向业主收取物业服务费，因此朱某应当承担支付物业服务费的责任。

【案例点评】

有些业主认为自己并未与物业服务企业签订物业服务合同，因此不管是开发商还是业主委员会与物业服务企业签订的物业服务合同都对其无约束力，从而拒交物业管理费。对此，法律有明确的规定。《物业管理条例》第21条规定："在业主、业主大会选聘物业服务企业之前，建设单位选聘物业服务企业的，应当签订书面的前期物业服务合同"。《最高人民法院关于审理物业服务纠纷案件具体应用法律若干问题的解释》第1条规定："建设单位依法与物业服务企业签订的前期物业服务合同，以及业主委员会与业主大会依法选聘的物业服务企业签订的物业服务合同，对业主具有约束力。业主以其并非合同当事人为由提出抗辩的，人民法院不予支持。"因此，业主以自身非物业服务合同当事人作为抗辩不能得到法院支持。

四、业主在物业管理实践中应注意的几个问题

（一）业主与物业服务企业之间是一种平等的民事法律关系

业主与物业服务企业之间的法律关系是基于物业管理服务合同产生的。在物业管理服务合同中，合同的主体即业主和物业服务企业是相互独立、相互平等的民事主体；物业管理合同的内容即权利和义务是民事性质的权利和义务。合同本身是双方在自愿、平等的基础上就物业管理服务的基本内容所达成的一致协议。因此，双方对该合同均负有诚实信用、忠实履行的义务，任何一方违约都要承担相应的法律责任。

（二）业主不能以放弃物业管理与服务为由不交费

业主不应放弃物业管理服务。从民事权利的性质来讲，民事权利的权利人是可以放弃权利的。但在物业管理法律关系中，业主接受物业管理服务的权利已不仅是业主个人的权利，而具有了成员权的性质，即业主基于其对建筑物的区分所有权已经成为公共管理中的一员。在此情况下，由于物业管理服务具有集体的公益性，业主不能通过放弃自己对公益的享有而不履行一定的公益义务。例如，在物业管理区域内，业主不能以自己不享受物业管理服务为由而拒绝交纳物业管理费。

（三）物业占有人或使用人如有违约或侵权行为，业主要连带承担责任

业主为物业管理服务合同的主体，然而在该合同的实际履行过程中，尽管实际履行的

主体大多数仍为业主，但也可能不是业主而是物业的占有人或使用人。业主与物业服务企业之间的法律关系不同于占有人或使用人与物业服务企业之间的法律关系。业主与物业服务企业之间是一种物业服务合同关系，业主与物业的实际占有人或使用人之间可能是一种借用合同关系，也可能是一种租赁合同关系等。物业的实际占有人或使用人与物业服务企业之间并不直接发生法律关系。基于《民法典》的基本理论，合同一方当事人仅对另一方当事人产生权利与义务的约束力。因此，如果物业的实际占有人或使用人在使用物业的过程中实施了某种侵权行为或未按照物业管理服务合同的要求履行义务，针对侵权行为，受害人可请求加害人承担相应的法律后果；针对违约行为，物业服务企业可以向业主主张权利，也可以直接向物业的占有人或使用人主张。至于业主，就占有人或使用人的违约行为承担责任后，有权向占有人或使用人追偿。

第二节　业 主 大 会

一、业主大会的概念和特征

（一）业主大会的概念

业主大会是指由物业管理区域内全体业主组成的，或者业主人数较多时，由一定的业主代表组成的，代表和维护物业区域内的全体业主的公共利益，行使业主对物业管理自治权的业主自治自律机构。业主大会的产生是基于物业管理与服务，提高管理效率以及维护业主权利的需要，其成立的法律依据是国务院物业管理条例的规定。一般情况下，业主大会的构成有两种：一是由全体业主组成；二是物业管理区域内的业主众多，由全体业主代表组成的业主代表大会。第一种情形主要适用于只有一个业主或者业主较少的物业管理。《物业管理条例》第10条规定："只有一个业主的，或者业主人数较少且经全体业主一致同意，决定不成立业主大会的，由业主共同履行业主大会、业主委员会的职责。"无论业主大会的构成是哪一种形式，在性质上均可称为业主大会。业主大会的成员只能是物业管理区域内的业主，物业的使用人不能成为业主大会的成员。业主大会的性质表现为一种自行组成、自律自助的自治性组织。

（二）业主大会的特征

1. 业主大会具有自治性

业主大会是自治性的组织，其成员是对物业依法享有所有权的人。业主大会进行的一切活动均为自我服务、自我管理、自我协商和自我约束。业主大会对内基于维护物业整体利益的需要而从事活动，且不受外界人员的任何非法干预。业主大会基于其性质和宗旨不得组织和从事与物业管理无关的其他活动。

2. 业主大会具有民主性

业主大会的成员为所有业主，全体业主在业主大会中的法律地位是平等的。在业主大会的召开过程中，任何一个业主均有根据自己意愿发表与物业管理有关的建议、看法和意见的权利，以示业主大会的民主性。

3. 业主大会具有代表性

业主大会所进行的一切行为和活动都代表全体业主的合法权益，业主大会所做出的一切决议、制定的所有规章制度都是全体业主利益的反映。

4. 业主大会具有公益性

业主大会是为全体业主整体利益服务的组织，其行为和活动有时可能与个别业主的利益冲突，但只要符合全体业主的公共利益，就应得到业主的支持和维护。

二、物业管理区域与业主大会设立

由于业主大会是在一个特定的物业管理区域内设立的组织，有一定的确定性和封闭性，因此，业主大会是以具体物业区域为单位而设立的相对独立的具有一定区域性的自治性组织。

（一）物业管理区域

物业管理区域的划分，应考虑物业的共用设施设备、建筑物规模、社区建设等因素。具体办法由省、自治区、直辖市政府制定。一般来说，新建物业项目由建设单位根据建设用地规划许可证确定的红线图范围在出售前划分物业管理区域。按照我国有关法律规定，小区应有居委会、幼儿园、文化娱乐场所、超市和社区医院等。至于小区的水、电、气等公共设施，一般情况下在小区交付使用前就已经建设完毕。《物业管理条例》第9条规定："一个物业管理区域内成立一个业主大会。物业管理区域的划分应当考虑物业的共用设施设备、建筑物规模、社区建设等因素。"

（二）业主大会的设立

《物业管理条例》第10条规定："同一个物业管理区域内的业主，应当在物业所在地的区、县人民政府房地产行政主管部门或者街道办事处、乡镇人民政府的指导下成立业主大会，并选举产生业主委员会。但是，只有一个业主的，或者业主人数较少且经全体业主一致同意，决定不成立业主大会的，由业主共同履行业主大会、业主委员会职责。"

一般情况下，当物业管理区域内住宅区的入住率达到一定比例或房屋出售面积达到一定比例，或住宅出售满一定年限时（一般为2年），便具备了召开业主大会的条件。在此情况下，先由建设单位将出售房屋的建筑面积、出售时间、业主名单等材料报送给物业所在地的区、县人民政府房地产行政主管部门，区、县人民政府房地产行政主管部门接到上述材料后，应当和街道办事处一起，在一定时间内会同建设单位组织业主做好第一次业主大会成立的筹备工作。通常情况下，筹备工作包括以下事项。

（1）组织大会筹备组。业主大会设立的筹备组一般是由物业所在地的区、县房地产管理部门、建设单位和业主代表组成。还可以邀请居民委员会的委员参加。

（2）根据业主区域范围不同，通过全体业主的共同协商，产生业主代表或业主小组成员。业主代表必须由全体业主同意，并能够代表其所代表的范围内的业主行使权利。

（3）业主代表产生后，通过协商推荐业主委员会候选人。

（4）参照建设部制定的《业主大会规则》的有关规定，结合本物业管理区域内的实际情况，充分听取广大业主和有关人员的意见，草拟业主大会议事规则、业主委员会章程、管理规约、有关规章制度以及有关法律文件。

（5）完成上述事项后，还应确定召开业主大会的时间、地点以及会务所涉及的有关工作。业主大会筹备组所进行的所有筹备工作，都必须认真做好记录。当然，依据该条规定，一个物业管理区域内只有一个业主的，或者业主人数较少且经全体业主一致同意，决定不成立业主大会的，则由业主共同履行业主大会、业主委员会的职责。

三、业主大会的职责

业主大会的职责是物业管理法确认的业主大会对其所管辖的职权范围内自治事务的支配权限。根据《物业管理条例》第11条的规定，业主大会应当履行下列职责。

（1）负责制定、修改管理规约和业主大会议事规则。管理规约和业主大会议事规则是业主自治管理的规约，它是以特定业主集体的名义，由业主会议依据一定的程序进行制定、修改、补充和废止。

（2）选举、更换业主委员会委员，监督业主委员会的工作。选举业主委员会的委员是业主委员会的一项重要职权，只有选择公正、无私且具有服务奉献精神的业主为业主委员会的委员，才能真正维护业主的合法权益。业主大会有权选举、决定和罢免业主委员会的组成人员。选举通常是在首次业主大会和换届时进行。个别委员不称职或有损全体业主的利益，业主大会有权根据规定程序予以更换或罢免。业主委员会作为业主大会的常设机构，有权行使物业管理自治职权，但有义务向业主大会报告行使职权的情况，并接受业主大会的监督、审核和评议。

（3）选聘、解聘物业服务企业。物业服务企业直接涉及广大业主的合法权益，它与业主基于合同关系进行管理，而物业服务企业的选聘、续聘和解聘等事项亦由业主大会来决定。通常具体物业服务合同的订立、变更和解除等则由业主大会授权业主委员会进行。

（4）决定专项维修资金的使用、续筹方案，并监督实施。《物业管理条例》第53条规定："住宅物业、住宅小区内的非住宅物业或者与单幢住宅楼结构相连的非住宅物业的业主，应当按照国家有关规定交纳专项维修资金。专项维修资金属于业主所有，专用于物业保修期满后物业共用部位、共用设施设备的维修和更新、改造，不得挪作他用。专项维修资金收取、使用、管理的办法由国务院建设行政主管部门会同国务院财政部门制定。"《物业管理条例》第54条规定："利用物业共用部位、共用设施设备进行经营的，应当在征得相关业主、业主大会、物业服务企业的同意后，按照规定办理有关手续。业主所得收益应当主要用于补充专项维修资金，也可以按照业主大会的决定使用。"根据《物业管理条例》的规定，维修资金具体管理应坚持专户存款、专款专用、按栋设账、核算到户的原则。

（5）制定、修改物业管理区域内物业共用部位和共用设施设备的使用、公共秩序和环境卫生的维护等方面的规章制度。

（6）法律、法规或者业主大会议事规则规定的其他有关物业管理的职责。

四、业主大会的召开

（一）第一次业主大会的召开

业主大会筹备工作完成后，便应由筹备组组织召开第一次业主大会。第一次业主大会一般按照以下程序进行。

（1）筹备情况介绍。由业主大会筹备组成员代表筹备组向全体业主介绍业主大会筹备的情况，业主对不明事项可以提问，由筹备者作答。

（2）业主委员会候选人提名。由业主大会筹备组成员代表筹备组介绍业主委员会候选人的基本情况，候选人也可做自我介绍。

（3）审议、通过管理规约和业主大会议事规则。管理规约和业主大会议事规则由筹备组起草，在广泛征求业主意见的基础上形成。在第一次业主大会时提交全体业主讨论通过。

（4）选举产生业主委员会委员。由全体业主通过投票的方式选举业主委员会成员，在此基础上明确分工，形成业主委员会。

（5）在新产生的业主委员会的主持下审议、通过其他与物业管理相关的必须由业主大会审议、通过的重大事项。

（二）业主大会召开方式及类型

《物业管理条例》第12条规定："业主大会会议可以采用集体讨论的形式，也可以采用书面征求意见的形式；但是，应当有物业管理区域内专有部分占建筑物总面积过半数的业主且占总人数过半数的业主参加。"根据以上规定，业主大会召开的方式主要有两种：一种是采用集体讨论的形式，即召集全体业主或业主代表，就物业管理所涉及的问题面对面地展开讨论，使每一个成员充分发表自己的意见，集思广益；另一种形式则为书面征求意见的方式，即给业主成员充分的时间，以书面形式搜集意见，从而提高业主大会的效率并节约会议成本。

关于业主大会的会议类型，《物业管理条例》第13条规定："业主大会会议分为定期会议和临时会议。"业主大会的定期会议是根据法律、法规以及业主大会议事规则的规定召开。通常每年至少召开一次，一般为年度会议。在业主委员会成立后，由业主委员会负责每年召集一次。只要有20%以上的业主提议，业主委员会就应当召开临时业主大会。通常是发生了重大事故且必须及时处理时，才召开临时业主大会。

（三）业主大会召开人数及参会方式

业主大会的召开，应当满足最低人数或投票权的限定，即必须有物业管理区域内持有一半以上投票权的业主参加。根据规定，召开业主大会时，业主可以亲自参加业主团体会议，亲自行使表决权，参与待定事项的讨论和议决，还可以委托他人参加大会，并可以将自己的表决权书面委托他人行使。召开业主大会会议，应当于会议召开15日以前通知全体业主。住宅小区的业主大会会议，应同时告知相关的居民委员会。

（四）业主大会的决定

业主大会的决定是业主大会形成的直接结果，集中体现了业主的共同意思表示，因此，业主大会决定如何形成至关重要。根据《物业管理条例》第 12 条规定的解释，业主大会的决定依据大会所决定事项的重要性不同，可将其决定分为一般决定和重大决定。一般决定，即一些常规性的或非重大事项的决定，包括制定与修改业主大会议事规则，制定与修改管理规约，选举业主委员会或者更换业主委员会成员和选聘与解聘物业服务企业必须经业主所持投票权的 1/2 以上通过，方可有效。重大决定，即筹集和使用专项维修资金和改建、重建建筑物及其附属设施的决定，必须经物业管理区域内全体业主所持投票权的 2/3 以上通过，方可生效。业主大会的决定一旦做出，只要符合法律法规的规定，且遵循了管理规约的议事规则，便对物业管理区域内的全体业主具有法律约束力。即使个别业主有不同意见，也必须遵照执行。

案例 7-2

限制民事行为能力人是否能够参加业主大会

【案情介绍】

某住宅小区在成立业主委员会的过程中，在核定产权人出席会议参加投票时，发现产权人有一位竟是 13 周岁的孩子。经过了解方知，其姓赵，是附近中学的一名初中生，是独生子，其父母考虑到自己逐渐年迈，购买的房产迟早都要给孩子，就让孩子作为产权人，可免除以后缴遗产税等烦琐之事。

了解此事后，业主委员会成立过程没有通知赵某参加，召开的业主大会也没有让赵某参加，因为大部分业主认为赵某属于限制行为能力人，没有参加业主大会的资格。物业服务公司也反对赵某参加。赵某认为自己的合法权益受到了侵犯，就把小区业主委员会与物业服务公司告上了法院，要求法院主持公道、维护自己的合法权益。

两被告认为，赵某年仅 13 周岁，属于《民法典》上限制行为能力人，没有独立进行民事活动的能力，即不能参与与其年龄、智力不相适应的民事活动。因此，两被告没有让赵某参加业主大会是有法律根据的，请求法院判决驳回原告的诉讼请求。

人民法院认为原告赵某依《民法典》的相关规定，属于限制民事行为能力人，可以进行与其年龄、智力相适应的民事活动，而其他民事活动要由法定代理人代理，且业主大会的决议是要求每个业主都遵守的，不能只让业主承担相应的民事行为结果而不允许参与民事行为。人民法院认为原告的诉讼请求符合公平原则且有法可依，故判决确认原告的法定代理人可以有参与业主大会的权利，即原告法定代理人有投票权。

【案例点评】

我国《民法典》规定，按照年龄、智力和精神状态，将自然人的民事行为能力分为完全民事行为能力、限制民事行为能力和无民事行为能力三类。自然人的民事行为能力就是指自然人能以自己的行为取得民事权利、承担民事义务的资格。公民的民事行为能力通常包括公民以自己的行为获得民事权利、承担民事义务的能力，以及公民以自己的行为获得处分其财产的能力和承担财产的责任的能力。

本案中赵某不满 18 周岁，属于限制民事行为能力人，其民事活动要由其法定代理人代理，即由其监护人（父母）作为代表参加业主大会，并参加投票。

第三节 业主委员会

一、业主委员会的概念及特征

业主委员会,是指由物业管理区域内的业主选举出的业主代表组成,通过执行业主大会的决定代表业主的利益,向社会各方反映业主的意愿和要求,并监督和协助物业服务企业或其他管理人履行物业服务合同的业主大会执行机构,不具备独立法人资格。

与其他自治性组织比较而言,业主委员会具有以下法律特征。

(一)业主委员会是由业主大会选举产生的

根据《物业管理条例》的相关规定,业主委员会是业主大会的常设机构和执行机构,其行为应向业主大会负责。业主委员会的组成人员必须反映全体业主中绝大多数人的意见,故业主委员会的委员应由业主大会选举产生。

(二)业主委员会的活动以对物业的自治管理为限

业主委员会设立的目的在于使广大业主的自治管理权能够得到正常的行使,并及时了解业主的不同意见和建议。基于这一目的,业主委员会的所有活动必须以对物业的自治管理为限。业主委员会不能进行和从事与物业管理活动无关的任何经营性或非经营性活动。

(三)业主委员会的根本任务是代表和维护全体业主的合法权益

业主委员会代表全体业主的共同意思表示,其行为向全体业主负责,维护的也是全体业主的合法权益。因此,业主委员会不是代表和维护部分业主的权益,而是全体业主的权益。

(四)业主委员会必须办理备案手续

业主委员会虽为自治性的组织,但并非自立的闲散组织,其有具体的法定职责和法律地位。为了规范业主委员会,使其更好地为全体业主服务,《物业管理条例》第16条规定:"业主委员会应当自选举产生之日起30日内,向物业所在地的区、县人民政府房地产行政主管部门和街道办事处、乡镇人民政府备案。"

二、业主委员会的性质

关于业主委员会的性质,目前法律没有具体规定,学术界认识不一。实践中对此主要有以下两种意见。

(一)业主委员会为社团法人

该种意见认为,从业主委员会的权利和职责来看,它应为社团法人。依此观点,业主委员会必须具备社团法人的条件,即自然人自愿组成的从事非生产经营性业务活动的社会组织团体。

（二）业主委员会为非法人组织

该种意见认为，业主委员会是非法人组织，即它是一种没有取得法人资格的社会组织。

三、业主委员会的产生

业主委员会是在房地产行政主管部门指导下成立，由业主大会选举产生，并由业主代表组成的代表业主利益、监督物业服务企业工作的组织。依据《物业管理条例》的规定，同一个物业管理区域内的全体业主，应当在物业所在地的区、县人民政府房地产行政主管部门的指导下，成立业主大会并选举产生业主委员会。根据物业管理区域内物业规模的大小，通常情况下，业主委员会的委员可设 5~15 人，也可由业主大会决定适当的增减，但最低不得少于 5 人。

（一）业主委员会委员的资格

业主大会在选举产生业主委员会时，应当推举热心公益事业、责任心强、具有一定组织能力的业主担任业主委员会委员。依据 2009 年 12 月 1 日住房和城乡建设部印发《业主大会和业主委员会指导规则》的第 31 条规定，业主委员会委员应当是本物业管理区域内的业主，并应当符合下列资格条件。

（1）具有完全民事行为能力，无不良信用记录。

（2）遵守管理规约、业主大会议事规则，模范遵守履行业主义务。

（3）未处于法定限制被选举权情形或未被业主大会依约限制被选举权。

（4）热心公益事业，责任心强，公正廉洁。

（5）具有一定组织能力。

（6）具备必要的工作时间。

除上述条件外，业主委员会主任还应当符合以下条件。

（1）具有丰富的工作经验和良好的群众基础。

（2）具有良好的职业道德，遵纪守法。

（3）熟悉物业管理相关法律、法规、规章、政策和标准。

业主是法人或其他组织的，可以授权其代表参加业主委员会委员的选举。一个物业管理区域内，一名自然人只能代表一个法人或其他组织。

（二）业主委员会委员的变动

为了充分发挥和调动业主委员会委员的积极性，依据有关规定，业主委员会任期届满两个月前，应当召开业主大会会议进行业主委员会的换届选举，逾期未换届的，房地产行政主管部门可以指派工作人员领导其换届工作。原业主委员会应当在其任期届满之日起 10 日内，将其保管的档案资料、印章及其他属于业主大会所有的资产移交新一届业主委员会，并做好交接手续。

依据《业主大会和业主委员会指导规则》第 44 条规定，业主委员会委员有下列情形之一的，其委员资格自动终止，并由业主委员会在物业管理区域内显著位置予以公告。

(1) 因物业转让等原因不再是业主的。
(2) 因健康等原因丧失履行职责能力的。
(3) 被依法追究刑事责任，无法履行委员职责的。
(4) 在换届过程中无理由不移交所保管的印章、资料、账册等业主委员会物品的。
(5) 管理规约、业主大会议事规则约定的其他情形。

业主委员会委员以书面形式向业主大会或业主委员会提出辞职请求的，业主大会或者业主委员会根据业主大会的授权，可以决定是否终止其委员资格。

依据第45条规定，业主委员会委员有下列情形之一的，由业主大会或业主委员会根据业主大会的授权，罢免其委员资格。

(1) 挪用、侵占业主共有财产的。
(2) 索取收受建设单位、物业服务企业或利害关系业主提供的钱物和非法利益的。
(3) 利用职务之便要求物业服务企业减免本人或利害关系人物业服务费的。
(4) 在竞选业主委员会委员期间有利益诱惑或做出侵害业主权益及他人合法权益的承诺等违规行为被查实的。
(5) 泄露业主资料或者将业主资料用于与物业管理无关用途的。
(6) 满1年以上不交纳物业服务相关费用的。
(7) 连续3次以上无故缺席业主委员会会议的。
(8) 经业主委员会二分之一以上委员或20%以上的业主提议撤销其委员资格的。
(9) 管理规约、业主大会议事规则约定的其他罢免资格的情形。

依据第46条规定，县级以上人民政府房地产行政主管部门建立业主委员会委员的履职信用记分制度。

依据第47条规定，业主共有的相关财物及本规则第42条规定的材料属于业主共有，任何组织或个人不得侵占。

因物业管理区域调整等原因导致业主大会、业主委员会解散的，业主委员会应当在解散前将档案等资料移交给居民（村民）委员会代为保管，并以书面形式告知物业所在地街道办事处（乡、镇人民政府），并按照有关法律、法规的规定做好业主共同财产清算工作。

业主大会会议选举产生出新一届业主委员会之日起10日内，上一届业主委员会应当在街道办事处（乡、镇人民政府）监督下将其保管的有关凭证、档案等文件资料、印章及其他属于全体业主共有的财物，移交给新一届业主委员会。拒不移交的，新一届业主委员会可以请求物业所在地街道办事处（乡、镇人民政府）协助收回。

业主委员会委员资格终止或被罢免的，应当自终止或被罢免之日起7日以内将所保管的档案资料、印章及其他应当移交的财物，移交给业主委员会；经街道办事处（乡、镇人民政府）催告仍拒不移交的，业主委员会可依法向属地人民法院提起诉讼。

业主委员会委员集体提出辞职的，应当向业主大会报告工作、说明辞职理由，并将其保管的档案资料、印章及其他财物账目交由居民（村民）委员会代为保管，并以书面形式告知物业所在地的街道办事处（乡、镇人民政府）。业主委员会委员离任时，全体业主可以在管理规约和业主大会议事规则中约定是否对离任委员进行财务审计。

依据第 48 条规定，业主委员会委员出现空缺时，按照业主大会议事规则约定进行增补。

依据第 49 条规定，经业主大会同意，业主委员会可以聘用专业人员，聘用方式等事宜需在业主大会议事规则中约定，相关工作经费具体筹集和使用办法由业主大会决定。

（三）业主委员会委员的权利和义务

依据《业主大会和业主委员会指导规则》第 40 条规定，业主委员会执行业主大会的决定，接受业主的监督，依法履行下列职责。

（1）执行业主大会的决定和决议，维护业主共同权益。

（2）召集业主大会会议，报告物业管理实施情况。

（3）与业主大会选聘的物业服务企业签订物业服务合同。

（4）听取业主、物业使用人的意见和建议，监督和协助物业服务企业履行物业服务合同。

（5）监督管理规约的实施。

（6）调解业主之间因物业使用、维护和管理产生的纠纷。

（7）业主大会赋予的其他职责。但本规则第 28 条规定应召开业主大会会议由全体业主共同决定的事项不得授权业主委员会直接行使或决定。

业主委员会应当向业主公布管理规约、业主大会议事规则、业主大会和业主委员会的决定、物业服务合同、专项维修资金的筹集使用、物业共有部分的使用与经营收益、业主大会和业主委员会工作经费的收支情况及其他应当向业主公开的情况和资料。

（四）业主委员会的职责

依据《物业管理条例》第 15 条规定，业主委员会应当履行以下职责。

1. 召集业主大会会议，报告物业管理的实施情况

除首次业主大会外，业主大会每年至少召开一次。而每年度召开业主大会会议时，业主委员会应当于会议召开 15 日以前，将业主大会召开会议的时间、地点、内容、方式以及其他事项予以公告或者送达每位业主。如果是住宅小区的业主大会会议，业主委员会还应当同时告知相关的居民委员会，以接受居民委员会的指导。会议由业主委员会筹备、召集和主持。会议期间，业主委员会应当向业主大会报告本物业管理区域内物业管理的实施情况，并做好大会会议记录以备查。在实践中遇到一些特殊情况，如发生重大事故或紧急情况需要及时做出处理时，业主委员会有权依照有关规定召集和主持业主大会临时会议。

2. 代表业主与业主大会选聘的物业服务企业签订物业服务合同

选聘、续聘及解聘物业服务企业是业主大会的职责，但选聘、续聘及解聘物业服务企业合同的签订，则是由业主委员会代表业主来完成的。当然，业主委员会在签订所有与物业管理有关的合同时，必须代表和维护全体业主的合法权益，不得利用业主委员会委员的便利条件损害业主的利益。

3. 及时了解业主、物业使用人的意见和建议，监督和协助物业服务企业履行服务合同

业主委员会除在业主大会上听取业主及相关部门的意见外，在日常工作中也应广泛听取和了解广大业主及物业使用人的意见与建议。业主委员会应当根据物业管理合同的规定，并结合物业服务企业的年度计划，监督、检查物业服务企业的工作落实情况，审核物业服务企业的各种年度报告，并监督物业服务企业履行物业服务合同的各项义务。同时，也要对广大业主做好广泛的宣传教育工作，使每一位业主都能严格按照合同的要求履行各自的义务。

4. 监督管理规约的实施

管理规约是全体业主共同约定、互相制约、共同遵守的有关物业的使用、管理、维护以及公共利益等方面的行为准则。管理规约是由业主大会制定的，但管理公约的实施、修改及补充则是业主委员会的一项主要任务。业主委员会对管理规约的实施负有监督的职责。

5. 业主大会赋予的其他职责

业主委员会除上述职责外，还负有业主大会赋予的其他职责，主要包括以下几个方面。

（1）反映职责。业主委员会在遵守国家有关物业管理法律、法规及相关政策的前提下，有权依照物业管理合同的约定并根据物业管理区域内的实际情况，向业主大会提出有关业主共同事务的建议，向物业服务企业以及物业管理行政主管部门和有关机关、单位及时反映业主的意愿、意见和建议，并有权组织对管理规约和业主委员会的章程进行修改和补充，但修改和补充的条款必须经过业主大会的审议方可生效。

（2）管理职责。业主委员会代表全体业主对区域内物业附属部分及居住环境进行统一管理，负责其他与物业管理有关的合同的订立和管理等。

（3）审核职责。根据业主大会的授权，业主委员会可以审议决定无须提交业主大会表决通过的事项，审议物业管理服务费的收费标准及事项、物业服务年度计划、财务预算与决算，以及专项维修资金的筹集、使用和管理等。

（4）执行职责。业主委员会代表全体业主执行业主大会的决议，负责实施自治管理的有关制度和措施，向全体业主公开业主委员会的工作事务报告、会计报告、结算报告及其他管理事项，协助有关主管部门和机关做好本区域内行政管理工作及社区文化建设等工作。

（5）监督职责。业主委员会监督物业服务企业的受托服务工作，监督合同的履行情况，制止任何损害业主权益的活动和行为等。

（6）调处职责。业主委员会负责调解物业管理活动中的各种纠纷，包括前期物业管理纠纷、物业使用纠纷、物业维修养护纠纷、物业管理服务纠纷、物业服务企业与各专业管理部门职责分工的纠纷、物业租赁纠纷、物业买卖纠纷、物业相邻关系纠纷以及政府部门在进行物业管理过程中所发生的各种纠纷等。凡涉及物业管理纠纷的诉讼，业主委员会应当代表全体业主独立参与诉讼活动，并独立充当原告或被告。

第四节 管 理 规 约

一、管理规约的概念

管理规约是指开发建设单位或者业主共同制定的规范区分所有建筑物或者建筑区划内业主权利、义务、责任的法律文件。管理规约有狭义和广义之分。广义的管理规约包括临时管理规约和管理规约。通常将开发建设单位制定的管理规约称为临时管理规约；将首次业主大会制定的业主规约称为管理规约，即狭义的管理规约。

《物业管理条例》第 17 条规定："管理规约应当对有关物业的使用、维护、管理，业主的共同利益，业主应当履行的义务，违反管理规约应当承担的责任等事项依法作出约定。管理规约应当尊重社会公德，不得违反法律、法规或者损害社会公共利益。管理规约对全体业主具有约束力。"根据住房和城乡建设部制定的《业主大会和业主委员会指导规则》的规定，管理规约应当对以下事项做出规定：① 物业的使用、维护、管理；② 专项维修资金的筹集、管理和使用；③ 物业共用部分的经营与收益分配；④ 业主共同利益的维护；⑤ 业主共同管理权的行使；⑥ 业主应尽的义务；⑦ 违反管理规约应承担的责任。

建立管理规约制度，目的是建立业主民主协商、自我管理、平衡利益的机制，以利于实行有效的物业管理和妥善处理好各业主间的相邻关系，使物业得到科学、合理、安全和有效的使用。

二、制定管理规约的法律依据

管理规约是依据国家相关法律、法规制定的，是业主应当共同遵守的行为准则。管理规约的实质是在合法前提下，以民事约定形式对业主与非业主使用人行为的一种自律性的约束。通过这种约束，业主和非业主使用人在社会公德与法律规范等方面对自己的行为实现自我控制和约束。当业主或非业主使用人违反管理规约时，应承担相应的民事责任。

制定管理规约的法律依据主要有以下几个。

（1）《宪法》第 51 条规定："中华人民共和国公民在行使自由和权利的时候，不得损害国家的、社会的、集体的利益和其他公民的合法的自由和权利。"

（2）我国《民法典》第 288 条规定："不动产的相邻权利人应当按照有利生产、方便生活、团结互助、公平合理的原则，正确处理相邻关系。"

（3）《物业管理条例》第 7 条规定：业主在物业管理活动中须履行的义务之一是遵守管理规约和业主大会议事规则。

（4）原建设部 2001 年第 94 号令《城市异产毗连房屋管理规定》第 5 条规定："所有人和使用人对房屋的使用和修缮，必须符合城市规划、房地产管理、消防和环境保护等部门的要求，并应按照有利使用、共同协商、公正合理的原则，正确处理毗连关系。"第 6 条规定："所有人和使用人对共有、公用的门厅、阳台、屋面、楼道、厨房、厕所以及院落、给水排水设施等，应共同合理使用并承担相应的义务。"

由上可见，业主作为物业的所有权人，并不意味着可以随心所欲地使用该物业。因为在一个物业管理的区域内，众多业主不论是出于工作还是生活的目的使用物业，都需要有一个安全便利的环境条件，因此，由业主共同订立一个有关物业的共有部分和共同事务管理的管理规约是十分必要的。

三、管理规约的订立原则

订立管理规约应当遵循以下原则。

（一）合法性原则

管理规约的内容应当符合法律、法规的规定。

（二）整体性原则

管理规约的订立应当在全体业主自愿和充分协商的基础上进行，当个别意见难以统一时，应当以全体业主的整体利益为目标，个人服从全体，少数服从多数。

（三）民主性原则

管理规约的订立应当采取民主管理的形式，即通过业主大会或者业主委员会的形式，反映全体业主或者大多数业主的利益和要求。

四、管理规约的基本内容

（一）物业区域的基本情况

物业管理区域的基本情况包括：① 地址；② 占地面积；③ 总建筑面积，分别标明住宅、非住宅（商业用房）、其他用房的建筑面积；④ 楼宇数量，分别标明高层楼宇、多层楼宇的数量；⑤ 业主数量；⑥ 业主委员会财产的组成；⑦ 公用设施及场地状况，分别标明道路、园林绿地、教育设施、文体设施和停车场等；⑧ 其他事项。

（二）业主大会的召集和决定住宅区重大事项的方式

第一次业主大会在物业交付使用人且入住率达到50%以上时，由区（县）物业管理部门会同开发建设单位或者委托的物业服务公司按法定程序和形式召集，选举产生业主委员会。业主委员会成立以后，负责召集此后的业主大会，并每年召开一次。业主大会由业主委员会主任主持，如果主任缺席，则由副主任主持。

业主大会必须有已入住业主中持有50%以上的投票权的业主出席才能举行，如经已入住业主中持有50%以上投票权的业主决定，可以推迟召开业主大会。业主可以一栋或数栋楼房为单位，推选楼长，作为推选人的共同代表，参加业主大会，并行使业主的其他权利。

（三）业主应付的费用

按规定交纳物业服务企业应收取的各项服务费用。业主如委托物业服务企业对其自用部位和毗连部位的有关设施、设备进行维修、养护，应支付相应费用。业主使用本物业内有偿使用的文化、娱乐、体育设备和停车场等公用设施、场地时，按规定交纳费用。

（四）违约责任

业主或物业使用人有违规、违章装修房屋或者妨碍他人正常使用物业的现象（如渗、漏、堵、冒等）的，应当及时纠正，造成他人损失的应承担赔偿责任；对拒不改正的，物业服务公司可以采取相应措施制止其行为，并及时告知业主委员会并报有关行政管理部门依法处理。

人为造成公用设备设施或者其他业主设备设施损坏的，由造成损坏责任人负责修复或者赔偿经济损失。

（五）其他事项

本管理规约经已入住业主持有半数以上投票权的业主签订后生效。

已生效的管理规约对本住宅区所有业主和非业主使用人具有约束力。

五、违反管理规约行为的处理方法

正确地界定物业管理区域内违反管理规约的行为，并及时纠正和处理各种违反管理规约的行为，是加强物业管理的一个专业环节。

（一）违反管理规约行为的分类

1. 房屋装饰装修时违反管理规约的行为

房屋装饰装修时违反管理规范的行为主要有：① 擅自拆改房屋结构、外貌（外墙、外门窗、阳台等部位的颜色、形状和规格）、设计用途、功能和布局等；② 对房屋的内外承重墙、梁、柱、板、阳台等进行违章搭建；③ 在外墙立面添装防护栏、网和晒衣架；④ 损坏、拆除或者改造供水、供电、供气、供暖、通信、有线电视、排水、排污、消防等公用设施；⑤ 拒绝交纳装修垃圾清运费等。

2. 入住时违反管理规约的行为

入住时违反管理规约的行为主要有：① 随意占用、损坏共用部分及设备、设施；② 违章使用电梯等设备；③ 不按规定时间搬迁，妨碍和滋扰他人；④ 用超长、超重、易污染或者尖锐的器具、物品损害建筑物及设备、设施等。

3. 日常违反管理规约的行为

日常违反管理规约的行为主要有：① 不执行业主大会、业主委员会的决定；② 拒交或者拖欠各项物业服务费用；③ 违规转租房屋；④ 占用或者损坏楼梯、通道、屋面、平台、道路、停产场、自行车等公用设施及场地；⑤ 在建筑物及设备、设施处私搭乱建；

⑥ 随意堆放杂物、丢弃垃圾、高空抛物；⑦ 违反规定存放易燃、易爆、剧毒、放射性等物品和排放有毒、有害、危险物质等；⑧ 践踏、占用绿地；⑨ 损坏、涂画园林建筑小品；⑩ 影响市容观瞻地乱搭、乱建、乱贴、乱挂、设立广告牌；⑪ 聚众喧闹、噪声扰民等危害公共利益或者其他不道德的行为；⑫ 违反规定饲养家畜、家禽及宠物等。

（二）违规行为的处理方法

物业服务公司应该及时发现并纠正违约行为，降低和缩小违约行为造成危害的程度和范围，减少违约行为造成的各种损失，并依照管理规约和有关法律、法规进行处理和纠正。其处理方法主要有以下六种。

（1）规劝：对于正在发生、比较轻微的、还未造成损失的违约行为，可以对其进行劝阻，使其停止和改正。

（2）制止：对于正在发生、正在造成损失的违约行为，应当立即采取适当措施予以制止。制止不了的可以找执法部门解决。

（3）批评：对于已经发生或已制止的轻度违约行为，对违约者要进行批评教育。

（4）警告：对于规劝或者制止均无效果的违约行为，可以采用严厉的方式给予警告。

（5）处理：可以根据物业管理制度的有关条款给予相应处理。

（6）诉讼：对于采取以上措施均无效，违约人仍在继续违约，如拒交或者拖欠各项物业管理费，严重违约造成建筑物或者共用设备、设施损坏的，可以提起民事诉讼。

案例 7-3

房前小院扩建至人行道，物业服务公司起诉获法院支持

【案情介绍】

2015 年 2 月 23 日，某市一家物业服务公司受开发商委托对河东区某住宅小区进行前期物业管理服务。据该物业服务公司称，2017 年 5 月 4 日，小区业主侯某办理入住手续。同年 6 月初，物业服务工作人员在进行日常巡查时发现，侯某在其房前的绿地上正在打地基扩建房前小院。工作人员当即进行规劝和制止，并向侯某下达了《装修违章通知单》，要求其停止扩建并恢复绿地原状。侯某不听劝阻，仍然将小院扩至绿地。11 月 4 日早上，工作人员在进行日常巡查时发现侯某再次扩建小院，在制止无效的情况下拨打了 110 报警，而侯某继续施工。侯某扩建后的小院已至小区人行道上并用铁栅栏围起，严重影响了小区业主的正常通行和小区绿化景观，侵犯了其他业主的合法权益。为此，物业服务公司提起诉讼，要求侯某拆除私自扩建的小院并恢复原状。

对此，被告侯某称，他在买房时开发商承诺小院面积为 5 平方米，但实际交付的小院面积还不足 1 平方米，他曾多次找到开发商及物业服务公司协商，但双方互相推诿，所以才自行将小院扩至应有的面积。另外，小区内一楼的业主都将小院外扩，不只侯某一家，因此不同意原告诉讼请求。

法院认为，物业小区内的公共绿地及人行道属于业主共有，原告作为小区的前期物业管理机构，依照前期物业管理合同的约定，对共有部分享有管理、维护的权利。被告将其小院扩建至全体业主的共有部分，属于侵权行为，原告有权提起诉讼要求被告停止侵害、排除妨害。关于被告抗辩所称的开发商交付使用的小院面积不足，属于被告与开发商之间的关系，因原告系依照竣工验收图纸确认的其对共有部分的管理权限，被告此项主张在未经开发商认可或未经法定程序确认之前，不足以对抗原告。关于被告抗辩的小区内其他业主也存在扩建小院的情节问题，法院认为不能因众多业主都存在此种行为而导致行为的合法化，被告此项抗辩理由不能成立。综上，法院做出如下判决：小院面积不足问题是业主与开发商之间的关系，在未经确认前不足以对抗物业服务公司。该业主行为侵犯了其他业主利益，因此判令其拆除小院扩建部分，恢复至房屋交付使用时的状态。

【案例点评】

《民法典》第274条规定："建筑区划内的道路，属于业主共有，但是属于城镇公共道路的除外。建筑区划内的绿地，属于业主共有，但是属于城镇公共绿地或者明示属于个人的除外。建筑区划内的其他公共场所、公用设施和物业服务用房，属于业主共有。"

所以，本案法院处理符合《民法典》的规定，有典型意义。

复习思考题

1. 业主的概念是什么？业主有哪些权利和义务？
2. 业主大会的概念与特征是什么？它的职责是什么？
3. 业主委员会的概念是什么？它有哪些特征？
4. 业主委员会的职责有哪些？
5. 业主委员会的章程包括哪些内容？
6. 担任业主委员会委员与主任应具备哪些条件？
7. 管理规约的概念是什么？其特征、订立原则与基本内容有哪些？

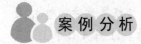

案例分析

1. 某住宅楼，楼上楼下的两户居民素有积怨。楼上业主爱养花，把几个花盆放在平台（即楼下业主的屋顶）上。楼下业主以该花盆影响其屋顶正常排水，造成屋顶长期积水，并渗水到其墙面为由，坚决要求楼上业主把花盆移走。楼上业主不肯，两家遂争执到物业服务公司寻求解决。此事如何解决？平台应怎样合理使用？

2. 某公司租用了一套位于商业街上的旧公房用作街面店铺，因其左右店铺都把招牌或广告刷在二楼居民阳台的外墙上，该公司欲如法效仿。但二楼业主不同意，于是公司就与该业主协商，提出为其免费安装一部空调机作为补偿，而该业主坚持公司每月向其支付2 000元作为租赁外墙的费用，否则将以排除妨碍为理由诉至法院。业主可否利用自己住房的外墙营利？为什么？

3. 某小区业主委员会章程规定，业主代表、业委会委员、副主任均适用代理制，但主任必须由业主担任。业委会主任黄某当选不久，就将物业过户给其未成年的女儿黄某某。根据章程，因黄某不再是业主，应及时辞去主任职务。可黄某欲继续当主任，故隐瞒事实。数月后，部分委员闻讯，联名向区房地产管理部门反映，要求黄某辞职。业主委员会主任不再是业主以后是否可以继续履行主任的职责？为什么？

4. 某封闭小区有4万平方米住房建筑面积，公共设施共享。小区由2幢商品房和2幢售后公房组成。部分业主要求按商品房与售后公房的类型分别成立业主委员会以适用不同的管理标准。不同类型的住宅在同一物业管理区域内，可否成立多个业主委员会？

第八章　物业服务合同法律制度

📚 内容提要

本章主要介绍物业服务合同的概念、特征、种类、形式与内容，物业服务合同订立的基本原则与程序，物业服务合同履行、变更、转让与终止，以及物业服务合同违约责任。

✏️ 学习目标

1. 掌握物业服务合同的概念、特征、内容和种类，订立物业服务合同的基本原则。
2. 学会签订物业服务合同。
3. 了解和掌握物业服务合同的签订、履行、变更、转让和终止等行为的主要法律要求。
4. 了解前期物业服务协议与物业服务合同异同，违反物业服务合同的违约责任。

 案例导入

楼房有电梯却不开，小区业主起诉物业

【案情介绍】

陈某买下济南某小区七楼的一套房子。该房产所在楼配有电梯，但从陈某搬入居住后电梯一直不能使用，处于关闭状态。为此，陈某多次与物业公司交涉，而物业公司认为开通电梯属于正常要求，但是由于业主签字没有达到 1/3，电梯的维修费用和运行费用分摊处理问题得不到解决，因而不能开通。于是，陈某告到法院，要求物业公司立即开通电梯，并确保电梯正常运行。

【案例点评】

所谓物业管理，是指业主通过选聘物业服务企业，由业主和物业服务企业按照物业服务合同约定，对房屋及配套的设施设备和相关场地进行维修、养护、管理，维护物业管理区域内的环境卫生和相关秩序的活动。最高人民法院《关于审理物业服务纠纷案件具体应用法律若干问题的解释》第 3 条规定：物业服务企业不履行或者不完全履行物业服务合同约定的或者法律、法规规定以及相关行业规范确定的维修、养护、管理和维护义务，业主请求物业服务企业承担继续履行、采取补救措施或者赔偿损失等违约责任的，人民法院应予支持。对小区内电梯的管理、维护，确保业主正常使用是物业服务内容之一。因此，法院对于陈某要求物业公司开通电梯，并确保电梯正常运行的诉讼请求予以支持。

第一节 物业服务合同概述

一、物业服务合同的概念

合同是指平等主体自然人、法人、其他组织之间设立、变更、终止民事权利义务关系的协议。

《民法典》第 937 条规定:"物业服务合同是物业服务人在物业服务区域内,为业主提供建筑物及其附属设施的维修养护、环境卫生和相关秩序的管理维护等物业服务,业主支付物业费的合同。物业服务人包括物业服务企业和其他管理人。"

物业服务合同有广义和狭义之分。广义的物业服务合同包括由建设单位与物业服务企业签订的前期物业服务协议,业主委员会代表业主与物业服务企业签订的物业服务合同等;狭义的物业服务合同仅指业主委员会代表业主与物业服务企业签订的物业服务合同。

2021 年实施的《民法典》第三编合同专门设立第二十四章物业服务合同规定,物业服务合同被规定为一项独立的有名合同。

二、物业服务合同的特征

(一)物业服务合同是双务、有偿、诺成性要式合同

双务是指双方互负义务,一方的权利是另一方的义务,一方的义务是另一方的权利。有偿是指任何一方从对方当事人取得某种利益必须支付的代价。诺成是指双方意思表示一致,合同即成立。例如,业主有支付物业服务费用的义务,同时享有接受物业服务公司提供的相关服务的权利;物业服务公司有权收取物业服务费用,同时有义务按照规定给业主提供合同规定的物业管理与服务内容。

物业服务合同是一种特殊的委托合同。物业服务合同产生的基础在于业主大会、业主委员会的委托,但其与一般的委托合同又存在差异。

(二)物业服务合同是以要约人的费用办理要约事务

物业服务公司办理要约事务产生的费用由要约人承担,要约人有义务提供要约事务的必要费用。物业服务公司垫付必要费用的,要约人应偿还费用及其利息。

《物业管理条例》第 21 条规定:"在业主、业主大会选聘物业服务企业之前,建设单位选聘物业服务企业的,应当签订书面的前期物业服务合同。"第 34 条规定:"业主委员会应当与业主大会选聘的物业服务企业订立书面的物业服务合同。"这说明,物业服务合同双方当事人意思表示一致后,必须签订书面合同,以利于当事人切实履行合同,也便于发生纠纷时举证。

(三)物业服务合同订立必须符合《民法典》和《物业管理条例》的法律要求

《民法典》第二编物权第六章业主的建筑物区分所有权第 271 条规定:"业主对建筑物

内的住宅、经营性用房等专有部分享有所有权，对专有部分以外的共有部分享有共有和共同管理的权利。"第272条、第273条、第274条、第275条、第276条都对建筑区划内道路，车位，绿地有了新的规定。《民法典》第三编合同第二十四章物业服务合同的具体规定与要求，所以物业服务合同订立时必须符合法律的规定与要求。

（四）物业服务合同主体的特定性

物业服务合同当事人一方必须是业主，即物业的所有权人。业主的具体表现形式可以是建设单位（在物业售出之前）、业主或者作为业主代表的业主委员会。物业服务合同的当事人另一方必须是依法成立的物业服务企业。

（五）物业服务合同内容的复杂性

物业服务合同约定的物业管理服务内容较多，包括物业管理区域内的环境卫生、绿化、秩序维护、车辆管理、消防和公共设施设备的运行维护等。这些内容涉及业主和物业使用人的权益甚至公共利益，因此，一旦发生争议，很容易引起业主群体甚至媒体的介入，有时会产生负面影响，不利于社会的和谐与稳定。

（六）物业服务合同是以劳务为标的的合同

物业服务企业的义务是提供合同约定的劳务服务，如房屋维修、设备保养、治安保卫、清洁卫生和园林绿化等。物业服务企业在完成了约定义务后，有权获得报酬。

三、物业服务合同的种类

依据《物业管理条例》及相关法规的规定，物业服务合同主要包括两种，即前期物业服务合同和物业服务合同。

（一）前期物业服务合同

前期物业服务合同是指建设单位在物业销售之前与物业服务企业依法签订的明确双方权利义务关系的合同。

在实践中，开发商往往采取"滚动开发"的形式分期建设，分期销售。这样业主入住就是逐渐的过程。即使一个小区只有一个楼盘，或者只有一期工程，所有的业主也不可能同时入住。如此一来，从开发商将物业交付给业主，一直到业主成立业主大会决定选聘物业服务企业，必然有一个过程，而此过程中离不开物业服务企业提供的物业管理服务。另外，在物业的规划设计阶段、工程施工阶段、设施设备安装阶段和物业竣工验收环节等，也需要物业管理的早期介入。这个阶段的物业管理，就是前期物业管理。

前期物业服务合同具有以下特征。

1. 前期物业服务合同由建设单位和物业服务企业签订

在前期物业管理阶段，不具备召开业主大会的条件，业主委员会尚未成立，不能够形成统一意志来决定选聘物业服务企业。而此时，客观上需要物业服务企业提供物业管理服务。为了维护正常的秩序，保护业主现实的合法权益，只能由建设单位选聘物业服务企业。

而且，此时的建设单位拥有物业，是第一业主。这也是建设单位能够签订前期物业服务合同的法律依据。建设单位在选聘物业服务企业，签订前期物业服务合同时，应当充分考虑和维护未来业主的利益。

2. 前期物业服务合同具有过渡性

前期物业服务合同的有效期限，始于前期物业服务合同双方约定的生效时间，止于业主委员会与业主大会选聘的物业服务企业签订的物业服务合同生效之时。因为业主大会的召开时间具有不确定性，所以前期物业服务合同期限也是不确定的，具有过渡性。无论前期物业服务合同是否约定了有效期限，期限是否届满，只要业主委员会与物业服务企业签订的物业服务合同生效，前期物业服务合同就自动终止。《物业管理条例》第 26 条规定："前期物业服务合同可以约定期限；但是，期限未满、业主委员会与物业服务企业签订的物业服务合同生效的，前期物业服务合同终止。"

《民法典》第 940 条规定："建设单位依法与物业服务人订立的前期物业服务合同约定的服务期限届满前，业主委员会或者业主与新物业服务人订立的物业服务合同生效的，前期期物业服务合同终止。"

（二）物业服务合同

物业服务合同是指业主委员会代表业主与物业服务企业签订的物业服务合同。

当业主入住率达到 30%时，应该按照规定及时召开业主大会，选举产生业主委员会。业主委员会成立后，最重要的工作就是选聘物业服务企业，并与中标的物业服务企业签订物业服务合同。该合同生效时，原建设单位与物业服务企业所签订的前期物业服务合同自动失效。

物业服务合同与前期物业服务合同既有相同之处，又有差异，具体如表 8-1 所示。

表 8-1　物业服务合同与前期物业服务合同的异同

		前期物业服务合同	物业服务合同
差异	合同订立主体	一方为建设单位，另一方为物业服务企业	一方为业主，另一方为物业服务企业
	合同签订时间	建设单位出售物业之前	一般应在业主委员会成立后三个月内，最迟不超过六个月
	合同有效期限	合同有效期自约定前期物业服务合同生效之日起，至物业服务合同生效之日止	合同有效期由双方协商约定
相同		合同客体相同，都是物业管理服务活动 合同内容基本相同	

第二节　物业服务合同的订立及效力

物业服务合同是合同的一种，它的订立与其他合同订立一样，应当符合《民法典》的规定。

一、物业服务合同的订立原则

物业服务合同订立又称物业服务合同的签订,是指物业服务合同的当事人即业主或其代表业主委员会与物业服务企业依法就合同的条款经过协商并达成协议的法律行为。

订立物业服务合同,当事人应当遵循以下基本原则。

(一)平等的原则

合同当事人的法律地位平等,即享有民事权利和承担民事义务的资格是平等的,任何一方不得将自己的意志强加给另一方。

(二)自愿的原则

自愿的原则是指合同当事人在法律规定的范围内根据自己的意愿订立合同。当事人有缔结合同的自由、选择相对人的自由、决定合同内容和形式的自由,任何单位和个人不得非法干预。

(三)公平的原则

当事人在合同订立、合同履行和合同解释等过程中,应遵循公平原则确定各方的权利和义务。

(四)诚实信用的原则

当事人行使权利、履行义务应当遵循诚实信用原则,要言行一致,说到做到,不得有隐瞒欺诈行为。

(五)合法的原则

当事人订立合同,应当遵循法律、行政法规的规定,尊重社会公德,不得扰乱社会经济秩序,损害社会公共利益。

二、物业服务合同的订立程序

订立合同的程序,是当事人就合同条款进行协商,达成协议的过程和步骤,一般要经过要约和承诺两个阶段。

(一)要约

要约是指希望与他人订立合同的意思表示,即一方当事人以签订协议为目的,向另一方当事人提出合同条件,并希望对方接受的意思表示。发出要约的一方为要约人,接受要约的一方为受要约人。

要约的构成要件包括以下四个。

(1)要约的内容必须具体、确定。

(2)表明经受要约人承诺,要约人即受该意思表示约束。

（3）要约原则上是向特定的人发出，有时也可向不特定的人发出。
（4）要约到达受要约人时生效。

（二）承诺

承诺是指受要约人同意接受要约的全部条件的意思表示。非受要约人向要约人做出的接受要约的意思表示不是承诺。

承诺的构成要件包括以下四个。

（1）承诺应当以通知的方式由受要约人向要约人做出。

（2）承诺的内容应当与要约的内容一致。

（3）承诺应在要约规定的期限内做出。

（4）承诺必须表明受要约人与要约人订立合同的意思表示。承诺通知到达要约人时生效。

合同订立往往要经过反复协商，才能达成一致协议。这个反复协商的过程即要约—新要约—再要约—再新要约—承诺。受要约人对要约表示承诺后，合同即告成立。双方当事人依法办理手续后，就产生了合同规定的权利义务关系。

物业服务合同，以承诺的内容为准。

三、物业服务合同的形式

合同形式是合同当事人所达成协议的表现方式，是合同内容的载体。《民法典》规定当事人订立合同，可以采取书面形式、口头形式和其他形式。

书面形式是指合同书、信件和数据电文（包括电报、电传、传真、电子数据交换和电子邮件）等可以有形地表现所载内容的形式。

口头形式是指当事人只用语言意思表示订立合同，而不用文字表达合同内容的形式，如面谈、电话等。其优点是简便易行，缔约成本低，但此类合同发生争议时，不易取证，难辨是非。

其他形式是指除书面形式、口头形式之外的合同形式，如公证、批准、登记等形式。

由于物业服务合同与业主的生活、工作密不可分，涉及面广，内容多且杂，合同履行周期长，因此，相关法律都规定，物业服务合同应当采取书面形式。《物业管理条例》第34条规定："业主委员会应当与业主大会选聘的物业服务企业订立书面的物业服务合同。"

此外，物业服务合同还应当报送有关物业管理行政主管部门备案，以便有关部门进行监督和指导。

四、物业服务合同的内容

《民法典》第938条规定："物业服务合同的内容一般包括服务事项、服务质量、服务费用的标准和收取办法、维修资金的使用、服务用房的管理和使用、服务期限、服务交接等条款。物业服务人公开作出的有利于业主的服务承诺，为物业服务合同的组成部分。物业服务合同应当采用书面形式。"

合同内容往往通过合同条款的形式表现出来。合同条款是合同当事人协商一致,明确各方权利义务的具体条文,是各方当事人履行合同的重要依据。

物业服务合同的主要内容包括:① 住宅共用部位、共用设备的使用、管理、维修和更新;② 物业管理区域内公共设施的使用、管理、维修和更新;③ 电梯、水泵等房屋设备的运行服务;④ 保洁服务;⑤ 秩序维护管理与服务;⑥ 物业维修、更新费用和账务管理;⑦ 物业档案资料的保管。物业服务合同当事人也可以约定下列物业服务特约事项:① 业主住宅的自用部位和自用设备的维修、更新;② 业主委员会委托的其他物业管理服务事项等。

五、签订物业服务合同应注意的问题

按照《民法典》规定,为避免或者减少物业服务纠纷,或纠纷后易于明确责任,在签订物业服务合同时,除要遵守法律规定外,还应注意以下几点。

(一)合同内容宜细不宜粗

合同内容宜细不宜粗是指合同的每一条款详细、具体、明确,操作性强,避免出现模棱两可,容易发生误解的词语。

(二)不应有无偿、无期限的承诺

在物业管理市场竞争日益加剧的情况下,有的物业服务企业为了提高中标的可能性,往往提出无偿、无期限的承诺。这样,一旦中标,对物业管理工作是很不利的,也不符合合同订立的原则。

按照有关法律规定,甲方(委托方)可以向乙方(物业服务企业)无偿提供物业管理办公用房。除此以外,在物业服务合同中,不应再有无偿无期限的承诺,如对业主、非业主的使用人无偿提供班车服务等。不应有无偿、无期限的承诺的原因有以下三个。

(1)物业服务是有偿服务,无偿提供的管理服务仍是有成本的,需要支付费用,无论是开发商还是物业服务企业都不可能也不应该长期承担该费用,否则,将加重正常物业管理状态的管理服务和成本费用的压力,影响正常物业管理与服务工作,从而导致管理服务标准降低或费用变相分摊给了全体业主。

(2)由于物业服务企业提供的无偿服务对每个业主、非业主的使用人来说并不一定都是必需的,用正常物业管理活动的人力和费用成本无偿提供有关服务,将会导致业主、非业主的使用人之间享受到的服务不一致,这对那些不必要或者未享受到该无偿服务的业主、非业主的使用人来说是不公平的,是利益侵害。

(3)物业服务合同是有期限的,无期限的承诺理论上讲不通,实践上也难以做到。承诺做不到的事项,有悖诚实信用原则。

(三)合同签订要实事求是,留有余地,量力而行

物业服务合同双方一旦签订,物业服务企业就要认真、严格地履行,凡做不到位的地方物业服务企业都应承担相应的责任。因此,在合同谈判中,既要实事求是,又要留有余

地。在投标和承诺物业管理服务标准时，物业服务企业要量力而行。不同的物业有不同的档次，这是客观条件；不同的物业服务企业又有各自不同的情况，这是主观条件。在实施物业管理时，客观条件的约束和主观条件的限制是搞好物业管理服务工作的基础性条件，而管理服务的结果只能建立在这个基础之上。要注意，对经过努力才有可能达到的一些标准要留有余地，更不能说过头话，否则很容易成为产生问题的根源。

（四）物业服务合同转委托的法律规定

《民法典》第 941 条规定："物业服务人将物业服务区域内的部分专项服务事项委托给专业性服务组织或者其他第三人的，应当就该部分专项服务事项向业主负责。物业服务人不得将其应当提供的全部物业服务转委托给第三人，或者将全部物业服务支解后分别转委托给第三人。"

（五）对违约责任的约定

在物业管理的实践过程中，不可避免地会产生各种各样的问题、矛盾与纠纷。这些问题、矛盾与纠纷既可能发生在物业服务企业与业主之间，也可能发生在业主相互之间；既有违法的问题，但更多的则属于违规、违约，以及是非道德和认识水平的范畴。对于不同性质、不同层面的问题、矛盾与纠纷要通过不同的途径，采取不同的处理方式来解决。

六、物业服务合同的效力

《民法典》第 939 条规定："建设单位依法与物业服务人订立的前期物业服务合同，以及业主委员会与业主大会依法选聘的物业服务人订立的物业服务合同，对业主具有法律约束力。"

合同的效力是指法律赋予依法成立的合同具有的强制力，又叫合同法律效力。物业服务合同的成立与生效必须具备以下条件。

（一）主体合格

主体合格是指订立合同的主体必须具有相应的民事权利能力和民事行为能力。物业服务合同的主体，一方是特定物业的所有权人，即业主；另一方是物业服务活动的提供者，即物业服务企业。

根据《物业管理条例》第 15 条的规定，业主委员会执行业主大会的决定事项，代表业主与业主大会选聘的物业服务企业签订物业服务合同。

（二）内容合法

内容合法是指物业服务合同的内容必须符合法律、行政法规的规定，不得损害社会公共利益。

依据《民法典》的规定，有下列情形之一的，合同无效：① 一方以欺诈、胁迫的手段订立合同，损害国家利益；② 恶意串通，损害国家、集体或者第三人利益；③ 以合法形式掩盖非法目的；④ 损害社会公共利益；⑤ 违反法律、行政法规的强制性规定。

(三)意思表示必须真实

合同当事人的意思表示必须真实、自愿。合同是当事人意思表示一致的法律行为，只有在平等、自愿、公平、诚实信用的基础上，经双方协商，达成合意，合同才能成立。

意思表示不真实的合同，并不必然导致合同无效，其效力取决于当事人的意志。根据《民法典》的规定，在以下三种情况下，当事人一方可以请求人民法院或者仲裁机构变更或者撤销合同：① 因重大误解订立的合同；② 在订立合同时显失公平的合同；③ 一方以欺诈、胁迫的手段或者乘人之危，使对方在违背真实意思的情况下订立的合同。

当事人请求变更的，人民法院或者仲裁机构不得撤销。被撤销的合同自始没有法律约束力。

(四)合同必须采用书面形式

由于物业服务合同业主主体方人数众多，涉及面广，内容复杂，履行期长，法律规定物业服务合同应当采取书面形式。

但是，有时物业服务合同因为各种原因形式不符合要求，并不必然导致合同无效，尤其是在合同已经实际履行的情况下，判定合同无效会不利于稳定物业管理市场经济秩序，无法为业主开展服务，降低合同履约率。根据《民法典》的规定：法律、行政法规规定或者当事人约定采用书面形式订立合同，当事人未采用书面形式但一方已经履行主要义务，对方接受的，该合同成立。采用合同书形式订立合同，在签字或者盖章之前，当事人一方已经履行主要义务，对方接受的，该合同成立。

案例 8-1

未签物业合同，业主能否拒交物业费

【案情介绍】

孙某系柳州市西江路27号某小区业主。2008年12月，该小区开发商与某物业公司签订了一份《物业前期管理委托合同》，委托该物业公司对该小区实行物业服务管理，委托期限从2009年1月1日至2011年12月31日。期满后，双方续签合同将期限延长至2015年12月31日。合同签订后，某物业公司提供物业服务，但孙某以其与物业公司之间无任何书面合同，不存在物业服务关系，拒交物业费。物业公司于2013年7月诉至法院，要求孙某支付2010年4月至2013年5月期间所欠物业费、公共照明电费、垃圾清运费共计2 647.85元。

法院认为，被告是该小区业主，原告与小区开发商签订的《物业前期管理委托合同》对被告具有约束力。因原告没有证据证明公共照明电费的实际支出及分摊方式，故判决被告孙某一次性支付原告某物业公司物业服务费2 302.85元、生活垃圾清运费231元。

【案例点评】

根据《最高人民法院关于审理物业服务纠纷案件具体应用法律若干问题的解释》第1条的规定，建设单位依法与物业服务企业签订的前期物业服务合同，以及业主委员会与业主大会依法选聘的物业服务企业签订的物业服务合同，对业主具有约束力；业主以其并非合同当事人为由提出抗辩的，人民法院不予支持。因此，虽然业主未与物业公司直接订立书面合同，但是只要订立的物业服务合同不违反相关法律法规，而业主也实际接受了物业公司的服务，就应向物业公司交纳相应费用。

第三节　物业服务合同履行、变更、转让与终止

一、物业服务合同的履行

合同的履行是指合同生效后，合同当事人按照合同的约定，完成各自所承担的义务的行为，如交付货物、完成工作、提供劳动、支付价款等，从而使合同目的得以实现。

物业服务合同的履行，是指物业服务合同当事人各方按照物业服务合同的约定或者法律的规定履行其义务。物业服务合同为双务合同，物业服务合同的履行是双方当事人所负义务的各自履行，而不是仅有一方当事人履行义务而对方不履行义务。

（一）物业服务合同履行的原则

《民法典》第 509 条规定："当事人应当按照约定全面履行自己的义务。当事人应当遵循诚信原则，根据合同的性质、目的和交易习惯履行通知、协助、保密等义务。当事人在履行合同过程中，应当避免浪费资源、污染环境和破坏生态。"

依据《民法典》规定，物业服务合同的履行必须遵循实际履行、协作履行、公平和诚实信用和全面履行等基本原则。

1. 实际履行原则

实际履行是指合同当事人应当按照合同约定的标的履行自己的义务，不能用其他标的代替，也不能用交付违约金和赔偿金的方式来代替。当事人一方不履行非金钱债务或者履行非金钱债务不符合约定的，对方可以要求履行，但有下列情形之一的除外：① 法律上或者事实上不能履行；② 债务的标的不适于强制履行或者履行费用过高；③ 债权人在合理期限内未要求履行。

物业服务合同中规定的服务内容都是非金钱债务，合同标的难以用其他标的来替代，因而必须严格坚持实际履行原则。

当然，贯彻实际履行原则，也要从客观实际出发。当物业服务合同的履行已不必要或已不可能时，就不能再提倡实际履行，而应采取其他补救措施。

2. 协作履行原则

协作履行是指合同的双方当事人不仅要各尽其应尽的义务，而且还要协助对方履行义务。

合同的履行需要义务人各方尽自己的义务，这是毫无疑问的。只有义务人各方尽了自己的义务，才能使权利人的权利得以实现。因此，合同双方当事人实际履行各自的义务，这只是协作履行的一般要求。双方当事人还应积极接受履行，并为对方履行义务创造必要的条件。

3. 公平、诚实信用和信息公开原则

公平和诚实信用原则是合同订立的基本原则，也是合同的履行原则。公平和诚实信用，是指合同的主体在履行各自义务时，应该讲求诚实、恪守信用、信守合同，严格依照约定履行合同。合同主体在履行自己所负的义务或者是在接受对方履行时，既要考虑到自己的利益，也要兼顾对方当事人的利益，还应兼顾整个社会的公共利益；双方当事人既要真诚协作，又要注意合同的履行是否经济合理。任何一方在合同的履行过程中都不应仅从个人或小团体利益出发。

《民法典》第943条规定："物业服务人应当定期将服务的事项、负责人员、质量要求、收费项目、收费标准、履行情况，以及维修资金使用情况、业主共有部分的经营与收益情况等以合理方式向业主公开并向业主大会、业主委员会报告。"

4. 业主与物业服务企业都要全面履行合同原则

全面履行，又称为完全履行和正确履行。完全履行是指债务人履行了其全部义务；正确履行是指债务人的履行符合合同的约定或者法律的规定。

根据《民法典》的规定：当事人应当按照约定全面履行自己的义务。当事人应当遵循诚实信用原则，根据合同的性质、目的和交易习惯履行通知、协助、保密等义务。

在物业服务合同履行过程中，常见的未全面履行行为通常表现为：① 履行标的的质量不达标和数量短少；② 履行期限不适当；③ 履行地点不适当；④ 履行方式不适当；⑤ 法定附随义务未履行等。

《民法典》第944条规定："业主应当按照约定向物业服务人支付物业费。物业服务人已经按照约定和有关规定提供服务的，业主不得以未接受或者无需接受相关物业服务为由拒绝支付物业费。业主违反约定逾期不支付物业费的，物业服务人可以催告其在合理期限内支付；合理期限届满仍不支付的，物业服务人可以提起诉讼或者申请仲裁。物业服务人不得采取停止供电、供水、供热、供燃气等方式催交物业费。"

（二）物业服务合同履行中的抗辩权问题

所谓抗辩权，就是在双务合同中一方当事人有依法对抗对方要求，或否认对方权利主张的权利。《民法典》规定了三种抗辩权：同时履行抗辩权、后履行抗辩权和不安抗辩权。

物业服务合同是双务合同，因此《民法典》中有关双务合同履行中抗辩权的规定，同样适用于物业服务合同。

1. 同时履行抗辩权

同时履行抗辩权是指当事人互负债务，没有先后履行顺序的，任何一方在对方未履行合同之前或者履行债务不符合约定时享有的拒绝对方履行要求的权利。

同时履行抗辩权的适用条件为：① 由同一双务合同产生互负债务；② 在合同中未约定履行顺序；③ 对方当事人未履行债务或者未按照约定正确履行债务；④ 对方的对等给付是可能履行的义务。

在物业服务合同中没有约定先后履行顺序时，如果业主没有正当理由不支付物业服务费，物业服务企业可以暂停向该业主提供相应的物业服务直至其交纳物业服务费时为止。

同理，如果物业服务企业没有正当理由拒绝向业主提供相应的物业服务，业主也可以不履行交纳物业服务费的义务，直至物业服务企业提供相应的物业服务为止。

2. 后履行抗辩权

后履行抗辩权是指在双务合同中，当事人约定先后履行顺序的，如果先履行一方未履行债务或者履行债务不符合约定，后履行一方享有拒绝其相应的履行要求的权利。

后履行抗辩权的适用条件为：① 由同一双务合同产生互负债务；② 在合同中约定了债务履行的先后顺序；③ 应该先履行的一方未履行债务或者未按照约定正确履行债务；④ 应该先履行的债务有履行的可能。

在物业服务合同中，如果当事人双方约定业主先交纳物业服务费，那么物业服务企业在业主未交纳物业服务费时就享有后履行抗辩权，可以暂停向业主提供相应的物业服务，直至业主交纳物业服务费为止。

3. 不安抗辩权

不安抗辩权是指在合同履行顺序已经明确的情况下，先履行一方有确切证据证明对方有丧失或者可能丧失履行债务能力的情形时享有的暂时中止自己履行义务的权利。

当事人行使不安抗辩权的法律后果就是中止合同履行。中止合同履行是指合同当事人订立合同后，另一方当事人由于某种原因将不履行其大部分重要义务，一方当事人发现不安全因素的，可以暂时停止合同的履行或者延期履行合同。

（三）中止合同履行的条件

应当先履行债务的当事人，有确切证据证明对方有下列情形之一的，可以中止履行：① 经营状况严重恶化；② 转移财产、抽逃资金，以逃避债务；③ 丧失商业信誉；④ 有丧失或者可能丧失履行债务能力的其他情形。

在物业服务合同履行的过程中，如果业主负先行交纳物业服务费的义务，当业主有确切证据证明物业服务企业经营状况严重恶化，或者转移财产、抽逃资金，以逃避债务，或者丧失商业信誉，或者有丧失或者可能丧失履行债务能力的其他情形时，业主可以中止履行物业服务合同，暂停交纳物业服务费。业主决定中止履行的，应当及时通知物业服务企业。物业服务企业提供适当担保时，业主应当恢复履行物业服务合同，及时交纳物业服务费。物业服务合同中止履行后，物业服务企业在合理期限内未恢复履行能力并且未提供适当担保的，中止履行的业主可以要求解除合同。业主在没有确切证据的情况下中止履行的，应当承担违约责任。当然，物业服务合同中抗辩权的行使，并不妨碍受到损失的一方当事人要求违约方承担违约责任，赔偿损失。

二、物业服务合同的变更、转让

（一）合同的变更

合同的变更又称变更合同，是指合同签订后至未履行或者未完全履行之前，当事人经过协议对原合同的内容进行修改或补充。当事人变更合同的形式可以协商决定，一般要与原合同的形式一致。

物业服务合同签订后，业主和物业服务企业可以依据法律规定变更服务范围、服务费用等内容。合同变更后，新的内容取代了原来合同的内容，当事人应当履行变更后的合同。

（二）合同的转让

合同的转让是指合同主体的变更，是指合同的一方当事人依法将合同的全部或者部分权利义务转让给第三人，而合同的内容不发生变化的法律行为。

合同的转让包括合同权利的转让即债权转让、合同义务的转让即债务承担、合同权利义务的概括转让即债权债务的概括转让三种类型。

1. 债权转让

债权转让，是指合同债权人通过协议将其债权的全部或者部分依法转让给第三人的行为。原债权人称为让与人，新债权人称为受让人。

2. 债务承担

债务承担又称债务转让、合同义务的转让，是债务人将合同的义务全部或部分转移给第三人的行为。在债务全部转移的情况下，债务人脱离原来的合同关系而由第三人取代原债务人承担原合同债务，原债务人不再承担原合同中的责任。在债务部分转移的情况下，原债务人没有脱离债的关系，而第三人加入债的关系，并与债务人共同向同一债权人承担责任。

债务人转移义务的，应当经债权人同意。这是与债权转让的最大区别。

3. 债权债务的概括转让

债权债务的概括转让，是指合同的当事人一方将其债权债务一并转移给第三人，由第三人概括地接受这些债权债务。例如，甲公司一次性买断乙公司的产权，乙公司在外的所有债权债务都转移到甲公司之中，这就是概括转让。

债权债务的概括转让有两种方式：一是合同转让，即根据原当事人之间的约定而产生的债权债务转让；二是因企业的合并或分立而发生的债权债务的转移。

物业服务合同签订后，当事人可以依法转让其权利与义务。但是，《物业管理条例》第39条规定："物业服务企业可以将物业管理区域内的专项服务业务委托给专业性服务企业，但不得将该区域内的全部物业管理一并委托给他人。"此条规定要遵守。

三、物业服务合同的终止

合同的终止，又称合同的权利义务终止或合同的消灭，是指因某种原因而引起当事人之间的债权债务在客观上的不复存在。

《民法典》第946条规定："业主依照法定程序共同决定解聘物业服务人的，可以解除物业服务合同。决定解聘的，应当提前六十日书面通知物业服务人，但是合同对通知期限另有约定的除外。依据前款规定解除合同造成物业服务人损失的，除不可归责于业主的事由外，业主应当赔偿损失。"

第 947 条规定:"物业服务期限届满前,业主依法共同决定续聘的,应当与原物业服务人在合同期限届满前续订物业服务合同。物业服务期限届满前,物业服务人不同意续聘的,应当在合同期限届满前九十日书面通知业主或者业主委员会,但是合同对通知期限另有约定的除外。"

第 948 条规定:"物业服务期限届满后,业主没有依法作出续聘或者另聘物业服务人的决定,物业服务人继续提供物业服务的,原物业服务合同继续有效,但是服务期限为不定期。当事人可以随时解除不定期物业服务合同,但是应当提前六十日书面通知对方。"

物业服务合同当事人可以依法终止合同,合同终止时,物业服务企业要做好交接工作。《民法典》《物业管理条例》规定物业服务合同终止时,物业服务企业应当将物业管理用房和条例规定的资料交还给业主委员会。

物业服务合同终止时,业主大会选聘了新的物业服务企业的,物业服务企业之间应当做好交接及善后工作。

《民法典》第 949 条规定:"物业服务合同终止的,原物业服务人应当在约定期限或者合理期限内退出物业服务区域,将物业服务用房、相关设施、物业服务所必需的相关资料等交还给业主委员会、决定自行管理的业主或者其指定的人,配合新物业服务人做好交接工作,并如实告知物业的使用和管理状况。原物业服务人违反前款规定的,不得请求业主支付物业服务合同终止后的物业费;造成业主损失的,应当赔偿损失。"

四、物业服务合同终止后物业服务人的后合同义务

关于物业服务合同终止后后合同义务非常重要,实践中经常发生纠纷。按照《民法典》第 950 条规定:"物业服务合同终止后,在业主或者业主大会选聘的新物业服务人或者决定自行管理的业主接管之前,原物业服务人应当继续处理物业服务事项,并可以请求业主支付该期间的物业费。"

案例 8-2

居民楼内群租房扰民,众业主怒而拒交物业费

【案情介绍】

昆山市城南某小区将房屋出租给韩某,韩某将房屋分割成 10 间,进行群租。入住者大多是附近外企打工的年轻人,他们每天吵闹到半夜,直接影响了左邻右舍的生活。邻居沈某为此感到痛苦无奈,多次找到物业服务公司反映要求解决问题。物业公司人员多次对年轻人和韩某进行劝说,但没有一点效果。最后,众多业主索性联合起来不交物业费以示抗议。物业服务公司经理认为,自己已尽到相关义务,只是对这种情况也无能为力,不能接受业主以此理由拒交物业费。最后物业服务公司为追交物业费而和业主们对簿公堂。

【案例点评】

昆山市人民法院立案庭通过诉前调解,确认该房屋确实属于群租。物业服务公司、房屋所有人顾某、承租人韩某及被告拒交物业费业主统统到庭参与了调解。从全体业主的安

全利益出发，法官要求顾某收回已租房屋，给予顾某与韩某教育批评，告知韩某群租现象需要承担法律责任，并告知顾某需承担连带责任。街道同时上门与群租人员进行沟通，告知群租房的违法性和危害性，动员他们退房。沈某等业主以此理由拒交物业费是不合法的，物业服务公司没有执法权并已尽到相应的义务，因此，沈某等业主应补交物业费。法官告知他们可以以侵权行为依法起诉顾某和韩某。

经过调解，房屋所有人顾某表示现在了解了群租房的巨大危害性，会及时与韩某解除租赁关系，要求他们尽快搬离。但承租人韩某却要求顾某赔偿违约损失，顾某表示无法接受。法院告知业主们和顾某相关法律责任后，他们决定起诉韩某。韩某迫于压力，要求法院组织二次调解。此次调解一度成为韩某的"批斗会"，物业服务公司和其他业主强烈要求终止房屋群租现象。最终双方调解达成一致，群租户搬离，租赁合约自动解除，沈某等业主们补交物业管理费，物业服务公司免除滞纳金的诉求。至此，这起因群租引起的物业纠纷依法合理解决。

法官提醒说，在面对小区群租房引发的纠纷时，我们需要明确三个问题：① 房屋所有人要了解群租是违法行为，不能把房屋用于群租，这样需要承担相关法律责任；② 业主们不能以抵制群租为理由，拒交物业费，要利用合法的手段如举报让公安机关处理，利用法律武器维护自身利益，或者依法进行诉讼，让违法者受到法律的制裁；③ 物业服务公司虽然没有执法权，但要帮助业主进行劝导和管理，配合行政机关依法取缔群租房。

第四节　物业服务合同违约责任

一、违约责任的概念

违约责任是当事人一方不履行合同义务或者履行合同义务不符合约定的，根据法律规定或合同约定，应承担的法律责任。

不履行合同义务，是指合同当事人不能履行或者拒绝履行合同义务。履行合同义务不符合约定，简称为不适当履行。不适当履行包括不履行以外的一切违反合同义务的情况，如不按合同约定条款履行服务内容等。不适当履行合同有两类：一是履行有瑕疵；二是加害履行，即债务人的履行不但含有瑕疵，而且其瑕疵还造成了对债权人的侵害。

二、违约责任的构成要件

《民法典》规定，只要当事人一方不履行合同义务或者履行合同义务不符合约定，就要承担违约责任。可见，我国《民法典》在违约责任问题上采取严格责任原则，不考虑合同当事人对违约是否在主观上存有过错，即只要存在违约行为，除不可抗力等法定可免责事由之外，都要承担违约责任。

需要说明的是，在法律规定或合同约定的条件成就时，不履行或不完全履行合同义务的当事人，可以不承担违约责任，这就是违约责任的免除。违约责任的免除条件有如下四个。

(1) 因不可抗力不能履行合同的，根据不可抗力的影响，部分或者全部免除责任，但法律另有规定的除外。当事人迟延履行后发生不可抗力的，不能免除责任。当事人一方因不可抗力不能履行合同的，应当及时通知对方，以减轻可能给对方造成的损失。

（2）因货物本身的自然性质或者合理损耗造成损失的，承运人和保管人不承担责任。

（3）因当事人一方的过错造成合同不能履行或不能完全履行的，另一方不承担责任。

（4）法律和合同有特别规定的。

三、承担违约责任的方式

《民法典》第三编合同中规定承担违约责任的方式主要有如下几种。

（一）继续履行

继续履行是指违约方不论是否已经承担了支付违约金或赔偿金的责任，都必须根据对方的要求，在自己能够履行的条件下，对原合同未履行的部分进行履行。

（二）采取补救措施

补救措施是指在违反合同的事实发生后，为防止损失发生或者扩大，而由违反合同的行为人采取修理、重作、更换、退货、减少价款等措施承担责任。

（三）违约金

违约金是指由法律规定或合同约定的，在发生违约事实时违约方支付给对方的一定数额的货币。违约金有两种：法定违约金和约定违约金。法定违约金是由法律直接规定的。约定违约金是由合同当事人双方协商确定的。

约定的违约金低于造成的损失的，当事人可以请求人民法院或者仲裁机构予以增加；约定的违约金过分高于造成的损失的，当事人可以请求人民法院或者仲裁机构予以适当减少。

当事人既约定违约金，又约定定金的，一方违约时，对方可以选择适用违约金或者定金条款，但只能选择其中一种。

（四）赔偿损失

赔偿损失是指当事人一方不履行合同义务或者履行义务不符合约定，给对方造成损失时，依法所做的经济补偿。损失赔偿额应当相当于因违约所造成的损失，包括合同履行后可以获得的利益，但不得超过违反合同一方订立合同时预见到或者应当预见到的因违反合同可能造成的损失。当事人可以在合同中约定因违约产生的损失赔偿额的计算方法。

（五）其他方式

其他方式主要是指定金制裁和价格制裁。依法成立的物业服务合同，对当事人具有约束力，当事人应当按照合同约定履行各自义务，否则应当承担相应的违约责任。

例如，物业服务企业在提供的物业服务质量上达不到合同约定标准，物业服务有瑕疵的，业主可要求物业服务企业减免当月物业服务费，赔偿业主损失（给业主造成损失的）等。若物业服务合同终止时，物业服务企业没有完全按照合同约定，将物业管理用房及物业管理的全部档案、资料等移交给业主委员会或新的物业服务企业，则物业服务企业应当承担继续履行、支付违约金与赔偿金等责任。

案例 8-3

深圳信托花园灭门案

【案情介绍】

2004年5月26日，深圳福田区信托花园9栋E101房发生命案，业主周一男及其同居女友向永进、向的女儿杨诗逸、保姆等5人全部被杀害。公安机关将之定性为熟人作案。不久，该案侦破，是由于向永进交友不慎，继而罪犯骗取保姆主动开门偷盗所致。

在刑事案件审理过程中，被害人向永进的父亲向文兵就提起刑事附带民事诉讼，以其女儿向永进、外孙女杨诗逸被杀害为由，请求判令罗军等5名罪犯赔偿死亡赔偿金95万余元及向文兵20年的赡养费等。2004年9月20日，市中院做出判决，判决罗军等5名罪犯赔偿死亡赔偿金、赡养费等共计104万余元。后来向文兵不服该判决提起上诉，以罗军等5人的个人财产已被判决全部没收，无可供执行的财产为由，要求判决该5人赔偿各项损失1万元。省高院在2004年11月做出终审判决，撤销原判决，判决罗军等5人共同赔偿向文兵1万元。该判决已生效，市中院也已通知向文兵领取这1万元执行款。2005年，向文兵将信托花园的物管公司——信拓物业管理服务有限公司（简称信拓物业）告上法院，请求法院判令信拓物业承担向永进、杨诗逸被害的死亡赔偿金、被抚养人生活费、精神损害抚慰金等共计120万元。

福田法院于2005年8月1日、10月27日两次公开开庭审理此案。向文兵诉称，案发前罪犯罗军等人多次到花园"踩点"，保安未询问，也没登记；案发当天，罪犯携作案工具进入9栋E101房作案长达11个小时，物业管理人员也没有丝毫发觉；案发当时，罗军等人多次出入，形迹可疑，却无人过问。因此，被告疏于管理的过错显而易见，这与惨案的发生结果有着相当的因果关系，被告应对罪犯的侵权行为承担补充赔偿责任。

信拓物业认为自己不具有承担保护被害人人身、财产安全的法定义务，相反，信拓物业认为自己已全面履行了《物业管理合同》约定的责任，无违约行为。物业方面组织了专门的物业管理队伍，对花园进行管理。由于花园原有出入口多处，居住人口众多，因此小区实行了保安24小时巡逻的开放式管理，而且这一管理模式也得到小区全体业主的赞同、支持。向永进等受害人受害与物管无关，实施犯罪的主体是罗军等人。尽管物业服务企业要求进入者办理登记手续，但由于防止入室作案的设施在于单元门和户门，而这两道门均是受害人向罪犯开启的，因此被告无权阻止。向永进交友不慎才是导致事发的原因，物业的管理与事发无必然的因果关系。信拓物业同时提出，此前刑事附带民事诉讼中，终审根据向文兵的要求，判5名罪犯共同赔偿1万元，因此假定信拓物业需要承担补充赔偿责任，也只需承担补充赔偿责任1万元。

福田法院经审理认为，物业服务企业对其管理区域内人员的人身、财产安全负有合理限度范围内的安全保障义务。该义务为法定义务，不得以约定减轻或免除。原告女儿的死亡虽然是罗军等人的犯罪行为造成的，但如果被告认真履行了安全保障义务，则极有可能避免该损害结果的发生。被告懈怠履行安全保障义务与向永进被犯罪分子杀害的损害后果之间具有相当因果关系，被告应承担相应的民事责任。法院酌情认定被告应对罗军等 5 名犯罪分子犯罪行为所导致的赔偿额承担 20%的补充赔偿责任。在认定被告负有责任的同时，法院认为向文兵在提起刑事附带民事诉讼时，不服一审提起上诉要求变更赔偿，主动放弃了其余 103 万余元的诉讼请求，只要求罪犯赔偿 1 万元，而本案被告信拓物业只是对罪犯的赔偿承担补充赔偿责任，也就是在罗军等人无力支付 1 万元赔偿款时，才补充赔偿，向文兵无权再要求就其放弃的赔偿部分要求信拓物业做出赔偿；而目前这 1 万元也已得到赔偿，因此信拓物业也无须再承担补充赔偿责任。另外，信拓物业承担的是补充赔偿责任，原告在无权向罪犯主张精神损害赔偿的情形下，要求被告赔偿精神损害，也不符合法律规定。有关杨诗逸的赔偿问题，因向文兵只是杨诗逸的第二顺序继承人，在有第一顺序继承人的情形下，原告请求赔偿，也不合法律规定，法院不予支持。据此，法院一审驳回原告向文兵的诉讼请求。

尽管一审判决信拓物业不用赔偿，但是信拓物业难以接受"懈怠履行安全保障义务"的认定，认为不能背负"有过错"的恶名。信拓物业向深圳市中级人民法院提起上诉。

2006 年 12 月初，二审法院做出了终审判决。二审法院经审理认为，上诉人物业服务企业在小区各楼道入口处均安装了密码防盗门，住户或其他人凭密码方可进入。本案为熟人作案，且经事前精心策划，罪犯骗取保姆主动开门，才导致惨案发生。即使物业服务企业在案发时对罪犯进行询问或登记，也难以防止或制止损害结果的发生，故物业服务企业已尽到合理限度范围内的安全保障义务，对于损害结果的发生不存在过错，无须承担民事责任。

【案例点评】

（1）物业服务公司在和业主委员会签订物业服务合同时，要"写自己能做的"；约定相关的安全条款时，要明确仅负有物业管理区域内公共区域的安全保障责任和义务，不负有业主的人身、财产安全的责任。

（2）物业服务公司在履行物业服务合同时，"做自己所写的"，依照合同履行义务，加强内部管理，把具体工作落到实处，加强保安培训，把该做的做到。

（3）合理限度范围内的安全保障义务实质上是对与经营行为相关的危险源合理控制的义务。合理控制的判断标准，应当根据与经营者的经营性质与规模相适应的安全保障的必要性和可能性，结合案件具体事实予以认定。信托物业胜诉的关键在于物业服务公司的管理和服务达到了合同的规定和具体服务标准，写了自己能做的，做了自己所写的。

复习思考题

1. 物业服务合同的概念特征是什么？常见的物业服务合同的种类有哪些？
2. 物业服务合同的订立原则有哪些？
3. 物业服务合同订立的程序是什么？
4. 物业服务合同的条款主要包括哪些内容？
5. 签订物业服务合同应注意哪些问题？

6. 物业服务合同的成立与生效必须具备什么条件？
7. 物业服务合同的履行应遵循哪些原则？
8. 什么是物业服务合同履行中的抗辩权？
9. 违约责任的构成要件有哪些？
10. 简要说明承担合同违约责任的方式。

案例分析

2017年3月，某小区业主委员会受业主委托与某物业服务企业签订物业服务合同，合同有效期限3年。2017年8月，李先生入住该住宅小区之后，一直没有交纳过物业费。当物业服务企业催促他交纳物业管理费时，李先生认为自己没有参加业主大会，没有授权业主委员会与物业服务公司签订合同，因此拒绝承认物业服务企业与业主委员会签订的合同，拒绝交纳物业服务费。后经业委会多次出面调解也没有结果。2018年3月，物业服务企业把李先生告上了法庭，请求法院判决李先生支付给物业服务公司其欠交的总额为2 250元的管理费及利息，并且确认李先生与物业服务企业之间系物业服务合同关系。李先生认为，自己没有与物业服务企业建立合同关系，因为合同是平等主体的自然人、法人或其他组织之间设立、变更、终止民事权利义务关系的协议，当事人依法享有订立或者不订立合同的权利，任何单位和个人不得非法干预，请求法院驳回原告诉讼请求。小区业主委员会与某物业服务企业签订的物业服务合同对李先生是否发生法律效力？为什么？如果该物业服务合同对李先生有法律约束力，那么李先生应当承担什么责任？

第九章 物业质量管理法律制度

内容提要

本章主要介绍质量与质量管理制度、物业服务质量标准、建筑工程质量责任制度、物业竣工验收制度、物业质量保修制度,以及商品住宅质量保证书和使用说明书制度。

学习目标

1. 了解质量与质量管理的原则、建筑工程的质量责任制度、工程质量责任单位的质量责任与义务,以及工程质量责任制度的特点。

2. 熟知物业竣工验收及验收的种类、建设工程竣工验收的监督管理机构、物业竣工验收的条件和竣工验收的程序。

3. 掌握物业质量保修制度、物业保修责任的概念,以及物业质量保修、范围及责任的承担。

4. 了解商品房的质量保证书和使用说明书制度。

案例导入

彩生活香港地区成功上市,物业服务的社区 O2O 模式亮相

【案情介绍】

2005 年 6 月 30 日,花样年控股的彩生活在香港主板上市成功,公司募集资金的 60%将用于收购地区物业管理企业,20%将拨作购买硬件设施,余下 20%分别用于销售及市场推广活动、投资科技软件及公司一般营运。彩生活在香港地区的成功上市,代表物业服务行业的社区 O2O 模式创新出现了突破,未来我国物业服务行业将涌现出多元化的商业模式。

前瞻产业研究院发布的《2014—2018 年中国物业服务企业商业模式与市场投资战略规划分析报告》显示,我国传统物业服务行业效率较为低下,运营过程不够透明,许多业主对物业服务公司的满意度较低。而物业服务行业市场的竞争主要表现在对业主的全面争夺,而是否拥有业主取决于物业服务企业与业主的关系,取决于业主对物业产品和服务的满意程度。顾客满意程度越高,物业服务企业的竞争力越强,市场占有率就越大,物业服务企业效益就越好,这是不言而喻的。物业服务企业应着力创造业主价值,而创造业主价值的关键是让业主满意。

而社区 O2O 服务模式可以通过标准化、自动化、透明化的运营大幅度提高运营的效率,降低运营的成本。此外,通过移动互联网进行推广和普及,整合线下资源为业主提供一站式服务并且能够掌握用户的"大数据",进一步开发业主用户的潜在价值。因此,未来智能

社区服务以及用户群体大数据的开发对于万科这种龙头地产开发商以及部分高资质的物业服务企业而言已非难事。

据了解，彩生活通过并购物业服务公司及为全国各地物业服务公司提供顾问服务来推进社区O2O服务，其中并购物业服务公司后通过实施标准化、集约化、自动化的物业管理服务来降低成本，提升效率，大幅度提高了物业服务公司的盈利能力，进而孵化社区O2O业务的发展（见图9-1和图9-2）。目前，彩生活处于用户获取阶段，据统计2014年彩生活辐射小区将达到1 200个，管理面积近2亿平方米。

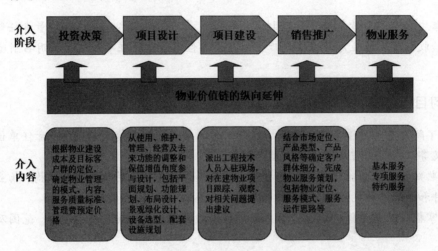

图9-1　物业服务企业纵向延伸型价值链

（资料来源：前瞻产业研究院整理）

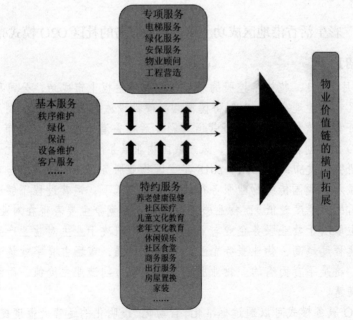

图9-2　物业服务企业横向拓展型价值链

（资料来源：前瞻产业研究院整理）

【案例点评】

一般而言，物业服务企业受技术条件约束较为明显。长期以来，物业服务行业的低准入门槛导致市场认为物业服务行业是劳动力密集型的行业，技术水平相对落后，资本对劳动的输出效应不明显。然而，近年来通过物业服务企业转型升级正逐渐改变这一现状。例如，长城物业的 IT 标准化的实施、绿城物业的"绿城园区生活服务网"、万科物业的"无人化管理"等，这些物业服务企业通过信息技术市场化的应用，对企业的运行模式进行改善，实现了价值链的延伸和拓展。从这个层面上来讲，能带来商业模式创新的动力的不是技术本身，而是新技术的市场化应用。近年来移动互联网的快速发展为彩生活的 O2O 模式奠定了非常好的基础。未来随着移动互联网的持续快速发展，更多新的商业模式将围绕物业服务行业的价值链展开创新。图 9-1 反映了物业服务企业早期介入阶段介入内容的延伸；图 9-2 反映了物业服务企业给业主提供的多项基本服务和特约服务，类型多样，效益较好。

第一节 质量与质量管理

一、质量的定义

21 世纪是质量大师约瑟夫·莫西·朱兰（Joseph M.Juran）预言的"质量世纪"。质量管理的根本目标是全心全意满足顾客的要求。这是质量管理的出发点，同时也是它的归宿。质量的内容十分丰富，并且随着社会经济和科学技术的发展，在不断充实、完善和深化。同样，人们对质量概念的认识也经历了一个不断发展和深化的历史过程。

（一）朱兰的质量定义

著名质量管理专家朱兰博士从顾客的角度出发，提出了产品质量就是产品的适用性，即产品在使用时能成功地满足用户需要的程度。用户对产品的基本要求就是适用，而适用性恰如其分地表达了质量的内涵。

这一定义包括两个方面，即使用要求和满足程度。人们使用产品，总对产品质量提出一定的要求，而这些要求往往受到使用时间、使用地点、使用对象、社会环境和市场竞争等因素的影响。这些因素变化，会使人们对同一产品提出不同的质量要求。因此，质量不是一个固定不变的概念，它是动态的、变化的、发展的，随着时间、地点、使用对象的不同而不同，随着社会的发展、技术的进步而不断更新和丰富。

用户对产品的使用要求的满足程度，反映在对产品的性能、经济特性、服务特性、环境特性和心理特性等方面。因此，质量是一个综合的概念，它并不要求技术特性越高越好，而是要求诸如性能、成本、数量、交货期、服务等因素的最佳组合，即所谓的最适当。

（二）ISO8402 质量术语定义

ISO8402 质量术语定义：质量是反映实体满足明确或隐含需要能力的特性总和。从定义可以看出，质量就其本质来说是一种客观事物具有某种能力的属性。客观事物只有具备了某种能力，才可能满足人们的需要。需要由以下两个层次构成。

（1）第一层次，是产品或服务必须满足规定或潜在的需要。这种"需要"可能是技术规范中规定的要求，也可能是在技术规范中未注明，但用户在使用过程中实际存在的需要。它是动态的、变化的、发展的和相对的，随时间、地点、使用对象和社会环境的变化而变化。因此，这里的"需要"实质上就是产品或服务的"适用性"。

（2）第二层次，是在第一层次的前提下质量是产品特征和特性的总和。需要应加以表征，必须转化成有指标的特征和特性，而这些特征和特性通常是可以衡量的，其中全部符合特征和特性要求的产品，就是满足用户需要的产品。因此，"质量"定义的第二个层次实质上就是产品的符合性。

质量的定义中所说的"实体"是指可单独描述和研究的事物，它可以使活动、过程、产品、组织、体系、人及它们组合。

从以上分析可知，企业只有生产出用户使用的产品，才能占领市场。而就企业内部来讲，企业又必须要生产符合质量特征和特性指标的产品。因此，企业除了要研究质量的"适用性"外，还要研究"符合性"质量。

（三）ISO9000:2000 质量定义

质量是指一组固有特性满足要求的程度。上述定义，可以从以下几个方面来理解。

（1）ISO9000:2000 质量是相对于 ISO8402 的术语，更能直接地表述质量的属性。由于它对质量的载体不做界定，说明质量是可以存在于不同领域或任何事物中的。对质量管理体系来说，质量的载体不仅针对产品，即过程的结果（如硬件、流程性材料、软件和服务），也针对过程和体系或者它们的组合。也就是说，所谓"质量"，既可以是零部件、计算机软件或服务等产品的质量，也可以是某项活动的工作质量或某个过程的工作质量，还可以是指企业的信誉、体系的有效性。

（2）质量定义中的"特性"是指事物所特有的性质。固有特性是事物本来就有的，它是通过产品、过程或体系设计和开发及其后实现过程形成的属性，如物质特性（如机械、电气、化学或生物特性）、官感特性（如用嗅觉、触觉、味觉、视觉等感觉控测的特性）、行为特性（如礼貌、诚实、正直）、时间特性（如准时性、可靠性、可用性）、人体工效特性（如语言或生理特性、人身安全特性）和功能特性（如飞机最高速度）等。这些固有特性的要求大多是可测量的。赋予的特性（如某一产品的价格）并非是产品、体系或过程的固有特性。

（3）质量定义中的"满足要求"，就是应满足明示的（如明确规定的）、通常隐含的（如组织的惯例、一般习惯）或必须履行的（如法律法规、行业规则）的需要和期望。只有全面满足这些要求，才能评定为好的质量或优秀的质量。

（4）顾客和其他相关方对产品、体系或过程的质量要求是动态的、发展的和相对的。它将随着时间、地点、环境的变化而变化。因此，应定期对质量进行评审，按照变化的需要和期望，相应地改进产品、体系或过程的质量，确保持续地满足顾客和其他相关方的要求。

（5）"质量"一词也可用形容词如差、好或优秀等来修饰。在质量管理过程中，"质量"的含义是广义的，除产品质量外，还包括工作质量。质量管理不仅要管好产品本身的质量，还要管好质量赖以产生和形成的工作质量，并以工作质量为重点。

二、质量管理的定义

质量管理是指确定质量方针、目标和职责，并通过质量体系中的质量策划、控制、保证和改进来使其实现的全部活动，同时也是指在质量方面指挥和控制组织的协调的活动。质量管理通常包括制定质量方针和质量目标以及质量策划、质量控制、质量保证和质量改进。

质量管理是什么？

日本质量管理的集大成者石川馨（Ishikawa Kaoru））给质量管理的定义是：用最经济、最实用的方式加以开发、设计、生产、销售和服务，为购买者提供满意的产品。为了达到这样的目标，公司内部经营、制造、工场、技术、研究、计划、调查、事物、资材、仓库、销售、营业、人事、管理部门等必须通力合作，创造出合适的工作组织，并加以标准化且认真彻底地执行。

全面质量管理大师阿曼德·费根保姆（Armand Vallin Feigenbaum）主张用系统或者说全面的方法管理质量，在质量管理过程中要求所有职能部门参与，而不局限于生产部门。这一观点要求在产品形成的早期就建立质量，而不是在既成事实后再做质量的检验和控制。质量管理是把组织内部各部门的质量发展和质量改进的各项努力，综合成一个有效的制度，使生产及服务均能以最低经济的水准使顾客满意。

从以上质量管理大师对质量管理定义中可以看出，质量管理并不是单纯地对产品进行检验，而是集合全公司人员的智慧与经验，活用组织体系，并且对组织内部的人、事、物进行改善，用最经济的生产方式满足客户的质量需求的系统化合作过程。

三、物业服务质量的概念、类型、特性

（一）物业服务质量的概念

服务本质上就是要满足顾客的需求，以服务质量作为核心和出发点。具体到物业服务质量上，体现的就是"以房屋建筑为中心，以业主或者物业使用人为主体，以业主或者物业使用人的感受为基准"的服务理念。由此可见，物业服务各项工作构成了一种服务链，最终由物业服务人员将一种满意的服务提供给业主或者物业使用人。

根据服务质量的定义，我们可以将物业服务质量界定为以房屋质量为中心的物业服务，满足业主或者物业使用人"明确的"或者"潜在的"需求的程度。它取决于业主或者物业使用人对物业服务的预期与实际可感知的物业服务水平的对比。鉴于物业服务是无形的，而服务的生产与消费具有同时性，因此物业服务质量是业主或者物业使用人直接感受的对象。物业服务质量的提高需要形成一套有效的沟通管理和服务系统，提高满足业主和物业使用人对物业服务的需求程度。从这个程度上来讲，物业服务质量就是物业服务公司所提供的能够满足业主或者物业使用人"明确的"和"潜在的"需求的能力和程度的总和。

（二）物业服务质量的类型

1. 常规性服务质量

常规性服务质量的好坏体现在物业服务公司对最基本的物业管理与服务上。物业服务

应当保证提高这类服务的品质，应该保证物业的完好和正常使用，保证业主正常的生活、工作秩序和卫生的环境。

2. 专项性服务质量

专项性服务质量的好坏表现在为业主的代理服务的好坏，体现为广大的业主和物业使用人对物业服务活动的感受，最为重要的是业主与物业使用人的满意程度。

3. 特约性服务质量

特约性服务质量表现在为了满足业主的个别委托服务而提供的优质服务上。

（三）物业服务质量的特性

1. 物业服务生产与消费的同时性

在一般的生产商品中，生产在前，消费在后。只有当企业的产品进入市场交换时它才是真正意义上的商品，消费者对商品质量的真正感受是在实际使用阶段发生的。鉴于这一个特性，生产性企业通常会通过内部的质量检验，在生产的最后阶段把不合格的产品鉴别出来，禁止出厂，从而取得对商品质量控制的主动权。服务行业中带有生产内容的产品也可以如此，如在饭店，当一道菜肴不好时，可以在端给客人前撤换下来，从而保证消费者吃到嘴里的菜是经过厨师检验的合格产品。通常消费者并不知道也不会过问生产阶段的具体情况。

物业服务则属于另外一种情况。它提供的是一种服务，如果将管理比作生产的话，那么在企业生产的同时消费者就在享受产品（服务）。例如，物业服务公司在安保值勤，消费者就在享受安保服务；物业服务公司在进行环境保洁，消费者就在享受清洁服务。也就是说，服务与消费者面对面，同时开始，同时进行。这一个重要特点决定了企业的生产过程和质量情况都同时展现给消费者。物业服务企业的员工素质、服务水平和技术力量等一览无余地让业主感受和评判。如果某一个方面出现质量问题，业主马上会感受到，会提出意见。实事求是地说，生产也好，服务也好，企业完全不出现一点不合格产品或服务完全没有质量瑕疵是不现实的。但是服务行业企业无法提前预知，也无法把不合格的产品（服务）提前截留下来，只有当不合格产品（服务）产生后，甚至在接到消费者投诉后才知道，才能采取相应的措施，这就使物业服务企业对质量的控制处于相对被动状态。物业服务质量控制难就难在这一点上。

2. 物业服务质量检测的过程性

一般的生产性产品，只要制造结束，其质量就不可改变了。例如，一台电视机出厂时什么样就是什么样，除非你再去修理改造才有可能改变它的质量性能。

物业服务作为一种服务具有过程性，而过程的长短由物业服务合同约定，如果约定了两年，它的过程就是两年。由于物业服务性质，两年的时间内其产品（服务）的质量常常处于变动状态，可能是逐步变好，也可能逐步变差，而且在每一个具体的时间段内都可能发生变化。例如，今天保洁员工作很好，但明天不一定好；上午秩序维护员正常工作，下午时就可能与客人发生争吵，引起客人投诉。此类事情，司空见惯。要在一个相当长的服务过程中保持质量的稳定，难度相当大。由此可见，物业服务的质量控制难度有多大。

但是物业服务也有两面性：一方面带来了质量控制的难度；另一方面又带来了质量的可塑性。业主不可能因为一件事就"炒物业公司鱿鱼"，因此物业服务企业可以利用这个过程加强内部控制，让物业服务质量朝着好的方向发展。过程是一个机会，有这个过程就有机会改善管理。物业服务企业水平的高低其实并不完全在于是否出现质量问题，而是在于能否及时发现质量问题，以及能否在较短的时间内进行改变。没有质量问题的物业服务公司是不存在的，关键在于质量问题有多大，能否及时纠正。

3. 物业服务质量要求的综合性

物业管理与服务工作的范围很广，多样、复杂且具有综合性。建筑与设备管理、安保管理和清洁管理等只是划出了物业服务的主要内容，而实际物业服务工作远远超出了这个范围，尤其在居住物业服务上，几乎没有不与物业服务联系的事。业主生老病死的照顾、节日的装饰庆贺、孩子的安全保护和灾害事件发生后的救护等都离不开物业服务。

另外，物业服务主要是通过人与人的交流，即服务人员与服务对象的交流而实现的。服务对象的多样性、复杂性给服务者带来了困难。人的性格、脾气、爱好、气度各不相同，所以服务人员必须适应各种不同服务对象的需求。但是，服务人员本身也是一个个有性格的人，他可能适应某些人的服务要求，而不一定适应另一部分人的服务要求。在一部分服务对象那里，他可能是优秀服务人员，而在另一部分服务对象那里就成为投诉对象，这种情况经常见到的。

在一般的商品交换中，供需双方互相选择的余地较大。我可以买他的，也可以不买他；这一次买他的不好，下一次就不买他的。在一般的服务行业中，服务需求者与服务者之间相互选择的余地也比较大。如果他对某个饭店的服务有意见，可以不去那个饭店，因为他们之间的服务是一次性的、短暂的且容易改变的。而物业服务却不同，当开发商或业主委员会与物业服务公司签订物业管理服务合同后，其确定的权力义务关系在合同期限内是固定的、不变的，供需双方中的某一个体没有自己选择和调整对方整体的权利。例如，某个业主对某物业服务人员有意见，他是无法终止物业服务合同的，他必须接受有意见的服务者继续提供的服务，必须忍让，除非出现合同约定的提前终止的情况。同样物业服务公司的某个管理者也不能认为哪个业主素质差、难服务，如不交服务费、乱倒垃圾等，就把这个业主从服务对象中划出去，而必须继续为这个业主提供服务。因此，有意见的双方只能在有意见的气氛中继续服务，继续消费，继续摩擦，直至合同到期。这种特点既增加了物业服务企业服务的难度，同时也给物业服务企业改进管理方法和改善与业主的关系提供了时间与机会。

4. 物业服务质量塑造的全员性

以业主的满意作为管理服务的出发点和归属点，争取零缺点、无瑕疵服务是物业服务的特色，因此，物业服务质量对人员素质就有严格的要求。员工素质会直接影响服务的及时性、有效性，而物业服务质量的评价又是主观与客观相结合的，并且主观部分占绝大部分，这就使得服务质量的提供者——服务人员的素质对物业服务具有很强的影响，使得物业服务质量对员工素质具有很强的依赖性。

另外，物业服务质量的形成需要全体服务人员的参与和协调。不仅一线的客户服务人员、秩序维护员和保洁人员关系物业服务质量,而且二线的营销策划人员、后勤人员对一线人员的支持也关系物业服务质量。二线人员利用公关等技术手段,宣传、营造、弥补物业服务企业的形象,给予物业服务一线人员支持,提高业主对物业服务企业的感知,缩小物业服务质量和感知之间的差距,从而可以提高业主满意度。因此,物业服务质量不仅依赖于员工的素质,更和物业服务企业的全体人员整体性相关。例如,在社区物业服务过程中,某一个安保、保洁人员服务意识差,造成物业服务过程中服务质量不佳,业主就会对物业服务企业产生不良的印象,就算物业服务企业其他方面做得好,还是会让业主对物业服务企业产生坏的印象。

物业服务质量和物业服务提供者的素质具有依赖性,同时与物业服务企业整体的质量相关。因此,物业服务质量具有全员性。在物业服务的过程中,物业服务企业应注重服务者的素质的培训、提高与发展,使服务者的服务与组织目标相适应,与服务对象相适应。

四、物业服务质量标准概述

随着我国经济的高速发展,我国的服务产业在三类产业中的权重日益增加,而物业服务作为城市人居民生建设中重要的一项,也受到政府及社会公众的高度重视。物业服务企业提供的是无形且有偿的服务,而业主随着自身收入的增加对物业服务的要求会不断提高,因此,统一物业服务质量标准能够给物业服务企业和业主提供更加准确、清晰的物业服务质量的评判准则。此外,物业服务行业要健康长久地发展,就必须规范整个行业的运作方式,从而使设定物业管理服务质量标准具有重要的意义。

(一)物业服务质量标准的内涵

服务质量是指对服务能够满足规定和潜在需求的特征和体系的总和,是指服务工作能够满足服务者需求的过程。服务质量标准则是在服务的基础上对质量水平的规范。而本章研究的重点物业服务质量标准,是指在物业管理与服务中,国家和物业行业协会为保证物业服务质量水平制定与设立的相关的法律法规以及服务准则。

一般来说,物业服务企业的标准体系可以分为服务标准、管理标准与工作标准三个部分。而服务标准,即服务规范,是企业标准化运作的基础与主体,是衡量判断物业服务效果的准则。

现在我国物业服务企业大多推行ISO9001:2000质量管理体系,其核心思想是对物业管理服务进行持续、有效的改进。而物业服务企业通过对服务提供过程的控制以及服务结果的监视与测量,进而实现企业在不同阶段的质量目标,最终实现物业服务企业市场竞争力的提升。在这一质量管理体系推行过程中应当注意,各类物业服务企业主体的差异性与服务地区发展水平的不同。因此,在运用该标准体系时,首先要制定符合本企业实际发展情况的管理标准与工作标准,在此基础上结合ISO9001:2000服务管理标准,最终确立具有本企业特色的服务质量标准。而这一标准主要应用于企业自身管理。此外,物业服务的对象是业主,为方便业主对物业服务进行有效、公正的评价,基本的物业服务质量标准必不可少,而本章探讨的是特殊服务标准下的一般评价准则。

（二）物业服务质量标准的内容

物业服务质量标准主要是由常规性物业服务质量标准、专项性物业服务质量标准和特约性物业服务质量标准等三个部分组成。因此，物业服务质量标准的制定，应从这三个部分着手。

1. 常规性物业服务质量标准

常规性物业服务质量标准的设定应该细分到各个基本服务项目，满足物业服务质量标准设定的完备性与可使用性的原则。

（1）环境卫生。环境卫生应该从户外道路场地卫生、楼宇内卫生清洁、楼宇外观、垃圾清理、污水排放与卫生安全等方面入手，由专业保洁人员负责，实施定期清扫保洁制，每日两次，做到无卫生死角、无明显可见垃圾和散落垃圾，做到符合国家居住环境卫生标准，保洁率达到85%以上。

（2）安保消防。物业服务企业应该设立安保部门，对小区治安进行严格管理，严格监控小区出入人员，设立24小时执勤人员，为业主提供良好的治安环境。要对小区车辆进行管理，保证消防通道畅通，对消防设备定期排查，保证消防设备的可用性。

（3）绿化管理。物业服务企业要进行合理的绿化布局，同时要定期进行绿化养护，灭虫撒药，保证较高的绿化覆盖率。

（4）维修服务。物业服务企业要保证公共设施的完好率，对公共设施设备进行日常的维修与养护，同时要确保维修的及时性与维修的质量。

（5）员工素质。员工要注意仪容仪表，应接受职业培训，掌握基本的职业技能与行为规范后，才能上岗。同时，公司要注意提高物业服务人员的服务意识与服务态度，提高员工的应变能力与沟通能力，从而保证物业服务企业的服务水平。

2. 专项性物业服务质量标准

专项性物业服务质量标准要注意以下几个方面。

（1）在开展专项服务前，物业服务企业要将服务范围和收费标准公示给业主或用户，而且内容要符合物业管理相关法律法规。

（2）要制定针对性专项物业服务管理制度，明确为业主提供针对性服务的程序、环节与操作流程。在接到业主报修后，要对维修责任进行甄别，要告诉业主有关针对性服务的费用标准与零配件的购置情况，并指派员工到业主处进行维修，最后要认真完成收费单据及发票处理等环节。

（3）物业行业有关专项性物业服务质量的评价标准，主要基于服务程序的完整度，以及服务后期业主与租户的满意度。因此，要进行必要的服务反馈，收集业主与用户的满意情况，对服务质量进行评价。只有满意度达到总服务的90%以上，才能认为物业服务质量达标。

3. 特约性物业服务质量标准

特约性物业服务的评价主要立足于以下两个维度。

（1）服务的时间维度，即服务的及时性。对于特约性物业服务，物业服务人员在为业主或租户服务前，必须确定服务的时间与周期。是否在规定时间内完成服务，将作为评价服务质量的重要标准。

（2）服务的成本维度，即服务的效用性。物业服务企业所提供的服务项目，除少数的无偿服务项目外，其他服务项目都具有经营性，其目的是扩大物业服务企业的收入来源，推动物业服务企业发展，并衍生多种经营服务项目。因此，特约性物业服务已经成为一种经营模式。成本的投入对服务质量有着决定性的影响，所以服务的成本投入是物业服务质量标准的重要评价维度。

综上所述，物业服务质量标准的设定从常规性物业服务、专项性物业服务，以及特约性物业服务等三种服务类型来设定，同时应当结合物业服务企业的实际情况，将标准进一步具体化，最终达到规范行业服务的目的，实现物业行业服务质量的整体提高。

第二节　建筑工程的质量责任制度

一、建立完善建筑工程质量责任制度的必要性

近年来，建筑工程质量已成为全社会密切关注的热点问题。近期不断发生的桥垮、屋塌、堤溃造成人身财产重大损失的事件使大家更清楚地认识到这一点。目前，我国施工中的死亡率大体为万分之三，如果按三千万人的队伍计算，每年的死亡人数要达近万人。从全国来讲，仅次于矿难事件，名列第二。这些数字触目惊心，因而完善建筑工程质量责任制度迫在眉睫。

在我国，对于工程质量是十分重视的，"百年大计，质量第一"的建设方针早在国家第一个五年计划期间就提出了。在当时的计划经济模式下，工程质量责任的特点是：① 建设单位执行政府指令性计划，对建设工程负全责；② 工程勘察、设计、施工、安装、采购执行工程指挥部计划，各负其责；③ 以苏联为榜样，执行规范、制度、程序严明；④ 以阶级斗争为纲，从思想上绷紧质量这根弦。这个阶段的工程质量状况是比较好的。大跃进、文化大革命的高指标、瞎指挥、打破条条框框等严重破坏了计划经济下形成的质量责任体系，导致工程质量失去了科学基础，质量事故频繁发生。改革开放以来，计划经济逐步向市场经济转轨，投资渠道多元化，计划权限下放，特别是计划经济时代渗透人们思想中的阶级斗争这根弦已不再是工程质量的护身符，而利益驱动成为经济活动中的第一动因，同时私利欲望可以通过法人之间的经济活动来实现。显然，在市场经济法则还不健全的条件下，原来由甲、乙双方签证验收的方式已不能成为工程质量监控的有效手段，因此，改革工程质量监督管理办法也就提到议事日程上来了。

《民法典》第 1252 条规定："建筑物、构筑物或者其他设施倒塌、塌陷造成他人损害的，由建设单位与施工单位承担连带责任，但是建设单位与施工单位能够证明不存在质量缺陷的除外。建设单位、施工单位赔偿后，有其他责任人的，有权向其他责任人追偿。因所有人、管理人、使用人或者第三人的原因，建筑物、构筑物或者其他设施倒塌、塌陷造成他人损害的，由所有人、管理人、使用人或者第三人承担侵权责任。"

二、我国工程质量责任制度概况

建筑工程的质量问题主要在建筑活动主体的行为不规范和对建筑安全生产问题的忽视上。1998 年 3 月 1 日《中华人民共和国建筑法》（以下简称《建筑法》）的施行，意味着我国的建筑工程质量责任制度得到了进一步完善。

《建筑法》第 52 条规定："建筑工程勘察、设计、施工的质量必须符合国家有关建筑工程安全标准的要求，具体管理办法由国务院规定。"2000 年 1 月 30 日发布并多次修订的《建设工程质量管理条例》（国务院令第 279 号）第 3 条规定："建设单位、勘察单位、设计单位、施工单位、工程监理单位依法对建设工程质量负责。"在建设主体中，建设单位和建设工程质量监督机构始终处于强势地位，他们的行为在很大程度上影响着建设工程质量的形成。这就要求对建设单位和建设工程质量监督机构的行为加以限制，以保护其他各主体的合法权利不受侵害。同时，也要保障建设单位和建设工程质量监督机构的权利。但同样也不能忽视设计单位、施工单位等其他主体。自改革开放以来，我国积累了大量的工程经验和教训，并借鉴世界发达国家的建设立法的成果，已经确立了基本的工程质量责任制度。

（一）建设单位的质量责任和义务

建设单位是建设市场活动中重要主体之一。建设单位控制着建设工程全部投资，并且是该投资行为的最大收益者。在我国建设市场全面处于买方市场的条件下，建设单位不仅具有设计、施工、监理招标的主动权，建设行为的监督管理控制权，还具有拒绝支付雇佣款的权利。因此，建设单位相对其他建设主体享有充分的权利，它的优势地位相当突出。享有权利就要承担相应的责任，那么对于建设单位应该落实何种责任呢？根据国际惯例，在市场经济条件下，应该实行业主负责制，即建设单位可以自行负责管理建设行为，也可以委托有资质的其他机构代为管理。也就是说，建设单位在遵守国家建设法规和部门规章的前提下具有管理建设行为的绝对自主权，同时也应该承担因管理行为失误或不当所导致的质量损失和事故的直接责任、间接责任和连带责任。

1. 建设单位的发包责任

《建设工程质量管理条例》第 7 条规定："建设单位应当将工程发包给具有相应资质等级的单位。建设单位不得将建设工程肢解发包。"

第 8 条规定："建设单位应当依法对工程建设项目的勘察、设计、施工、监理以及与工程建设有关的重要设备、材料等的采购进行招标。"

第 9 条规定："建设单位必须向有关的勘察、设计、施工、工程监理等单位提供与建设工程有关的原始资料。原始资料必须真实、准确、齐全。"

第 10 条规定："建设工程发包单位不得迫使承包方以低于成本的价格竞标，不得任意压缩合理工期。建设单位不得明示或者暗示设计单位或者施工单位违反工程建设强制性标准，降低建设工程质量。"

第 11 条规定："施工图设计文件审查的具体办法，由国务院建设行政主管部门会同国务院其他有关部门制定。施工图设计文件未经审查批准的，不得使用。"

2. 建设单位的监理责任

建设单位应根据工程特点、配备相应的质量管理人员或委托工程建设监理单位进行管理。委托监理单位的建设单位应与工程建设监理单位签订监理合同，明确双方的责任、权利和义务。

《建设工程质量管理条例》第 12 条规定："实行监理的建设工程，建设单位应当委托具有相应资质等级的工程监理单位进行监理，也可以委托具有工程监理相应资质等级并与被监理工程的施工承包单位没有隶属关系或者其他利害关系的该工程的设计单位进行监理。

下列建设工程必须实行监理：① 国家重点建设工程；② 大中型公用事业工程；③ 成片开发建设的住宅小区工程；④ 利用外国政府或者国际组织贷款、援助资金的工程；⑤ 国家规定必须实行监理的其他工程。"

3. 建设单位必须签订工程承包合同

建设单位必须根据工程特点和技术要求，按有关规定选择相应资格等级的勘察设计、施工单位，并签订工程承包合同。工程承包合同中必须有质量条款，明确质量责任。建设单位应当将工程发包给具有相应资质等级的单位。建设单位不得将建设工程肢解发包。一个住宅单体工程应有一个施工企业负责总包。

4. 建设单位必须办理质量监督手续

建设单位在工程开工之前，必须办理有关工程质量监督手续；组织设计和施工单位进行设计交底和图纸会审；施工中应按照国家现行的有关工程建设法律、法规、技术标准及合同规定，对工程质量进行检查。

《建设工程质量管理条例》第 13 条规定："建设单位在开工前，应当按照国家有关规定办理工程质量监督手续。"

第 15 条规定："涉及建筑主体和承重结构变动的装修工程，建设单位应当在施工前委托原设计单位或者具有相应资质等级的设计单位提出设计方案；没有设计方案的，不得施工。"

建设单位收到建设工程竣工报告后，应当组织设计、施工、工程监理等有关单位进行竣工验收。

《建设工程质量管理条例》第 16 条规定："建设单位收到建设工程竣工报告后，应当组织设计、施工、工程监理等有关单位进行竣工验收。

建设工程竣工验收应当具备下列条件：① 完成建设工程设计和合同约定的各项内容；② 有完整的技术档案和施工管理资料；③ 有工程使用的主要建筑材料、建筑构配件和设备的进场试验报告；④ 有勘察、设计、施工、工程监理等单位分别签署的质量合格文件；⑤ 有施工单位签署的工程保修书。

建设工程经验收合格的，方可交付使用。"

《建设工程质量管理条例》第 17 条规定："建设单位应当严格按照国家有关档案管理的规定，及时收集、整理建设项目各环节的文件资料，建立、健全建设项目档案，并在建设工程竣工验收后，及时向建设行政主管部门或者其他有关部门移交建设项目档案。"

5. 建设单位要对产品质量负责

建设单位按照工程承包合同中的规定供应的设备等产品的质量，必须符合国家现行的有关法律、法规和技术标准的要求。《建设工程质量管理条例》第14条规定："按照合同约定，由建设单位采购建筑材料、建筑构配件和设备的，建设单位应当保证建筑材料、建筑构配件和设备符合设计文件和合同要求。建设单位不得明示或者暗示施工单位使用不合格的建筑材料、建筑构配件和设备。"

6. 建设单位必须健全质量保证体系

建设单位还应建立健全质量保证体系，加强对开发工程的质量管理。房地产开发公司开发经营的工程，必须符合下列基本要求：① 工程质量符合国家现行的有关法律、法规、技术标准和设计文件的要求；② 出售的房屋应符合使用要求，并提供有关使用、保养和维护的说明；③ 对出售的房屋，因其本身的质量问题，在规定的期限内负责组织保修。

（二）建筑施工企业的质量责任和义务

施工单位作为工程建设的实施者，其施工水平和施工质量直接决定着建设工程的质量。

（1）施工单位应当依法取得相应等级的资质证书，并在其资质等级许可的范围内承揽工程。禁止施工单位超越本单位资质等级许可的业务范围或者以其他施工单位的名义承揽工程。禁止施工单位允许其他单位或者个人以本单位的名义承揽工程。施工单位不得转包或者违法分包工程。

（2）施工单位对建设工程的施工质量负责。施工单位应当建立质量责任制，确定工程项目的项目经理、技术负责人和施工管理负责人。建设工程实行总承包的，总承包单位应当对全部建设工程质量负责。建设工程勘察、设计、施工、设备采购的一项或者多项实行总承包的，总承包单位应当对其承包的建设工程或者采购的设备的质量负责。

（3）总承包单位依法将建设工程分包给其他单位的，分包单位应当按照分包合同的约定对其分包工程的质量向总承包单位负责，而且总承包单位与分包单位对分包工程的质量承担连带责任。

（4）施工单位必须按照工程设计图纸和施工技术标准施工，不得擅自修改工程设计，不得偷工减料。施工单位在施工过程中发现设计文件和图纸有差错的，应当及时提出意见和建议。

（5）施工单位必须按照工程设计要求、施工技术标准和合同约定，对建筑材料、建筑构配件、设备和商品混凝土进行检验，检验应当有书面记录和专人签字；未经检验或者检验不合格的，不得使用。

（6）施工单位必须建立、健全施工质量的检验制度，严格工序管理，做好隐蔽工程的质量检查和记录。隐蔽工程在隐蔽前，施工单位应当通知建设单位和建设工程质量监督机构。

（7）施工人员对涉及结构安全的试块、试件以及有关材料，应当在建设单位或者工程监理单位监督下现场取样，并送具有相应资质等级的质量检测单位进行检测。

（8）施工单位对施工中出现质量问题的建设工程或者竣工验收不合格的建设工程，应当负责返修。

（9）施工单位应当建立、健全教育培训制度，加强对职工的教育培训；未经教育培训或者考核不合格的人员，不得上岗作业。

（10）施工单位应建立健全质量保证体系，落实质量责任制，加强施工现场的质量管理，加强计量、检测等基础工作，抓好职工培训，提高企业技术素质，广泛采用新技术和适用技术。

(11) 竣工交付使用的工程必须符合下列基本要求：① 完成工程设计和合同中规定的各项工作内容，达到国家规定的竣工条件；② 工程质量应符合国家现行有关法律、法规、技术标准、设计文件及合同规定的要求，并经质量监督机构核定为合格或优良；③ 工程所用的设备和主要建筑材料、构件应具有产品质量出厂检验合格证明和技术标准规定必需的进场试验报告；④ 具有完整的工程技术档案和竣工图，已办理工程竣工交付使用的有关手续；⑤ 已签署工程保修证书。竣工交付使用的工程，实行保修，并提供有关使用、保养、维护的说明。

（三）工程勘察设计单位的质量责任

设计单位经过资质审查具有从事工程设计的特许权，通过设计招标又获得了一个建设工程设计的质量义务和相应的法律责任。建设工程的方案设计获得规划部门的审批后，设计单位开始工程技术设计任务。设计单位根据建设项目的总体要求及地质勘察报告，对工程进行全面策划、构思、设计和描绘，最终形成设计说明书和图纸等设计文件。

(1) 勘察设计单位必须按资格等级承担相应的勘察设计任务，不得擅自超越资格等级及业务范围承担业务，应当接受工程质量监督机构对其资格等级的监督检查。

(2) 勘察设计单位应按照国家现行的有关规定、技术标准和合同进行勘察设计，建立健全质量保证体系，加强设计过程的质量控制，健全设计文件的审核会签制度，参与图纸会审和做好设计文件的技术交底工作。

(3) 勘察设计文件必须符合下列基本要求：① 设计文件应符合国家现行的有关法律、法规、工程设计技术标准和合同的规定；② 工程勘察文件应反映工程地质、地形地貌和水文地质状况，评价准确、数据可靠；③ 设计文件的深度，应满足相应设计阶段的技术要求；④ 施工图应配套，细部节点应交代清楚，标注说明其规格、型号、性能、色泽等，并提出质量要求，但不得指定生产厂家。

(4) 对大中型建设工程、超高层建筑，以及采用新技术、新结构的工程，应在合同中规定设计单位向施工现场派驻设计代表。

（四）监理单位的质量责任

建设监理是对工程建设的参与者的行为进行监督、控制、督促、评价和管理，以保证建设行为符合国家法律、法规和有关政策，制止建设行为的随意性和盲目性，促进建设进度、投资、质量按合同实现，确保建设行为的合法性、科学性、合理性和经济性。建设监理涉及项目前期与项目的实施阶段，而当前我国着重于项目设计阶段、招投标阶段、施工阶段和竣工验收以及项目投入使用后的保修阶段和监理阶段的监理工作。监理单位具有顾问、参谋和监督管理方面的职责。

(1) 工程监理单位应当依法取得相应的资质证书，并在其资质等级许可的范围内承担工程监理义务。禁止工程监理单位超越本单位资质等级许可的范围或者以其他工程监理单位的名义承担工程监理义务。禁止工程监理单位允许其他单位或者个人以本单位的名义承担工程监理义务。工程监理单位不得转让工程监理义务。

（2）工程监理单位与被监理工程的施工承包单位以及建筑材料、建筑构配件和设备供应单位有隶属关系或者其他利害关系的，不得承担该项建设工程的监理业务。

（3）工程监理单位应当依照法律法规以及有关技术标准，设计文件和建设工程承包合同，代表建设单位对施工质量实施监理，并对施工质量承担监理责任。

（4）工程监理单位应当选派具备相应资格的总监理工程师和监理工程师进驻施工现场。未经监理工程师签字，建筑材料、建筑构配件和设备不得在工程上使用或者安装，施工单位不得进行下一道工序的施工。未经总监理工程师签字，建设单位不拨付工程款，不进行竣工验收。

（5）监理工程师应当按照工程监理规范的要求，采取旁站巡视和平行检验等形式，对建设工程实施监理。

（五）建筑材料、构配件生产及设备供应单位的质量责任

建筑材料指的是建筑工程中所使用的各种材料，它是建筑工程的重要物质基础。建筑材料在建筑费用的总值中占70%左右。因此，建筑工程的质量和造价在很大程度上取决于正确地选择和合理地使用建筑材料。建筑设备是指与建筑物有关的各类设备，它是建筑物的重要组成部分。在工业建筑中设备费用常常占投资总额相当大的部分；在民用建筑中设备必须服从建筑物使用功能的要求。随着对建筑物使用功能要求的不断提高，对所需设备的标准也越来越高，设备的数量和投资比重也呈上升趋势。

（1）建筑材料、构配件生产及设备的供需双方均应签订购销合同，并按合同条款进行质量验收。

（2）建筑材料、构配件生产及设备供应单位必须具备相应的生产条件、技术装备和质量保证体系，具备必要的检测人员和设备，把好产品看样、订货、储存、运输和核验的质量关。

（3）建筑材料、构配件及设备质量应当符合下列要求：① 符合国家或行业现行有关技术标准规定的合格标准和设计要求；② 符合以建筑材料、构配件及设备说明、实物样品等方式表明的质量状况。

（4）建筑材料、构配件及设备或其包装上的标识应当符合下列要求：① 有产品质量检验合格证明；② 有中文标明的产品名称、生产厂厂名和厂址；③ 产品包装和商标样式符合国家有关规定和标准要求；④ 设备应有详细的产品使用说明书；⑤ 电气设备还应附有线路图；⑥ 实施生产许可证或使用产品质量认证标志的产品，应有许可证或质量认证的编号、批准日期和有效期限。

三、工程质量责任制度的特点

（一）建筑工程质量责任主体广泛，但必须逐一落实

我国已经建立了对建设工程质量进行管理的体系，包括纵向管理和横向管理两个方面。纵向管理是国家对建设工程质量所进行的监督管理，它具体由建设行政主管部门及其授权

机构实施，这种管理贯穿在工程建设的全过程和各个环节之中。横向管理又包括两个方面：① 工程承包单位，如勘察单位、设计单位、施工单位对各自所承担工作的质量管理；② 建设单位对所建工程质量的管理，可成立相应的机构和人员，对所建工程的质量进行监督管理，也可委托社会监理单位对工程建设的质量进行监理。

（二）质量责任以确保工程安全为重点

建筑工程质量是指国家规定、合同约定的对建筑工程的适用、安全、经济、美观等各项特性要求的总和。建筑活动确保建筑工程质量，就是确保建筑工程的适用、安全、经济、美观等各项特性要求。建筑工程的安全是指建筑工程对人身的安全和财产安全。在工业企业生产中应提倡树立"安全第一、预防为主"的思想。"安全第一"是指安全生产是全国一切经济部门和生产企业的头等大事。当安全生产与生产工作发生矛盾时，首先必须解决安全问题，保证在安全的条件下组织生产。"预防为主"是指安全教育、检查、整改工作要努力做到群众化、经常化、制度化和科学化，采取积极有效的预防措施，避免伤亡事故和消除职业危害。

安全教育直接关系每个劳动者的切身利益，也关系经济建设是否能顺利地进行。加强劳动保护工作，搞好安全生产，保护职工的安全和健康是社会主义企业管理的一项基本原则。安全生产、文明生产搞好了，不仅可减少或避免工伤事故、职业病、职业中毒，达到减少或避免劳动者误工的目的，而且可以促使劳动者把自己的精力、技能和知识充分地集中到保质保量、高效率地完成生产任务上。

（三）工程质量责任范围广泛，既要承担民事责任，又要承担行政责任，情节严重的还要承担刑事责任

在司法实践中，对违法行为必须追究法律责任，而承担法律责任的人在多数情况下要受到法律制裁，但有时按违法行为情节和危害程度可以依法免去对其制裁。法律制裁一般可分为刑事制裁、民事制裁和行政制裁。

民事责任是以财产责任为主，而财产责任又以赔偿责任为其主要形式。赔偿责任可以适用于侵权和其他的民事违法行为。对于不能返还原物、不能履行义务，以及人身权和知识产权的侵权，都可以适用赔偿责任形式。赔偿是以实际损失得到补偿为其内容的。其他如返还原物、恢复原状、返还不当得利等具有补偿性质，违约金基本也是补偿的。

行政责任一般分为两大类：一是行政处分，是国家机关和企业事业单位对所属工作人员或职工违法进行的处分；二是行政处罚，是指国家特定的行政机关对单位或个人违反法律而进行的处罚。行政处分与行政处罚，除形式和决定的机关不同外，其处罚的对象也不同。行政处罚的对象是行政机关的相对人即管理对象，可以是单位，也可以是个人；行政处分的对象只能是机关或企业事业单位内部的人。

（四）民事责任的承担，以修理、修复、继续履行、保修为主，体现了实际履行的原则

2011年4月22日第十一届全国人民代表大会常务委员会第20次会议修订的《建筑法》

第 60 条规定:"建筑物在合理使用寿命内,必须确保地基基础工程和主体结构的质量。"

第 62 条规定:"建筑工程实行质量保修制度。建筑工程的保修范围应当包括地基基础工程、主体结构工程、屋面防水工程和其他土建工程,以及电气管线、上下水管线的安装工程,供热、供冷系统工程等项目;保修的期限应当按照保证建筑物合理寿命年限内正常使用,维护使用者合法权益的原则确定。具体的保修范围和最低保修期限由国务院规定。"

1. 建筑工程的返修

建设工程自办理交工验收手续后,在规定的期限内,因勘察设计、施工、材料等原因造成的质量缺陷,应当由施工单位负责维修。

2. 建筑工程的保修期限

依据《建设工程质量管理条例》第 40 条规定,在正常使用条件下,建设工程的最低保修期限如下:

(1) 基础设施工程、房屋建筑的地基基础工程和主体结构工程,为设计文件规定的该工程的合理使用年限。

(2) 屋面防水工程、有防水要求的卫生间、房间和外墙面的防渗漏,为 5 年。

(3) 供热与供冷系统,为 2 个采暖期、供冷期。

(4) 电气管线、给排水管道、设备安装和装修工程,为 2 年。

总之,随着科学的发展和社会的进步,我国建筑工程质量责任制度必定更加完善,而建筑活动各主体规范落实将更为明确。

第三节 物业的竣工验收制度

一、竣工验收的概念与种类

(一)竣工验收的概念

物业竣工验收是指一项物业建筑生产的最后一个阶段。物业的竣工是指该物业所属的工程项目经过建筑施工和设备安装以后,达到了该工程项目设计文件所规定的要求,具备了使用或投产的条件。工程项目竣工后,由建筑商向开发商办理交付手续。在办理交付手续时,需经开发商或专门组织的验收委员会对竣工项目进行查验,在认为工程合格后办理工程交付手续。建筑商把物业交给开发商,这一交接过程称为验收。

竣工验收是建筑商与开发商之间发生的一个法定手续,通过验收能明确责任。如果工程达到设计或合同要求,经验收后就可解除合同义务。从物质形态上说,建筑商完成了一项最终建筑产品,而开发商也完成了该物业的开发任务;从经济关系上说,建筑商即可解除对开发商承担的经济和法律责任。

凡未经过竣工验收或验收不合格的建设项目和开发项目,不准交付使用。

（二）竣工验收的种类

建筑工程项目的验收不仅有竣工验收，而且有在建工程验收。它包括隐蔽工程验收、单项工程验收、分期验收和全部工程验收。

1. 隐蔽工程验收

隐蔽工程验收是指将被其他工序施工所隐蔽的分部分项工程，在隐蔽之前所进行的检查验收。它是保证工程质量、防止留有质量隐患的重要措施。隐蔽工程验收的标准为施工图设计和现行技术规范。隐蔽工程验收是由开发商和建筑商共同进行的，而且验收后要办理签证手续，即双方均要在隐蔽工程检查签证上签字，并列入工程档案。对于检查中提出的不符合质量要求的问题要认真进行处理，处理后进行复核并写明处理情况。未经检验合格不能进入下道工序施工。

2. 单项工程验收

单项工程验收是指某个单项工程已按设计要求施工完毕，具备使用条件，能满足投产要求时，建筑商便可向开发商发出交工验收通知。开发商在接到建筑商的交工通知后，应先自行检查工程质量、隐蔽工程验收资料、工程关键部分施工记录以及工程有否漏项等情况，然后再组织设计单位、建筑商等共同进行交工验收。

3. 分期验收

分期验收是指在一个群体工程中分期分批进行建设的工程项目，或个别单位工程在达到使用条件、需要提前动用时所进行的验收。例如住宅小区，当第一期房屋建成后，即可验收，以使建筑产品能提前投入使用，提前发挥投资效益。

4. 全部工程验收

工程项目按设计要求全部落成并达到竣工验收标准即可进行全部工程验收。全部工程验收应在做好验收准备工作的基础上，按预先验收—正式验收的顺序进行。

物业服务企业应在物业前期管理中参与上述各种建筑工程项目的验收。物业服务企业应代表业主，从今后管理和使用的角度，根据专业经验提供意见。这样既便于避免建筑后遗症的发生，又便于掌握第一手资料，为日后的管理打好基础。

二、建设工程竣工验收的监督管理机构

为贯彻《建设工程质量管理条例》，规范房屋建筑工程和市政基础设施工程的竣工验收，保证工程质量，住房和城乡建设部于 2013 年 12 月发布了《房屋建筑工程和市政基础设施工程竣工验收规定》（建质〔2013〕171 号）。凡在中华人民共和国境内新建、扩建、改建的各类房屋建筑工程和市政基础设施工程的竣工验收（以下简称"工程竣工验收"），应当遵守本规定。

国务院建设行政主管部门负责全国工程竣工验收的监督管理工作。县级以上地方人民政府建设行政主管部门负责本行政区域内工程竣工验收的监督管理工作。

工程竣工验收工作，由建设单位负责组织实施。县级以上地方人民政府建设行政主管

部门应当委托工程质量监督机构对工程竣工验收实施监督。

三、物业竣工验收的条件

建设工程符合下列要求方可进行竣工验收。

（1）完成工程设计和合同约定的各项内容。

（2）施工单位在工程完工后对工程质量进行了检查，确认工程质量符合有关法律、法规和工程建设强制性标准，符合设计文件及合同要求，并提出工程竣工报告。工程竣工报告应经项目经理和施工单位有关负责人审核签字。

（3）对于委托监理的工程项目，监理单位对工程进行了质量评估，具有完整的监理资料，并提出工程质量评估报告。工程质量评估报告应经总监理工程师和监理单位有关负责人审核签字。

（4）勘察、设计单位对勘察、设计文件及施工过程中由设计单位签署的设计变更通知书进行了检查，并提出质量检查报告。质量检查报告应经该项目勘察、设计负责人和勘察、设计单位有关负责人审核签字。

（5）有完整的技术档案和施工管理资料。

（6）有工程使用的主要建筑材料、建筑构配件和设备的进场试验报告。

（7）建设单位已按合同约定支付工程款。

（8）有施工单位签署的工程质量保修书。

（9）城乡规划行政主管部门对工程是否符合规划设计要求进行检查，并出具认可文件。

（10）有公安消防、环保等部门出具的认可文件或者准许使用文件。

（11）建设行政主管部门及其委托的工程质量监督机构等有关部门责令整改的问题全部整改完毕。

四、竣工验收的程序

工程竣工验收应当按以下程序进行。

（1）工程完工后，施工单位向建设单位提交工程竣工报告，申请工程竣工验收。实行监理的工程，工程竣工报告须经总监理工程师签署意见。

（2）建设单位收到工程竣工报告后，对符合竣工验收要求的工程，组织勘察、设计、施工、监理等单位和其他有关方面的专家组成验收组，制定验收方案。

（3）建设单位应当在工程竣工验收 7 个工作日前将验收的时间、地点及验收组名单书面通知负责监督该工程的工程质量监督机构。

（4）建设单位组织工程竣工验收。竣工验收的内容包括：① 建设、勘察、设计、施工、监理单位分别汇报工程合同履约情况和在工程建设各个环节执行法律、法规和工程建设强制性标准的情况；② 审阅建设、勘察、设计、施工、监理单位的工程档案资料；③ 实地查验工程质量；④ 对工程勘察、设计、施工、设备安装质量和各管理环节等方面做出全面评价，形成经验收组人员签署的工程竣工验收意见。参与工程竣工验收的建设、勘察、设计、施工、监理等各方不能形成一致意见时，应当协商提出解决的方法，待意见一致后，重新组织工程竣工验收。

工程竣工验收合格后，建设单位应当及时提出工程竣工验收报告。工程竣工验收报告主要包括工程概况，建设单位执行基本建设程序情况，对工程勘察、设计、施工、监理等方面的评价，工程竣工验收时间、程序、内容和组织形式，工程竣工验收意见等内容。

工程竣工验收报告还应附有下列文件：① 施工许可证；② 施工图设计文件审查意见；③ 工程竣工报告；④ 工程质量评估报告；⑤ 质量检查报告；⑥ 城乡规划行政主管部门对工程符合规划设计要求出具的认可文件；⑦ 公安、消防、环保等部门出具的认可文件或准许使用文件；⑧ 验收组人员签署的工程竣工验收意见；⑨ 市政基础设施工程应附有质量检测和功能性试验资料；⑩ 施工单位签署的工程质量保修书；⑪ 法规、规章规定的其他有关文件。

负责监督该工程的工程质量监督机构应当对工程竣工验收的组织形式、验收程序、执行验收标准等情况进行现场监督，发现有违反建设工程质量管理规定行为的，责令改正，并将对工程竣工验收的监督情况作为工程质量监督报告的重要内容。

第四节 物业的质量保修制度

物业在建设中存在的质量问题，在竣工验收时可能未被发现，而在使用过程中逐渐暴露出来，如屋面漏水、墙壁裂缝或墙皮脱落、室内地面空鼓、开裂、起砂，上下水管道、暖气管道漏水、堵塞等。在处理这类问题时，就会涉及物业的质量保修制度及相关问题。

一、物业保修责任

物业保修责任是指建设单位有对物业竣工验收后在保修期内出现不符合工程建筑强制性标准和合同约定的质量缺陷，予以保证修复的责任。质量缺陷是指房屋建筑工程的质量不符合工程建设强制性标准以及合同的约定。

前期物业管理一般处于建设单位的物业保修期内，在保修期期间和范围内的房屋维修由建设单位承担首要责任。保修责任应当按照国家规定的保修期限和保修范围承担，保修期限和保修范围以外的物业维修、保养责任由物业服务企业按照物业服务合同的约定承担。

二、物业质量保修办法

《建筑法》和《建设工程质量管理条例》均明确规定，建筑工程实行质量保修制度。建设工程承包单位在向建设单位提交工程竣工验收报告时，应当向建设单位出具质量保修书。质量保修书中应当明确建设工程的保修范围、保修期限和保修责任等。《建设工程质量管理条例》第3条规定："建设单位、勘察单位、设计单位、施工单位、工程监理单位依法对建设工程质量负责。"鉴于业主是与建设单位订立物业购售合同，因此建设单位应当承担物业质量保修的首要责任。如果是勘察单位、设计单位、施工单位、工程监理单位的原因造成的物业质量问题，可以依法要求勘察单位、设计单位、施工单位、工程监理单位承担责任。

《物业管理条例》第31条规定："建设单位应当按照国家规定的保修期限和保修范围，承担物业的保修责任。"

根据建设部颁发的《商品住宅实行住宅质量保证书和住宅使用说明书制度的规定》（建房〔1998〕102号），房地产开发企业在交付销售的新建商品住宅时，必须提供《住宅质量保证书》和《住宅使用说明书》。房地产开发企业应当按《住宅质量保证书》的记载，承担住宅的保修责任。住宅的保修期从开发企业交付用户使用之日起计算。但是，如果用户违反《住宅使用说明书》的提示，使用不当或者擅自改动物业的结构以及装修不当而造成质量问题，房地产开发企业对此不承担保修责任。

（一）物业质量保修期限

建设单位和施工单位应当在工程质量保修书中约定保修范围、保修期限和保修责任等，双方约定的保修范围、保修期限必须符合国家有关规定。

（二）物业质量保修责任

建筑工程的保修范围包括地基基础工程、主体结构工程、屋面防水工程和其他土建工程，以及电气管线、上下水管线的安装工程，供热、供冷系统工程等项目。地基基础工程或主体结构工程存在质量问题的，如果能够通过加固等确保建筑物安全的技术措施予以修复，应当负责修复；不能修复造成建筑物无法继续使用的，有关责任者应当依法承担赔偿责任。保修的范围还包括屋面防水工程以及地面与楼面工程、门窗工程等。此外，电线管线、上下水管线的安装工程，包括电气线路、开关、电表的安装，电气照明器具的安装，给水管道、排水管道的安装，以及供热、供冷系统工程，包括暖气设备、中央空调设备等的安装工程也应给予保修。

在建设单位、勘察单位、设计单位、施工单位、工程监理单位之间，应根据造成质量问题的不同原因由不同单位分别承担责任。

（1）施工单位未按国家有关规范、标准和设计要求施工，造成的质量缺陷，由施工单位负责返修并承担经济责任。质量缺陷是指工程不符合国家或行业现行的有关技术标准、设计文件以及合同中对质量的要求。

（2）由于设计方面的原因造成的质量缺陷，由设计单位承担经济责任。

（3）因建筑材料、构配件和设备质量不合格引起的质量缺陷，属于施工单位采购的或经其验收同意的，由施工单位承担经济责任；属于建设单位采购的，由建设单位承担经济责任。

（4）因使用单位使用不当造成的质量缺陷，由使用单位自行负责。

（5）因地震、洪水、台风等不可抗力造成的质量问题，施工单位、设计单位不承担经济责任。

施工单位接到保修通知书之日起，必须及时到达现场与建设单位共同明确责任方，商议返修内容。属施工单位责任的，如施工单位未能按期到达现场，建设单位应再次通知施工单位；施工单位接到再次通知书后仍然不能按时到达的，建设单位有权自行返修，所发生的费用由原施工单位承担。

第五节 商品住宅的质量保证书和使用说明书制度

为了保障住房消费者的权益,加强商品住宅售后服务管理,促进住宅销售,国家在房地产开发企业的商品房销售中实行《住宅质量保证书》和《住宅使用说明书》制度。实施"两书制度"的主要目的是加强房地产开发企业的管理,在商品住宅销售中明确质量责任、确保商品住宅质量;建立和完善企业内部的质量管理制度,加强对施工及材料、构配件和设备采购的管理,使用优质产品,并明确与设计、施工、监理、材料、构配件、设备供应等相关单位的质量责任。

一、《住宅质量保证书》

(一)《住宅质量保证书》的概念

《住宅质量保证书》是房地产开发企业对销售的商品住宅承担质量责任的法律文件。房地产开发企业应当按《住宅质量保证书》的约定,承担保修责任。

商品住宅售出后,委托物业服务企业等单位维修的,应在《住宅质量保证书》中明示所委托的单位。

(二)《住宅质量保证书》的内容

《住宅质量保证书》应当包括以下内容。
(1)工程质量监督部门核验的质量等级。
(2)地基基础和主体结构在合理使用寿命年限内承担保修责任。
(3)在正常使用情况下,各部位、部件保修内容与保修期:① 屋面防水 3 年;② 墙面、厨房和卫生间地面、地下室、管道渗漏 1 年;③ 墙面、顶棚抹灰层脱落 1 年;④ 地面空鼓开裂、大面积起砂 1 年;⑤ 门窗翘裂、五金件损坏 1 年;⑥ 管道堵塞 2 个月;⑦ 供热、供冷系统和设备 1 个采暖期或供冷期;⑧ 卫生洁具 1 年;⑨ 灯具、电器开关 6 个月;⑩ 其他部位、部件的保修期限,由房地产开发企业与用户自行约定。
(4)用户报修的单位,答复和处理的时限。

(三)其他注意事项

住宅保修期从开发企业将竣工验收的住宅交付用户使用之日起计算,保修期限不应低于《住宅质量保证书》规定的期限。房地产开发企业可以延长保修期。国家对住宅工程质量保修期另有规定的,保修期限按照国家规定执行。

房地产开发企业向用户交付商品住宅时,应当有交付验收手续,并由用户对住宅设备、设施的正常运行签字认可。用户验收后自行添置、改动的设施、设备,由用户自行承担维修责任。

二、《住宅使用说明书》

（一）《住宅使用说明书》的概念

《住宅使用说明书》应当对住宅的结构、性能和各部位（部件）的类型、性能、标准等做出说明，并提出使用注意事项。

（二）《住宅使用说明书》的内容

《住宅使用说明书》一般应当包含以下内容：① 开发单位、设计单位、施工单位，委托监理的应注明监理单位；② 结构类型；③ 装修、装饰注意事项；④ 上水、下水、电、燃气、热力、通信、消防等设施配置的说明；⑤ 有关设备、设施安装预留位置的说明和安装注意事项；⑥ 门、窗类型，使用注意事项；⑦ 配电负荷；⑧ 承重墙、保温墙、防水层、阳台等部位注意事项的说明；⑨ 其他需说明的问题。

（三）其他注意事项

住宅中配置的设备、设施，生产厂家另有使用说明书的，应附于《住宅使用说明书》中。

三、《住宅质量保证书》和《住宅使用说明书》的交付

《住宅质量保证书》可以作为商品房购销合同的补充约定。《住宅质量保证书》和《住宅使用说明书》应在住宅交付用户的同时提供给用户。《住宅质量保证书》和《住宅使用说明书》以购买者购买的套（幢）发放。每套（幢）住宅均应附有各自的《住宅质量保证书》和《住宅使用说明书》。

房地产开发企业在《住宅使用说明书》中对住户合理使用住宅应有提示。因用户使用不当或擅自改动结构、设备位置和不当装修等造成的质量问题，开发企业不承担保修责任；因住户使用不当或擅自改动结构造成的房屋质量受损或其他用户损失，由责任人承担相应责任。

四、《住宅质量保证书》《住宅使用说明书》样本

商品住宅质量保证书（样本）

尊敬的住户：

感谢您选购了我公司开发建设的商品住宅。为了保护您的合法权益，促进我公司不断提高开发质量，做好商品住宅售后服务，同时也为了指导您更好地使用我公司开发建设的商品住宅，我们根据国务院《城市房地产开发经营管理条例》，实行商品住宅质量保证书和使用说明书制度，请您密切配合，并欢迎您对我们的工作提出意见和建议。

开发公司地址：_____

物业服务企业地址：_____

销售联系人：_____ 联系人：_____
电话：_____ 电话：_____
开发公司（章）： 法人代表：（签章）
　　　　　　　　　　　　　　　　　_____年_____月_____日

　　本公司对您购买的_____市_____区（县）_____路_____号_____小区_____栋_____单元室，建筑面积_____平方米的住宅做如下质量保证和承诺：

　　一、该房屋于_____年_____月_____日通过市建委组织的竣工验收，各项建设手续齐全，资质证编号为_____，建设工程规划许可证编号为_____，建筑工程施工许可证编号为_____，竣工验收备案登记编号为_____，预售许可证号为_____。

　　二、该住宅工程由_____进行质量监督。在施工中始终按照国家有关规范、规程、质量标准及设计要求进行施工。

　　三、本住宅自交付之日起，在住户正常使用的情况下，本公司免费承担保修期内以下项目（见附表）的维修责任，并在承诺期限内负责维修完毕。

　　四、住户对商品房验收完毕，接收钥匙之日即为该商品房交付使用日期，也是本保证书签订日期，住宅保修自此日起计算。用户在使用过程中发现质量问题，可直接拨打我公司维修电话或认真填写附页中的"商品住宅质量反馈表"寄予我公司。因住户使用不当或进行家庭装修以及不可抗拒的自然灾害而造成的质量问题，不在本公司保修范围之内。

　　五、住户入住后，有关住宅质量的来信、来访、投诉，本公司将直接（或委托物业公司）及时给予答复和妥善处理。若对我们服务人员的工作不满，可向本公司投诉，我们将及时进行处理。

　　六、如对本公司的答复或处理有争议，凡有关住宅工程质量问题，可根据国务院《建设工程质量管理条例》及建设部《房屋建筑工程质量保修办法》的有关规定，向本市的建设工程质量监督站申请协调；凡有关住宅室外配套问题，可根据国务院《城市房地产开发经营管理条例》等有关规定，向本地建设行政本管部门申请协调。对协调意见仍有分歧的可向本地仲裁委员会申请仲裁。

　　七、经省级以上资格的专业部门鉴定，凡属地基基础和主体结构质量不合格且无法修复的危险房屋我公司将予以退房或调换。

　　八、本质量保证书作为商品住宅销售合同的附件，是本公司承担商品住宅质量责任的法律文件，与销售合同具有同等法律效力，请用户妥善保存，不得伪造、涂改。

　　附件：商品住宅质量反馈表。
　　附表：

序　号	维 修 项 目	国家规定的保修期	公司承诺的保修期
1	屋面防水	5年	5年
2	墙面、厨房和卫生间地面、地下室、管道渗漏	3年	3年
3	墙面、顶棚抹灰脱落	2年	2年
4	地面空鼓开裂、大面积起砂	2年	2年

续表

序 号	维 修 项 目	国家规定的保修期	公司承诺的保修期
5	门窗翘裂、五金件损坏	2 年	2 年
6	管道堵塞	6 个月	6 个月
7	供热、供冷系统和设备	2 个采暖期、供冷期	2 个采暖期、供冷期
8	卫生洁具	2 年	2 年
9	电器管线	2 年	2 年
10	给、排水管道安装	2 年	2 年
11	地基基础、主体结构	正常合理使用寿命内	正常合理使用寿命内

监制说明：本保证书是根据国务院《城市房地产开发经营管理条例》第 30 条以及建设部《商品住宅实行住宅质量保证书和住宅使用说明书制度的规定》的有关规定监制；房地产开发企业在向用户交付销售的新建商品住宅时，必须提供本质量保证书；本质量保证书可作为商品房购销合同的补充约定，每套商品住宅一式两份，一份开发企业存档，另一份在商品住宅交付使用时提供给用户。

住宅使用说明书（样本）

一、工程概况

1. ××××××坐落于济南市××东城区××街××号。

建设单位：××××××

设计单位：××××××

施工单位：××××××

监理单位：××××××

物业管理单位：××××××

2. 本工程为高层多户型住宅楼，总建筑面积____平方米，高度____米，层高为____米，结构类型为_____，箱形基础；地上____层为住宅，地下____为设备用房、自行车库和人防工程，首层设有值班室。

二、建筑特点及户型平面图

1. 本工程使用年限为 70 年，一类建筑，耐火等级为一级，抗震设防烈度为八度，人防设防为五级，防化等级为丙级。

地上每层为一个防火分区，设有防火门，两个疏散口，垂直交通设三部电梯。步行梯两趟，设正压送风。

2. 外墙：为 250mm 厚现浇钢筋混凝土墙，内设 60mm 厚石膏聚苯复合保温板。

内墙：承重墙为 200mm 厚现浇钢筋混凝土墙，非承重墙为 100mm 厚陶粒混凝土板，局部加厚。

3. 电梯前室及楼层走廊、一层大堂做精装修。

一层大堂、电梯前室地面：高级石材。

墙面：高级石材、玻璃、木材。

顶棚：轻钢龙骨石膏板乳胶漆。

标准层电梯前室、走廊地面：高级地砖。

墙面：高级面砖、涂料。

顶棚：轻钢龙骨石膏板乳胶漆。

4. 户内装修情况如下：

（1）户门：高级多功能安全门。

（2）地面：水泥砂浆找平，卫生间地面设有聚氨脂涂膜防水层。

（3）内墙：水泥砂浆找平见白。

（4）厨房、卫生间：预留上下水接口、常用电源接口及各种管道。

（5）窗、阳台：高级铝合金窗框，镀膜单反中空玻璃，封闭式阳台。

（6）户型图另行发放。

三、使用说明及注意事项

1. 装修、装饰注意事项

（1）用户对房屋进行装修时，不能破坏原有承重结构，不能拆改原承重墙，不能在结构上随意别凿、开洞。

（2）用户对非承重隔墙进行改动，须经过物业部门、设计部门同意批准，因为隔墙内设有预埋电线管。

（3）用户不能破坏卫生间地面，不能随意在地面上别凿、射钉、钻孔等，以免破坏地面防水层，导致地面渗漏，影响下层用户。若发生上述情况，其责任由用户承担。

（4）外墙内衬保温板，用户不得将其拆除，也不能随意在其上开洞，以免影响外墙保温效果。

（5）用户不能使用冲击力很大的冲击钻在保温板、隔墙板上钻洞、打孔，否则墙面会出现裂缝。

（6）楼面荷载问题：用户装修楼面时，荷载不得超过100千克/平方米，室内只允许做木质或铝质等轻质隔断。

2. 门窗使用注意事项

（1）各种门窗使用时不能重力撞击、磕碰，滑轨、门槛的杂物要清理干净，合页边不能挤垫杂物，以免合页变形。安全门的户门锁应定期加润滑油，以确保开关灵活。

（2）室内无人时，要将门窗关好，避免刮风将门窗撞坏。

3. 用电及户内电器

（1）为每户提供的电容量为：A、C、D、J、O跃、O底、Q、R为6kW，卡式电表10（40）A；B、I、M、N为8kW，卡式电表20（80）A；E、F、G、H、K、L、E1、F1跃、F1底、W跃、W底、T跃、T底、P跃、P底、S为10kW，卡式电表20（80）A。

（2）户内电器使用说明及注意事项。

① 户内设有配电箱一个，箱体暗装于墙上，配电箱电源电压为220V，采用10mm^{2}导线穿管从本楼层电表箱引来。配电箱内根据不同户型分不同支路控制，主要有照明、空调、厨卫插座和其他插座。

② 户内所有插座全部采用普通型。

③ 室内线路完全为暗敷设，分别敷设在地板、墙体、顶板内。住户装修时，不要随意打洞，以免打断线路。

④ 公共区域照明采用声光控制形式，当光线不足时请用声音控制。

（3）弱电设备及注意事项。

① 每户至少设有两个电视终端盒，每个终端盒只能连接一台电视机，可接驳有线电视宽带网。

② 每户至少设有 IDD 电话插座口两个，可接驳中国电信的宽带网。请不要在一条电话线上挂多部电话。

③ 每户设有可视对讲电话接口一个。

④ 大堂设有门禁系统，其使用请参照产品说明。

⑤ 地下车库 IC 卡使用方法请参照产品说明。

4. 厨卫设备及用具

（1）燃器的使用注意事项。

① 燃气为市政天然气。

② 发现厨房内有异味，请不要使用明火，勿开动电源开关，要先打开窗户通风，并立即通知物业人员。

③ 请不要自行更换燃气的连接软管。

④ 家中长时间无人，请关闭燃气的总阀门。

⑤ 用户装修时，应按燃气公司的有关规定，不准将燃气管道阀门及燃气表封装。

（2）用水注意事项。

① 每户 24 小时提供冷、热水。

② 自来水表采用 IC 卡智能水表。

③ 家中长时间无人，请通知物业人员关闭您房中的冷、热水阀门。

（3）地漏。

① 主要用来清理地面积水的装置。

② 使用时请勿取下地漏上面的箅子，不能把杂物流入地漏中，应及时清理地漏水封内的杂物，防止堵塞。

③ 本楼的排水流是污、废水合流制，二层以上经管道自流排至室外管网，首层及二层污水单独排出。

④ 装修时，请将排水立管上的检查口外露。

5. 户内采暖器的类型、使用及注意事项

（1）采暖器主要包括采暖散热器和暖气管道。厨房及卫生间采用钢制板式散热器，其他房间采用风机盘管热风供暖，制冷采用分体壁挂空调。

（2）注意事项。

① 室内装修时，应避免将暖气罩住，否则会影响散热效果。

② 即使加装暖气罩，也要在散热器的上、下、左、右各留最小 10cm 的调距，以便维修。

③ 请勿随意踩踏、拆改暖气管道及散热器。

④ 暖气上不要放置硬器，以防暖气被划伤。

⑤ 发现暖气漏水，请立即通知物业管理人员。

⑥ 空调冷凝水管插入室外冷凝水立管中，切勿乱拔。

6. 电梯使用及注意事项

（1）本楼内设置3部日立电梯，均可兼作消防电梯。消防梯到地下二层，两部客梯分别到首层及地下一层。

（2）呼叫电梯时，如需要上行只按上行键，需要下行只按下行键，以免增加电梯停靠次数，延长运行时间。

（3）每部电梯一次限乘15人，重量为1 000千克，一旦人多超重请您自觉等候。

（4）若使用电梯运送装修材料，需提前与物业服务企业联系，由物业服务企业统一安排运送，不得私自使用电梯运送装修材料。

（5）用电梯运送装修材料时，细料（砂、石、水泥等）需另外包装不得遗漏，长料不得超过2m，宽料不得超过1.5m，且两头需使用软包装，以防划伤电梯。

（6）请不要用电梯运送已开封的涂料、油漆及玻璃瓶装等易燃物品，所有运送的物料不要直接接触电梯内地面与轿箱板面。

（7）带宠物乘坐电梯，必须由主人陪乘，以防伤人。

（8）乘坐电梯中途发生停车时，请不要扒门，请按电梯内的紧急按钮，及时与物业人员联系解困。

（9）乘坐电梯时发现异常情况，请通知物业管理人员。

（10）电梯内禁止吸烟、吐痰、丢废物。

（11）当电梯口立有检修指示时，说明电梯正在检修，请换乘其他电梯。

7. 消防栓的使用

（1）消防栓是用来灭火的一种装置，每层设有四个消防栓。

（2）遇火警使用消防栓时，请先按报警器报警，随后打开消防栓箱门，然后按好消防水龙带和消防栓的子母扣，水龙带另一端安上水枪，拉到着火处，开启消防门栓，用水枪对着着火点喷水灭火。

（3）消防器材严禁移动或挪作他用。

8. 重点部位使用及注意事项

（1）屋顶面防水：不能在屋面上堆放杂物，如非必要，不能随便上人。

（2）跃层屋面：不能剔凿、破坏屋面防水层，以免屋面渗漏。

（3）阳台栏杆使用时不能拆除、改动，不能用重力推压、撞击以免发生意外。

（4）通风道：为防止烟气倒灌，用户不能将其拆除、改动、钻孔、打洞，否则会影响整栋楼的通风效果，如发生此种情况，后果用户自负。

（5）下列事项应予禁止。

① 随意移动暖气、风机盘管位置。

② 随意改变电源插座位置。

③ 随意改变灯具位置。

④ 改变门窗口的尺寸。

⑤ 改变水表、燃气管位置。

⑥ 降低插座、台面及地面高度。

（6）装修时，禁止使用超过1cm厚的大理石、花岗岩，禁止使用耐火砖。

四、其他说明事项

1. 为保障全楼住户的正常使用，物业公司将统一审批装修改造工程，并负责日常监督和管理，敬请全体住户协助。

2. 小区内室外设施、设备及环境是您和大家的生活空间，请自觉维护。

3. 设在公共场所的电气、阀门、管道、线路、饰物不得随意损坏、改造、开闭、接线，以免影响他人使用。

4. 为保证全体业主的共同利益，管理者根据楼宇设备设施的安全运行，进行必要的巡视、检查或进行维修。在11:30—13:30、17:30—19:30期间，有权进入相关业主的物业内，必要时可不事先征得相关业主的许可。相关业主不得拒绝管理者进入其物业内进行必要的巡检维护。

注：本使用说明书如有与国家规定、规范不符之处，以国家规定、规范为准。

复习思考题

1. 建设工程质量管理的原则是什么？
2. 如何对建设工程质量实施监督管理？
3. 对房屋物业的质量保修期限有哪些具体规定？
4. 简述工程竣工验收的条件和程序。

案例分析

1. 2018年4月6日，原告某食品公司与被告某建筑公司就原告科技大楼、办公大楼工程签订了一份建设工程施工合同。双方约定，上述工程的土建、装饰部分（包工包料）由被告承建。建设工期从2018年4月12日至2019年4月11日。合同签订后，被告依约组织工程队伍进场施工。在施工过程中，该工程因故多次停工。2017年1月，被告完成科技大楼的主体工程，同时也对整个工程停止了施工。在该工程施工过程中，原、被告双方均未严格依照建筑工程的有关规范和操作方式进行。如并未完全实行监理施工、施工签证签收等制度，且整个施工过程中，对有关建筑工程中需要检测部分的工作，均未依照规定进行。2019年4月27日，原、被告双方就该工程未完成的工程量情况进行了确定，并签订了《科技大楼未完土建工程情况表》。2020年4月8日，某建设工程质量司法鉴定所出具了对原告某食品公司科技大楼工程质量鉴定结论，科技大楼质量不合格。主要原因有两个：一是施工过程中，基础底面压力不能满足原设计及规范要求；二是在施工过程中，将原设计的四、五层框架结构改变为砖混结构。双方均未按有关规定建房导致房屋质量不合格，责任该如何划分？

2. 2018年1月13日，沈某（女，1968年7月生）在家中被突然从屋顶脱落的抹灰层碎块砸伤，当即被送至徐州医学院附属医院抢救治疗，诊断为头颈部外伤伴截瘫，后鉴定为残疾一级,需要终身护理。该房是沈某丈夫吴某从某建筑公司徐州分公司协商购买的,并于 2015 年 12 月 12 日、2016 年 3 月 19 日分两次向该公司支付了购房款 123 800 元,该公司则以工程款的名义为其开具收据并交付该房。

2018 年 1 月 22 日,徐州市房屋安全鉴定管理处根据售房公司的委托,对该住宅室内局部顶棚抹灰层脱落的原因进行了鉴定。鉴定报告分析认为:① 该房屋被鉴部位楼板浇注使用大型模板,现浇板板底表面较为光滑,抹灰施工前未对板底凿毛,过渡层灰浆与楼板粘结不牢;② 由于在板顶抹灰施工前没有充分湿润基体,又因在冬季施工基体失水过快、抹灰层硬化初期易受冻,导致灰浆与基体粘结不牢;③ 经观察脱落的抹灰层碎片,抹灰施工未按施工规范分遍成活且缺少设计要求的粉细纸筋或麻刀灰粉表层;④ 受以上原因影响,抹灰层与楼板之间局部形成较大面积空鼓,空鼓抹灰层又因自重力产生剪力导致瞬间脱落。沈某于 2018 年 8 月 11 日将相关责任人告上法庭,并申请对其伤残等级、需要终身护理以及继续治疗费用进行鉴定,要求某建筑公司、建筑公司徐州分公司、售楼公司连带赔偿人民币 1 457 819 元,并要求三被告为原告调换同等条件的房屋。本案如何处理?三被告是否应当承担赔偿责任?

第十章 物业服务费法律规定

内容提要

本章主要介绍物业服务费的概念、特征、收费原则和定价方式,物业服务费的范围和分类,物业服务费的收取与监督。

学习目标

1. 掌握物业服务费的概念、特征、收费原则和定价方式。
2. 掌握物业服务费的范围与分类。
3. 熟悉物业服务费的收取和监督的相关内容。

案例导入

物业服务公司不应承担自来水收费差额等额外义务

【案情介绍】

大连弘达物业服务有限公司(以下简称弘达物业服务公司)自1998年11月负责管理大连中山区竹青街12号共3栋楼的物业服务,并代大连市自来水集团公司(以下简称自来水集团)向该区域的全体业主收取水费。该小区安装了一块总水表,小区业主则分别安装了分户水表。总水表与分户水表的指针数存在差异,自来水集团按照总水表计算水费,但弘达物业服务公司则一直根据分户水表的指针数向小区业主收取水费,并将代收水费转交给自来水集团。从1998年11月到2007年10月,总水表与分户水表形成的水费差额为70余万元。自来水集团认为70余万元的水费差额应当由弘达物业服务公司承担,但弘达物业服务公司认为不应当由其承担而拒绝支付。2008年1月,自来水集团向法院提起诉讼,要求弘达物业服务公司承担上述消费差额。法院经审理后,认为自来水集团与弘达物业服务公司不存在供用水合同关系,依法驳回了自来水集团的诉讼请求。

【案例点评】

人民法院判决物业服务企业不承担自来水差额费用是正确的。结合该案的实际情况分析如下。

(1)弘达物业服务公司与自来水集团之间不存在供用水合同关系,弘达物业服务公司没有交纳水费的合同义务。

根据《民法典》中关于供用电、水、气、热力合同的规定,供用水合同是供水人向用水人供水,用水人支付水费的合同。结合该案实际情况可以认定,自来水集团与小区业主之间存在供用水合同关系，其中自来水集团是供水人，小区业主是用水人。自来水集团与小区业主之间存在供用水的法律关系，双方应当按照国家规定及合同约定履行各自的义务，即自来水集团应当及时履行供水义务，而小区业主应当及时履行交纳水费的义务。如果自来水集团认为存在拖欠水费情形，也应当向用水人催要。显然，这里的用水人是小区业主，而不应当是弘达物业服务公司。虽然该案中存在弘达物业服务公司为自来水集团向小区业主代收水费的事实，但并不代表弘达物业服务公司是实际用水人，更不能因此改变小区业主是实际用水人的法律事实。同时，《物业管理条例》也明确规定，物业管理区域内，供水单位应当向最终用户收取有关费用。可见，小区业主才是交纳水费的义务人，而弘达物业服务公司作为小区的物业服务提供者，除承担绿化、保洁用水费用外，不存在交纳水费的义务，因此，自来水集团主张弘达物业服务公司拖欠水费就更无从谈起了。

（2）弘达物业服务公司对于自来水的自然损耗没有过错，不应承担交费责任。该案中，小区总水表与业主分户水表的用水量存在差异，实际上这是供水过程中发生的自然损耗。弘达物业服务公司作为小区物业服务提供者，主要负责对小区房屋及配套的设施设备和相关场地进行维修、养护、管理，以及维护物业管理区域内的环境卫生和相关秩序，而对于自来水输送过程中发生的自然损耗并无过错，也就不应承担任何责任。因此，自来水集团要求弘达物业服务公司承担由于自然损耗而产生的水费差额，是没有法律依据的。

（3）自来水集团在履行供水义务的过程中，因自然损耗造成的损失应自行承担。根据《民法典》的规定，在双方没能约定或者约定不明确的情况下，供水设施的产权分界处（大连市规定为建筑物墙外1.5m处）就是合同的履行地点，换言之，自来水集团应当将自来水供至建筑物1.5m处时方认定其履行了供水义务。小区业主作为用水人则应当在自来水集团履行了供水义务后，才有交纳水费的义务。根据我国《民法典》的一般理念和供水合同的特点，供水人在履行供水义务之前，自来水的任何损失包括自然损耗理应由供水人自行承担，而当供水人履行供水义务后，用水人履行交费义务，并享有用水的权利。但显而易见的是，无论供水义务履行前后，弘达物业服务公司都不是供用水合同的当事人，对于合同项下的自来水既没有使用的权利，也不存在交费的义务。

综上，自来水集团向弘达物业服务公司主张水费，既无合同依据，也无法律上的依据。因此，法院在准确认定该案的法律关系后，正确适用法律，判决驳回了原告的诉讼请求。

接下来，我们分析一下物业服务企业在代收水费等相关费用时的权利和义务。

《物业管理条例》第44条规定："物业管理区域内，供水、供电、供气、供热、通信、有线电视等单位应当向最终用户收取有关费用。物业服务企业接受委托代收费用的，不得向业主收取手续费等额外费用。"物业服务企业在提供物业服务的物业管理区域内，凡遇有自来水公司等公用事业企业要求代收费用时，有权依法告知供水、供电、供气、供热、通信、有限电视等费用应向业主直接收取，不应向物业公司收取。如果请物业服务企业代收费用，应签订委托代理协议，约定双方的权利和义务。物业服务企业应注意在协议中按照《民法典》的有关规定，对双方具体的权利和义务条款进行详细和明确的约定。物业服务企业可以要求这些公用事业企业给付一定的委托代理费用，用以支付代收等费用的劳动报酬。另外，双方也可以探讨按照统一规定的收费标准、总额度包干、足额收取费用后给予奖励等委托管理和经营的方式进行合作。

另外，物业服务企业在与相关公用事业企业签订委托代理协议时，对于对方提供的协议文本应认真审查，对于自己不应承担的合同义务或无力履行的合同义务避免写在协议中，防止日后产生纠纷。同时，积极适用物业管理领域的法律规定，最大限度地维护自己的合法权益。

物业服务企业与自来水公司等公用事业签订委托代理协议后，应认真履行代收费用的义务。作为代理人，应该对委托人负责，出现业主拒交费用或少交费用时，应及时告知自来水公司等委托人，以便这些公用事业企业及时维护其合法权益。当然，如果在委托代理协议中还约定有其他合同义务，物业服务企业也应依法履行。

第一节 物业服务费概述

关于物业服务费方面的法律法规，我国已出台的有《民法典》《价格法》，国务院颁布实施的《物业管理条例》，国家发改委、建设部联合发布的《物业服务收费管理办法》《物业服务收费明码标价规定》和财政部颁布实施的《物业管理企业财务管理规定》等。

一、物业服务费的概念与特征

（一）物业服务费的概念

物业服务费是指物业服务企业按照服务合同的约定，对房屋及配套设施设备和相关场地进行维修、养护、管理，维护相关区域内环境卫生和秩序而向业主收取的费用。

（二）物业服务费的特征

1. 物业服务费的收费主体是物业服务企业，而非房地产开发商

房地产开发商和物业服务企业是两个独立法人，不是同一法人单位。房地产开发商无权行使属于物业服务企业的权利，也没有义务替物业服务企业收取或免除物业服务费。因此，开发商"买房送物业费"的促销手段是错误的。

2. 物业服务费的交费主体是业主

物业服务费由物业服务企业按照物业管理合同的约定向业主收取。业主与使用人约定由使用人交纳物业管理费的，从其约定，但业主负最终交纳责任。物业服务费可以预收，预收期限根据各地法规规定有所不同。物业服务企业已向业主或者使用人收取物业服务费的，其他任何单位和个人不得重复收取性质相同的费用。

3. 物业服务费具有独立性

除非开发商与购房者另有约定，房地产开发商一般不能以购房人不预交物业服务费及其他使用费为理由拒绝交付物业。交付物业与交付物业服务费的义务来源依据不同，即性质不一样。前者是开发商履行物业买卖合同的交付标的物义务，购房人只要按合同规定支付了购房款，开发商就必须交付物业。后者是购房人取得物业并开始行使物业权能时才产

生的义务，它来源于法律、法规与物业使用、管理、维修公约。两者在时间上有先后，交付物业在先。若开发商拒交，则应承担逾期交付的违约责任。逾期超过合同约定时间，购房人有权解除合同。

此外，购房人一般不得以物业存在质量缺陷为由拒绝支付物业服务费。购房人只要实际接受了物业，在占用、使用该物业的过程中已经享受了服务，就必须向物业服务企业支付费用。在此情况下，购房人应另行与开发商就物业质量问题协商维修及赔偿问题。

二、物业服务费的收费原则

（一）物业服务收费应当遵循合理、公开以及费用与服务水平相适应的原则

《物业管理条例》第40条规定："物业服务收费应当遵循合理、公开以及费用与服务水平相适应的原则。"物业服务是对物业管理区域业主居住环境公共事务的管理与服务，因此，收费必须考虑到业主消费水平和承受能力。

（二）取之于业主，用之于业主

物业服务费除前期物业管理阶段外，在物业服务过程中，它的收取、支出一直由业委会（前期物业管理除外）核算，业主大会决议，按照物业服务合同或管理规约的约定支出。物业服务费的支付方法是业主按公摊面积比例交纳。物业服务费的支出主要应用于物业管理服务成本、物业服务企业员工工资及利润等。

（三）公开竞争，市场定价

物业服务合同是以招投标方式与主业签订的。物业服务企业在产品质量、服务水平上有很大差异。因此，服务好、业主顾客满意高和服务质量标准化程度高的知名物业服务企业收费较高；小型物业服务企业一般收费较低。业主的市场需求决定了市场价格。

三、物业服务费的定价方式

《物业服务收费管理办法》第6条规定："物业服务收费应当区别不同物业的性质和特点分别实行政府指导价和市场调节价。具体定价形式由省、自治区、直辖市人民政府价格主管部门会同同级房地产行政主管部门确定。"第9条规定："业主与物业服务企业可以采取包干制或者酬金制等形式约定物业服务费用。"

《物业管理条例》第40条规定："物业服务收费应当遵循合理、公开以及费用与服务水平相适应的原则，区别不同物业的性质和特点，由业主和物业服务企业按照国务院价格主管部门会同国务院建设行政主管部门制定的物业服务收费办法，在物业服务合同中约定。"凡是实行政府指导价的，有定价权的人民政府价格主管部门应当会同房地产行政主管部门根据物业管理与服务等级标准由业主与物业服务企业根据基准价格和浮动幅度在物业服务合同中约定。实行市场调节价的物业服务收费，由业主与物业服务企业在物业服务合同中约定。市场调节价一般适用于写字楼、商业物业、交通物业、工业物业和高校物业等。

第二节　物业服务费的构成

一、物业服务费的范围

国家发展和改革委员会、建设部制定 2004 年 1 月 1 日执行的《物业服务收费管理办法》第 11 条规定：实行物业服务费用包干制的，物业服务费用的构成包括物业服务成本、法定税费和物业管理企业的利润。实行物业服务费用酬金制的，预收的物业服务资金包括物业服务支出和物业管理企业的酬金。物业服务成本或者物业服务支出构成一般包括以下部分：① 管理服务人员的工资、社会保险和按规定提取的福利费等；② 物业共用部位、共用设施设备的日常运行、维护费用；③ 物业管理区域清洁卫生费用；④ 物业管理区域绿化养护费用；⑤ 物业管理区域秩序维护费用；⑥ 办公费用；⑦ 物业管理企业固定资产折旧；⑧ 物业共用部位、共用设施设备及公众责任保险费用；⑨ 经业主同意的其他费用。物业共用部位、共用设施设备的大修、中修和更新、改造费用，应当通过专项维修资金予以列支，不得计入物业服务支出或者物业服务成本。

物业服务企业实行"营改增"后，按照《营业税改增值税试点管理办法》规定和国家税务总局 2016 年 23 号公告，增值税小规模纳税人应分别核算销售货物，提供加工、修理修配劳务的销售额，和销售服务、无形资产的销售额。增值税小规模纳税人销售货物，提供加工、修理修配劳务月销售额不超过 3 万元（按季纳税 9 万元），销售服务、无形资产月销售额不超过 3 万元（按季纳税 9 万元）的，自 2016 年 5 月 1 日起至 2017 年 12 月 31 日，可分别享受小微企业暂免征收增值税优惠政策。

公共性服务费不包含应得的利润以及业务招待费用，行业评比检查的费用，社区文化建设的费用，培训学习的费用，管理不善引起的行政罚款、各类赔偿及相关费用，以及用于经营项目的税收等。

商品房的价格受市场需求、地价、区域经济状况、总体规划的影响。然而，物业管理的公共性服务收费与商品房价格无关，如同水、电价格与商品房价格不产生任何关系一样，它由其服务成本与利润决定，只受服务的质量、服务的项目、服务的深度、服务区域环境、区域经济状况的影响。但物业服务费的高低与商品房价格往往有一种规律，就是房屋价格越高，物业服务费也越高，因为通常情况下高档物业的业主也有较高的支付能力，管理服务质量也要求较高。

二、物业服务费的分类

按照计费方式的不同，根据《物业服务收费管理办法》规定，业主与物业服务企业可以采取包干制和酬金制约定物业服务费用。

（1）包干制是指业主向物业服务企业支付固定的物业服务费用，盈余或者亏损均由物业服务企业享有或者承担的物业服务计费方式。

（2）酬金制是指在预收的物业服务资金中按约定比例或者约定数额提取酬金支付给物业服务企业，其余全部用于物业服务合同约定的支出，结余或者不足均由业主享有或者承担的物业服务计费方式。从严格意义上来讲，物业服务企业收取的这种酬金才是物业服务企业真正意义上的收入。如果物业服务收费采取酬金制方式，物业服务企业或者业主大会可以按照物业服务合同约定聘请专业机构对物业服务资金年度预决算和物业服务资金的收支情况进行审计。酬金制更有利于保护物业服务企业和业主双方的利益。酬金制加大了物业服务运作过程中的财务透明度，大力推动了物业行业市场化进程。酬金制是实现阳光财务的有效途径，使以物业管理费的使用为主要内容的物业管理活动实现业主的可监控性和共同参与管理的可能性。

第三节 物业服务费的收取与监督

一、物业服务费的收取

（一）入住预收

物业服务企业收取物业服务费一般从购房人办理楼宇入住时开始。楼宇入住时业主或者使用人收楼进房入住，标志着房屋买卖合同的基本履行。物业入住时需要办理一系列手续，签署多份文件，交纳物业服务费是其中一个重要环节。

（二）空置物业服务费的收取

空置物业服务费的收取是指物业服务企业对房地产开发公司公开发售但仍未销售出去的物业进行管理的服务费用的收取。从《物业管理条例》来看，开发商的空置房都应按100%的标准交纳物业服务费。

（三）一般收交程序

物业管理公共服务收费按一般收交程序进行。首先，要形成一个确定的收费标准。通常的程序是由物业服务企业在按照物业服务费的组成部分做分项预算后，将预算报告提交业主委员会讨论、审核，经表决通过后，形成一个合理、合法的收费标准。然后，物业服务企业要将一份物业服务费标准一同印发给每位业主（用户），并且从通过之日起，按这一标准执行。

二、催收管理

如果业主（使用人）不能如期交纳物业服务费，物业服务企业的财务部门应进行催款。物业服务费用的催收管理一般分为两种。

（一）一般性追讨

当上月物业服务费用被拖欠时，物业服务企业在第二个月向业主发催款通知单。此单将上月费用连同滞纳金以及本月费用一起通知业主,并经常以电话或者其他方式催缴。如果第二个月仍被拖欠,物业服务企业在第三个月第二次发催款通知单,并将此前两个月的费用、滞纳金和当月费用一并通知,并限期 3 天内交清,3 天过后物业服务企业可据物业服务合同和管理规约等有关规定停止对其服务,或者起诉至人民法院。

(二)针对性追款

物业服务企业对拖欠费用的业主要针对不同的原因,采取相应措施。对于欠费大户,要经理亲自登门(有时物业服务企业的总经理也要亲自去)拜访,争取业主理解和支持;对于钉子户业主,应严格按照法律执行;对于一些确实有困难的业主,可以适当予以照顾。

在实际生活中,业主由于工作或其他原因而耽误了交费,物业服务企业提醒业主补交也是应该的。许多业主一经提醒就迅速补交了,但是有少数业主经提醒与上门收缴仍然拒交。物业服务企业可分别按管理制度以及相应的法律程序进行处理。此时应当注意,催缴工作的书面记录是极其重要的,它是按照法律程序到法庭解决问题的物证。通常催收程序为发催款通知书—与业主进行电话沟通—发最后通知书—按法律程序进行解决。

总之,物业服务费用的追讨是一门艺术。物业服务人员一定要有较高的专业素质和较强的社交能力,要主动和业主交朋友,及时协助解决其投诉和困难,取得业主的信任和理解。

综上所述,物业服务费由物业服务企业按照物业服务合同的约定向业主收取。业主与使用人约定由使用人交纳物业管理服务费用的,从其约定,但业主负最终交纳责任。物业服务费用可以预收,预收期限一般为 3~6 个月。已经按上述规定向业主或者使用人收取物业服务费用的,不得重复收取性质相同的费用。

三、物业服务费的监管

(一)政府监督

1. 审批制度

在物业已交付使用但尚未成立业主委员会之前,物业综合服务收费一般由物业服务企业在政府指导价范围内提出,报县级以上物价局核定审批。另外,物业服务企业对全体业主提供的公共性服务费,如装修保证金、垃圾清运费等也应报物价局审批。

2. 备案制度

在业主委员会成立后,物业服务费标准由物业服务企业与业主委员会在物业服务合同中按照政府指导价的范围约定或由双方协商确定,并报物价局备案。

物业服务企业在业主委员会成立后,物业服务费标准由物业服务企业与业主委员会在物业服务合同中按照政府指导价的范围约定或由双方协商确定,并报物价局备案。

物业服务企业为满足业主需要而提供的特约服务,如室内清洁、家政服务等服务收费,只需经业主委员会或者业主认可,由物业服务企业将服务项目和收费标准在小区内公布,无须报物价局审批或备案。未经业主委员会或业主认可的服务收费,使用人有权不支付服务费用。

3. 许可证制度

为了使政府有效监管物业管理收费行为，我国许多地方实行物业服务收费许可证制度。此制度在《物业服务收费管理办法》第 6 条中规定：物业服务收费应当区分不同物业的性质和特点，分别实行政府指导价和市场调节价。对于具有物业服务资质证书的物业服务单位，对住宅小区、住宅组团、高档住宅、综合楼宇开展物业服务，收取物业服务费时按以下程序向物价部门申报。

（1）由物业服务企业写出申请收费或调整收费标准的报告。

（2）填报《物业管理服务收费申请表》一式三份，须同时附如下资料（复印件）：① 物业服务企业营业执照（许可证）；② 住宅小区物业管理手册或小区管理章程（规定）、住宅小区（大厦）总平面图；③ 住宅小区（大厦）总体检收资料。重新审核标准的，要附上原物价部门核定标准的有关文件等。

（3）经批准收费后，领取由各省、市物价部门统一制发的《经营服务性收费许可证》，并将其放置在收费场所显眼处，以便群众和物价部门监督检查。

（4）《经营服务性收费许可证》每年年审一次。

4. 处罚制度

除制定以上物业管理服务收费许可证制度外，有关部门有权对违法违规行为进行监管，《物业服务收费管理办法》第 21 条规定："政府价格主管部门会同房地产行政主管部门，应当加强对物业管理企业的服务内容、标准和收费项目、标准的监督。物业管理企业违反价格法律、法规和规定，由政府价格主管部门依据《中华人民共和国价格法》和《价格违法行为行政处罚规定》予以处罚。"

（二）业主监督

《物业管理条例》规定，物业服务企业要定期公布财务报表，以接受业主的监督，增加财务制度监督公开化的制度。业主委员会应从以下几个方面履行监督职能。

1. 平时监督

（1）对物业服务企业每月报送的财务报表进行相关指标分析，特别是物业服务费用支出明细表的分析。

（2）定期检查物业服务企业的各项收费标准是否合理、合法，财务收支情况是否公开。

（3）建立公共设备维修资金等大额费用支出报告制度。

2. 年终监督

根据被委托的会计师事务所审计后的年度报告，分析各项指标的收支情况。

根据年度预算各项指标与年度报告相关指标进行分析对比，分析各项指标产生偏差的原因，特别对超预算执行的费用支出，可由业主委员会代表进行适当的凭证抽查，以确定其发生的合理性和合法性。

复习思考题

1. 物业服务收费的概念与特征是什么?
2. 物业服务企业收费的原则是什么?
3. 什么是包干制与酬金制?
4. 物业服务费的收费范围有哪些?
5. 物业服务收费的定价方式有哪些?

案例分析

某业主在高层住宅买了一套房屋,花去半生积蓄,谁知入住后还要交维修基金、物业服务费和装修保证金等。这些费用交齐后,本以为可以安心居住了,谁知物业服务企业又发出通知要交纳这个费、那个费。他非常疑惑,到物业服务企业去询问费用的去向,要求物业服务企业提供财务支出账目。物业服务企业财务人员回答:"财务支出是商业秘密,只可以向业主委员会公开,不是每位业主都可以了解的。"该业主非常气愤,先是向物业服务企业投诉该财务人员,又到政府主管部门投诉物业服务企业乱收费,还发动邻居拒交物业服务费。以上问题发生说明该物业服务企业存在什么问题?针对以上问题,物业服务企业应采取什么整改措施?该业主的做法是否正确?为什么?

第十一章 《民法典》在物业管理中的法律规定

内容提要

本章主要讲述《民法典》第二编物权第六章业主的建筑物区分所有权,第七章相邻关系,第八章共有。《民法典》在物业管理中的确定原则等,把民法典中与物业管理服务工作的内容系统地向学生介绍,以满足学生毕业后物业管理与服务工作实际需要。

学习目标

1. 掌握建筑物区分所有权的概念,掌握建筑物区分所有权的特征与构成。
2. 了解《民法典》在物业管理中的法律规定与应用。
3. 熟悉《民法典》相关主要内容。

案例导入

业主讨要采光权案

【案情介绍】

西安市长安区智慧城业主讨要采光权,业主起诉西安市规划局,经调解得到赔偿:大寒日日照零小时的每户赔 2 万,日照 1 小时的赔 1.5 万。

两年前交房时,西安市长安区智慧城部分业主发现对面工地规划的 18 层高楼将会遮挡住自己家住房的阳光,多次反映无效后将西安市规划局诉诸法院。近日该案调解结案,44 位业主陆续拿到了对面楼盘 14 家建设单位共同赔偿的 75.5 万元。

隔壁高楼挡住阳光

2007 年 6 月,智慧城开发商开始给业主交房,但前来收房的业主们发现,在智慧城 4 号楼至 8 号楼的南面有处工地正在施工。"有业主就去问,才知道对面的楼盘叫'春天花园'。"一位不愿透露姓名的业主说,经过他们调查,在 2007 年 11 月 12 日,西安市规划局做出"西长规建(2007)-027 号"建设工程规划许可。根据该规划,"春天花园"楼盘正在施工的楼房设计楼层为 18 层,东西跨度 1 000 米,东西楼间距 18 米。业主们找专家测量,该楼与智慧城 4~8 号楼的间距为 41 米。

业主们认为,西安市规划局做出的该建设工程规划许可项目违反了国家关于城市楼间距的强制性规定——城市楼间距应保证大寒日不少于两小时日照。

追加建设单位为第三人

于是,有业主找到了陕西法智律师事务所律师韩朝泽。"业主说他们找过很多部门,但没有起作用,我建议业主推选代表,走诉讼程序。"韩朝泽告诉记者,业主人数较多,有的要告开发商,有的要告规划局,意见并不统一,最终他决定起诉西安市规划局。"被告的规划项目严重违反了国家的强制性规定,侵害了原告合法的采光、通风权。"2008年1月底,56位业主将西安市规划局起诉到莲湖区法院,要求法院依法撤销"西长规建(2007)-027号"建设工程规划许可并承担诉讼费用。在审理过程中,又有21名业主加入作为第三人参加诉讼。组团式开发"春天花园"的西安中长实业有限公司、陕西紫昱科技开发有限公司等14家单位也成为此案第三人。

法院调解不下10次

2007年5月,法院通知开庭,其间多次主持调解。"起码不下10次。"韩朝泽说,在调解时,西安市规划局代表表示已经盖好的楼挡了哪些业主的采光权就给哪些业主赔款,还没有盖好的楼房将以改变规划许可的方式解决,避免再遮挡其他业主家庭采光。

由于目前并没有采光侵权计赔标准,只有各地法院的不同判例,因此在涉及赔偿问题时,双方进行了多次谈判。"我们查的结果是,陕西以前最高赔了8 000元,海南类似的官司赔了3万多",但业主代表提出的赔偿3万元并未被接受。其后提出的按市政供暖价格计算一季度采暖费,再乘以产权期限的方案更是每户高达十几万元,也未被接受。

大寒日19户没有日照

在2007年大寒日,韩朝泽及请来的专家实地对采光进行勘测证实,"有的住户受影响确实很大,冬天几乎享受不到阳光"。而根据专业设计院的结果,有19户大寒日日照零小时,25户日照1小时,另外33户日照不受影响。2007年9月,采光受到影响的44户与14家建设单位达成协议——大寒日日照零小时的业主每户赔偿2万元,大寒日日照1小时的赔偿1.5万元。44户共得到赔偿75.5万元。目前,除两户因其他原因暂时还没领取赔偿外,其他42户已陆续拿到了赔偿。

此外,对起诉西安市规划局的行政官司,也因规划部门事实上改变了行政许可的内容,后建楼房不再遮挡阳光,业主们选择了撤诉。

据了解,在看到44户得到赔偿后,采光权可能受到影响的其他80多位业主也已准备委托律师再提起诉讼。

【案例点评】

关于采光权,《宪法》第39条规定:"中华人民共和国公民的住宅不受侵犯。"依据《民法典》的相关规定:建造建筑物,不得违反国家有关工程建设标准,妨碍相邻建筑物的通风、采光和日照。不动产的相邻各方,应当按照有利生产、方便生活、团结互助、公平合理的精神,正确处理截水、排水、通风、通行、采光等方面的相邻关系。给相邻方造成妨碍或者损失的,应当停止侵害,排除妨碍,赔偿损失。

采光减少致房屋贬值也应赔偿

陕西恒达律师事务所律师朱振峰说,除法律外,《中华人民共和国国家标准城市居住区规划设计规范》规定:大城市住宅日照标准为大寒日≥2小时,冬至日≥1小时,老年人居住建筑不应低于冬至日日照2小时的标准;在原设计建筑外增加任何设施不应使相邻住宅原有日照标准降低;旧区改造的项目内新建住宅日照标准可酌情降低,但不应低于大寒日日照1小时的标准。

朱振峰解释说,除采光时间小于上述标准应该获赔外,还有一种情况应该获赔:采光虽然符合国家日照标准，但新建筑物使相邻的原先的建筑物的采光低于原标准。据了解，阳光遮挡可能导致电费、采暖设施费用增加和房屋贬值，对此应当赔偿。而且业主还可索赔健康补偿费和视觉污染费。因此，在确定赔偿数额时，应当综合考虑采光时间、居室（客厅）受光面积。

他山之石：影响 10 户采光　赔偿 80 万

2006 年 7 月，江苏省无锡市最大一宗采光权官司审结，供水调度大楼所有权单位共支付 10 户业主近 80 万元的补偿款。对于 8 户日照在 1～2 小时的按每平方米 600 多元的标准补偿；对于剩余 2 户日照少于 1 小时的，按每平方米 800 元的标准进行补偿。

住房业主还有以下权利

用水、排水权：不动产权利人应当为相邻权利人用水、排水提供必要的便利。

通行权：不动产权利人对相邻权利人因通行等必须利用其土地的，应当提供必要的便利。

建造、修缮权：不动产权利人因建造、修缮建筑物以及铺设电线、电缆、水管、暖气和燃气管线等必须利用相邻土地、建筑物的，该土地、建筑物的权利人应当提供必要的便利。

环保权：权利人不得违反国家规定弃置固体废物，排放大气污染物、水污染物、噪声、光、电磁波辐射等有害物质。

不动产的安全权：权利人挖掘土地、建造建筑物、铺设管线以及安装设备等，不得危及相邻不动产的安全。

获得赔偿权：因施工造成相邻不动产损害的，应当给予赔偿。

资料来源：http://www.cnwest.com，2009-12-16

第一节　建筑物区分所有权

《民法典》中物权部分是该法典最重要的组成部分之一，是规范财产关系的民事基本法律，用于调整因物的归属权和利用权而产生的民事关系。《民法典》第二编物权，第六章业主的建筑物区分所有权有了专门规定。

一、建筑物区分所有权的概念

建筑物区分所有权，在德国被称为"住宅所有权"，在法国被称为"住宅分层所有权"，在瑞士被称为"楼层所有权"。我国民法理论目前采用日本的称谓，称为"建筑物区分所有权"。建筑物区分所有权最早起源于法国民法典，随后被各大陆法系国家以民法典或者单行法的形式规定下来。

区分所有权是将某一栋房屋特别是楼房，按其本身结构区分为各个独立单元，每一单元均构成一个相对独立所有权客体（独立的物），由此在一幢房屋成立了两个以上或多个所有权。

《民法典》第 271 条规定："业主对建筑物内的住宅、经营性用房等专有部分享有所有权，对专有部分以外的共有部分享有共有和共同管理的权利。"第 272 条规定："业主对其建筑物专有部分享有占有、使用、收益和处分的权利。业主行使权利不得危及建筑物的安全，不得损害其他业主的合法权益。"

建筑物区分所有权是指由若干个独立单元构成的建筑物为不同主体（即业主）所有而形成的复合权利。

它包括三个方面的权利：① 每一个独立单元的所有人就该独立单元享有的单独的所有权，也称为专有部分的所有权；② 对于该建筑物及其附属物的共有部分，除当事人另有约定外，由业主按其专有部分占整个建筑物中的比例享有不可分割的共有部分持分权；③ 业主共同建立的成员权。值得注意的是，建筑物的区分所有权虽然是复合性权利，但该权利是以业主对建筑物的独立单元享有的单独的所有权为基础权利的，其他两项权利是从属于该专有权利的。因此，区分所有权人取得专有所有权，自然就取得共有部分的持份权和建立的成员权。区分所有权人转让其专有部分时，共有持份权和成员权也一并转让。总之，这三项权利不可分割。

二、建筑物区分所有权的特征

（一）专有所有权性

建筑物区分所有权是一种以专有权为主导的独立的所有权，也是一种为权利主体自由转让或处分的权利。因此，区分所有权是以独立单元（部分）为客体的独立的房屋所有权形式，而不是共同所有形式。在产权登记时，共用部分持分权和成员权不需单独登记，因此这种房屋权利的表现只是自用部分所有权登记证书，其他权利无须在登记证书上表明。

（二）复合性

由建筑物区分所有权概念可以得知，它是由专有部分的所有权、共有部分的持分权和共同建立的成员权三个方面的权利组成的，是一种复合权利。

（三）权利主体性

由于建筑物区分所有权涉及三重权，因而区分所有权人的身份也具有多重性。对自用部分享有专有所有权，为所有权人；对公用部分享有共同所有权，为共有权人；对区分所有建筑物享有管理权，为成员权人。不过，这三重身份以自用部分的所有权人身份为主。

（四）一体性

建筑物区分所有权的三个方面的权利紧密连接，不可分割，不能进行单独的转让、抵押、继承和抛弃。因此，建筑物区分所有权是一种整合性权利，它的几个方面只是在认识上具有相对的独立性，在实践中并不是独立的。

（五）身份多重性

一般的不动产所有权人，其权利主体身份只能是单一的，要么作为所有权人，要么作为共有权人，不得同时具有所有权和共有权人的双重身份。但是，区分所有权人的身份具有多重性。

三、建筑物区分所有权的构成

建筑物区分所有权是由专有部分的所有权、共有部分的共有权、共有部分的共同管理权和业主的诉讼权利共同形成的权利，包括三个方面的内容：① 专业部分的所有权；② 共有部分的共有权；③ 共有部分的共同管理权。

第二节　共有部分与共有权

一、共有部分的范围

一幢楼宇内业主的共有部分是指一幢楼宇中各区分所有人共同享有或享用的建筑物、土地和设备设施。

共有部分的本质特征是：这些建筑物的性质功能是服务于整个建筑物的使用的，是关系到全体业主共同利益的。在某种意义上说，共有部分是建筑物的附属物。

（一）共用部位

共用部位是专有部分以外供全体业主使用的建筑物空间。在一幢楼宇中除专有部分外，还有许多空间是共用的，如楼梯、楼道、电梯间等。建设部《住宅共用部位共用设施设备维修基金管理办法》（建住房〔1998〕213号）第3条规定："本办法所称共用部位是指住宅主体承重结构部位（包括基础、内外承重墙体、柱、梁、拱板、屋顶等）、户外墙面、门厅、楼梯间、走廊通道等。"

（二）共用设施

《住宅共用部位共用设施设备维修基金管理办法》第3条第2款规定："共用设施设备是指住宅小区或单幢住宅内，建设费用已分摊进入住房销售价格的共用的上下水管道、落水管、水箱、加压水泵、电梯、天线、供电线、照明、锅炉、暖气线路、消防设施、绿地、道路、路灯、沟渠、池、井、非经营性车场车库、公益性文体设施设备和共用设施设备使用的房屋等。"

建设部、财政部出台《住宅专项维修资金管理办法》（财政部令第165号）自2008年2月1日起施行。其中所规定的共用设施包括一幢建筑物内部的共用设备、设施，也包括整个小区范围的共用设施。

（三）共用基地

从广义上讲，基地不仅包括建筑实际占用地面，而且包括其周围一定范围的土地面积。在我国，所有的房屋所有权人只能拥有宅基地的使用权，区分所有权人亦同。但是，我国立法主张坚持宅基地与建筑物主体一致原则，建筑物或房屋所有权人同时也是宅基地所有权人，以使建筑物与土地使用权视为一起。在建筑物区分所有权体制下，宅基地（使用权）

不可分割使用或登记，因此只能属于共用部分。这里将它独立出来，称为共用基地。一般认为，对于宅基地，各区分所有权人享有按份共有权。

按照不动产一般原理，如果一块有特定四至的土地上只存在一幢房屋，那么这块土地均属于该房屋的宅基地。在小区成片开发的情形下，每一幢楼宇除有一定范围的宅基地外，还存在一些属于小区全体业主的共用部位和设施，如公共道路。因此，这时就有必要区分每幢业主的共用基地与整个小区业主共用设施用地之间的界限。

二、共有部分

（一）居住区共用部分的范围

一个居住区之所以构成一个业主团体，是因为每一幢楼之间存在共用部分。按照用途或性质细分如下。

（1）公共道路、绿地、花园、亭榭、公用照明设施等。
（2）整个小区的供排水系统、供暖（冷）设备。
（3）游泳池、网球场、健身室和其他运动或康乐设施。
（4）化粪池、垃圾箱（房）等环卫设施。
（5）护墙、围栏或围墙、警卫设备。
（6）小区物业管理用房、门卫用房等。

（二）建筑区划内的道路、绿地、车库及其他相关场所、设施的共有权

《民法典》第 274 条规定："建筑区划内的道路，属于业主共有，但是属于城镇公共道路的除外。建筑区划内的绿地，属于业主共有，但是属于城镇公共绿地或者明示属于个人的除外。建筑区划内的其他公共场所、公用设施和物业服务用房，属于业主共有。"

第 275 条规定："建筑区划内，规划用于停放汽车的车位、车库的归属，由当事人通过出售、附赠或者出租等方式约定。占用业主共有的道路或者其他场地用于停放汽车的车位，属于业主共有。"

第 276 条规定："建筑区划内，规划用于停放汽车的车位、车库应当首先满足业主的需要。"

（三）业主对建筑物共用部分的使用、维护和管理与费用分摊、收益分配

《民法典》第 273 条规定："业主对建筑物专有部分以外的共有部分，享有权利，承担义务；不得以放弃权利为由不履行义务。业主转让建筑物内的住宅、经营性用房，其对共有部分享有的共有和共同管理的权利一并转让。"

建筑物共用部分是服务于小区全体业主利益的公共设施，每个业主均可以直接或间接地享受到这些设施带来的好处，每个业主只要按照这些设施的本身用途、性质，遵循一定秩序就可以不受限制地使用。而且对公共部分的使用一般不存在份额，更不存在专用权。

但是在费用和维护及管理义务的承担上，一般仍是按照专有部分的面积进行分摊的。这里不能简单地说，有按面积分摊，就存在按份共有。实际上，这种按面积分摊义务只是

为管理上的方便，它几乎不影响业主的权利。

另外，尽管建筑物区分所有是以区分所有权人为单位的，但是在费用分摊问题上，我们也可以实行以每户业主为单位收取。现实中没有区分出两类区分所有，而且即使以每幢楼为单位，全体业主也要按照在整个小区中所占面积比例进行分摊，其效果与直接向业主征收费用差不多。

《民法典》第281条规定："建筑物及其附属设施的维修资金，属于业主共有。经业主共同决定，可以用于电梯、屋顶、外墙、无障碍设施等共有部分的维修、更新和改造。建筑物及其附属设施的维修资金的筹集、使用情况应当定期公布。紧急情况下需要维修建筑物及其附属设施的，业主大会或者业主委员会可以依法申请使用建筑物及其附属设施的维修资金。"

第282条规定："建设单位、物业服务企业或者其他管理人等利用业主的共有部分产生的收入，在扣除合理成本之后，属于业主共有。"

第283条规定："建筑物及其附属设施的费用分摊、收益分配等事项，有约定的，按照约定；没有约定或者约定不明确的，按照业主专有部分面积所占比例确定。"

三、业主共有权

（一）共用部分共有权的性质

一幢楼内的共用部分归该楼全体业主共同所有。建筑物区分所有的共有权应理解为按份共有。在区分所有体制中，专有部分和共有部分构成完整的建筑物，专有部分的利用离不开对共用部分的利用，而对于共用部分的利用，在一般情形下是不分份额的（约定专用除外）。在这个意义上，业主共有权不存在份额。但是，按份共有的份额从来都是价值上的，而不是实物形态上的，一旦成为实物形态上的，就成为独立所有（或区分所有）；在实物操作中，业主往往是按照其所购物业（专有部分）面积的多少来分摊共用面积的，同时也是按照专有部分的面积分摊物业管理费用的。所有这些均表明，对于共用部分，是存在份额的。因此，我们更加倾向于将业主对共用部分的共有权定位在按份共有上，这样便于实务操作。但是，尽管这里将共用部分所有权定位于按份所有，但是这种按份所有与一般的按份所有有重要的区别。

（二）业主所有权的内容

区分所有权人对共用部分的权利表现为对物的共有、使用和收益权利。尽管区分所有权人对共用部分享有共同所有权，但是共用物是作为各个建筑物的附属存在的，是服务于全体业主的。因此，业主共有权实际上主要表现为共同利用的权利。但是有的时候，共有权还包含处分权，如将剩余物业出租甚至转让给他人的权利。只是处分权的行使必须经全体业主同意，以确保业主利益的实现。

对共用部分的利用是建筑物区分所有权人权利的重要组成部分，没有对共用部分的利用，对自用部分的利用即不可能。因此，每个业主和物业使用人均有使用共用部分的权利。但是，有些共用部分是为全体利益而存在。一般来说，他们不适宜业主个人利用，而是由全体业主集体利用，而各个业主分享其利益。从物的利用主体的角度看，将对共用部分的利用分为两种：一是使用权，也就是业主对共用部分的直接使用；二是收益权，对于共有部分经营收益，业主有分享其收益的权利。因此，业主共有权分三部分：使用权、收益权和处分权。

四、业主的权利和义务

（一）业主的权利

业主的权利主要有三大项：一是对楼房专有部分享有的专有所有权；二是对楼房共有部分享有的共有所有权；三是因区分建筑物共同关系享有的成员权。其中，业主的专有所有权是基础和核心，共有所有权和成员权的产生和存在都是源于专有所有权。实际上，业主的三大项权利是紧密联系在一起的，共同构筑业主的权利及其保障体系。业主的三大项权利中，同时又各自包含了一些具体的权利内容。

1. 在专有所有权中，主要有两项具体内容

（1）所有权。所有权是指业主对于建筑物内的住宅、经营性用房等专有部分享有所有权，包括占有、使用、收益和处分四项权能，即业主可以依法使用、出租、出借、转让、赠与等，他人不得干涉，具有绝对权性质的。《民法典》规定，业主对建筑物内的住宅、经营性用房等专有部分享有所有权；业主对其建筑物专有部分享有占有、使用、收益和处分的权利。业主依法行使其专有所有权，也是受到我国宪法、民法等法律保护的。但是业主行使其权利时不得危及建筑物的安全，亦不得损害其他业主的合法权益。《民法典》还明确规定，业主不得违反法律、法规以及管理规约，将住宅改变为经营性用房。业主将住宅改变为经营性用房的，除遵守法律、法规以及管理规约外，应当经有利害关系的业主同意。这既是对业主权利行使的限制，也是业主保障自己权利的最佳实现方式。

（2）相邻的使用权。这是指业主为了正当合理地使用自己的专有部分而请求使用其他业主的专有部分或者公用部分的权利。如为了修复自己漏水的天花板，该业主可以利用楼上业主的地板，楼上业主不得拒绝。

2. 在共有所有权中，主要有两项具体内容

（1）共有部分的使用权。《民法典》规定，业主对建筑物专有部分以外的共有部分，享有权利，承担义务。因此业主对于共有部分，可以合理地善意使用，他人不得干预。如小区内业主共有的绿地、公用设施等，每位业主均可合理地使用，充分享受共有部分所带来的生活便利。

（2）共有部分的收益权。这是指如果共有部分被出租、出售而取得收益时，业主可以取得相应份额的利益所得。《民法典》规定，建筑物及其附属设施的费用分摊、收益分配等事项，有约定的，按照约定；没有约定或者约定不明确的，按照业主专有部分占建筑物总面积的比例确定。

（3）知情权。《民法典》规定，维修资金的筹集、使用情况应当公布。这是《民法典》对业主知情权的最直接、明确规定，除此之外，未再有其他事项知情权的具体规定。根据

《民法典》关于由业主共同决定七大类事项的规定，如业主委员会、物业服务企业管理的费用、收益、分配、重大决策的执行情况和共有部分及其使用情况等方面内容，均属于"有关共有和共同管理权利的其他重大事项"，理应列入业主知情权的范围。既然规定了业主具有表决权，那就得先对要表决的情况有所了解认知。因此业主完全可以依照《民法典》的相关规定来维护其知情权的实现。

（4）监督权。这是指业主对于物业服务企业或者其他管理人具有要求更换权利，对业主委员会的工作、物业服务企业履行合同、共有部分及其使用情况、专项维修资金等方面具有监督权利。

（5）请求权。请求权是指业主依据管理规约请求召开业主大会，请求物业服务企业就管理公共事务分配应得的利益等方面的权利。这是业主参与物业管理工作的最基本方式。《民法典》虽未对该权利做出明确规定，但是基于业主的区分建筑物所有权法律规定，业主享有该项权利。

（6）诉讼权。诉讼权主要是指业主认为业主大会、业主委员会做出的决定或者其他业主的行为侵害了其合法权益，可以向人民法院提出诉讼，要求支持其诉讼请求。

《民法典》规定，业主大会或者业主委员会做出的决定侵害业主合法权益的，受侵害的业主可以请求人民法院予以撤销。业主大会和业主委员会，对任意弃置垃圾、排放污染物或者噪声、违反规定饲养动物、违章搭建、侵占通道、拒付物业费等损害他人合法权益的行为，有权依照法律、法规以及管理规约，要求行为人停止侵害、消除危险、排除妨害、赔偿损失。业主对侵害自己合法权益的行为，可以依法向人民法院提起诉讼。

（二）业主的义务

共用部分不仅是区分所有权人利用各自物业的必要条件，它们也因此构成了共同的生存环境。虽然建筑物区分所有权人对共用部分享有共同所有权，但是这种所有权仅表现为一种非排他的使用权，而且在任何时候都不能独享、独占共用部分，更不能分割共用部分。但是，由于住房紧张、空间狭小，区分所有权人时常挤占、多占、独占共用部分，导致相邻关系纠纷。因此，区分所有权人在利用这些共用部分的同时，必须遵守共同的规则和规范。这些规则和规范构成了行使共用部分利用权的义务。

1. 基于共用部分产生的义务

（1）依共用部分的本来用途使用共用部分。这一义务旨在使共有部分的使用合理化。所谓以本来义务使用，是指依据共用部分种类、位置、构造、性质、功能或目的等来使用。例如，在通道中禁止堆放杂物妨碍通行。

（2）有维护共用物完整性和保持良好状态和安全的义务。要求区分所有人，无论是对部分物，还是对全体共用物，只能维护其正常状态，而不能轻易改造，破坏其原有的功能。

（3）分担共同的费用和负担。区分所有权人对共用部分负有维修养护的义务，还有共同维护良好居住环境的义务，这些往往转化为费用的承担。区分所有权人对整个建筑物及共用附属设施的维修、改造、卫生、治安、门卫、信报收发等产生费用进行分摊。

2. 基于相邻关系产生的义务

建筑物区分所有中的相邻关系并不完全是一对一的相邻关系。建筑物区分所有权人因居住于同一幢大楼，不仅产生每一对相邻房屋之间的相邻关系，而且因建筑物为一个整体，使它们全体成为一种共同体。因此，除了产生类似于因不动产相邻而产生的权利义务关系外，也有作为全体的一员产生的权利、义务，而且两者密切地联系在一起。可以说，建筑物区分所有形成了一种众多人之间"相邻关系"，我们称之为团体相邻关系。

第三节 区分所有权下的相邻关系

一、不动产相邻关系的概念和法律特征

《民法典》第 288 条规定："不动产的相邻权利人应当按照有利生产、方便生活、团结互助、公平合理的原则，正确处理相邻关系。"第 289 条规定："法律、法规对处理相邻关系有规定的，依照其规定；法律、法规没有规定的，可以按照当地习惯。"

建筑物区分所有权人因居住在同一幢大楼，不仅产生每一对相邻房屋之间的相邻关系，而且因建筑为一个整体，使它们全体成为一种共同体，因此必然产生类似于因不动产相邻而产生的权利、义务。它与一般的不动产相邻权利、义务不同的是，它不仅包含一对相邻区分所有权人的权利、义务，而且也有作为全体的一员产生的权利、义务，两者密切地联系在一起。可以说，建筑物区分所有形成了一种众多人之间的"相邻关系"。

（一）不动产相邻关系的概念

不动产相邻关系是指两个或两个以上不动产毗连邻近的物业所有人或占有人、使用人，在行使物业的所有权或使用权时，彼此之间应依法给予相邻人便利或接受法定限制而发生的特定的权利义务关系。

区分所有权人之间的相邻权利和义务，是因为共同拥有建筑物的某部分，也是因为这些共有部分将各区分所有权人自然地联结在一起而产生的。也就是说，区分所有权人之间产生相邻关系不是因为简单的房屋相毗连，而是形成了共有部分。这使区分所有权人组成了一种法定的共有关系，而且这种共有关系远远超出了一般建筑物相邻或相连接而产生的权利义务关系。

建筑物区分所有物业中的相邻关系大致可以分为三类：一是专有部分的使用引起的相邻关系问题；二是共有部分的使用而引起的相邻关系问题；三是建筑距离、不可称量物侵害等引起的相邻关系。

不动产相邻关系的实质是对物业相邻各方合法权益的保护和他方行使共同权利的限制。相邻权一般是从属于物业的所有权、使用权等权利的从物权，并不能直接管理和支配物业。相邻关系中的各方当事人可称为相邻人，他们的权利、义务是对等的。相邻关系中的权利是可以从相邻方获得必要的便利，有权防止相邻的危害和危险。

（二）不动产相邻关系的法律特征

（1）物业相邻关系的主体是两个或两个以上相邻的物业所有人、占有人或使用人。该主体可以是公民，也可以是法人。公民在行使物业产权时，在公民个人与个人之间产生相邻关系；在生产、建设中因行使物业产权而在法人与法人之间产生相邻关系；因现代工业生产产生环境污染和噪声、震动危害而在公民与法人之间产生相邻关系。总之，只有相邻物业分属不同主体所有或由不同主体使用时，才可能产生相邻关系。

（2）物业相邻关系的基础是相邻关系主体所有或使用的物业必须是相邻的。这种相邻不是当事人双方约定的，而是客观存在的。这里的相邻是指地理位置上的相邻，既包括相邻接的物业，也包括相邻近的物业。只要一方行使物业所有权或使用权影响到另一方的利益（如噪声危害到对方的生活环境），那么即使双方的物业不相邻，只是位置相距较近，也可以存在相邻关系。可以说，不同主体之间地理位置的毗连与邻近是产生物业相邻关系的法定条件。

（3）物业相邻关系的客体是物业的所有人或使用人行使其权力时所体现的利益，而不是相邻物业本身。这种利益可能表现为财产利益，如一方擅自堵截或者独占自然流水，影响到他方生产，给他方造成财产损失；也可以表现为非财产利益，如相邻一方的房屋或设施有倒塌的危险，危及相邻方的人身安全。这种利益与行使物业所有权或使用权相关，但需要给予相邻方必要的方便或接受必要的限制。

（4）物业相邻关系的客体是有限度的，即相邻权的行使必须以相邻另一方取得必要的便利为限度，而不能以该权利为借口而损害相邻另一方的权利。这种权利一经取得，就受到法律的保护；一旦受到侵害，权利人就有权要求排除妨碍和赔偿损失。同时，权利人也不得滥用权利。

二、处理不动产相邻关系的原则

物业相邻关系同业主生活关系密切，正确处理物业相邻关系有利于维护公共秩序的和谐安定，并可以保障国家、集体、公民的合法权益不受侵害。我国《民法典》规定：不动产的相邻各方，应当按照有利生产、方便生活、团结互助、公平合理的精神，正确处理截水、排水、通风、采光等方面的相邻关系。给相邻方造成妨碍或者损失的，应当停止侵害，排除妨碍，赔偿损失。建设部公布的《城市异产毗连房屋管理规定》也是采取这样的思路来规范区分所有权人之间的权利与义务的。《城市异产毗连房屋管理规定》对相邻各方权利、义务的规范主要是从义务的角度进行的。该规定第 5 条确定了建筑区分所有权人处理"相邻关系"的基本原则，即所有人和使用人对房屋的使用和修缮，必须符合城市规划、房地产管理、消防和环境保护等部门的要求，并应按照有利使用、共同协商、公平合理的原则，正确处理毗连关系。这些法律、法规是关于物业相邻关系问题所做的原则性规定，也是处理物业相邻关系纠纷的重要法律依据。

（一）有利于生产，方便生活的原则

不动产的相邻关系，主要是相邻各方在生产、生活中产生的特殊的权利义务关系。这

些相邻关系有的发生在生产中，有的与生产有直接、间接的联系，有的则是因住房而产生邻里纠纷，从而影响了人们的生产工作，破坏了社会秩序。因此，在处理相邻问题时，应当从有利于生产、方便生活的角度出发，充分发挥不动产的效益。这是法律调整物业相邻关系的目的所在。

（二）团结互助，公平合理的原则

团结互助是搞好物业相邻问题的基本指导思想和行为准则，而公平合理则是处理一切纠纷的原则，两者相辅相成。相邻权的行使，要求相邻一方为另一方行使物业所有权或使用权给予必要的方便或接受必要的限制，但相邻权的行使是相互的。如果没有团结互助的精神，就不可能处理好相邻关系，不可能顺利地行使相邻权。对于给相邻方造成的妨害或损失，必须根据事实和法律，准确、恰当地确立法律责任，公平、合理地解决纠纷。

（三）尊重历史的原则

从稳定相邻关系、维护经济秩序出发，在行使相邻权时应当尊重历史。对于一方所有或者使用的建筑物范围内历史形成的必经通道，所有权人或者使用权人不得堵塞。因堵塞影响他人生产、生活，他人要求排除妨碍或者恢复的，应当予以支持。但有条件另开通道的，也可以另开通道。尊重历史，对正确行使相邻权、妥善处理相邻关系具有重要意义。

三、不动产相邻关系纠纷的种类及处理方法

（一）因通行通道引起的相邻关系纠纷

《民法典》第 291 条规定："不动产权利人对相邻权利人因通行等必须利用其土地的，应当提供必要的便利。"

通行相邻权是指相邻一方的房屋或土地由于自然条件或原因被相邻土地或建筑物环绕，与公用道路隔离，该房屋或土地的所有人或使用人有权通行邻地，直达公用道路。邻地所有人或使用人有允许通行的义务。但主张通行权的一方应在与相邻他方协商后选择他方损失最小的路线。对由此造成他方损失的，通行一方应给予适当补偿。如果有公共道路可供其通行，则相邻方无权要求法律保护其损害他方的通行权。

通道相邻权是指必须经过通道的通行人对于一方所有的或者使用的建筑范围内历史形成的通道，有权要求该通道的所有权人或者使用权人不得堵塞。关于通道问题，应分不同情况处理。

（1）对于历史上形成的通道，除政府部门统一规划外，任何人不得擅自堵塞、堵截或独自占用而损害相邻方利益。因相邻一方所有权人或使用权人堵塞其所有或者使用的建筑物范围内历史形成的必需通道而影响相邻他方生产、生活的，应排除妨碍或者恢复原状。如果有条件另开通道，也可以另开通道。

（2）因相邻一方通道在相邻另一方土地上而产生纠纷的，出入必经他方通道或房屋的一方有权请求另一方提供便利，而另一方不得以各种借口禁止或阻挠请求方通行。

（3）因一方通道堵塞而产生纠纷，相邻方有权请求堵塞方清除堵塞物。堵塞方应及时

排除堵塞物，保证原公用通道的畅通，不得为自己的利益而影响相邻方的正常通行。

（二）相邻用水、排水、流水、滴水的纠纷

《民法典》第 290 条规定："不动产权利人应当为相邻权利人用水、排水提供必要的便利。对自然流水的利用，应当在不动产的相邻权利人之间合理分配。对自然流水的排放，应当尊重自然流向。"

（三）相邻危险纠纷

相邻危险纠纷是指相邻物业的一方所有人或使用人在对其物业行使所有权或使用权时，对相邻他方的财产、人身造成危险而引起的相邻关系纠纷。对于相邻危险，相邻他方有要求该物业所有人或使用人及时制止危险，防止损害扩大的权利；该物业所有人或使用人应当及时采取措施，消除危险。《物业管理条例》第 55 条明确规定："物业存在安全隐患，危及公共利益及他人合法权益时，责任人应当及时维修养护，有关业主应当给予配合。"

（四）因建筑施工、铺设管线临时占用邻地的纠纷

《民法典》第 292 条规定："不动产权利人因建造、修缮建筑物以及铺设电线、电缆、水管、暖气和燃气管线等必须利用相邻土地、建筑物的，该土地、建筑物的权利人应当提供必要的便利。"

房屋所有人或使用人因建筑施工需要临时占用相邻他方的土地，或通过邻地安设其生产、生活需要的电线、电缆、水管、燃气管、下水道等管线而与邻地所有人或使用人产生纠纷的处理方法如下。

（1）物业所有人或使用人因建筑施工需要临时占用相邻他方的土地的，他方应给予便利。双方可以约定使用土地的范围、期限，但土地权利人不得对临时用地人加以不合理的限制。临时占用方应严格按照双方的约定用地，使用完毕后应当及时清理现场，排除妨碍，恢复原状。因临时占用造成土地权利人损失的，占用方应当赔偿。

（2）物业所有人或使用人非通过邻地不能安设其生产、生活需要的电线、电缆、水管、燃气管、下水道等管线时，有通过邻地的上空或地下安设管线的权利，而邻地所有人或使用人应当允许安设，同时还应当保护其土地上空或地下的管线和设施。但是，安设管线应选择对相邻人损害最小的线路和方法，并应当及时恢复原状。根据《物业管理条例》第 51 条的规定，供水、供电、供气、供热、通信、有线电视等单位，因维修、养护等需要，临时占用、挖掘道路、场地的应当及时恢复原状。另外，管线的安设方对其安设的管线负有防止损害的义务。因安设管线造成相邻人损失的，应当依法赔偿相邻人的损失。

（五）相邻环境污染纠纷

《民法典》第 294 条规定："不动产权利人不得违反国家规定弃置固体废物，排放大气污染物、水污染物、土壤污染物、噪声、光辐射、电磁辐射等有害物质。"

物业所有人或使用人从事工农业生产，超过国家规定标准排放废水、废气、废渣、粉尘、油污和放射性物质污染环境，或以噪声、振动妨碍相邻人而引起的纠纷为相邻环境污染纠纷。处理此类纠纷的方法如下。

（1）物业所有人或使用人从事工农业生产，应遵循环境保护法的有关规定，注意保护环境，防止污染。违反规定，造成相邻人损失的，相邻人有权要求治理并赔偿损失。

（2）物业所有人或使用人修建厕所、粪池、潜水池，堆放腐朽物、有毒物、恶臭物及垃圾等，应当与相邻人生活居住的建筑物保持应当的距离，并采取防止污染的措施。影响到相邻人生产、生活的，相邻人有权提出异议，请求采取防止侵害的措施。

（3）物业所有人或使用人不得以噪声、振动妨害相邻人的工作和休息。对超过一定程度、造成他人不应忍受的噪声与振动，相邻人有权提出异议，请求采取防止侵害的措施。

（六）相邻通风、采光和日照纠纷

《民法典》第 293 条规定："建造建筑物，不得违反国家有关工程建设标准，不得妨害相邻建筑物的通风、采光和日照。"

相邻采光纠纷是指相邻一方在修建房屋或其他建筑物时，未与相邻他方的房屋或其他建筑物保持适当的距离或相对适当的高度，影响了相邻他方的正常采光而引起的相邻关系纠纷。

因通风引起的相邻关系纠纷通常包括：① 相邻一方建造房屋或其他设施未与相邻他方的房屋保持适当的距离，相距太近而导致相邻他方室内空气流通不畅，或阻挡了相邻他方的窗户而使其无法通风；② 相邻一方的树枝等伸延至相邻他方窗前，阻碍相邻他方室内空气流通；③ 相邻一方长期存在的一些行为或原因迫使相邻他方无法正常开启窗户通风。

第四节 《民法典》在物业管理中确定的原则

一、规定了建筑物区分所有权的原则

建筑物区分所有权不仅是建立物业管理活动中业主大会、业主委员会、管理规约等制度的基础，而且还涵盖了物业管理立法、物业管理责任主体法律地位、物业管理法律关系、业主权利与义务、物业服务企业选聘、物业管理服务合同订立、管理费用收取和使用、建筑物共同费用分摊、装修管理、建筑物整体使用和管理及维修保养、建筑物修缮与改良及更新重建、共有收益分配与使用等在物业管理活动中所遇到的一系列理论与实践问题，并能以建筑物区分所有权的角度从理论和法律关系上对此做出合理合法的解释。因此，建筑物区分所有权构筑了物业管理理论体系和法律基础。

二、规定了建筑区划内的道路、绿地、相关场所等的共有权的原则

《民法典》第 274 条规定："建筑区划内的道路，属于业主共有，但属于城镇公共道路的除外。建筑区划内的绿地，属于业主共有，但属于城镇公共绿地或者明示属于个人的除外。建筑区划内的其他公共场所、公用设施和物业服务用房，属于业主共有。"这样原则上确定了建筑区划内除个人专有和国家所有的权利以外的归业主共有。法律明确了业主对建

筑区划的绿地、道路及物业管理用房等公共设施的权益，也避免了由此产生的一系列纠纷。

三、规定了业主的共同决定权的原则

根据《民法典》相关规定，下列事项由业主共同决定：制定和修改业主大会议事规则；制定和修改建筑物及其附属设施的管理规约；选举业主委员会或者更换业主委员会委员；选聘和解聘物业服务企业或者其他管理人；筹集和使用建筑物及其附属设施的维修资金；改建、重建建筑物及其附属设施；有关共有和共同管理权利的其他重大事项。特别规定了"筹集和使用建筑物及其附属设施的维修资金及改建、重建建筑物及其附属设施的决定应当经专有部分占建筑物总面积的三分之二以上的业主且占总人数三分之二以上的业主同意，其他部分应当经专有部分占建筑物总面积过半数的业主且占总人数过半数的业主同意"。如一个小区的总面积是 90 万平方米，总户数是 6 000 户，那么小区要决定使用物业维修资金时，需要面积超过 60 万平方米，并且总户数超 4 000 户的业主同意。这项规定比《物业管理条例》更加严格。

四、赋予了业主对物业管理方式选择权的原则

《民法典》第 284 条规定："业主可以自行管理建筑物及其附属设施，也可以委托物业服务企业或者其他管理人管理。对建设单位聘请的物业服务企业或者其他管理人，业主有权依法更换。"

五、规定了规划车位、车库权属的原则

（一）占用小区内道路停车收益归全体业主

近年来，汽车从奢侈品成为了老百姓的必需品，汽车的急剧增加给人们带来便利的同时，也带来了极其严重的停车难问题。尤其是资源紧张的小区，车位问题经常带来纷争。《民法典》规定，小区内不是专门用于停车的共用道路，属于业主共有。这意味着，开发商、物业服务企业不能对车位收费所得据为己有，如果需要收费，在扣除必要的管理费后所得款项属于业主共有。如果有车业主无偿地占据了小区的公共道路，则损害了无车业主的利益，因此只有全体业主共同分享停车的利益，才能真正做到公平。《民法典》第 275 条规定："建筑区划内，规划用于停放汽车的车位、车库的归属，由当事人通过出售、附赠或者出租等方式约定。占用业主共有的道路或者其他场地用于停放汽车的车位，属于业主共有。"

第 276 条规定："建筑区划内，规划用于停放汽车的车位、车库应当首先满足业主的需要。"

《民法典》虽然对规划的车库、车位没有直接规定所有权，但是规定了归属原则。

（二）车库的归属要通过合同约定

目前大型小区均配备了地下车库、地下车位，所有权是归开发商还是归业主，这个问

题一直没有明确。开发商认为，谁开发谁受益，车库为自己开发自然归开发商所有。而业主认为，车库作为小区的配套，自然应该归全体业主共有。而《民法典》规定，由当事人即开发商与业主协商确定车库的归属。此举体现了民法自治的原则。

六、规定了高度危险作业造成他人损害应该承担的责任

《民法典》第七编第八章高度危险责任，涉及此类立法共九条（这里只列七条）。

第1236条规定："从事高度危险作业造成他人损害的，应当承担侵权责任。"

第1239条规定："占有或者使用易燃、易爆、剧毒、高放射性、强腐蚀性、高致病性等高度危险物造成他人损害的，占有人或者使用人应当承担侵权责任；但是，能够证明损害是因受害人故意或者不可抗力造成的，不承担责任。被侵权人对损害的发生有重大过失的，可以减轻占有人或者使用人的责任。"

第1240条规定："从事高空、高压、地下挖掘活动或者使用高速轨道运输工具造成他人损害的，经营者应当承担侵权责任；但是，能够证明损害是因受害人故意或者不可抗力造成的，不承担责任。被侵权人对损害的发生有重大过失的，可以减轻经营者的责任。"

第1241条规定："遗失、抛弃高度危险物造成他人损害的，由所有人承担侵权责任。所有人将高度危险物交由他人管理的，由管理人承担侵权责任；所有人有过错的，与管理人承担连带责任。"

第1242条规定："非法占有高度危险物造成他人损害的，由非法占有人承担侵权责任。所有人、管理人不能证明对防止非法占有尽到高度注意义务的，与非法占有人承担连带责任。"

第1243条规定："未经许可进入高度危险活动区域或者高度危险物存放区域受到损害，管理人能够证明已经采取足够安全措施并尽到充分警示义务的，可以减轻或者不承担责任。"

第1244条规定："承担高度危险责任，法律规定赔偿限额的，依照其规定，但是行为人有故意或者重大过失的除外。"

高度危险作业必须是需要采取一定的安全方法，才能进行活动的作业。高度危险作业是在活动过程中产生高度危险性的，因此只有采取一定的安全方法进行活动，才能够控制活动中产生的危险，减少损害发生的几率。反之，若不采取一定的安全措施，就会大大地增加危险性。这也决定了法律对此类活动在程序上有着严格的规定，或对这类活动有特殊的要求，赋予特别的责任。

案例 11-1

连片整体地下车库纠纷案

【案情介绍】

某城市花园在三栋楼下建有连片整体车库，共有59个机动车停车位。开发商在销售住宅时曾经向业主承诺，小区配建地下车库供业主停车。但业主们入住后却发现，开发商没

有首先满足业主的需要，以每个18万元价格将车位出售给小区附近的一家运输公司。在多次向开发商争取停车权无效的情况下，该小区业主委员会向人民法院起诉开发商，最终法院判决开发商将车库归还业主。

【案例点评】

该案件的判决与《民法典》的精神相一致。按照《民法典》规定，小区的车位、车库业主有优先使用权，所以开发商擅自将其高价出租或者出售给小区以外的单位与个人的做法，都是违法的。

七、规定了业主的司法救济权原则

《民法典》第280条规定："业主大会或者业主委员会的决定，对业主具有法律约束力。业主大会或者业主委员会作出的决定侵害业主合法权益的，受侵害的业主可以请求人民法院予以撤销。"

《民法典》第286条规定："业主应当遵守法律、法规以及管理规约，相关行为应当符合节约资源、保护生态环境的要求。对于物业服务企业或者其他管理人执行政府依法实施的应急处置措施和其他管理措施，业主应当依法予以配合。业主大会或者业主委员会，对任意弃置垃圾、排放污染物或者噪声、违反规定饲养动物、违章搭建、侵占通道、拒付物业费等损害他人合法权益的行为，有权依照法律、法规以及管理规约，请求行为人停止侵害、排除妨碍、消除危险、恢复原状、赔偿损失。业主或者其他行为人拒不履行相关义务的，有关当事人可以向有关行政主管部门报告或者投诉，有关行政主管部门应当依法处理。"

该条确认，如果业主违反《民法典》与管理规约，受侵害的业主可以通过诉讼程序请求司法救济，业主大会或业主委员会可以要求行为人停止侵害、消除影响等。

八、规定了相邻建筑物通风、采光和日照的原则

多年来，随着城市建设的迅猛发展，住宅建设用地供应紧张，一些城市在新建项目审批中没有严格审核，致使某些开发商违规施工，或者不按照规划施工，导致新建住宅过高、过密，使楼盘采光不符合法律规定要求。还有的业主为求私利，私搭乱建，也影响相邻建筑物的通风、采光，使基于业主讨要"通风权""阳光权"的法律纠纷案件越来越多。

《民法典》第293条规定："建造建筑物，不得违反国家有关工程建设标准，不得妨碍相邻建筑物的通风、采光和日照。"

《民法典》第296条规定："不动产权利人因用水、排水、通行、铺设管线等利用相邻不动产的，应当尽量避免对相邻的不动产权利人造成损害。"

《民法典》中的相应规定将有利于此类纠纷的解决。

复习思考题

1. 建筑物的区分所有权、共用部位、共有设备、相邻关系的概念各是什么？

2．建筑物区分所有权的特征是什么？
3．处理不动产相邻关系的原则是什么？
4．建筑物区分所有权人的共用部分包括哪些内容？
5．业主的权利与义务有哪些？
6．不动产相邻关系的概念与法律特征是什么？
7．处理不动产相邻关系的原则有哪些？
8．《民法典》在物业管理中的确定原则有哪些？

案例分析

1．西安南郊某新建小区共有1 336套住房，239套未出售，业主在2018年2月正式开始办理入住手续，截至2018年5月入住率已达到了50%。2018年7月，在物业管理行政主管部门的指导下，在开发企业委托的前期物业服务企业的组织下，业主参与成立了业主委员会筹备小组，确定了18名候选人，根据《陕西省物业管理条例》的规定，召开了第一届业主大会，从中选举9名业主委员会委员。经投票选举并公布了当选名单后，个别业主提出开发企业将未出售的239套房屋计算为自己的投票权，侵犯了业主选举的合法权利，坚决反对选举结果，要求重新选举。个别业主要求重新选举的观点是否正确？为什么？

2．2019年6月15日，四川省成都市某临街小百货店店主魏某准备回家，刚刚迈出店门，突然有一个东西砸在自己的头上，疼得他大叫起来，赶紧用手捂住头部，鲜血从手中流了出来。他的妻子和儿子急忙上前扶住，发现其头部砸伤。同时发现，"肇事者"原来是从楼上掉下来的一只圆盘大小的乌龟。魏某的小百货店在小区的一楼，上面2～7层是居民住宅，乌龟肯定是住在2～7层的居民在阳台上饲养的。魏某儿子拿着乌龟从2层找到7层敲门让邻居认领，但是这些邻居均不承认自己饲养了乌龟。魏某儿子随即报警，魏某表示希望养龟的邻居能够自觉承担责任，如果无人承担责任，他将向2～7层邻居集体索赔。请用《民法典》的相关原理对本案进行分析。

第十二章 解决物业管理纠纷的法律途径

内容提要

本章主要讲述物业管理纠纷的定义、特点和产生原因,物业管理纠纷的类型,物业管理纠纷的防范措施和处理方式。

学习目标

1. 掌握物业管理纠纷定义、特点和产生原因。
2. 熟悉物业管理纠纷的各种类型和不同性质。
3. 掌握物业管理纠纷的处理方式,即调解、仲裁和诉讼。
4. 熟悉物业管理纠纷的防范措施。

案例导入

原有物业"耍赖"案

【案情介绍】

上海某小区 2006 年 12 月 30 日物业服务合同到期,但是合同未到期,小区业主委员会即聘请了专业公司公开招投标,原物业服务企业也参加了投标,最终另一家知名物业服务企业中标。但原物业服务企业不愿退出,僵持了 3 个月后,中标的物业服务企业不得不将原物业服务企业和业主委员会推上被告席,要求赔偿不能履行合同的经济损失。中标公司起诉理由是:根据《物业管理条例》第 26 条规定:"前期物业服务合同可以约定期限;但是,期限未满、业主委员会与物业服务企业签订的物业服务合同生效的,前期物业服务合同终止。"第 29 条规定:"在办理物业承接验收手续时,建设单位应当向物业服务企业移交下列资料:① 竣工总平面图,单体建筑、结构、设备竣工图,配套设施、地下管网工程竣工图等竣工验收资料;② 设施设备的安装、使用和维护保养等技术资料;③ 物业质量保修文件和物业使用说明文件;④ 物业管理所必需的其他资料。物业服务企业应当在前期物业服务合同终止时将上述资料移交给业主委员会。"

【案例点评】

法院认为:物业服务合同未到期,但是依照《物业管理条例》第 26 条规定,原物业服务企业应做好物业管理数据移交工作,并及时撤离物业管理区域,这是符合法律规定的,因此判决原物业服务企业败诉并承担法律责任。当前,物业服务合同到期或未到期即更换物业服务企业,从而引发老物业不走、新物业进不来的情况十分普遍,新进物业服务企业运用法律手段来维护自身利益是明智之举。

第一节　物业管理纠纷概述

随着我国房地产业的迅速发展和物业管理法律的日益完善以及业主维权意识的不断提高，近年来物业管理纠纷案件逐年增长，数量不断攀升，引起了政府相关部门的高度关注。有些案件呈现出群发性的特点，成为影响人们群众幸福感和满意感的焦点问题。如何更好地解决物业服务企业与业主之间不断出现的矛盾纠纷，使物业服务企业更好地服务于业主，使双方的合法权益都真正得到维护，目前已成为社会关注的焦点。

一、物业管理纠纷的定义和特点

（一）物业管理纠纷的定义

物业管理纠纷是指物业管理法律关系主体在对物业的管理、使用过程中发生的影响自己合法权益的争议。物业管理法律关系主体包括业主、物业服务企业和相关主体。

近年来，物业管理纠纷的类型已不是单纯的物业服务费用纠纷，还包括物业服务质量与水平、解聘与选聘新物业服务企业、公共设备维护保养、停车位管理、房屋质量与物业服务有瑕疵等问题。如何减少物业管理纠纷的发生及处理该类纠纷已成为物业管理服务相关各方探讨的重点问题。但是，由于目前我国的法律中尚无专门调整物业管理纠纷的规定，因此只能根据这些法律的基本原则，并参照有关部门和地方规章来处理。

（二）物业管理纠纷的特点

物业管理纠纷因为关系当事人的切身利益而容易激化。由于该类案件中业主与物业服务企业的矛盾较为激烈，即使涉及金额不太高，双方也难以达成调解。概括起来，物业管理纠纷具有以下特点。

1. 高发性

据统计，2002 年北京市物业纠纷案件一审收案 4 010 件，到 2008 年收案数已突破 4 万件，增长了近 10 倍。而在全国范围内，全国消费者协会公布的 2008 年组织受理投诉情况的数据显示，2008 年全年服务类投诉中对物业管理与服务的投诉增幅最高，达到 20.9%。物业管理纠纷数量不断攀升，已成为影响社会和谐、政治稳定的重要障碍。如何建立完善的化解机制已成为当前社会一大热点问题。

2. 群体性

因为物业纠纷当事人一方人数众多，所以易形成群体性纠纷。物业管理纠纷严重危害群众的生活安定，影响房地产和物业管理的健康发展，而且使业主权益难以维护，人身安全无法保障。如果这些问题迟迟得不到解决，将引发、集聚和转化为人们的严重不满，将影响社会和谐与稳定。另外，物业管理纠纷产生的原因通常是物业服务费用的交纳、物业管理质量等涉及全体业主的共同性问题，而且由于当事人多处于同一事件背景和同一小区，因此会形成共同的利益圈。在发生纠纷时，有时会以某一小区为单位，业主对纠纷达成一定共识，通过全体性行为的方式进行诉讼，形成具有群体性纠纷的潜在因素。

3. 法律关系复杂，解决难度大

物业管理纠纷不仅需要《物业管理条例》的规范和调整，还涉及房地产法、民法、物权法、合同法等相关法律的规范和调整。物业管理纠纷案件的诉讼主体、法律关系复杂。该类案件的主体既有我国公民、法人和其他组织，又有外国公民、外国企业和港澳台同胞。参与诉讼的既有业主、物业使用人或业主委员会，也有物业服务企业；既可能涉及业主与物业使用人的关系、业主或物业使用人与物业服务企业的物业服务合同关系、侵权关系，还可能涉及房地产开发商与物业服务企业的关系、业主委员会与物业服务企业的关系等。近年来，物业管理纠纷矛盾有不断升级的迹象。

二、物业管理纠纷产生的原因

伴随着商品房市场的迅猛发展，物业管理纠纷也就随之产生。概括一下，物业管理纠纷的产生有着多方面的因素。

（一）开发商是物业纠纷的潜在根源

开发商是住宅小区的开发者和与住宅小区有关的几乎所有事情的根源。如果开发商在开发房地产时认真负责、保质保量，对前期的物业服务企业择优选聘，而不是偷工减料、唯利是图，后期发生的住宅小区物业管理纠纷至少减少80%。然而事实并非如此，几乎所有住宅小区中都存在着开发商的遗留问题，如建筑质量问题、违反规划问题、对公共建筑的占用问题和销售时的承诺无法兑现问题等。

1. 建筑质量问题

不少开发商为了使自己的利益最大化，不惜损害业主的利益，在住宅的建设质量方面问题百出，可能是墙体开裂，可能是门窗质量差，也可能是渗水漏水或者下水道淤塞，还有可能是电梯存在安全隐患。这些遗留问题，轻则影响业主居住体验，重则直接威胁到业主的人身安全，而且存在事后维修难度大、花费高等情况。业主认为这些应该由开发商全权负责，而开发商又推诿到业主的使用不当上。同时，业主也会寻求物业服务企业的帮助，如果物业服务企业无法有效解决，便会使纠纷不断升级、矛盾逐渐深化。

2. 违反规划问题

在开发住宅小区前，开发商都需要经过规划审批的阶段，但为了实现自身利益最大化，开发商在建设过程中往往会存在小区的配套设施、公共区域、绿化面积或者停车泊位的施划等方面违反规划而为的情况。这些行为都会使业主的居住体验变差，或者直接影响业主生活，甚至同样会威胁到业主的人身安全。例如，开发商私自改变规划审批，将本该通风建筑的厨房变成了密闭式的，当出现管道燃气泄露或者是发生火灾时，就会严重威胁到业主的人身安全。

3. 对公共建筑的占用问题

依据《民法典》的规定，建筑区划内的其他公共场所、公用设施和物业服务用房，属于业主共有。占用业主共有的道路或者其他场地用于停放汽车的车位，属于业主共有。这些规定说明业主们有权使用住宅小区内的公共场所和公共设施。而在生活中往往有着这样一种情况,开发商在业主刚入住小区,对公共场所尚不了解,或者尚未关注的情况下,对一些公共建筑进行占用,而待业主了解情况之后,一场纠纷在所难免。

4. 销售时的承诺无法兑现问题

开发商为了能够将房屋销售出去,往往向潜在的业主进行较为夸大的宣传,可能是小区环境如何优美,也可能是承诺减免几年的物业费等。对于小区环境的描述最终能否兑现,影响的是业主的居住体验,不至于给业主带来直接的利益损失。而如果给出了减免几年的物业费之类的承诺,但之后进驻的物业服务企业不承认这些承诺的话,将会给业主带来直接的经济损失。这也必然会使物业管理纠纷直接升级。

(二)业主是纠纷的重要主体

业主作为物业管理行业中的被服务对象,是纠纷的重要主体。大部分时候住宅小区物业管理纠纷的起因是业主的权益受到损害,当然也存在着部分业主的一些主观认识不当而导致纠纷升级的情形。

1. 素质参差不齐

社会上的人多种多样,住宅小区内的业主们也会有素质参差不齐的情况。一些业主素质较高,会自觉配合物业服务企业的相关工作,也会自觉遵守公序良俗,不扰乱公共秩序。有些业主却自认为物业服务企业是自己花钱请的管家,认为自己才是小区的所有者,有时任意破坏公共秩序,甚至一有不如意之处便对物业服务企业工作人员恶语相向,这使得物业管理纠纷一再加剧。

2. 法律意识淡薄

关于住宅小区中业主的行为规范,在相关法律法规中都有所提及,但仍然存在着一些业主为自身利益而损害公共利益的情况。例如,装修时改变房屋的结构,或者违规搭建,或者占用公共场地,抑或毁坏绿化带种植其他植物,更有甚者在家中或公共场所存放易燃易爆危险物品,还有更严重的就是偷盗、毁坏公共设施、高空抛物致人伤亡等。

(三)物业服务企业是纠纷的另一来源

诚信的前提是守法,守法的前提是懂法,懂法的前提是普法。在行业普法和诚信建设工作中,物业管理行业任重道远。

物业服务企业作为服务单位,其工作人员必须有较强的服务意识、规范的服务方式与态度和贴心的管理,才能与业主形成如家人般的密切关系。倘若有一点做得不到位,就很可能与业主站在对立面,影响物业服务企业的正常运营。

1. 服务意识不强

物业服务企业受业主委托管理小区的相关事宜,这就要求物业服务企业首先要有强烈的服务意识。如果服务意识不强,必然会在管理活动中与业主因一些利益上的冲突发生纠纷。同时,有些物业服务企业工作人员还会认为自己是管理小区的,对业主颐指气使,当业主需求帮助时,爱答不理,这会给带来业主的不良情绪,引起纠纷的发生。

2. 物业费收取不规范

物业费的收取是每个物业服务企业按照物价部门确定的标准，根据物业服务合同确定的。有些物业服务企业收费较为合理，与服务对等，收费时也会为业主规范地开具相应发票。但有些物业服务企业就存在服务与收费不对等，或者收费后不规范开具发票甚至不提供发票的情况。有的企业任意涨物业费。这些不规范的情况极易引起业主的不满，是住宅小区物业管理纠纷的直接原因之一。

3. 管理工作不到位

有些物业服务企业为了降低维护与维修的成本，减少开支，通常聘请没有资质的专业技术人员进行维护与维修，或者聘请的专业技术人员技术水平不达标。这就会造成维修质量无法保障，甚至维修后比维修前效果更差的情况。服务外包带来了服务质量下降，这也是住宅小区物业管理纠纷的直接原因之一。

4. 运营出现赤字

社会的不断进步和经济的发展，带来了物业从业人员工资和服务成本上升，但对于物业服务企业来说，他们较长时间都以低收益、低收入的方式运行，因此，物业服务成本上涨直接带来了赤字经营、入不敷出的情况。而物业服务企业一旦出现赤字，就更无法保障一些服务内容和质量，于是有些业主便会以此为由不按时足额交纳物业费，这无疑是给物业服务企业经营雪上加霜。长此以往，便出现恶性循环，导致纠纷不断升级。

（四）业主委员会代表业主的监督者

业主委员会作为物业服务企业的监督者，其存在是十分有必要的，但现实中，由于其法律地位不明确、成立和开展工作均较困难，因此无法发挥应有的作用。

1. 法律地位不明确

我国法律中规定，能参与民事活动的主体有三种，分别是自然人、法人与其他组织和国家。业主委员会要参与民事活动，因其不符合法人的构成要件，所以只能勉强以其他组织身份参与民事活动，方能得到法律的认可，但是从法律责任上分析，业主委员会的委员又无法对业主委员会的行为承担最终责任。由此可见，我国关于业主委员会的法律地位依旧不明确。对于一个法律地位尚不明确的组织来说，起到的作用必然受限。

2. 成立面临困境

《物业管理条例》规定，业主委员会是在相关政府部门的指导下，由全体业主在第一次业主大会时选举代表产生的。但由于住宅小区往往人数众多，第一次业主大会要召集起来相当困难，而业主们基本上都是互不相识的，无法推选出合适人选。再者，即使推选出代表，代表们也不一定有足够的时间，而且也并非每位代表都是热心于业主委员会的事务。

3. 工作开展困难

有些住宅小区在经历重重困难后，好不容易成立了业主委员会，但是业主委员会没有工作经费，业主委员会的委员是公益的，没有任何报酬。这就导致了业主委员会基本成为摆设，在监督物业服务企业时底气不足，或者即便有些业主因自己的热心肠被选为业主委员会的委员，也会因为要处理和协调终日不断的业主纠纷而磨没了最初的热情。这就无法真正发挥业主委员会应有的作用，无法形成对物业服务企业的有效监督，无法监督业主的违法行为，导致物业管理纠纷频发。

4. 与居民委员会的职能重合

由于业主委员会和居民委员会的存在都是为了维护业主的利益，虽然居民委员会要维护的是整个社区居民的利益，但业主也是社区的成员，所以维护业主利益是业主委员会和居民委员会的共同目标，两者的职能存在部分重合。在出现物业管理纠纷时，如果纠纷并不复杂，那么由业主委员会或者居民委员会出面都能够得到有效解决；但如果纠纷较为复杂，就很可能会出现互相推诿的情况，阻碍纠纷在第一时间的有效解决。

（五）法律法规不能严格执行

如果以1994年颁布的《城市新建住宅小区管理办法》（建设部33号令）为起点，中国物业管理法治建设已经走过26年的历程。经过多年的实践，我们已经建立起以《民法典》为基础，以《物业管理条例》为核心，以地方性法规和部门规章为主体，以数以万计的规范性文件为支撑的物业管理法律政策体系。虽然我们每年都有大量关于制定《物业管理法》《业主大会组织法》等法律的人大建议和政协提案，希望进一步加强物业管理立法工作，但可以肯定地说，物业管理早已走出了"无法可依"的困境，进入了"有法可依"的时代。经过多方的努力，我们已经初步构建起物业管理与社区治理相结合的物业服务监管体系、行业执法和司法裁判相衔接的物业管理司法体系以及四方参与和四级联动相协调的物业纠纷调处体系。这些都是业主委员会今后开展工作的深厚法治基础。党的十九大强调坚持依法治国、依法执政、依法行政共同推进，坚持法治国家、法治政府、法治社会一体建设，并提出新的十六字方针"科学立法、严格执法、公正司法、全民守法"。法律只有在得到绝大多数遵守并得以惩罚少数人时，才能树立权威。同理，物业管理的法律政策，只有得到大多数业主和物业服务企业的遵守，才能够发挥其应有的效用。没有守法的业主，就没有公正规范的业主大会和业主委员会；没有守法的物业服务企业，就没有公平竞争的物业服务市场，就会有越来越多的物业纠纷。

（六）政府方面制度执行者不作为或乱作为

由于现行法律规定中，某一纠纷的处理往往涉及多个部门的职责，而相关主管部门人少事多，如大部分城市的房管部门的物业管理科仅有2~3人，要承担全市的物业管理的监管工作确实难度很大，因此管不过来的现象时有发生。同时也存在一些主管部门工作人员对法律法规的学习不够，处理物业管理纠纷时出现适用法律错误或者超越法规权限处理等情况，从而导致纠纷更加难以解决。

案例 12-1

2006年北京美丽园小区业主委员会诉物业服务企业不实收费案

【案情介绍】

北京美丽园小区实有电梯111部，物业服务企业却一直按照118部电梯收取电梯费。小区实有1组高压水泵供水，物业服务企业却一直按照3组收费。按照法律规定，业主室内设施的中修、小修费用应由业主自行解决，是否委托物业服务企业进行修缮并交费自己说了算，而物业服务企业却总是多收取业主的中修、小修费用，还对至今未见的公共厕所向业主收取供暖费和物业服务费用等。该案件一波三折，最终二审法院支持了业主13项诉讼请求中的12项，将物业服务费用从每月每平方米2.72元降为每月每平方米1.58元。

【案例点评】

本案件中物业服务企业没有按照管理规约约定的标准收取物业服务费用，人民法院判决物业服务费用降低自然是十分正确的。物业服务企业应当按照物业服务合同或管理约定提供服务，如出现特殊情况需要调整收费，应当提请业主委员会，并召开业主大会讨论决定。物业服务企业单方变更收费或物业管理服务内容，必然引起物业管理纠纷。

第二节 物业管理纠纷的类型

物业管理活动过程中产生的纠纷可以按照不同的标准划分为不同的类型。物业管理纠纷类型的划分有助于厘清各利益关系方的矛盾冲突，为纠纷当事人提供纠纷解决的最佳途径。严格意义上的物业管理纠纷仅限于业主和物业服务企业之间基于物业管理法律关系产生的纠纷，但现实生活中的物业管理纠纷涉及多方主体，很多实际上属于房屋质量、房屋购买合同违约、欺诈、市政或水电气供应方面的问题。这类纠纷主要发生在开发商、物业服务企业、业主及业主团体之间和公用事业部门之间，有时候还涉及房地产行政管理部门。

一、前期物业管理纠纷

前期物业管理纠纷主要有以下四种情况。

（一）业主与开发建设单位前期聘请的物业服务企业的纠纷

建设拆迁遗留问题多，房屋质量问题多，前期物业管理矛盾多，这是住宅小区物业管理纠纷的最大特点。物业服务企业与业主发生的纠纷很多是从开发建设过程中转嫁过来的。《物业管理条例》第21条规定："在业主、业主大会选聘物业服务企业之前，建设单位选聘物业服务企业的，应当签订书面的前期物业服务合同。"从该规定可以看出，前期物业管理自房屋出售即业主与开发商签订购房合同开始至业主委员会聘请的物业服务企业签订正式物业服务合同生效时止。这个阶段的物业管理区域常常发生各种配套设施不健全、各种管理规则不完善、各种服务不到位等现象。前期物业管理具有开发商的售后服务和为业主提供物业管理的双重属性。因此，前期物业管理是纠纷的集中点和多发点。

（二）前期物业服务企业拒不撤出物业管理区域引起的纠纷

前期物业管理阶段，物业服务企业依据与开发商签订的合同进行管理，为业主提供物业管理服务。虽然双方签订了前期物业服务合同，但如果业主成立了业主委员会，并经业主大会表决，同意重新选聘物业服务企业或者与原物业服务企业重新签订物业服务合同，那么容易引发的矛盾纠纷就会集中在新旧物业服务企业交接问题、物业服务费用问题、合同期限问题以及共用部位、共用设施经营及收益分配问题等。

（三）无因管理纠纷

无因管理纠纷主要涉及物业服务企业与开发商签订过前期物业服务合同，但在业主入住至业主委员会成立后，物业服务企业未能直接与业主或业主委员会续签物业服务合同。在前期物业服务合同已到期的情况下，继续实施的物业管理行为属于无因管理。物业服务企业向业主追讨物业服务费用，而业主不愿意支付，由此就会发生纠纷。业主的主要抗辩理由是双方并无物业服务合同关系，同时也不认可开发商与物业服务企业之间签订的前期物业服务合同。

（四）业主自治纠纷

此类纠纷主要是在业主自治权实现过程中产生的，可分为以下三种情况。

1. 业主自治活动运行过程中发生的纠纷

这类纠纷主要是指业主自治主体之间发生的，涉及业主在选举或者决定重大事项过程中的实体性和程序性问题而产生的争议。这类纠纷主要包括选举主体资格的争议和选举程序的争议，具体表现为业主身份的确认以及有的业主通过贿赂、虚假宣传、伪造选票等不正当手段获取选票，从而引发部分业主对选举程序的正当性和选举结果的合法性提出异议。还有业主参选业主委员会的权限、业主委员会的权利和义务、业主委员会的选举表决权问题、业主委员会的办公经费和场所的解决，以及业主大会的召开等都是容易引发矛盾之处。

2. 开发商或物业服务企业操纵业主委员会引发的业主与业主委员会之间的纠纷

这类纠纷在业主自治纠纷中最为普遍，矛盾也最为突出。主要表现为：开发商或者其选聘的物业服务企业在筹备首次业主大会时，推荐对其有利的业主担任业主委员会委员，并通过选票和具体运作程序的设计，幕后操纵首届业主委员会的选举及换届选举，以便在决定物业管理区域内的一些重大事项时易于控制，由此引发大部分业主的不满。因此，业主自发联名要求罢免开发商或物业服务企业操纵选举的业主委员会并自行选举产生新的业主委员会的事件屡屡发生。这类纠纷随着业主民主意识逐渐觉醒和对自身利益以及小区整体利益的关注而日益尖锐。但是，由于立法上的缺失以及大部分业主的信息障碍，业主要摆脱开发商或物业服务企业的操纵十分困难。另外，自发选举的业主委员会的合法性往往不能得到有关政府部门的备案确认，使得业主自治处于尴尬境地。

业主在聘任、解聘物业服务企业或者实行业主自治的管理活动中其实可以有两种截然不同的管理模式：① 业主委托物业服务企业提供物业管理的治理模式。在这种治理模式中，业主通过民主形式选聘或者解聘物业服务企业，在聘任、解聘过程中会涉及一些业主自治问题。这类纠纷虽然不完全发生在业主自治主体之间，但是与业主自治有密切关系，是业主行使自治权的重要表现。② 业主不委托物业服务企业，而是由自己直接实施物业管理，通常被称为自主型物业管理。目前，我国在一些传统和规模较小的小区也存在这种管理模式。值得注意的是，近年来，在新建小区内也出现了这样的倾向，如北京金华园小区业主和青岛颐中花园的业主在炒掉物业服务企业后，决定自主管理小区。法律规定业主可以对物业实行自主管理，但管理的质量与服务是否令人满意众说纷纭，有待探讨与实践。

3. 业主或业主委员会与行业主管部门之间发生的纠纷

近年来,这一类纠纷也呈上升趋势,主要表现为业主或业主委员会对房地产行政部门的不作为或越权行为申请复议或者提起诉讼。主要包括备案不作为、越权干涉业主行使自治权的等行为。

二、物业管理纠纷的常见类型

物业管理纠纷数量多,案件复杂多样,分析起来主要有以下四种情况。

(一)物业服务企业的选聘纠纷

物业服务企业在招投标等方面的争议,在物业服务企业选聘过程中容易引发纠纷。

(二)物业收费纠纷

收费难是物业管理与服务中最突出的问题,服务水平高的小区物业服务收费率能达到80%~100%,而有些小区的物业服务费用收缴率达不到50%。物业服务费用纠纷是当前物业管理争议中最常见的问题,其不仅包括合同约定的因提供物业管理而直接产生的费用,而且还包括物业服务企业所代办的其他费用等。当前业主拒交物业服务费用的主要理由有:① 物业管理不到位,小区脏、乱、差;② 供暖、供热水的温度不够,时间短;③ 小区内存在业主车辆丢失现象;④ 小区内配套设施不完备等。常见纠纷主要有:① 业主拖欠物业服务费用、供暖费纠纷;② 公摊费用分摊纠纷;③ 小区内停车收费纠纷等。例如,停车收费纠纷主要由物业服务企业以维护小区管理秩序为由,或以业主委员会规定为由向拥有私家车的业主收取小区车位管理费、道路维护费而发生的纠纷。由于物业服务企业所收取的上述费用往往系自行制定而未经过物价部门批准,或虽经过业主委员会同意,但无相应法律、法规或规章为依据,因此争议较大。

(三)物业维修服务纠纷

物业维修服务纠纷主要包括房屋大修、中修,以及物业设备设施更新费用纠纷。根据权利与义务相一致原则和损失与赔偿对等原则,物业管理区域内的房屋维修、更新费用和房屋共有部分与共用设施设备的维修、更新费用,由整幢房屋全体业主按照各自拥有的建筑面积比例共同承担。如果物业出现严重损坏而影响业主、物业使用人权益和公共安全,区、县房地产行政机关应当督促限期维修;必要时房地产行政主管部门可以采取排险解危的强制措施,而排险解危的费用由当事人承担。对房屋的共有部分、共用设施设备维修时,相邻业主、物业使用人应当予以配合。因相邻业主、物业使用人阻挠维修造成其他业主、业主使用人财产损失的,责任人应当负责赔偿。按照不动产相邻关系法律及规定,因物业维修、装修造成相邻业主、物业使用人的自有部分、自用设备损坏或者其他财产损失的,责任人应当负责修复或赔偿。

(四)住宅公共区域纠纷

1. 小区共有部分的侵权纠纷

业主因相邻关系而引发的纠纷逐渐增多,主要包括违章搭建、擅自改变房屋结构使用功能、侵占公共区域等方面。以前有的业主碍于情面一般不愿直接对簿公堂,而是选择由物业服务企业出面处理。如物业服务企业不愿或协调不成，业主就会做出拒付物业服务费用的反应，这种做法显然是不符合法律规定的。

2. 业主违章搭建引起的纠纷

个别业主入住小区后擅自乱搭乱建，引起其他业主的不满，而其他业主就会要求物业服务企业查处个别业主乱搭乱建行为。此类纠纷中，物业服务企业管理个别业主的乱搭乱建行为，存在无行政执法权的越权行为问题，如仅对乱搭乱建的业主进行劝阻而不能拆除搭建物，势必造成业主对物业服务企业的不满。物业服务企业在此类纠纷中的主要抗辩理由是物业服务公司本身无行政执法权。此类案件必须由执法部门介入。

3. 小区共有部分的出租盈利问题引起的纠纷

此类纠纷产生的主要原因是小区个别业主或物业服务企业擅自将小区物业公有部分自用，或出租之后盈利只归自己所有。由于此类纠纷涉及建筑物区分所有权问题，发生纠纷时双方争议及分歧较大。一般情况下，自用或出租的个别业主或物业服务企业的主要抗辩理由是其系合法使用物业公有部分。物业的使用纠纷是涉及公共秩序、公共环境卫生、公共利益的利用物业行为违法或不当所引发的纠纷。处理这类纠纷时应用社会公益优先保障原则、维护相关行政管理秩序原则和尊重物业所有权属意思自治原则。

4. 小区安全服务纠纷

小区安全服务纠纷主要是业主财产受到侵害引起的纠纷。此类纠纷一般是由小区内的汽车、摩托车、自行车的丢失引起的，这也是小区物业管理中最大的问题。由于小区秩序维护责任的相关法律法规不健全，在如何合理分配业主的财产损失赔偿责任方面无相关依据，因此极易发生该类纠纷。物业服务企业的主要抗辩理由是其所收物业服务费用为综合管理费用，其收费水平仅能保证提供相关的清洁卫生服务、代办服务、绿化管理和秩序维护服务，无义务也不可能保障业主的财产安全，此责任由治安部门承担。

5. 业主在小区内人身受到侵害或伤害引起的纠纷

此类纠纷主要有物业服务企业对小区内道路、窨井、广告牌、管道等管理不善，致使业主受到人身损害而发生的纠纷。物业服务企业是否承担无过错责任，要看伤害是不是物业管理不善造成的。物业服务企业的主要抗辩理由是它不是相关设施的所有人，如果是设备设施的所有人施工造成了业主的损失，应该由相关部门承担责任，而不应由它承担赔偿责任。

第三节　物业管理纠纷的防范与处理

一、防范和避免物业管理纠纷的产生

通过对住宅小区物业管理纠纷产生的原因和现行对纠纷的治理体制机制进行分析，我们能够更好地找到目前住宅小区物业管理纠纷频发现状的解决对策与建议。可以从以下八个方面着手。

（一）夯实制度基础，建立健全相关法律与法规

制度是各项工作开展的基础，只有将制度建立健全并不断完善，才能为各项工作的开展提供基础保障。在解决住宅小区物业管理纠纷的过程中，法律与制度都是重要的抓手，它决定着工作的方向和手段。在现行法律法规的基础上，主要需要从以下几个方面进行相应完善。

1. 明确业主委员会的地位

业主委员会是业主们为了维护自身共同权益建立起的一个群众自治组织。目前，只有《民法典》规定的"业主大会或者业主委员会在其做出的决定侵害了业主合法权益时，受侵害的业主可以请求人民法院予以撤销"。这一种情形，此时业主委员会可以作为被告。这样的法律地位不明确使得一些物业管理纠纷在运用司法手段时，业主委员会却无法成为一个诉讼主体。因此，建议在法律条款中对业主委员会增加以下规定。

（1）主体地位。建议规定业主大会可依法经相关程序确定为法人，而业主委员会作为业主大会的执行机构，是实施其决议，代表其对物业相关事项进行监督管理的，应赋予业主委员会诉讼主体地位，使其既可以成为原告，也可以成为被告或相关诉讼参加人。

（2）组织结构。应当对不同规模的小区根据其实际情况明确规定其业主委员会的人数，同时应当选举具有一定专业素养的业主作为业主委员会的委员，而且要明确规定不允许被选举为业主委员会委员的具体情形。例如，较大型的小区的业主委员会人数应相应多些，而较小型的小区则应人数少些，同时业主委员会中应当有一定比例的委员具有法律知识、金融知识、施工监理等方面的专业知识，并且规定具有不良信用记录的业主不得担任业主委员会委员等。

（3）接受监督。业主委员会是代表业主对物业服务企业行使监督权利的组织，但它本身也应该接受来自全体业主的监督。例如，经过一段时间就应该向业主大会报告相关工作的开展情况，如果业主大会发现业主委员会存在超越了其权限范围或者对全体业主利益有损害的情况，可以随时解任其成员，甚至对其行为的法律效力进行否认，同时可以保留自身财产或相关权益损害赔偿的请求权。

2. 明确相关行政部门职责

目前，相关法律、法规对处理物业管理纠纷的行政部门的规定模糊不清，导致不作为现象发生，建议在法律、法规中明确相关行政部门的职责。可以从以下两个方面进行规范：一是要对物业管理方面的政府职能进行合理授权和分权，把能够交给物业服务企业或有关中介组织的事务交给他们处理来解决相关行政部门事多人少的矛盾，而相关行政部门只需要加强与各方面的沟通，了解相关情况，发挥其宏观调控的职能即可；二是要在明确各相关职能部门职责的基础上，根据相关规定调整工作人员的配备，还要加强相关业务培训，并进行定期考核，使他们具备扎实的理论功底和丰富的实践经验，这样就能够提高工作效率与工作质量。

3. 发挥地方性法规优势

自 2015 年我国《立法法》修改后，我国 283 个设区市全部拥有了立法权，可以对城市

建设与管理、环境保护和历史文化保护这三个领域的管理事项进行地方性法规的制定。住宅小区物业管理纠纷就属于城市建设与管理这一领域，那么充分发挥地方性法规的优势，便成为有效解决住宅小区物业管理纠纷的应有内容。再者，每个城市都有其独有的文化背景和风俗习惯，因此，期望国家或省级层面的法律法规能够将所有问题解决几乎是不可能的，这时地方性法规就显得尤为重要且十分必要。不抵触、有特色、可操作是地方性法规的特点和最终目标，其中有特色正是结合每个地方的不同特点而来的，而在有特色的基础上还要可操作就更能从根本上解决各个地方的实际问题。对于住宅小区物业管理纠纷也是如此。地方性法规可以对上位法的笼统规定进行细化，可以对上位法尚未规定的内容进行探索，这些都是有可能针对各地不同情况有效解决住宅小区物业管理纠纷的手段与方法。

（二）落实制度执行者责任，加强配套政策的完善

在制度这一基础条件得以夯实的前提下，落实制度执行者的责任，加强配套政策的完善便成为一个十分重要的环节。同时，还可以在落实制度的过程中考察制度制定是否合理，并可以根据相关情况对制度进一步加以完善，正所谓实践是检验真理的唯一标准。对于住宅小区物业管理纠纷的解决，政府主要通过以下几个方面配套政策的完善加以实现。

1. 建立行业准入与退出等机制

为了更加规范我国物业管理行业的有效运行，促进物业管理行业的发展，同时也为了更好地保障广大业主的权益，建议建立起行业准入与退出机制对物业服务企业进行资质的考察，对不符合标准的企业禁止进入行业内，同时对现有的物业服务企业进行定期清理，对于那些业主反映不良的物业服务企业坚决整顿，并进行相应处罚，如果问题严重，则将其清退并禁止其从事物业管理行业，以保障物业管理行业的服务质量和服务标准。在此基础上，应对各个物业服务企业建立相关评价机制，按照资金情况、人员结构、服务质量和业主好评率等相关情况分类、分等级，并确定不同等级的物业服务企业服务和管理的住宅小区的类型，禁止低等级的物业服务企业涉足较高要求的住宅小区的物业服务事务，这样业主们可以根据相关情况委托业主委员会选聘自己满意的物业服务企业，减少物业管理纠纷的发生。

2. 进一步细化和规范物业费收取范围和标准

在现有的物业费收取范围和标准的基础上，如果能进一步细化和规范物业费的收取范围和标准，将对物业管理纠纷的化解和预防有明显的效果。目前，大部分纠纷的导火线都是物业费引起的，要么业主觉得物业服务企业提供的管理服务与收取的物业费不相符，要么物业服务企业认为自己的管理服务有所加强需要提高物业费的收取，要么业主因物业服务企业没有将小区环境或安全维护好而拒交物业费等。建立起物业管理行业的分类等级评价机制后，将物业费的收取范围和标准进一步细化和规范，便能够给业主们以直观的印象，同时也要允许业主们反映不同的意见，并在必要时进一步完善相关收费范围和标准，用沟通和协商的方式代替以往的动辄起诉的手段。

（三）积极落实"三调联动"机制

"三调联动"是指现有的三种调解机制进行有机结合，也就是将人民调解、行政调解和

司法调解这三大调解方式的特点与优势综合起来，有效运用相关方法以沟通协商、疏导和教育的方式，把矛盾纠纷尽量化解在基层、解决在萌芽阶段，最大限度地控制和消除不和谐因素的影响。"三调联动"机制是维护社会和谐稳定的长效机制。在解决住宅小区物业管理纠纷时也要积极落实"三调联动"，充分发挥人民调解和行政调解的作用，必要时也可邀请人民法院派出法庭的法官提前介入，争取通过不断的沟通协商，并对纠纷当事人进行多方疏导和教育，直接将住宅小区物业管理纠纷解决在萌芽状态，并推动形成住宅小区内的物业管理纠纷的自我化解机制。由于被成功调解化解纠纷的当事人往往能迅速察觉纠纷的焦点和化解点，因此可以引导和鼓励他们成为化解新出现的住宅小区物业管理纠纷的化解者，以现身说法的形式控制和消除新的不和谐因素的影响。

（四）发挥网格化管理优势

网格化管理最初的提出是在《十八届三中全会关于全面深化改革若干重大问题的决定》中，该决定强调要改进社会治理方式，创新社会治理体制，以网格化管理、社会化服务为方向，健全基层综合服务管理平台。目前，我国的网格化管理是在统一的城市管理以及数字化的平台的前提下，将城市的管理辖区域按照一定的标准划分成为不同的单元网格，并在工作中通过加强对每个单元网格其中的部件和事件巡查，建立起一种监督和处置互相分离的社会治理新方式与新体制。网格化管理与"三调联动"有着异曲同工之妙，它们的目标都在于将矛盾纠纷尽量解决在基层、解决在萌芽阶段，但他们的手段却不尽相同，"三调联动"主要强调政府力量的介入，而网格化管理则强调坚持系统治理，加强党委领导，发挥政府主导作用，鼓励和支持社会各方面参与，实现政府治理和社会自我调节、居民自治良性互动。坚持依法治理、综合治理、源头治理是网格化管理的题中之意。在解决住宅小区物业管理纠纷时要充分发挥网格化管理优势，在单元网格内调动社会各方面的力量共同解决纠纷，使纠纷不至于激化、恶化甚至造成社会不良影响。

（五）预防潜在纠纷，规范开发商相关行为

由于大量的物业管理纠纷都是开发商前期的遗留问题导致的，因此规范好开发商的行为，预防纠纷的潜在因素就十分必要。在规范开发商的行为时，需要开发商自觉按照相关法律、法规的规定执行，同时也必须让他们对违反相关规定的处罚有所敬畏，从而从根本上预防物业管理纠纷的发生。根据引起纠纷的潜在根源，应主要通过以下几个方面来规范开发商的相关行为。

1. 保证建筑质量

开发商必须做好前期的建筑质量保障工作，保证交付给业主使用的房屋在相关建筑质量要求中不存在任何问题和隐患。对此，可由相关物业服务企业或者第三方机构对建筑的质量以及相关设施等方面根据有关要求进行评估和验收，并形成验收报告。如果验收时不存在问题，业主可放心居住。当然，如果后期出现相关问题，出具验收报告的部门必须承担相应责任。这就要求进行评估和验收的相关物业服务企业或者第三方机构必须客观、真实地对建筑质量等进行评价。如果验收时发现问题，则应要求开发商及时解决，能够通过维修补救的就维修，不能通过维修补救而需要大面积返工的，业主有权根据验收报告不接

受交付，并要求开发商补偿违约损失。另外，如果遇到通过相关措施都无法解决的问题，就应启动相关机制，对开发商进行整改，并限制其在一定期间内不得从事房地产开发业务，直至相关建筑质量问题得以解决或基本解决。相信通过以上途径，能够较为有效地预防开发商在建筑质量方面遗留问题的发生，维护业主权益，同时也能够从源头防止因建筑质量引起的住宅小区物业管理纠纷的发生。

2. 保证规划要求得以落实

对于开发商违法规划进行小区建设的问题，必须通过相关规定保证规划要求得以落实，如建立起违法规划必将得到重罚的机制，并将众多被重罚的开发商名单公布，责令其限期恢复规划要求建设，并限制其在一定期间内不得从事房地产开发业务，直至恢复规划要求为止。在这些措施的推动下，开发商一定会意识到违法规划将耗费大量精力和财力，得不偿失，也就从根本上解决了开发商肆意违法规划建设的问题，为住宅小区物业管理纠纷又一诱发因素起到遏制的效果。

（六）注重前期物业服务的介入与物业服务企业的选聘

在开发商的遗留问题引发的住宅小区物业管理纠纷中，开发商也算是当事一方，其为纠纷的解决也是花费了许多人力和物力。为了最大限度地预防和减少住宅小区可能出现的物业管理纠纷，开发商前期可以在设计、报批、建设和销售等阶段不同程度地介入前期物业服务，及时了解和解决前期物业服务存在的问题。同时尽早对前期物业服务企业进行选聘，可以通过第三方监督的方式，要求开发商根据前期了解和解决过的问题，有针对性地进行招投标。这样既能让被选聘的物业服务企业充分了解住宅小区的建筑结构、质量和相关设施等基本情况，也能够避免因前期问题解决不当带来的后患，预防和减少不必要的资源浪费和住宅小区内日后物业管理纠纷的发生。

（七）发挥主观能动性，提升业主整体素质

业主作为住宅小区的重要组成部分，同时也是住宅小区物业管理纠纷的重要主体，其素质如何直接关系到住宅小区物业管理纠纷的发生频次、程度和化解的难易程度。要业主能够充分发挥其主观能动性，预防和减少纠纷的发生，并推动纠纷的积极化解，主要从以下两个方面来实现。

1. 提高业主素质，加强自主管理

业主作为住宅小区的居住者，是小区的主人，而所有的业主又组成了整个小区，所以小区是一个大家庭，一个大集体。但在现实生活中，许多业主往往因为自己的一己私利，影响了公共环境和公共利益，导致其他业主因此与物业服务企业发生纠纷，这便严重影响了整个小区的和谐稳定，甚至是社会的和谐稳定。我们必须强化业主们的主人翁意识，让他们成为化解住宅小区物业管理纠纷的一分子，而不是矛盾纠纷制造的一分子。可以通过宣传教育、沟通协调等方式，让业主充分认识到积极化解小区的物业管理纠纷对每位业主、对整个小区甚至对社会都是有百利而无一害的，让他们了解将时间和精力浪费在不断的纠纷中只会不断影响生活质量、影响居住体验，从而使他们成为创新社会治理体制的积极因

素，推动住宅小区物业管理纠纷的积极化解。

2. 用法律武器维护自身权益

业主素质的提升不是一蹴而就的，关键是物业服务企业和业主们要沟通协商、互相理解和换位思考。而在物业服务企业明显存在违约的情况，经过各种协商途径无法解决时，业主们就要拿起法律的武器积极捍卫自己的正当权益。当然，这也是解决住宅小区物业管理纠纷的重要一步。相信如果能够给业主们的权益以保障，让业主们体会到我国司法制度的公平和公正，就能促进住宅小区物业管理纠纷的有效解决。

（八）物业服务企业优化服务内容，打造物业服务企业品牌

作为物业管理纠纷的另一重要主体，业主或业主委员会相对方的物业服务企业，在消除开发商遗留问题的影响的前提下，其服务质量与水平直接决定着住宅小区物业管理纠纷发生的频次与复杂程度。物业服务企业不断优化自身的服务内容，打造出服务与口碑俱佳的良好品牌，这样才能最大限度地减少物业管理纠纷的发生，也能够较为有效地化解纠纷。要打造良好的物业服务企业品牌，可以通过以下几个方面对企业进行转型升级。

1. 严格执行相关法律、法规

为了有效解决住宅小区物业管理纠纷，站在物业服务企业角度来说最为重要的便是严格执行相关法律、法规的规定，特别是地方性法规的有关规定，因为这些规定往往是根据实践中较为普遍的现象总结而来的，可以有效防止一些小矛盾激化为物业管理纠纷，而且地方性法规中的规定常常更接地气，对物业服务企业的长足发展也是十分有利的。

2. 注重人才引入与培养

目前，许多高校都有物业管理专业，但从高校毕业后真正从事专业工作的没有多少。当前物业管理行业给人们的总体印象是成本低、收益低、水平低，这样便导致物业服务企业工作人员往往文化水平不高、年纪较大，对专业人才的吸引力极低。要想彻底解决物业管理纠纷，促进我国物业管理行业的良性发展，就必须改变当前物业服务企业给人们的总体印象。可以从聘请高学历、高素质的专业人才开始，如聘请物业管理专业的专本科以上毕业生，并注重其他人员结构，对保洁员、保安、维修人员等进行均衡配比，且要优中选优，打造一支专业、高效的服务团队。如此一来，便能为业主提供更优质的服务，让业主满意的同时减少物业管理纠纷发生的机会。在引入人才之后，还要强调对人才的培养，才能使团队的服务水平和服务质量保持一个良好的标准。对于物业服务企业的工作人员，最理想的情况是同时具备专业素质、热情的服务态度和随机应变的灵活性，最重要的便是想业主之所想、急业主之所急。因此，在对他们的培训中要始终坚持服务意识的强化，当然基础的文化素养培训和专业技术培训也是必须有的。同时，要注重培养工作人员与业主沟通的方式，这样便能够避免因一时的用语不当引起住宅小区物业管理纠纷或将本可轻松化解的纠纷激化。

3. 建立考核竞争机制

对于现下发生的住宅小区物业管理纠纷，在抛开许多开发商遗留的建筑质量、违反规划等硬性问题之外，最大的影响因素便是人的因素，包括业主与物业服务企业的工作人员

沟通不及时、物业服务企业的工作人员用语不当，以及物业服务企业的工作人员对于业主的诉求态度不好、处理不及时等原因。然而实际上，业主与物业服务企业的工作人员并不是生来就水火不容或者是有着不共戴天的仇恨；他们如果能够和谐共处、事事沟通协商为先，便能够为住宅小区营造良好的生活和工作环境。如此一来，便会形成良性循环，不管是业主还是物业服务企业工作人员都有舒畅的心情，那么物业管理纠纷自然而然也就降低甚至不存在了。想要形成这么和谐的氛围，除前文提到的发挥业主主观能动性、提升素质以及注重物业服务企业人才的引入与培养外，在物业服务企业内部建立起一个公平有效的竞争考核机制也是十分必要的。考核的内容应以工作人员的服务态度、工作方式、业务能力、法律或政策的应用、处理纠纷事件的应变能力、业主的投诉率及满意度等方面为主，并且加之规范化的奖惩机制。例如，对于考核成绩优异者，在公共信息栏内评选每月服务之星，并予以物质鼓励；对于考核成绩不佳者，在要求其继续学习以深化培训效果外，还应在当月工资收入上有所体现，如扣除部分绩效工资等。这样就能让物业服务企业的工作人员形成竞争意识，不断提升自身的服务水平和服务能力，从而减少住宅小区物业管理纠纷的发生，推动小区内部的和谐稳定。

4. 积极推行"互联网+物业"管理模式

随着科技的不断进步，"互联网+"让我们的生活和工作更加便捷、高效。对于住宅小区的物业管理和服务的工作来说，如果能添加上"互联网+物业"理念，便能够为业主和物业服务企业带来许多便利。"互联网+物业"的管理模式主要可以通过以下几个方面来完成。

（1）在政府建立的网站内实现物业服务企业的招投标。可以通过将当地物业服务企业的相关信息上传至相关网站或相关专栏，如资质取得、服务内容、物业收费项目及金额、优势等，由业主委员会经征求意见后，自行选择相应某类物业服务企业，并且以竞价方式实现投标。这样能够改变以往物业服务企业靠人脉关系寻找服务小区的尴尬情况。

（2）运用手机 App 作为物业服务的集散终端。物业服务企业可以将相关便民服务通过开发和重新整合集合在一个 App 终端上，如交纳物业费或水电费、反映小区内需要修缮的设施、寄送快递、点餐送餐、超市送货、家政服务、电话充值、房屋租赁、衣物干洗等多个关乎业主日常生活项目，同时要随时跟进服务终端的运作及相关便民工作的开展情况，让业主们体会到足不出户或上门服务的便利，能够用得放心、用得满意。

（3）通过微信公众号或 App 终端公开相关信息。目前，一些物业服务企业已经做到了财务管理（主要是业主交纳物业费的使用情况）公开，但绝大多数物业服务企业并没有将财务情况进行公开。物业服务企业不公开财务情况，一方面是认为张贴相关财务情况是一种耗费财物的行为；另一方面是财务管理不够规范，怕被业主挑出问题，实际上这样的不公开更会引来业主们的不满。如果物业服务企业能够通过微信公众号或 App 终端公开财务管理信息、停水停电通知等业主们关心的信息，不仅能够使自身更加规范，得到业主们的信任和支持，而且还能减少张贴相关信息的人力和物力耗费，一举两得。

（4）实现便捷化满意度评比。对于前文所述的物业服务企业内部的考核竞争机制中业主们投诉率和满意度的指标，可以通过互联网收集更客观、更全面的数据，同样也可以运用物业服务企业的微信公众号或 App 终端实现。如此一来，业主们为了居住体验更佳又不需过于麻烦而支持该项工作，而物业服务企业的工作人员也不需要担着打扰业主的风险，每家每户跑着请业主们填写满意度测评表之类的表格，更为主要的是这些客观、全面的数据的收集不需要浪费任何纸张和物业服务企业工作人员的精力，使他们可以全身心地投入小区物业服务工作中，让业主享受到更加优质、便捷的物业服务。长此以往，业主们体验到物业服务越来越优质、便捷，物业管理纠纷发生的概率也就越来越小了。

（5）注重通力配合，全面助推物业管理行业腾飞。要解决住宅小区物业管理纠纷，绝不是某一方面努力就能完成的，它需要社会各方面的通力配合，全面助推物业管理行业发展腾飞。主要包括以下几个方面的力量。

第一，充分发挥物业行业协会功能，建立物业服务企业诚信档案。物业行业协会是管理物业服务企业的组织，因此，要充分发挥其职能，加强对物业服务企业的检查和监督。可以通过建立物业服务企业诚信档案并公开相关排名的方式，实现对物业服务企业的动态监管。对于名次靠前的企业，以推荐方式向开发商或者业主委员会介绍，而对于名次靠后的企业，则应通过要求整改、通报等方式进行治理，整改后仍不能达到有关要求的，则取消其资质并限制其在一定时间内不能从事物业管理行业。这样就能够不断优化物业服务企业的发展环境，营造出市场竞争的良好氛围。同时物业行业协会还应及时参与协调一些涉及多方面因素或多个住宅小区的物业管理纠纷，为纠纷化解贡献出一份力量。

第二，强化责任意识，推动业主委员会有效履职。在住宅小区中，业主委员会是业主大会的执行机构，也是住宅小区物业管理纠纷的一个重要主体，因此，要有效化解住宅小区物业管理纠纷，充分发挥业主委员会的作用和功能是必不可少的。业主委员会应当在政府、居委会的共同引导下，强化自身责任意识，充分发挥代表业主监督物业服务企业的作用和为业主服务的功能，有效履职，努力成为业主、物业服务企业、政府这三者之间的桥梁。要达到这个效果，必须在日常工作中定期征求业主的意见和建议，并将业主的意见与建议及时向物业服务企业反馈，跟进处理情况。同时要协助物业服务企业及时、有效地处理小区的物业管理事务，并随时提醒业主们要提高自主意识，切实履行相关责任和义务。对已经发生的物业管理纠纷，要做好疏导、沟通和协调的工作，尽可能将纠纷化解在萌芽状态。

第三，调动居民委员会活力，协助舆情疏导。居民委员会是体制内最基层的组织，是党和政府的神经末梢。居民委员会在接受社会基层利益的表达和对相关利益需求的反馈以及矛盾的化解中有较为强大的功能作用，是社会基层的情绪和能量释放的巨大"蓄水池"。在当今社会，住宅小区所在居民委员会与业主和物业服务企业经常打交道，也经常为业主和物业服务企业提供便捷服务。居民委员会不仅了解小区、业主和物业服务企业的相关情况，而且具有较强的公信力，所以居民委员会是住宅小区物业管理纠纷的解决机制中必不可少的一股重要力量。要充分争取居民委员会的支持，加强它在住宅小区物业管理纠纷之中的舆情疏导和协调沟通作用。居民委员会不仅应对物业服务企业履行好相应的监督职能，还应利用自己对小区情况较为熟悉、与业主关系较为密切、业主愿意接受居民委员会做工作等各方面的优势，协助对物业管理纠纷的舆情进行及时疏导，对已经出现的矛盾和纠纷做好协调沟通各方的事宜，及时传递纠纷各方的要求，尽力将矛盾纠纷进行有效化解。

除上述几个方面的解决对策和建议外，还需要做出更多努力，如规范物业服务合同文本、进一步细化物业服务清单等。同时，由于物业服务企业在为业主提供服务的同时还要对公共设施进行维修保养，而其中难免有意外发生，如因线路故障造成的火灾、因天气造成的水灾以及因电梯故障造成业主人身或财产损害等，这些也都是引发物业管理纠纷的因素。这就需要进一步探索物业管理责任保险制度，使得上述意外造成的物业管理纠纷发生后，物业服务企业和业主的损失都得以补偿、降到最低。这样便不会使物业服务企业因为一场意外而入不敷出，造成运转困难，同时也更有利于和谐小区的构建。

二、物业管理纠纷的处理

物业管理纠纷是一个影响社区稳定和业主幸福指数的重大问题，如何引导矛盾纠纷双方理性、合法地解决矛盾是最重要的问题。当物业管理纠纷发生后，当事人认真学习《民法典》《物业管理条例》等法律法规，并根据具体情况选择不同的途径来寻求解决，以使自己的权益得到救济和维护。物业管理纠纷比较常见的处理方式有协商、调解、仲裁和诉讼，协商与调解是双方直接对话解决纠纷的方式，而其他两种则是借助第三方解决纠纷的方式。要公正裁判物业服务纠纷，司法机构必须具备这样一种物业管理观念：以业主为中心，不是以某个业主为中心，而是以业主整体或者多数业主为中心，以消费者为中心，不是以某个消费者为中心，而是以消费者整体或者多数消费者为中心。

（一）调解

调解是解决物业管理纠纷最常见的方式。调解是指当事人之间发生物业管理纠纷时，在第三人主持下，在坚持自愿、合法的基础上运用说服方法，促使当事人双方相互谅解，自愿达成协议从而化解矛盾的方式。

物业管理纠纷的调解包括民事调解和行政调解两种。民事调解由争议双方当事人共同选定一个机构、组织和个人，由第三方依据双方的意见和授权提出解决意见，经双方同意并执行由此化解纠纷。但是，此种方式的调解不具有法律效力，调解结束后，当事人一方如不执行则前功尽弃。物业管理纠纷的行政调解则是借助主管政府部门的力量进行调解处理。这种处理如果一方不遵守执行，则要借助行政的手段解决。

为了解决日益增加的物业管理纠纷，建议组织一支由擅长法律事务的专业人员成立的物业调解委员会，在尊重当事人诉权的前提下，凭借专业化的力量，运用调解手段、采用说服教育的方式使纠纷双方明确权利和义务，在兼顾法律与人情、公正与效率的同时，及时、高效、经济、便捷并且一劳永逸地解决纠纷，从而使纠纷双方的合法权益受到最大限度的保护和实现。

（二）仲裁

1. 物业管理仲裁的定义

物业管理仲裁是物业管理纠纷的当事人把纠纷争议提交仲裁机构，由仲裁机构对争议的事实和当事人的权利与义务做出判断和解决的一种方式。

物业管理纠纷除少数为行政管理纠纷外，大多属于合同纠纷和财产权益纠纷，如拖欠物业服务费用和维修基金纠纷、车辆保管纠纷以及租赁纠纷等。这类纠纷在双方协商不成或有关部门调解无效时，业主与物业服务企业经常将其付诸诉讼，而不采用仲裁方式。《中华人民共和国仲裁法》第 2 条规定："平等主体的公民、法人或其他组织之间发生的合同纠纷和其他财产权益纠纷，可以仲裁。"由此，仲裁也是解决此类纠纷的法定方式。

2. 物业管理纠纷仲裁的特点

与诉讼相比，仲裁的特点有以下几个。

（1）自愿性。一项纠纷产生后，是否将其提交仲裁，交与谁仲裁，仲裁庭的组成人员如何产生，仲裁用何种程序规则和哪个实体法，都是在当事人自愿的基础上，由当事人协商确定的，故仲裁能充分体现当事人意愿。

（2）专业性。由于仲裁对象多为合同纠纷或财产权益纠纷，常常涉及复杂的法律、经济贸易和技术性问题，因此，各仲裁委员会拥有十分专业的仲裁员名册供当事人选定仲裁员。而仲裁员一般都是各行业的专家，这样就能保证仲裁的专业权威性。

（3）灵活性。仲裁在程序上不像诉讼程序那样严格，很多环节在协商的基础上可被简化，而且仲裁文书在格式和内容上都可以较为灵活地处理。仲裁不实行地域管辖或级别管辖。在代理人方面的规定也比法院宽松。

（4）保密性。仲裁实行不公开审理原则，仲裁员、仲裁庭秘书都负有保密义务，为当事人保守商业秘密。

（5）快捷性。仲裁实行一裁终局制，有利于当事人之间的纠纷迅速解决。

（6）经济性。经济性具体表现为时间的节省导致费用节省、仲裁收费相对较低和由仲裁引起的商业损失较少。

仲裁的这些特点为物业管理纠纷公正、及时、有效地解决提供了保障。事实上，许多当事人已经开始通过仲裁来解决物业管理纠纷了，这也是物业管理逐步走向社会化、专业化和市场化的必然趋势。

3. 选择仲裁解决物业管理纠纷的条件和要求

（1）符合仲裁的受理范围。并非所有的物业管理纠纷都能仲裁。一般来讲，业主、业主大会、物业服务企业以及建设单位相互之间的合同纠纷和财产权益纠纷可以通过仲裁来解决。业主、业主大会、物业服务企业以及建设单位与建设行政主管部门之间的行政管理纠纷则只能提起行政复议、行政诉讼。物业服务企业与其员工之间的工资劳保等纠纷要先向劳动局申请劳动仲裁，不服劳动仲裁时，才可以向人民法院起诉。

（2）需要订立有效的仲裁协议。仲裁协议是仲裁受理的前提。仲裁协议有两种方式：一是在订立合同时约定一个条款，说明一旦有争议就提交仲裁，这叫仲裁条款；二是双方当事人出现纠纷后临时达成提交仲裁庭的书面协定。仲裁协议要写明以下内容：① 请求仲裁的意思表示；② 仲裁事项；③ 选定的仲裁委员会。达成协议的争议，不得向法院起诉；即使起诉，法院也不受理。

（3）在仲裁有效期间内申请。申请仲裁时效与诉讼时效相同，即一般纠纷申请仲裁的时效期为两年。特殊纠纷，如身体受到伤害要求赔偿的、出售质量不合格的商品未声明的、延付或者拒付租金的，以及寄存财物丢失或者被损毁的，申请仲裁时效为一年。仲裁时效期间从知道或者应当知道权利受侵害时算起。仲裁的时效是仲裁保护当事人合法权益的法定条件，超过这一时效期，申请人的实体权益将得不到保护。

（4）仲裁请求要明确具体，且符合仲裁协议约定的范围。仲裁请求必须明确具体，是指要有具体的事项和给付数额，并且这些事项和数额没有超出仲裁协议约定的范围。如果仲裁请求不明确具体，仲裁申请将得不到受理，即使受理，也很难得到支持。这里体现了仲裁请求什么裁决什么和仲裁只能裁决仲裁协议中的内容的原则。

（5）仲裁请求的证据材料要充分。仲裁审理遵循谁主张、谁举证的原则，要使仲裁请求得到支持，证据必须充分。因此，对于物业管理活动的参与者来说，平时注意收集和保存相关的活动资料就显得十分重要。

4. 物业管理纠纷仲裁处理的一般程序

（1）一方当事人向选定的仲裁委员会提交仲裁申请书。

（2）仲裁委员会于收到申请书后5日内决定立案或不立案。

（3）立案后在规定期限内将仲裁规则和仲裁名册送申请人，并将仲裁申请书副本和仲裁规则、仲裁员名册送达被申请人。

（4）被申请人在规定期限内答辩，双方按名册选定仲裁员。普通程序审理时由3名仲裁员组成，双方各选1名，仲裁委员会指定1名仲裁员任首席仲裁员；案情简单、争议标的额较小的，可以适用简易程序，由1名仲裁员审理。

（5）开庭：庭审调查质证、辩论、提议调解。

（6）制作调解书或调解不成时制作裁决书。

（7）当事人向法院申请执行。

（三）诉讼

当事人通过诉讼方式解决民事纠纷与行政纠纷也是较常见的方式。诉讼的管辖是各级人民法院。与仲裁明显不同的是，人民法院对已提交诉讼的当事人的管辖是强制性的。

1. 物业管理纠纷的诉讼解决概述

诉讼是指受害人或案件的其他当事人或法定国家机关依法向有管辖权的人民法院起诉、上诉或申诉，由法院按照法定程序处理案件，保护有关当事人的合法权益。诉讼包括民事诉讼、行政诉讼和刑事诉讼。涉及物业管理纠纷的案件大多是以民事诉讼的方式解决。民事诉讼是指当事人之间因民事权益矛盾或者经济利益冲突，向人民法院提起诉讼后，人民法院立案受理，在双方当事人和其他诉讼参与人的参加下，经人民法院审理和解决民事案件、经济纠纷案件和法律规定的，由人民法院审理的特殊案件的活动。通俗地讲，就是当物业管理纠纷的当事人在物业管理活动中认为自己的合法权益受到侵害而产生矛盾时，通过打民事官司，达到制裁民事违法行为，保护自己的合法权益的目的。诉讼是解决物业管理纠纷的最基本的方式，也是最后的手段。

2. 物业管理纠纷的民事诉讼程序

物业管理纠纷的民事诉讼程序，大体上有以下几个步骤。

（1）当事人一方（原告）提交起诉状，起诉至法院。

(2) 法院审查立案后将起诉状副本送达被告。
(3) 被告提交答辩状。
(4) 开庭：调查、辩论、调解。
(5) 制作调解书或一审判决书。
(6) 双方均不上诉，则判决书生效；一方不服提起上诉，进入第二审程序。
(7) 第二审审理：制作二审调解书或下达二审判决书，此为终审判决，不得上诉。
(8) 执行。

3. 物业管理纠纷的民事诉讼的管辖问题

确定物业管理纠纷的管辖问题，是正确审理此类案件的前提。物业管理纠纷的管辖问题应以物业管理纠纷的具体类型来确定。

(1) 因物业管理服务引起的民事诉讼案件，目前当事人一般都在物业所在地的法院起诉，并把物业所在地作为业主或物业使用人的住所地。

(2) 签订物业服务合同的一方当事人向对方提起侵权之诉的，适用《中华人民共和国民事诉讼法》（以下简称《民事诉讼法》）第 28 条的规定："由侵权行为提出的诉法，由侵权行为地或被告住所地的人民法院管辖。"

(3) 因物业服务合同、物业管理分包合同、物业委托服务合同等产生的合同纠纷，应适用《民事诉讼法》第 23 条的规定："因合同纠纷提起的诉讼，由被告住所或合同履行地人民法院管辖。"

4. 物业管理纠纷证据的认定

物业管理纠纷的当事人为在诉讼中有力地维护自身权益，必然要充分重视民事诉讼的证据规则。以事实为依据，以法律为准绳是处理纠纷案件的一项基本法律原则。有证据证明的法律事实在法庭审理过程中经过举证、质证才能被法院认可。证据是指能够证明案件真实情况的客观事实。根据我国《民事诉讼法》规定，证据有书证、物证、视听资料、证人证言、当事人的陈述、鉴定结论和勘验笔录。

书证应当提交原件。物证应当提交原物。提交原件或者原物确有困难的，可以提交复制品、照片、副本或节录本。提交外文书证，必须附有中文译本。

以上证据必须查证属实才能作为认定事实的根据。民事证据必须具备三个特征，即客观性、关联性和合法性。

5. 物业管理纠纷的举证责任

举证责任是指当事人对自己的主张承担提出证据的责任。举证责任是法律假定的一种后果，特指提出该主张的当事人必须对自己的主张举出主要的事实根据，以证明其确实存在，否则将承担败诉后果。在一般证据规则中，"谁主张、谁举证"是举证责任分配的一般原则，而举证责任倒置则是这一原则的补充，即在适用无过错责任原则的一些特殊的侵权诉讼中，不是由主张人而是由对方负担举证责任。

当事人及其诉讼代理人因客观原因不能自行收集的证据，或者人民法院认为审理案件需要的证据，人民法院应当调查收集。在证据可能灭失或者以后难以取得的情况下，诉讼参与人可以向人民法院申请保全证据，人民法院也可以主动采取保全措施。

证据应当在法庭上出示，并由当事人互相质证。对涉及国家秘密、商业秘密和个人隐私的证据应当保密，需要在法庭出示的，不得在公开开庭时出示。质证是指在诉讼或仲裁活动中，一方当事人及其代理人对另一方当事人及其代理人出示的证据的合法性、与本案争议事实的关联性、该证据的真实性，是否有证明力、证明力大小，是否可以作为本案认定案件事实的根据进行的说明、评价、质疑、辩驳、对质、辩论以及用其他方法表明证据效力的活动及其过程。依据《最高人民法院关于民事诉讼证据的若干规定》（法释〔2019〕19号）的规定，证据应当在法庭上出示，由当事人质证。未经质证的证据，不能作为认定案件事实的依据。

6. 物业管理纠纷起诉书的撰写

民事起诉状是民事诉讼原告为维护自身的民事权益，认为自己的合法权益受到侵害或者与他人发生争议时，依据事实和法律，向人民法院提起诉讼，请求依法裁判的诉讼文书。我国《民事诉讼法》第120条第1款规定："起诉应当向人民法院递交起诉状，并按照被告人数提出副本。"

起诉状的格式如下。

（1）首部。首部应依次写明文书名称"民事起诉状"，原告和被告的基本情况。原告的基本情况应写明姓名、性别、出生年月日、民族、职业、工作单位和住址。被告基本情况的写法和原告的相同，如有的项目不知道的，可以不写，但必须写明被告的姓名或名称与住址或所在地址。这是因为"有明确的被告"是人民法院受理案件的法定条件之一。

（2）正文。正文包括以下几个方面的内容。

第一，诉讼请求。要写明请求法院解决什么问题，提出明确的具体要求。有多项具体要求的，可以分项表述。

第二，事实与理由。要摆事实、讲道理，引用有关法律和政策规定，为诉讼请求的合法性提供充足的依据。摆事实是要把双方当事人的法律关系，发生纠纷的原因、经过和现状，特别是双方争议的焦点实事求是地写清楚。讲道理是要进行分析，分清是非曲直，明确责任，并援引有关法律条款和政策规定。

第三，证据及证据来源，证人姓名和住址。提起民事诉讼的原告负有举证责任，要能够举出证明案情事实、支持自己诉讼主张的各种证据，包括书证、物证、视听数据、证人证言、当事人的陈述、鉴定结论、勘验笔录等。列书证，要附上原件或复制件，如系摘录或抄件，要如实反映原件本意，切忌断章取义，并应注明材料的出处；列举物证，要写明什么样的物品，在什么地方由谁保存着；列举证人，要写明证人的姓名、住址，他能证明什么问题等。

第四，尾部。写明受诉法院名称。附件除写明起诉状副本×份外，提交证据的，还要写名证据的名称和数量。最后由起诉人签名盖章，写明起诉日期。

起诉状最好用打印形式，如用书写的，要字迹清楚，用钢笔书写。纸张一般用A4纸。

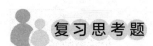

复习思考题

1. 对于物业服务企业来讲，如何采取措施有效地减少或避免物业管理纠纷？

2. 业主入住后以房屋存在问题而拒交物业服务费用，物业服务企业应如何维权？
3. 业主在公共部位乱堆乱放，物业服务企业应该怎样处理？
4. 申请仲裁解决物业管理纠纷有哪些优势？
5. 物业管理法律责任有哪些？

案例分析

1. 某日，办公楼三楼漏水致使通往电梯的台阶结冰。赵某上班时想乘坐电梯，经过该台阶时不慎滑倒，导致右手骨折。事发后，赵某多次找到管理写字楼的物业服务企业要求赔偿。而物业服务企业认为，根据租赁合同，赵某所在公司租赁的办公楼仅有载货电梯而无客用电梯，因此，赵某上下班应走步梯而不应该乘载货电梯。而且，事发当天物业管理人员也曾劝说赵某上下班走人行楼梯，但赵某不听。因此，物业服务企业认为赵某跌伤是其本人过错造成的，应自己承担后果，故物业服务企业不予赔偿。为此，赵某起诉到法院要求物业服务企业赔偿。本案中物业服务企业是否存在过错？你认为本案应如何处理？

2. 某住宅小区靠路边的五号楼一层的业主私自开设了小卖部，但物业服务公司认为不妥，下达了整改通知，遭到了该业主的拒绝。无奈之下，物业服务企业对其采取了停水停电的办法，于是双方产生纠纷。物业服务企业是否有权制止私自开设小卖部的行为？物业服务企业应该如何处理此类事情？该业主因停水停电造成的损失，物业服务企业是否应该赔偿？

3. 某住宅小区内，某业主为了方便停车就在自己家楼房的一侧搭建了一个车棚，占用了5平方米的公共空间，影响了居住小区的景观，引起了其他业主的不满，由此造成了纠纷。物业服务企业能否强行拆除车棚？应如何合法根除小区内违章搭建的现象？采取何种途径才能有效地制止这种行为的发生？

第十三章 国外和中国香港的物业管理法律法规简介

内容提要

本章主要讲述国外和中国香港的物业管理体制，国外和中国香港物业管理的特点，中国香港物业管理法规的方法内容和特征，发达国家和地区物业管理方法的重要影响。

学习目标

1. 了解国外和中国香港的物业管理制度与特点。
2. 熟悉并学习国外与中国香港地区成功的物业管理立法经验与做法。

第一节 国外和中国香港的物业管理体制

19世纪60年代的英国首开物业管理的先河，自那时起，物业管理逐渐引起业主和政府相关部门的重视，并被普遍推广于发达国家。"他山之石，可以攻玉"，了解和熟悉世界发达国家物业管理概况和物业管理立法模式，可以为我国物业管理法律制度的完善提供借鉴和建设性意见。

一、英国物业管理制度

作为物业服务行业发源地的英国，其在19世纪60年代就出现了专业的物业管理。在积极推广物业管理行业的同时，英国成立了皇家物业管理学会，会员遍布世界各地。

20世纪后期，只有少部分英国人拥有自己的住房，绝大部分靠租房解决居住问题。20世纪后期，英国实行住房改革，如将国有住房出售给租户以及一些半官方机构集资建房，使越来越多的人拥有住房。到目前为止，将近70%的英国人拥有自己的住房。政府将公有房屋出售给个人，其价格是低于市场价格的，租户从中享受到了很多优惠，同时也进一步促进了住房制度的改革。我国从20世纪90年代开始的住房制度改革就借鉴了英国模式。

由于英国地广人稀，因此大部分住宅都以独立式别墅存在，其次还有连体别墅以及居住区高层住宅。物业类型决定物业管理类别。在商业物业的管理上，英国的管理模式与我国相似，即管理费用大多采用佣金制，管理的重点是房屋及其设备。在住宅物业管理上，由于英国的住宅主要以别墅和高层住宅存在，因此其管理内容相对简单，特别是在别墅这种住宅相互独立的物业管理上,维修工作及管理工作都简化了,并且社区关系也变得简单,很少产生物业纠纷,因此,英国住宅物业管理费用一般采用包干制。

对重大事项做出决策时,需要通过召开业主大会讨论决定。如果业主在一些重大事项中无法达成共识,那么本处物业的任何一个业主都可以向行政管理部门申请裁决。一旦行政管理部门经过实地考察后证实事情的严重性,就会责令全体业主达成一致意见;如果无法达成一致意见,行政管理部门会组织相关单位对物业存在的问题进行处理,费用由全体业主分担。

二、美国物业管理制度

美国物业管理机构健全,并且分工明确。首先,各级政府机构都设立了房地产管理局,履行制定房地产相关法规和监督检查的职责。其次,成立了拥有一百多个地方分会并负责培训注册物业管理师的全美物业管理协会(IREM)。再次,有负责对物业设施进行管理的国际设施管理协会(IFMA)。最后,还有一个全国性的建筑物业主与管理人员协会(BO-MA),在物业管理中代表业主和物业使用人的利益。

在美国,除对具体工作人员有一定要求,如专业岗位需持证上岗,管理人员需有大专及以上文凭和5年以上物业管理经验等之外,任何人都可以申请成立物业公司,并且手续比较简单,领取营业执照后即可开张营业。私有房屋的管理,可以由业主自己管理,也可以聘请物业公司进行打理;政府部门物业的管理,由政府专设机构进行管理,如公共房屋管理委员会。

美国物业服务企业注入了大量的高科技成分,1984年在康涅狄格州哈伏特市就出现了智能化楼宇。物业公司在物业保险一项上投入较多,每户业主每年需交两三千美元的保险费。另外,物业公司特别善于营造一个人文的居住环境,小区基础设施、人文服务设施一应俱全,并且特别注重开展人文交流。

三、德国物业管理制度

精简高效是德国物业管理行业的一大特色。据统计,整个德国有两万多家物业服务企业,因此,物业服务企业之间的竞争非常残酷。竞争的残酷性迫使德国整个物业管理行业提高管理水平,降低物业服务费用和成本。

德国物业服务企业的运作严格按照《房产管理法》进行。德国全国有物业服务企业联合会,各州有地方性物业服务企业协会,有严格的规范以规范物业服务企业的运作,并对其进行业务培训,以保证物业管理的质量。

德国很少有像我国城市普遍存在的那种封闭或者半封闭形式的居民小区。德国小区物业公司的职责分为两大块:一是接洽房屋买卖和租赁业务;二是负责小区常规的检查和管理工作,如果受业主委托,物业公司还负责业主水电暖等设施的检查和维护工作。物业公司在小区通常只配备2~3名固定工作人员,负责定期检查防火、防盗设施和地下车库管理等。一旦出现故障,可以拨打物业公司24小时服务电话,物业公司可以迅速指派维修人员处理。

物业公司除对物业进行常规性管理外,每年还需要组织一次所管辖房地产区域的业主大会。物业公司必须在业主大会上公开过去一年有关房产账务的情况,并向业主们提交一份当年的物业计划。物业公司聘用期限只有五年,如果再次聘用需要再签合同。物业公司的报酬没有统一标准,根据其工作质量以及房产规模、类型、标准等多种因素综合确定。

四、新加坡物业管理制度

新加坡住宅物业类型主要分为两大类:一是政府开发的"组屋";二是民营企业开发的住宅,当地人称为"共管式公寓"。除此以外,在市中心还有少数酒店式公寓,主要供外籍人士办公与居住。

在新加坡,主管住宅建设和管理的机构是国家建屋发展局,它实际上是新加坡最大的业主。该局下设36个区办事处,这些办事处是住宅管理的基本单位,每个区办事处管理2~3个小区,每个小区拥有1 000~6 000户。从政府职能角度看,新加坡建屋发展局是负责实施政府计划和统筹物业管理的职能部门。早在1967年,该局就制定了《土地所有权法案》,之后又经过多次修订。该法案共有158章,对开发土地建造住宅进行了严格的规定。例如,由开发商建设的公共组屋,每栋楼的底层不得安排住户,而是用作商店或娱乐室,供居民休息、娱乐和购物之用。再如,规定了在共管式公寓的所有权土地上,除建造住宅楼房外必须留下不少于40%的土地用作修建花园、风景区以及其他娱乐健身设施。

为确保物业管理的规范化,物业管理执照需要每年审批核发,如果哪家公司违反条例,或是不按照规章办事,被业主告上法庭,该局将依法进行处罚,严重的将吊销物业公司的营业执照。物业管理从业人员必须接受两年的房地产管理培训,并须通过专业考试才能上岗。政府就是通过这些硬杠杆来发挥监管职能的。除监督管理职能外,国家建屋发展局的另一项主要工作就是服务。例如,该局制订了一项长期的旧组屋翻新计划,进一步提高居民对社区的认同。另外,根据新加坡法律,所有建筑每隔五年都需要进行外部清洗与刷新。在国家建屋发展局的统一管理规划和监督下,新加坡的物业管理运作始终有条不紊。

五、日本物业管理制度

日本物业管理法律体系较为完善,业主与物业服务企业之间纠纷较少。为了进一步规范物业管理,早在1962年日本就颁布了《有关建筑物区分所有权之法律》,并颁布了专门的物业管理法律——《关于推进公寓管理规范化的法律》,对物业管理涉及的各类法律关系,特别是对公司从业人员的资格以及管理者与业主的权责关系做了更加明确的规定,业主和物业公司在维护各自的权益方面有章可循、有法可依,避免了管理者和业主之间发生很多不必要的纠纷。

日本的小区里设立了管理组合理事会,类似于我国的业主委员会,但它比业主委员会的作用和权力更大。例如,小区的维修基金完全掌握在理事会会长手中,这就使得维修基金的动用更加方便、灵活,而且也很安全,因为会长控制维修基金是建立在日本完善的个人信用体系的基础上实现的。日本物业管理水平很高,对房屋的维修保养非常及时,无垃圾死角,保洁和安全管理都外包给专业公司打理。另外,其紧急预案工作也很及时、全面和具体,如遇台风、地震等自然灾害都有一套完整的紧急预案措施,同时将动物也列入紧急预案工作当中。

日本物业公司在提供人性化、优质化服务的同时,其服务费用也相对低廉,主要是因为日本物业公司在人员配备上遵循"少而优"的原则,从而大大节约了成本并提高了效率。此外,日本物业公司需要接受住宅管理协会、高层建筑管理协会以及促进物业规范化管理中心等机构的监督检查。

六、中国香港物业管理制度

中国香港的物业管理行业具有完整的各项法规。第一,公共契约,根据香港法例第344章制定,主要是为了方便成立业主法团,加强对业主法团辖下管理委员会的监督管理,引入大厦管理有关的新的措施以及扩大土地审裁处的职权范围等。第二,《建筑物管理条例》由1970年的《多层大厦(业主立案法团)条例》修改而来,已成为香港物业管理方面的重要法律,其对房地产开发商、物业公司以及业主三个方面的职责、权利和义务进行了明确的规定。此外,与物业管理相关的法律、法规还有不少,如《建筑物业及自动电梯(安全)条例》《保安及护卫业服务条例》《职业安全及健康条例》《个人资料(隐私)条例》等。

香港实行严格的职业资格管理制度,从而确保了物业管理从业人员的基本素质和专业化水平。香港专业化公司非常发达,清洁服务、工程维修、绿化保养、保安服务、停车场管理、会所管理、公寓管理等都有专业化公司,物业公司只需对这些专业化公司进行检查、监督就可以了。

香港物业服务企业实行严格的财务管理制度。由香港廉政公署及香港会计公会联合法团有效管理财务,制定财政预算、处理款项以及对处理的账目进行监控。严格的财务管理制度,不但可以确保经费的合理利用,减少贪污,更重要的是它可以为小区、大厦的维修养护提供和安排充裕的资金,从而更好地维护全体业主的共同利益。

七、发达国家和地区物业管理的特点

(一)收费标准和依据相对单一

物业管理费的收费标准取决于市场,利用市场的自身调节作用形成,而政府一般不规定具体的收费标准。也就是说,具体收多少、怎么收由签订物业服务合同的委托方(业主)与受托方(物业服务公司)双方商讨决定,而最终的价格会因物业服务内容、质量、管辖区环境因素的不同而不同。

(二)管理模式的选择与国情和城市特色相吻合

由于发达国家或地区的物业服务行业起步较早,因此,在长期的发展过程中逐渐形成了自身特色,这种特色有其根源与依据,即与本国或本地区的风土人情、市场化程度、物业类型等紧密结合在一起，达到"既立足本土又放眼全球"的目标和要求。

（三）政府以"掌舵"而非"划桨"的角色干预物业管理行业

政府在物业管理中起着重要作用，如制定详尽、完善的法律和法规规范物业管理活动中的各方面关系、人的行为和活动，但不对收费标准等事项做过多干预。

（四）市场化程度高，有成熟、完整的盈利模式

发达国家或地区的业主对物业服务的标准要求较高，特别看重物业公司的口碑、等级以及服务质量。因此，他们在选择物业公司一事上极为谨慎，一般会在完整地考察公司的信誉、管理能力、财务、法律水平以及物业服务费用的基础上，通过招标或协议方式做出最终选择。由于市场竞争激烈，物业公司压力很大，因此必须注意其形象，不断改善经营管理能力，提高效率，减少成本，并尽可能让业主满意。此外，企业内部各个物业之间的成本支出核算相互独立，一处物业就是一个盈利中心。

（五）物业服务普及面广，企业国际化程度高

发达国家或地区的物业服务企业发展迅速，政府公屋逐渐交由独立的物业公司管理，私人楼宇越来越多地委托专业的物业公司管理。企业的国际化程度较高，很多企业都设立了国外分公司。例如，成立于 1855 年的第一太平戴维斯是一家伦敦证交所的上市公司，是全球领先的房地产服务商，在美国、欧洲、亚太地区、非洲及中东拥有 180 多所办事处。又如，成立于 1993 年的戴德梁行，为国际主要的房地产顾问公司，为世界各地客户提供专业、创新的房地产及商业解决方案，他们拥有一支经验丰富的专业队伍，聘用千名来自不同专业背景的资深管理人员，秉持"客户的利益至上"的工作准则，利用戴德梁行国际化管理经验，为各地客户提供高效率"一站式"物业服务。

第二节　国外和中国香港的物业管理立法

一、英国的物业管理立法

英国是公认的物业管理发源地。19 世纪 60 年代的英国，正值英国工业化大发展时代，大量农民进入城市，出现了房屋出租。为了维护业主的权利，需要一套行之有效的管理办法，于是出现了专业物业管理。自此以后，物业管理传遍世界各地，并受到各国普遍重视。

英国的物业管理实行行业管理，政府不直接进行干预，具体工作由住宅中介协会负责协调。在英国，任何人、任何公司都可以从事物业管理。只要具备条件，领取营业执照即可开业经营。物业服务企业固定人员少，临时聘用的人员多。政府对物业管理收费标准不做任何规定，而是由业主与物业公司双方协商决定。如果出现了双方难以达成协议的情况，可以通过法律机构，即租用房产估值法庭仲裁解决；一经裁定，双方当事人即执行裁定的服务项目和收费标准。

发展到今天，英国的物业管理已成为一个成熟的行业，其整体水平是世界一流的。除传统意义上的房屋维修、养护、清洁、保安外，物业管理的内容已拓展到物业功能布局和划分、市场行情调研和预测、物业租售代理推广、工程咨询和监理、目标客户群认定、通信及旅行安排、智能系统化、专门性社会保障等全方位服务。在积极推广物业管理业务的同时，英国还加强对这一业务的研究，成立了皇家物业管理学会，会员遍布世界各地。英国作为物业管理的诞生地，在物业管理上形成了自己的特定模式，其中依法管理的特点尤其令人关注。据了解，除直接的物业管理法规外，一些房地产法规对此也有间接规定。英国常用的房地产开发管理的法律和法规有五十多种。

二、美国的物业管理立法

产业成熟的专业化管理是美国物业管理行业的最大特点。在美国，物业管理行业已成为城市建设与管理的一项重要产业。物业管理的专业化程度非常高，接管项目的物业服务企业一般只负责住宅小区或商业区的整体管理，具体业务则采用各种外包形式，聘请专业的服务公司承担。

美国的物业管理目的是让物业保值和升值，通过各种手段让物业获得最大回报。美国的物业管理社会化和专业化程度较高，社会分工更加专业化和细化，如美国有很多专业的保安公司和绿化公司，因此，物业服务企业一般只负责整个住宅或住宅小区的物业整体管理，而具体业务将聘请专业的服务公司承担。美国物业管理职责明晰，通过政府的法规明确物业管理的权限，而且业主委员会一般也参与社区的规划或制定行为规范，以更好地保障物业保值和升值。

1961年美国通过了《国家住宅法》，1962年美国联邦住宅局制定了《公寓大厦所有权创设之形态法》的标准规范，供各州立法时参考。1968年，美国国会通过了《新住宅法案》。在美国，物业设有专门的管理机构并拥有一批高素质的专业人员。美国各级政府机构中都设有房产管理局，其职责是制定房地产法规并监督检查。全美物业管理协会（IREM）是负责培训物业管理师的组织，其总部设在芝加哥，有一百多个地方分会。任何一个物业管理师只有达到IREM制定的严格标准以后，才能得到注册管理师（CPM）证书。此外，全国有影响和规模的物业管理协会和组织还有国际设施管理协会（IFMA）和建筑物业主与管理人员协会（BO-MA）。其中，IFMA主要负责对物业设施的管理，而BO-MA则代表在物业管理过程中业主或房东的利益。许多协会办有定期刊物，开设教育性专题讲座和课程，帮助物业管理人员优化知识结构，培养职业道德。在美国，只要具备申请资格，符合法规条件，任何人都可以申请成立物业服务企业。有的州规定取得执照的物业公司必须每年接受45小时的专业课程培训教育，方可被认为主体合格。在美国，不仅对物业服务企业有要求，而且对具体人员也有一定的要求，如有的管理岗位必须取得相应的专业证书，管理人员必须有大学毕业证书，且有5年以上的物业管理经验等。

三、法国的物业管理立法

法国是实行物业管理立法较早的国家之一。最早在民法典中规定建筑物区分所有权的是1804年《法国民法典》中第664条所谓"建筑物之各楼层属于不同所有人"的规定,它为物业管理立法奠定了理论基础,开辟了19世纪各国在民法中对物业管理进行立法确认之先河。第一次世界大战后,随着住宅短期和建筑物共用部分的需要,民法典中规定的区分所有权已经不适应新的形势需要,于是1938年法国制定了单行的物业管理法律——《有关区分各阶层不动产共有之法律》。该法律规定了区分所有权人团体关系之设立及解散、有权区分所有权人之间法律的关系,以及区分所有权规约的追加或修改等。1965年,法国立法机关对该法律进行了修改,加上1967年颁布的行政命令,编纂了《法国住宅分层所有权立法》,沿用至今。《法国住宅分层所有权立法》内容详尽,是现代各国物业管理中具有代表性的一部法律。该法律规定了区分所有权的定义及机构、物业管理者的义务与责任、管理团体之债权及专有场所的改良,以及增设附属设施的行使等内容。该法律的团体法理精神深植于物业管理中,加强了物业所有人集会的功能,对于多数表决管理的普通共同义务,以2/3以上人数决定特别重要事务。

四、新加坡的物业管理立法

新加坡政府有关部门针对居民住宅及物业管理,制定了很细的规章制度并形成了法律。不管是物业服务企业还是居民都必须依法遵章行事。因此,不管是高级公寓楼还是政府组屋区,管理都是井井有条,同时避免了各种矛盾或纠纷的发生。

在业主方面,新加坡法律充分保障了房屋拥有者的权利,同时也明确规定了各项义务。例如,各个业主不得侵犯公共空间,私搭乱建要被课以重罚。对房屋内的装修也有很详细的规定,如常见的由装修引起的楼下住户漏水等现象,当事人须负责赔偿他人损失,解决不了就要提起诉讼。新加坡《土地所有权法案》规定,每个新建住宅区必须在两年内成立管理委员会,由全体业主投票选举委员会成员。该委员会将代表全体业主管理社区,每年召开一次业主大会,讨论制定社区行为规则以及聘请物业服务企业等重要事务。社区或公寓的公共事务,如是否要增添公共设施,公共设施的使用是否要收费、收多少,是否要增加或减少物业管理费等,最终都以投票方式决定。在这种机制下,物业服务企业只是被雇佣的对象,一切依照合同办事。如果物业服务企业表现不好,社区管理委员会有权立即将其解聘。

五、日本的物业管理立法

日本于1962年4月4日颁布了《有关建筑物区分所有权之法律》(俗称《公寓法》)。该法对物业所有权人的权利及其权限、先取特权、共用部分之共有、共用部分变更及其管理、管理人及权限与任务及规约,以及集会、社区准用及罚款进行了规定。但是,该法律的一些规定如规约的制定、变更等要求全体物业所有人一致同意,缺乏灵活性且不利于团体自治功能的发挥。

随着日本经济的高度发展,对建筑物区分所有权的法律调整越来越迫切。为了克服原有法律的缺陷,加强对建筑物区分所有专有部分、共用部分及物业所有权的权利义务规范，日本于1979年和1983年两次对《公寓法》进行了修订。修订后的《公寓法》第一章第四节为"管理人"，内容包括管理人的选任和解任、管理人的权限、管理所有、委托规定的准用，以及区分所有权人的责任等；第五节为"规约及集会"，内容包括规约事项、规约的设定、变更及废止、依公证书设定规约、规约的保管及阅览、关于集会的召集、决议事项的限制，以及表决权等；第六节为"管理团体法人"，内容包括管理团体法人之成立、名称、管理团体法人之理事、监事、监视的代表权，以及管理团体法人事物的执行等。采用多数表决方法，使物业所有人关系的团体性得到加强。《有关建筑物区分所有权之法律》是当今日本物业管理中的一项基本法律。

六、中国香港的物业管理立法

中国香港是世界上人口最密集的地区之一，房地产业在香港地区的经济发展中具有举足轻重的作用。香港地区的房屋越建越高，设备越来越先进，办公楼已出现智能型大楼，住宅楼院楼宇按五星级宾馆或城市花园标准设计，工业楼宇发展多元化，而且物业的装修标准越来越高，因此，需要有丰富的物业管理经验的专业人才。香港地区已有多家大专院校开设了物业管理课程，许多大学毕业生加入物业管理行业。目前，香港地区有物业公司四百多家，虽然专业化程度参差不齐，但程度高的公司显然信誉好、竞争能力强。

中国香港的法律虽属英美体系，但其建筑区分所有权制度却与英国现行法律有很大的区别。1970年香港地区政府制定的《多层大厦（业主立案法团）条例》，建立起一套具有地方特色的物业管理制度。但是，由于成立"业主立案法团"自治管理模式发展较慢，效果也不明显。经过多年的讨论和修改，1993年5月8日香港地区政府颁布的《建筑物管理条例》（香港法例第344章）正式生效，为香港物业管理的正常运作提供了完善的法律框架。

《建筑物管理条例》增加了业主对大厦管理的参与及决策权，对业主立案法团的成立、管理委员会、大厦公共契约的强制性条款、业主的权利义务、业主在行使权力时应受到的限制，以及违反条例罚款等都做了详细的规定。例如，规定成立业主法团首先要召开业主大会，而召开业主大会，须在会议举行前14天由召集人将会议通知送达每一位业主。会议通知要列明开会日期、时间、地点以及会议将要决定的事项，其中包括成立管理委员会。管理委员会在成立后的28天内，必须向土地注册处申请注册为法团。

第三节 国外和中国香港的物业管理立法的借鉴

一、具备完备的社会基础和法律基础

在市场经济较发达的国家和地区，业主具有较强的私权意识，如消费意识、有偿服务意识、等价交换意识、按质论价意识等。这些意识体现在物业管理上，一方面，业主自愿接受通过市场方式，聘请有资格的物业管理经理人经营管理物业，认为支付物业管理费是理所当然的，拒付物业管理费被视为违背社会道德规范和国家法律的事情；另一方面，业主积极参与物业管理，对物业管理的有关事项积极发表意见，并按照一定的议事规则做出决策，配合、监督物业管理工作。这些意识已形成社会共识，营造了物业管理发展的良好社会环境。

市场经济较发达的国家或地区以市场规则为基础的物业管理法律体系比较健全，无论采取何种立法模式，这些国家和地区对物业管理的各个方面都有具体法律规定。在物业管理中所涉及的大部分法律关系，如业主与业主的关系、业主大会和业主委员会的产生和性质、业主与物业服务企业的关系等，均在法律上得到阐述或体现。此外，为了进一步规范物业管理，这些国家或地区对物业管理涉及的各类法律关系，特别是对从业公司的市场准入、物业管理人员的资格规定以及管理者与业主之间的权责关系做了更加明确的规定。这些完善的立法也有利于物业管理的发展。

二、物业管理的管理体系和运作体系比较健全

物业管理的管理体系和运作体系比较健全，相关规定明确具体，对出现的纠纷和问题建立了一套适用的磋商、调解机制，对业主大会的成立、性质、运作、表决程序，物业服务企业的选聘，物业管理费的使用、监督，物业管理的民主决策机制以及物业管理纠纷的解决等均有明确的具体规定。目前，我国内地在关于业主委员会的设计和安排上存在争议，香港地区的做法值得借鉴，具体如下。

（1）与业主委员会相对应的机构名称为管理委员会，管理委员会的性质和地位是某一建筑物的业主立案法团的代表机构与执行机构。业主立案法团依内地法律可以说是法人化的业主大会，是一个经过登记注册的社团法人。管理委员会不以自己的名义，而以业主法团的名义对外开展工作，这类似于一个机构中的董事会。

（2）管理委员会由一定业主开会决议成立，之后由管理委员会再行申报设立业主立案法团，即管委会成立在先。同时，在业主不能根据业主会议决定成立时，则由主管行政机关依业主的申请命令成立，或者由一定数量的业主或主管行政机关向司法机构申请，由司法机构裁定并任命一名业主召集其他业主开会成立。

（3）管理委员会的成员不限于业主自身，可以是业主，可以是业主委托的代表，也可以是承租人委托的代表。

（4）管理委员会的职权主要由公共契约规定，而非由法律明确列举规定，通常包括为维护建筑物的正常使用、社区秩序的运行及对违反公共契约的人追究等事项的决定及执行。

三、政府管理与业主自治相结合的管理体制

政府在物业管理中发挥了重要作用，但政府一般不直接干预物业管理，而是多以详尽、完善的法律、法规规范物业管理各方面关系和人的行为与权、责、利。例如，政府一般不规定具体的收费标准，具体收多少管理费由业主（委托方）与管理公司（受托方）双方讨价还价决定，是市场供求状况、地区环境、房屋数量与质量、服务内容多少与深浅等情况而定。此外，一些国家和地区的政府通过社会中介组织实现对物业管理行业的规范与管理。

例如,韩国的住宅管理协会和日本的高层楼宇管理协会、电梯管理协会与住宅管理协会等,一方面为会员提供市场信息、人员培训等服务,另一方面也从事行业规范化的工作。日本还在《关于推进公寓管理规范化的法律》中专门成立"推进物业管理正规化中心",中心为财团法人,主要任务是帮助管理工会(业主委员会)推进物业管理的正规化。

与此同时,物业管理中还充分体现了业主的自治权,如业主大会或相关机构如法团等在物业管理方面具有充分的决策权。业主与物业服务企业是雇佣关系,通过招标或协议等方式选择物业服务企业,并且会认真考察公司的信誉,专业知识背景及管理、财务、法律水平,管理费用的高低及社区活动能力。而物业公司也需要承受来自市场竞争的压力,必须注意其服务形象,不断改善经营管理,提高效率,尽量让业主满意,否则就会有被淘汰或被解雇的危险。

四、物业服务企业专业化、市场化程度高

(一)物业管理专业化水平较高

这些国家和地区的房屋及其设施设备的维修保养及时,楼宇及周围的环境卫生清洁,绿化养护工作到位,物业管理行业的社会化、专业化程度较高,物业服务企业与一些专业公司如清洁、保安、空调保养维修等公司的分工与协作关系紧密。由于市场竞争激烈,物业服务企业与各专业公司签订的合同到期时,物业服务企业有权对各专业公司进行招标更换,以取得客户的满意及获取更大的经济效益。一些独立的房屋如别墅等,由于行业发展分工的高度社会化、专业化,业主可以很容易地实现自我管理,不再需要聘请专职物业管理经理人。物业管理专业化水平高的另一个表现是其社会分工的程度也很高,物业服务企业与社会其他水、电、气、维修等行业的分工和协作关系紧密。特别值得关注的是,在一些比较小的住宅或大厦中,业主们比较容易通过这种高度专业化的社会分工实现自我管理。

(二)对物业服务企业和管理人员要求较高,并重视对人员的培训

社会对物业服务企业及其从业人员有严格的要求,通常要求物业服务企业必须持有特别执照或经营许可证,从业人员必须经过一定时间的物业管理课程学习,并经国家承认的培训机构考试合格后才能担任项目经理职位。有的国家还规定要再经过一定年限的实践,才有资格挂牌开办物业服务企业。例如,日本以前对物业服务企业及从业人员的管理比较松散,造成物业管理服务质量差、管理水平低,居民不满意。针对这种情况,日本在法律中对物业服务企业和从业人员进行了严格的规定。《关于推进公寓管理规范化的法律》中的实质性条款共有六章,其中有两章是对物业企业人员的资格、考试及登录等方面的要求。

五、各国或地区依据自身情况确定有特色的物业管理

各国或地区的物业管理模式均应结合自己的情况,符合各自的特点。例如,新加坡因土地资源紧缺而形成了政府统筹型的物业管理模式,而中国香港地区则根据人多地少的特点,采取由政府供应与市场供应相结合的"双轨制",从而形成了房委会管理与物业服务企

业管理模式相结合的管理模式。

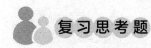复习思考题

1．国外和中国香港物业管理行业的共同点有哪些？
2．西方发达国家物业管理立法有哪些特征？
3．中国香港物业管理立法有哪些特征？
4．试比较发达国家和地区物业管理立法的异同。

参 考 文 献

1. 王怡红，闫玉梅. 新编物业管理法规教程[M]. 济南：山东科技出版社，2008.
2. 董藩，秦凤伟，刘毅. 物业管理法律与制度[M]. 北京：清华大学出版社，2006.
3. 王立久. 物业管理法规[M]. 北京：北京大学出版社，2005.
4. 岳娜，刘湖北. 物业管理法律法规[M]. 北京：清华大学出版社，2011.
5. 曹映平. 物业管理法律法规及实务[M]. 上海：上海交通大学出版社，2011.
6. 周珂. 中国房地产法[M]. 北京：法律出版社，2011.
7. 袁其国. 法律帮助一点通[M]. 北京：中国检察出版社，2009.
8. 《法律及其配套规定丛书》编写组. 物业管理条例配套规定[M]. 4版. 北京：中国法制出版社，2010.
9. 刘湖北，胡万平，王炳荣，等. 物业管理法规与案例评析[M]. 2版. 北京：中国建筑工业出版社，2010.
10. 邵文. 住宅小区物业管理纠纷治理的研究[D]. 南昌：南昌大学，2018.

附录一 物业管理条例

（2003年6月8日中华人民共和国国务院令第379号公布，根据2007年8月26日《国务院关于修改〈物业管理条例〉的决定》第一次修订；根据2016年2月6日《国务院关于修改部分行政法规的决定》第二次修订；根据2018年3月19日《国务院关于修改和废止部分行政法规的决定》第三次修订）

第一章 总 则

第一条 为了规范物业管理活动，维护业主和物业服务企业的合法权益，改善人民群众的生活和工作环境，制定本条例。

第二条 本条例所称物业管理，是指业主通过选聘物业服务企业，由业主和物业服务企业按照物业服务合同约定，对房屋及配套的设施设备和相关场地进行维修、养护、管理，维护物业管理区域内的环境卫生和相关秩序的活动。

第三条 国家提倡业主通过公开、公平、公正的市场竞争机制选择物业服务企业。

第四条 国家鼓励采用新技术、新方法，依靠科技进步提高物业管理和服务水平。

第五条 国务院建设行政主管部门负责全国物业管理活动的监督管理工作。县级以上地方人民政府房地产行政主管部门负责本行政区域内物业管理活动的监督管理工作。

第二章 业主及业主大会

第六条 房屋的所有权人为业主。业主在物业管理活动中，享有下列权利：

（一）按照物业服务合同的约定，接受物业服务企业提供的服务；

（二）提议召开业主大会会议，并就物业管理的有关事项提出建议；

（三）提出制定和修改管理规约、业主大会议事规则的建议；

（四）参加业主大会会议，行使投票权；

（五）选举业主委员会成员，并享有被选举权；

（六）监督业主委员会的工作；

（七）监督物业服务企业履行物业服务合同；

（八）对物业共用部位、共用设施设备和相关场地使用情况享有知情权和监督权；

（九）监督物业共用部位、共用设施设备专项维修资金（以下简称专项维修资金）的管理和使用；

（十）法律、法规规定的其他权利。

第七条 业主在物业管理活动中，履行下列义务：

（一）遵守管理规约、业主大会议事规则；
（二）遵守物业管理区域内物业共用部位和共用设施设备的使用、公共秩序和环境卫生的维护等方面的规章制度；
（三）执行业主大会的决定和业主大会授权业主委员会作出的决定；
（四）按照国家有关规定交纳专项维修资金；
（五）按时交纳物业服务费用；
（六）法律、法规规定的其他义务。

第八条　物业管理区域内全体业主组成业主大会。业主大会应当代表和维护物业管理区域内全体业主在物业管理活动中的合法权益。

第九条　一个物业管理区域成立一个业主大会。物业管理区域的划分应当考虑物业的共用设施设备、建筑物规模、社区建设等因素。具体办法由省、自治区、直辖市制定。

第十条　同一个物业管理区域内的业主，应当在物业所在地的区、县人民政府房地产行政主管部门或者街道办事处、乡镇人民政府的指导下成立业主大会，并选举产生业主委员会。但是，只有一个业主的，或者业主人数较少且经全体业主一致同意，决定不成立业主大会的，由业主共同履行业主大会、业主委员会职责。

第十一条　下列事项由业主共同决定：
（一）制定和修改业主大会议事规则；
（二）制定和修改管理规约；
（三）选举业主委员会或者更换业主委员会成员；
（四）选聘和解聘物业服务企业；
（五）筹集和使用专项维修资金；
（六）改建、重建建筑物及其附属设施；
（七）有关共有和共同管理权利的其他重大事项。

第十二条　业主大会会议可以采用集体讨论的形式，也可以采用书面征求意见的形式；但是，应当有物业管理区域内专有部分占建筑物总面积过半数的业主且占总人数过半数的业主参加。业主可以委托代理人参加业主大会会议。业主大会决定本条例第十一条第（五）项和第（六）项规定的事项，应当经专有部分占建筑物总面积 2/3 以上的业主且占总人数 2/3 以上的业主同意；决定本条例第十一条规定的其他事项，应当经专有部分占建筑物总面积过半数的业主且占总人数过半数的业主同意。业主大会或者业主委员会的决定，对业主具有约束力。业主大会或者业主委员会作出的决定侵害业主合法权益的，受侵害的业主可以请求人民法院予以撤销。

第十三条　业主大会会议分为定期会议和临时会议。业主大会定期会议应当按照业主大会议事规则的规定召开。经20%以上的业主提议，业主委员会应当组织召开业主大会临时会议。

第十四条　召开业主大会会议，应当于会议召开15日以前通知全体业主。住宅小区的业主大会会议，应当同时告知相关的居民委员会。业主委员会应当做好业主大会会议记录。

第十五条　业主委员会执行业主大会的决定事项，履行下列职责：
（一）召集业主大会会议，报告物业管理的实施情况；

（二）代表业主与业主大会选聘的物业服务企业签订物业服务合同；

（三）及时了解业主、物业使用人的意见和建议，监督和协助物业服务企业履行物业服务合同；

（四）监督管理规约的实施；

（五）业主大会赋予的其他职责。

第十六条　业主委员会应当自选举产生之日起 30 日内，向物业所在地的区、县人民政府房地产行政主管部门和街道办事处、乡镇人民政府备案。业主委员会委员应当由热心公益事业、责任心强、具有一定组织能力的业主担任。业主委员会主任、副主任在业主委员会成员中推选产生。

第十七条　管理规约应当对有关物业的使用、维护、管理，业主的共同利益，业主应当履行的义务，违反管理规约应当承担的责任等事项依法作出约定。管理规约应当尊重社会公德，不得违反法律、法规或者损害社会公共利益。管理规约对全体业主具有约束力。

第十八条　业主大会议事规则应当就业主大会的议事方式、表决程序、业主委员会的组成和成员任期等事项作出约定。

第十九条　业主大会、业主委员会应当依法履行职责，不得作出与物业管理无关的决定，不得从事与物业管理无关的活动。业主大会、业主委员会作出的决定违反法律、法规的，物业所在地的区、县人民政府房地产行政主管部门或者街道办事处、乡镇人民政府，应当责令限期改正或者撤销其决定，并通告全体业主。

第二十条　业主大会、业主委员会应当配合公安机关，与居民委员会相互协作，共同做好维护物业管理区域内的社会治安等相关工作。在物业管理区域内，业主大会、业主委员会应当积极配合相关居民委员会依法履行自治管理职责，支持居民委员会开展工作，并接受其指导和监督。住宅小区的业主大会、业主委员会作出的决定，应当告知相关的居民委员会，并认真听取居民委员会的建议。

第三章　前期物业管理

第二十一条　在业主、业主大会选聘物业服务企业之前，建设单位选聘物业服务企业的，应当签订书面的前期物业服务合同。

第二十二条　建设单位应当在销售物业之前，制定临时管理规约，对有关物业的使用、维护、管理，业主的共同利益，业主应当履行的义务，违反临时管理规约应当承担的责任等事项依法作出约定。建设单位制定的临时管理规约，不得侵害物业买受人的合法权益。

第二十三条　建设单位应当在物业销售前将临时管理规约向物业买受人明示，并予以说明。物业买受人在与建设单位签订物业买卖合同时，应当对遵守临时管理规约予以书面承诺。

第二十四条　国家提倡建设单位按照房地产开发与物业管理相分离的原则，通过招投标的方式选聘物业服务企业。住宅物业的建设单位，应当通过招投标的方式选聘物业服务企业；投标人少于 3 个或者住宅规模较小的，经物业所在地的区、县人民政府房地产行政主管部门批准，可以采用协议方式选聘物业服务企业。

第二十五条 建设单位与物业买受人签订的买卖合同应当包含前期物业服务合同约定的内容。

第二十六条 前期物业服务合同可以约定期限；但是，期限未满、业主委员会与物业服务企业签订的物业服务合同生效的，前期物业服务合同终止。

第二十七条 业主依法享有的物业共用部位、共用设施设备的所有权或者使用权，建设单位不得擅自处分。

第二十八条 物业服务企业承接物业时，应当对物业共用部位、共用设施设备进行查验。

第二十九条 在办理物业承接验收手续时，建设单位应当向物业服务企业移交下列资料：

（一）竣工总平面图，单体建筑、结构、设备竣工图，配套设施、地下管网工程竣工图等竣工验收资料；

（二）设施设备的安装、使用和维护保养等技术资料；

（三）物业质量保修文件和物业使用说明文件；

（四）物业管理所必需的其他资料。物业服务企业应当在前期物业服务合同终止时将上述资料移交给业主委员会。

第三十条 建设单位应当按照规定在物业管理区域内配置必要的物业管理用房。

第三十一条 建设单位应当按照国家规定的保修期限和保修范围，承担物业的保修责任。

第四章 物业管理服务

第三十二条 从事物业管理活动的企业应当具有独立的法人资格。国务院建设行政主管部门应当会同有关部门建立守信联合激励和失信联合惩戒机制，加强行业诚信管理。

第三十三条 一个物业管理区域由一个物业服务企业实施物业管理。

第三十四条 业主委员会应当与业主大会选聘的物业服务企业订立书面的物业服务合同。物业服务合同应当对物业管理事项、服务质量、服务费用、双方的权利义务、专项维修资金的管理与使用、物业管理用房、合同期限、违约责任等内容进行约定。

第三十五条 物业服务企业应当按照物业服务合同的约定，提供相应的服务。物业服务企业未能履行物业服务合同的约定，导致业主人身、财产安全受到损害的，应当依法承担相应的法律责任。

第三十六条 物业服务企业承接物业时，应当与业主委员会办理物业验收手续。业主委员会应当向物业服务企业移交本条例第二十九条第一款规定的资料。

第三十七条 物业管理用房的所有权依法属于业主。未经业主大会同意，物业服务企业不得改变物业管理用房的用途。

第三十八条 物业服务合同终止时，物业服务企业应当将物业管理用房和本条例第二十九条第一款规定的资料交还给业主委员会。物业服务合同终止时，业主大会选聘了新的物业服务企业的，物业服务企业之间应当做好交接工作。

第三十九条 物业服务企业可以将物业管理区域内的专项服务业务委托给专业性服务企业，但不得将该区域内的全部物业管理一并委托给他人。

第四十条 物业服务收费应当遵循合理、公开以及费用与服务水平相适应的原则，区别不同物业的性质和特点，由业主和物业服务企业按照国务院价格主管部门会同国务院建设行政主管部门制定的物业服务收费办法，在物业服务合同中约定。

第四十一条 业主应当根据物业服务合同的约定交纳物业服务费用。业主与物业使用人约定由物业使用人交纳物业服务费用的，从其约定，业主负连带交纳责任。已竣工但尚未出售或者尚未交给物业买受人的物业，物业服务费用由建设单位交纳。

第四十二条 县级以上人民政府价格主管部门会同同级房地产行政主管部门，应当加强对物业服务收费的监督。

第四十三条 物业服务企业可以根据业主的委托提供物业服务合同约定以外的服务项目，服务报酬由双方约定。

第四十四条 物业管理区域内，供水、供电、供气、供热、通信、有线电视等单位应当向最终用户收取有关费用。物业服务企业接受委托代收前款费用的，不得向业主收取手续费等额外费用。

第四十五条 对物业管理区域内违反有关治安、环保、物业装饰装修和使用等方面法律、法规规定的行为，物业服务企业应当制止，并及时向有关行政管理部门报告。有关行政管理部门在接到物业服务企业的报告后，应当依法对违法行为予以制止或者依法处理。

第四十六条 物业服务企业应当协助做好物业管理区域内的安全防范工作。发生安全事故时，物业服务企业在采取应急措施的同时，应当及时向有关行政管理部门报告，协助做好救助工作。物业服务企业雇请保安人员的，应当遵守国家有关规定。保安人员在维护物业管理区域内的公共秩序时，应当履行职责，不得侵害公民的合法权益。

第四十七条 物业使用人在物业管理活动中的权利义务由业主和物业使用人约定，但不得违反法律、法规和管理规约的有关规定。物业使用人违反本条例和管理规约的规定，有关业主应当承担连带责任。

第四十八条 县级以上地方人民政府房地产行政主管部门应当及时处理业主、业主委员会、物业使用人和物业服务企业在物业管理活动中的投诉。

第五章　物业的使用与维护

第四十九条 物业管理区域内按照规划建设的公共建筑和共用设施，不得改变用途。业主依法确需改变公共建筑和共用设施用途的，应当在依法办理有关手续后告知物业服务企业；物业服务企业确需改变公共建筑和共用设施用途的，应当提请业主大会讨论决定同意后，由业主依法办理有关手续。

第五十条 业主、物业服务企业不得擅自占用、挖掘物业管理区域内的道路、场地，损害业主的共同利益。因维修物业或者公共利益，业主确需临时占用、挖掘道路、场地的，应当征得业主委员会和物业服务企业的同意；物业服务企业确需临时占用、挖掘道路、场地的，应当征得业主委员会的同意。业主、物业服务企业应当将临时占用、挖掘的道路、场地，在约定期限内恢复原状。

第五十一条　供水、供电、供气、供热、通信、有线电视等单位，应当依法承担物业管理区域内相关管线和设施设备维修、养护的责任。前款规定的单位因维修、养护等需要，临时占用、挖掘道路、场地的，应当及时恢复原状。

第五十二条　业主需要装饰装修房屋的，应当事先告知物业服务企业。物业服务企业应当将房屋装饰装修中的禁止行为和注意事项告知业主。

第五十三条　住宅物业、住宅小区内的非住宅物业或者与单幢住宅楼结构相连的非住宅物业的业主，应当按照国家有关规定交纳专项维修资金。专项维修资金属于业主所有，专项用于物业保修期满后物业共用部位、共用设施设备的维修和更新、改造，不得挪作他用。专项维修资金收取、使用、管理的办法由国务院建设行政主管部门会同国务院财政部门制定。

第五十四条　利用物业共用部位、共用设施设备进行经营的，应当在征得相关业主、业主大会、物业服务企业的同意后，按照规定办理有关手续。业主所得收益应当主要用于补充专项维修资金，也可以按照业主大会的决定使用。

第五十五条　物业存在安全隐患，危及公共利益及他人合法权益时，责任人应当及时维修养护，有关业主应当给予配合。责任人不履行维修养护义务的，经业主大会同意，可以由物业服务企业维修养护，费用由责任人承担。

第六章　法律责任

第五十六条　违反本条例的规定，住宅物业的建设单位未通过招投标的方式选聘物业服务企业或者未经批准，擅自采用协议方式选聘物业服务企业的，由县级以上地方人民政府房地产行政主管部门责令限期改正，给予警告，可以并处 10 万元以下的罚款。

第五十七条　违反本条例的规定，建设单位擅自处分属于业主的物业共用部位、共用设施设备的所有权或者使用权的，由县级以上地方人民政府房地产行政主管部门处 5 万元以上 20 万元以下的罚款；给业主造成损失的，依法承担赔偿责任。

第五十八条　违反本条例的规定，不移交有关资料的，由县级以上地方人民政府房地产行政主管部门责令限期改正；逾期仍不移交有关资料的，对建设单位、物业服务企业予以通报，处 1 万元以上 10 万元以下的罚款。

第五十九条　违反本条例的规定，物业服务企业将一个物业管理区域内的全部物业管理一并委托给他人的，由县级以上地方人民政府房地产行政主管部门责令限期改正，处委托合同价款 30%以上 50%以下的罚款。委托所得收益，用于物业管理区域内物业共用部位、共用设施设备的维修、养护，剩余部分按照业主大会的决定使用；给业主造成损失的，依法承担赔偿责任。

第六十条　违反本条例的规定，挪用专项维修资金的，由县级以上地方人民政府房地产行政主管部门追回挪用的专项维修资金，给予警告，没收违法所得，可以并处挪用数额 2 倍以下的罚款；构成犯罪的，依法追究直接负责的主管人员和其他直接责任人员的刑事责任。

第六十一条 违反本条例的规定,建设单位在物业管理区域内不按照规定配置必要的物业管理用房的,由县级以上地方人民政府房地产行政主管部门责令限期改正,给予警告,没收违法所得,并处 10 万元以上 50 万元以下的罚款。

第六十二条 违反本条例的规定,未经业主大会同意,物业服务企业擅自改变物业管理用房的用途的,由县级以上地方人民政府房地产行政主管部门责令限期改正,给予警告,并处 1 万元以上 10 万元以下的罚款;有收益的,所得收益用于物业管理区域内物业共用部位、共用设施设备的维修、养护,剩余部分按照业主大会的决定使用。

第六十三条 违反本条例的规定,有下列行为之一的,由县级以上地方人民政府房地产行政主管部门责令限期改正,给予警告,并按照本条第二款的规定处以罚款;所得收益,用于物业管理区域内物业共用部位、共用设施设备的维修、养护,剩余部分按照业主大会的决定使用:

(一)擅自改变物业管理区域内按照规划建设的公共建筑和共用设施用途的;

(二)擅自占用、挖掘物业管理区域内道路、场地,损害业主共同利益的;

(三)擅自利用物业共用部位、共用设施设备进行经营的。个人有前款规定行为之一的,处 1 000 元以上 1 万元以下的罚款;单位有前款规定行为之一的,处 5 万元以上 20 万元以下的罚款。

第六十四条 违反物业服务合同约定,业主逾期不交纳物业服务费用的,业主委员会应当督促其限期交纳;逾期仍不交纳的,物业服务企业可以向人民法院起诉。

第六十五条 业主以业主大会或者业主委员会的名义,从事违反法律、法规的活动,构成犯罪的,依法追究刑事责任;尚不构成犯罪的,依法给予治安管理处罚。

第六十六条 违反本条例的规定,国务院建设行政主管部门、县级以上地方人民政府房地产行政主管部门或者其他有关行政管理部门的工作人员利用职务上的便利,收受他人财物或者其他好处,不依法履行监督管理职责,或者发现违法行为不予查处,构成犯罪的,依法追究刑事责任;尚不构成犯罪的,依法给予行政处分。

第七章 附 则

第六十七条 本条例自 2003 年 9 月 1 日起施行。

附录二　中华人民共和国招标投标法

1999年8月30日第九届全国人民代表大会常务委员会第十一次会议通过，1999年8月30日中华人民共和国主席令第二十一号公布，自2000年1月1日起施行（全国人民代表大会常务委员会关于修改《中华人民共和国招标投标法》的决定2017年12月27日第十二届全国人民代表大会常务委员会第三十一次会议通过）

第一章　总　　则

第一条　为了规范招标投标活动，保护国家利益、社会公共利益和招标投标活动当事人的合法权益，提高经济效益，保证项目质量，制定本法。

第二条　在中华人民共和国境内进行招标投标活动，适用本法。

第三条　在中华人民共和国境内进行下列工程建设项目包括项目的勘察、设计、施工、监理以及与工程建设有关的重要设备、材料等的采购，必须进行招标：

（一）大型基础设施、公用事业等关系社会公共利益、公众安全的项目；

（二）全部或者部分使用国有资金投资或者国家融资的项目；

（三）使用国际组织或者外国政府贷款、援助资金的项目。

前款所列项目的具体范围和规模标准，由国务院发展计划部门会同国务院有关部门制订，报国务院批准。

法律或者国务院对必须进行招标的其他项目的范围有规定的，依照其规定。

第四条　任何单位和个人不得将依法必须进行招标的项目化整为零或者以其他任何方式规避招标。

第五条　招标投标活动应当遵循公开、公平、公正和诚实信用的原则。

第六条　依法必须进行招标的项目，其招标投标活动不受地区或者部门的限制。任何单位和个人不得违法限制或者排斥本地区、本系统以外的法人或者其他组织参加投标，不得以任何方式非法干涉招标投标活动。

第七条　招标投标活动及其当事人应当接受依法实施的监督。

有关行政监督部门依法对招标投标活动实施监督，依法查处招标投标活动中的违法行为。

对招标投标活动的行政监督及有关部门的具体职权划分，由国务院规定。

第二章　招　　标

第八条　招标人是依照本法规定提出招标项目、进行招标的法人或者其他组织。

第九条　招标项目按照国家有关规定需要履行项目审批手续的，应当先履行审批手续，取得批准。

招标人应当有进行招标项目的相应资金或者资金来源已经落实,并应当在招标文件中如实载明。

第十条 招标分为公开招标和邀请招标。

公开招标,是指招标人以招标公告的方式邀请不特定的法人或者其他组织投标。

邀请招标,是指招标人以投标邀请书的方式邀请特定的法人或者其他组织投标。

第十一条 国务院发展计划部门确定的国家重点项目和省、自治区、直辖市人民政府确定的地方重点项目不适宜公开招标的,经国务院发展计划部门或者省、自治区、直辖市人民政府批准,可以进行邀请招标。

第十二条 招标人有权自行选择招标代理机构,委托其办理招标事宜。任何单位和个人不得以任何方式为招标人指定招标代理机构。

招标人具有编制招标文件和组织评标能力的,可以自行办理招标事宜。任何单位和个人不得强制其委托招标代理机构办理招标事宜。

依法必须进行招标的项目,招标人自行办理招标事宜的,应当向有关行政监督部门备案。

第十三条 招标代理机构是依法设立、从事招标代理业务并提供相关服务的社会中介组织。

招标代理机构应当具备下列条件:

(一)有从事招标代理业务的营业场所和相应资金;

(二)有能够编制招标文件和组织评标的相应专业力量。

第十四条 招标代理机构与行政机关和其他国家机关不得存在隶属关系或者其他利益关系。

第十五条 招标代理机构应当在招标人委托的范围内办理招标事宜,并遵守本法关于招标人的规定。

第十六条 招标人采用公开招标方式的,应当发布招标公告。依法必须进行招标的项目的招标公告,应当通过国家指定的报刊、信息网络或者其他媒介发布。

招标公告应当载明招标人的名称和地址、招标项目的性质、数量、实施地点和时间以及获取招标文件的办法等事项。

第十七条 招标人采用邀请招标方式的,应当向三个以上具备承担招标项目的能力、资信良好的特定的法人或者其他组织发出投标邀请书。

投标邀请书应当载明本法第十六条第二款规定的事项。

第十八条 招标人可以根据招标项目本身的要求,在招标公告或者投标邀请书中,要求潜在投标人提供有关资质证明文件和业绩情况,并对潜在投标人进行资格审查;国家对投标人的资格条件有规定的,依照其规定。

招标人不得以不合理的条件限制或者排斥潜在投标人,不得对潜在投标人实行歧视待遇。

第十九条 招标人应当根据招标项目的特点和需要编制招标文件。招标文件应当包括招标项目的技术要求、对投标人资格审查的标准、投标报价要求和评标标准等所有实质性要求和条件以及拟签订合同的主要条款。

国家对招标项目的技术、标准有规定的，招标人应当按照其规定在招标文件中提出相应要求。

招标项目需要划分标段、确定工期的，招标人应当合理划分标段、确定工期，并在招标文件中载明。

第二十条 招标文件不得要求或者标明特定的生产供应者以及含有倾向或者排斥潜在投标人的其他内容。

第二十一条 招标人根据招标项目的具体情况，可以组织潜在投标人踏勘项目现场。

第二十二条 招标人不得向他人透露已获取招标文件的潜在投标人的名称、数量以及可能影响公平竞争的有关招标投标的其他情况。

招标人设有标底的，标底必须保密。

第二十三条 招标人对已发出的招标文件进行必要的澄清或者修改的，应当在招标文件要求提交投标文件截止时间至少十五日前，以书面形式通知所有招标文件收受人。该澄清或者修改的内容为招标文件的组成部分。

第二十四条 招标人应当确定投标人编制投标文件所需要的合理时间；但是，依法必须进行招标的项目，自招标文件开始发出之日起至投标人提交投标文件截止之日止，最短不得少于二十日。

第三章 投　　标

第二十五条 投标人是响应招标、参加投标竞争的法人或者其他组织。

依法招标的科研项目允许个人参加投标的，投标的个人适用本法有关投标人的规定。

第二十六条 投标人应当具备承担招标项目的能力；国家有关规定对投标人资格条件或者招标文件对投标人资格条件有规定的，投标人应当具备规定的资格条件。

第二十七条 投标人应当按照招标文件的要求编制投标文件。投标文件应当对招标文件提出的实质性要求和条件作出响应。

招标项目属于建设施工的，投标文件的内容应当包括拟派出的项目负责人与主要技术人员的简历、业绩和拟用于完成招标项目的机械设备等。

第二十八条 投标人应当在招标文件要求提交投标文件的截止时间前，将投标文件送达投标地点。招标人收到投标文件后，应当签收保存，不得开启。投标人少于三个的，招标人应当依照本法重新招标。

在招标文件要求提交投标文件的截止时间后送达的投标文件，招标人应当拒收。

第二十九条 投标人在招标文件要求提交投标文件的截止时间前，可以补充、修改或者撤回已提交的投标文件，并书面通知招标人。补充、修改的内容为投标文件的组成部分。

第三十条 投标人根据招标文件载明的项目实际情况，拟在中标后将中标项目的部分非主体、非关键性工作进行分包的，应当在投标文件中载明。

第三十一条 两个以上法人或者其他组织可以组成一个联合体，以一个投标人的身份共同投标。

联合体各方均应当具备承担招标项目的相应能力；国家有关规定或者招标文件对投标

人资格条件有规定的，联合体各方均应当具备规定的相应资格条件。由同一专业的单位组成的联合体，按照资质等级较低的单位确定资质等级。

联合体各方应当签订共同投标协议，明确约定各方拟承担的工作和责任，并将共同投标协议连同投标文件一并提交招标人。联合体中标的，联合体各方应当共同与招标人签订合同，就中标项目向招标人承担连带责任。

招标人不得强制投标人组成联合体共同投标，不得限制投标人之间的竞争。

第三十二条　投标人不得相互串通投标报价，不得排挤其他投标人的公平竞争，损害招标人或者其他投标人的合法权益。

投标人不得与招标人串通投标，损害国家利益、社会公共利益或者他人的合法权益。

禁止投标人以向招标人或者评标委员会成员行贿的手段谋取中标。

第三十三条　投标人不得以低于成本的报价竞标，也不得以他人名义投标或者以其他方式弄虚作假，骗取中标。

第四章　开标、评标和中标

第三十四条　开标应当在招标文件确定的提交投标文件截止时间的同一时间公开进行；开标地点应当为招标文件中预先确定的地点。

第三十五条　开标由招标人主持，邀请所有投标人参加。

第三十六条　开标时，由投标人或者其推选的代表检查投标文件的密封情况，也可以由招标人委托的公证机构检查并公证；经确认无误后，由工作人员当众拆封，宣读投标人名称、投标价格和投标文件的其他主要内容。

招标人在招标文件要求提交投标文件的截止时间前收到的所有投标文件，开标时都应当当众予以拆封、宣读。

开标过程应当记录，并存档备查。

第三十七条　评标由招标人依法组建的评标委员会负责。

依法必须进行招标的项目，其评标委员会由招标人的代表和有关技术、经济等方面的专家组成，成员人数为五人以上单数，其中技术、经济等方面的专家不得少于成员总数的三分之二。

前款专家应当从事相关领域工作满八年并具有高级职称或者具有同等专业水平，由招标人从国务院有关部门或者省、自治区、直辖市人民政府有关部门提供的专家名册或者招标代理机构的专家库内的相关专业的专家名单中确定；一般招标项目可以采取随机抽取方式，特殊招标项目可以由招标人直接确定。

与投标人有利害关系的人不得进入相关项目的评标委员会；已经进入的应当更换。

评标委员会成员的名单在中标结果确定前应当保密。

第三十八条　招标人应当采取必要的措施，保证评标在严格保密的情况下进行。

任何单位和个人不得非法干预、影响评标的过程和结果。

第三十九条　评标委员会可以要求投标人对投标文件中含义不明确的内容作必要的澄清或者说明，但是澄清或者说明不得超出投标文件的范围或者改变投标文件的实质性内容。

第四十条　评标委员会应当按照招标文件确定的评标标准和方法，对投标文件进行评审和比较；设有标底的，应当参考标底。评标委员会完成评标后，应当向招标人提出书面评标报告，并推荐合格的中标候选人。

招标人根据评标委员会提出的书面评标报告和推荐的中标候选人确定中标人。招标人也可以授权评标委员会直接确定中标人。

国务院对特定招标项目的评标有特别规定的，从其规定。

第四十一条　中标人的投标应当符合下列条件之一：

（一）能够最大限度地满足招标文件中规定的各项综合评价标准；

（二）能够满足招标文件的实质性要求，并且经评审的投标价格最低；但是投标价格低于成本的除外。

第四十二条　评标委员会经评审，认为所有投标都不符合招标文件要求的，可以否决所有投标。

依法必须进行招标的项目的所有投标被否决的，招标人应当依照本法重新招标。

第四十三条　在确定中标人前，招标人不得与投标人就投标价格、投标方案等实质性内容进行谈判。

第四十四条　评标委员会成员应当客观、公正地履行职务，遵守职业道德，对所提出的评审意见承担个人责任。

评标委员会成员不得私下接触投标人，不得收受投标人的财物或者其他好处。

评标委员会成员和参与评标的有关工作人员不得透露对投标文件的评审和比较、中标候选人的推荐情况以及与评标有关的其他情况。

第四十五条　中标人确定后，招标人应当向中标人发出中标通知书，并同时将中标结果通知所有未中标的投标人。

中标通知书对招标人和中标人具有法律效力。中标通知书发出后，招标人改变中标结果的，或者中标人放弃中标项目的，应当依法承担法律责任。

第四十六条　招标人和中标人应当自中标通知书发出之日起三十日内，按照招标文件和中标人的投标文件订立书面合同。招标人和中标人不得再行订立背离合同实质性内容的其他协议。

招标文件要求中标人提交履约保证金的，中标人应当提交。

第四十七条　依法必须进行招标的项目，招标人应当自确定中标人之日起十五日内，向有关行政监督部门提交招标投标情况的书面报告。

第四十八条　中标人应当按照合同约定履行义务，完成中标项目。中标人不得向他人转让中标项目，也不得将中标项目肢解后分别向他人转让。

中标人按照合同约定或者经招标人同意，可以将中标项目的部分非主体、非关键性工作分包给他人完成。接受分包的人应当具备相应的资格条件，并不得再次分包。

中标人应当就分包项目向招标人负责，接受分包的人就分包项目承担连带责任。

第五章　法律责任

第四十九条　违反本法规定，必须进行招标的项目而不招标的，将必须进行招标的项目化整为零或者以其他任何方式规避招标的，责令限期改正，可以处项目合同金额千分之五以上千分之十以下的罚款；对全部或者部分使用国有资金的项目，可以暂停项目执行或者暂停资金拨付；对单位直接负责的主管人员和其他直接责任人员依法给予处分。

第五十条　招标代理机构违反本法规定，泄露应当保密的与招标投标活动有关的情况和资料的，或者与招标人、投标人串通损害国家利益、社会公共利益或者他人合法权益的，处五万元以上二十五万元以下的罚款；对单位直接负责的主管人员和其他直接责任人员处单位罚款数额百分之五以上百分之十以下的罚款；有违法所得的，并处没收违法所得；情节严重的，禁止其一年至二年内代理依法必须进行招标的项目并予以公告，直至由工商行政管理机关吊销营业执照；构成犯罪的，依法追究刑事责任。给他人造成损失的，依法承担赔偿责任。

前款所列行为影响中标结果的，中标无效。

第五十一条　招标人以不合理的条件限制或者排斥潜在投标人的，对潜在投标人实行歧视待遇的，强制要求投标人组成联合体共同投标的，或者限制投标人之间竞争的，责令改正，可以处一万元以上五万元以下的罚款。

第五十二条　依法必须进行招标的项目的招标人向他人透露已获取招标文件的潜在投标人的名称、数量或者可能影响公平竞争的有关招标投标的其他情况的，或者泄露标底的，给予警告，可以并处一万元以上十万元以下的罚款；对单位直接负责的主管人员和其他直接责任人员依法给予处分；构成犯罪的，依法追究刑事责任。

前款所列行为影响中标结果的，中标无效。

第五十三条　投标人相互串通投标或者与招标人串通投标的，投标人以向招标人或者评标委员会成员行贿的手段谋取中标的，中标无效，处中标项目金额千分之五以上千分之十以下的罚款，对单位直接负责的主管人员和其他直接责任人员处单位罚款数额百分之五以上百分之十以下的罚款；有违法所得的，并处没收违法所得；情节严重的，取消其一年至二年内参加依法必须进行招标的项目的投标资格并予以公告，直至由工商行政管理机关吊销营业执照；构成犯罪的，依法追究刑事责任。给他人造成损失的，依法承担赔偿责任。

第五十四条　投标人以他人名义投标或者以其他方式弄虚作假，骗取中标的，中标无效，给招标人造成损失的，依法承担赔偿责任；构成犯罪的，依法追究刑事责任。

依法必须进行招标的项目的投标人有前款所列行为尚未构成犯罪的，处中标项目金额千分之五以上千分之十以下的罚款，对单位直接负责的主管人员和其他直接责任人员处单位罚款数额百分之五以上百分之十以下的罚款；有违法所得的，并处没收违法所得；情节严重的，取消其一年至三年内参加依法必须进行招标的项目的投标资格并予以公告，直至由工商行政管理机关吊销营业执照。

第五十五条　依法必须进行招标的项目，招标人违反本法规定，与投标人就投标价格、投标方案等实质性内容进行谈判的，给予警告，对单位直接负责的主管人员和其他直接责任人员依法给予处分。

前款所列行为影响中标结果的，中标无效。

第五十六条　评标委员会成员收受投标人的财物或者其他好处的，评标委员会成员或者参加评标的有关工作人员向他人透露对投标文件的评审和比较、中标候选人的推荐以及与评标有关的其他情况的,给予警告,没收收受的财物,可以并处三千元以上五万元以下的罚款,对有所列违法行为的评标委员会成员取消担任评标委员会成员的资格,不得再参加任何依法必须进行招标的项目的评标;构成犯罪的,依法追究刑事责任。

第五十七条　招标人在评标委员会依法推荐的中标候选人以外确定中标人的,依法必须进行招标的项目在所有投标被评标委员会否决后自行确定中标人的,中标无效,责令改正,可以处中标项目金额千分之五以上千分之十以下的罚款;对单位直接负责的主管人员和其他直接责任人员依法给予处分。

第五十八条　中标人将中标项目转让给他人的,将中标项目肢解后分别转让给他人的,违反本法规定将中标项目的部分主体、关键性工作分包给他人的,或者分包人再次分包的,转让、分包无效,处转让、分包项目金额千分之五以上千分之十以下的罚款;有违法所得的,并处没收违法所得;可以责令停业整顿;情节严重的,由工商行政管理机关吊销营业执照。

第五十九条　招标人与中标人不按照招标文件和中标人的投标文件订立合同的,或者招标人、中标人订立背离合同实质性内容的协议的,责令改正;可以处中标项目金额千分之五以上千分之十以下的罚款。

第六十条　中标人不履行与招标人订立的合同的,履约保证金不予退还,给招标人造成的损失超过履约保证金数额的,还应当对超过部分予以赔偿;没有提交履约保证金的,应当对招标人的损失承担赔偿责任。

中标人不按照与招标人订立的合同履行义务,情节严重的,取消其二年至五年内参加依法必须进行招标的项目的投标资格并予以公告,直至由工商行政管理机关吊销营业执照。

因不可抗力不能履行合同的,不适用前两款规定。

第六十一条　本章规定的行政处罚,由国务院规定的有关行政监督部门决定。本法已对实施行政处罚的机关作出规定的除外。

第六十二条　任何单位违反本法规定,限制或者排斥本地区、本系统以外的法人或者其他组织参加投标的,为招标人指定招标代理机构的,强制招标人委托招标代理机构办理招标事宜的,或者以其他方式干涉招标投标活动的,责令改正;对单位直接负责的主管人员和其他直接责任人员依法给予警告、记过、记大过的处分,情节较重的,依法给予降级、撤职、开除的处分。

个人利用职权进行前款违法行为的,依照前款规定追究责任。

第六十三条　对招标投标活动依法负有行政监督职责的国家机关工作人员徇私舞弊、滥用职权或者玩忽职守,构成犯罪的,依法追究刑事责任;不构成犯罪的,依法给予行政处分。

第六十四条　依法必须进行招标的项目违反本法规定,中标无效的,应当依照本法规定的中标条件从其余投标人中重新确定中标人或者依照本法重新进行招标。

第六章　附　　则

第六十五条　投标人和其他利害关系人认为招标投标活动不符合本法有关规定的,有权向招标人提出异议或者依法向有关行政监督部门投诉。

第六十六条　涉及国家安全、国家秘密、抢险救灾或者属于利用扶贫资金实行以工代赈、需要使用农民工等特殊情况，不适宜进行招标的项目，按照国家有关规定可以不进行招标。

第六十七条　使用国际组织或者外国政府贷款、援助资金的项目进行招标，贷款方、资金提供方对招标投标的具体条件和程序有不同规定的，可以适用其规定，但违背中华人民共和国的社会公共利益的除外。

第六十八条　本法自 2000 年 1 月 1 日起施行。

附录三 房屋建筑工程质量保修办法

《房屋建筑工程质量保修办法》于 2000 年 6 月 26 日经建设部第 24 次部常务会议讨论通过，自发布之日起施行。为保护建设单位、施工单位、房屋建筑所有人和使用人的合法权益，维护公共安全和公众利益，根据《中华人民共和国建筑法》和《建设工程质量管理条例》，制定本办法。在中华人民共和国境内新建、扩建、改建各类房屋建筑工程（包括装修工程）的质量保修，适用本办法。

中华人民共和国建设部令
第 80 号

《房屋建筑工程质量保修办法》已于 2000 年 6 月 26 日经第 24 次部常务会议讨论通过，现予发布，自发布之日起施行。

部长　俞正声
二〇〇〇年六月三十日

第一条　为保护建设单位、施工单位、房屋建筑所有人和使用人的合法权益，维护公共安全和公众利益，根据《中华人民共和国建筑法》和《建设工程质量管理条例》，制定本办法。

第二条　在中华人民共和国境内新建、扩建、改建各类房屋建筑工程（包括装修工程）的质量保修，适用本办法。

第三条　本办法所称房屋建筑工程质量保修，是指对房屋建筑工程竣工验收后在保修期限内出现的质量缺陷，予以修复。

本办法所称质量缺陷，是指房屋建筑工程的质量不符合工程建设强制性标准以及合同的约定。

第四条　房屋建筑工程在保修范围和保修期限内出现质量缺陷，施工单位应当履行保修义务。

第五条　国务院建设行政主管部门负责全国房屋建筑工程质量保修的监督管理。县级以上地方人民政府建设行政主管部门负责本行政区域内房屋建筑工程质量保修的监督管理。

第六条　建设单位和施工单位应当在工程质量保修书中约定保修范围、保修期限和保修责任等，双方约定的保修范围、保修期限必须符合国家有关规定。

第七条　在正常使用下，房屋建筑工程的最低保修期限为：

（一）地基基础和主体结构工程，为设计文件规定的该工程的合理使用年限；

（二）屋面防水工程、有防水要求的卫生间、房间和外墙面的防渗漏，为 5 年；
（三）供热与供冷系统，为 2 个采暖期、供冷期；
（四）电气系统、给排水管道、设备安装为 2 年；
（五）装修工程为 2 年。
其他项目的保修期限由建设单位和施工单位约定。

第八条　房屋建筑工程保修期从工程竣工验收合格之日起计算。

第九条　房屋建筑工程在保修期限内出现质量缺陷，建设单位或者房屋建筑所有人应当向施工单位发出保修通知。

施工单位接到保修通知后，应当到现场核查情况，在保修书约定的时间内予以保修。发生涉及结构安全或者严重影响使用功能的紧急抢修事故，施工单位接到保修通知后，应当立即到达现场抢修。

第十条　发生涉及结构安全的质量缺陷，建设单位或者房屋建筑所有人应当立即向当地建设行政主管部门报告，采取安全防范措施；由原设计单位或者具有相应资质等级的设计单位提出保修方案，施工单位实施保修，原工程质量监督机构负责监督。

第十一条　保修完成后，由建设单位或者房屋建筑所有人组织验收。涉及结构安全的，应当报当地建设行政主管部门备案。

第十二条　施工单位不按工程质量保修书约定保修的，建设单位可以另行委托其他单位保修，由原施工单位承担相应责任。

第十三条　保修费用由质量缺陷的责任方承担。

第十四条　在保修期内，因房屋建筑工程质量缺陷造成房屋所有人、使用人或者第三方人身、财产损害的，房屋所有人、使用人或者第三方可以向建设单位提出赔偿要求。建设单位向造成房屋建筑工程质量缺陷的责任方追偿。

第十五条　因保修不及时造成新的人身、财产损害，由造成拖延的责任方承担赔偿责任。

第十六条　房地产开发企业售出的商品房保修，还应当执行《城市房地产开发经营管理条例》和其他有关规定。

第十七条　下列情况不属于本办法规定的保修范围：
（一）因使用不当或者第三方造成的质量缺陷；
（二）不可抗力造成的质量缺陷。

第十八条　施工单位有下列行为之一的，由建设行政主管部门责令改正，并处 1 万元以上 3 万元以下的罚款。
（一）工程竣工验收后，不向建设单位出具质量保修书的；
（二）质量保修的内容、期限违反本办法规定的。

第十九条　施工单位不履行保修义务或者拖延履行保修义务的，由建设行政主管部门责令改正，处 10 万元以上 20 万元以下的罚款。

第二十条　军事建设工程的管理，按照中央军事委员会的有关规定执行。

第二十一条　本办法由国务院建设行政主管部门负责解释。

第二十二条　本办法自发布之日起施行。

附录四　城市住宅小区竣工综合验收管理办法

建监〔1993〕814号

第一条　为了加强城市新建住宅小区竣工综合验收和交接管理，提高住宅小区的综合效益，制定本办法。

第二条　本办法适用于建设用地规模在2万平方米以上的新建住宅小区及组团（以下简称住宅小区）。

第三条　国务院建设行政主管部门归口管理全国住宅小区竣工综合验收工作；省、自治区人民政府建设行政主管部门归口管理本行政区域内住宅小区竣工综合验收工作；城市人民政府建设行政主管部门负责组织实施本行政区域内城市住宅小区竣工综合验收工作。

第四条　住宅小区开发建设单位对所开发的住宅小区质量负最终责任，不得将工程质量不合格或配套不完善的房屋交付使用。

第五条　城市人民政府建设行政主管部门应当根据国家有关法律、法规和标准规范，对住宅小区的土地使用情况、各单项工程的工程检验合格证明文件以及市政公用基础设施、公共配套设施项目等组织验收。

第六条　住宅小区竣工综合验收必须符合下列要求：

（一）所有建设项目按批准的小区规划和有关管理及设计要求全部建成，并满足使用要求；

（二）住宅及公共配套设施、市政公用基础设施等单项工程全部验收合格，验收资料齐全；

（三）各类建筑物的平面位置、立面造型、装修色调等符合批准的规划设计要求；

（四）施工机具、暂设工程、建筑残土、剩余构件全部拆除清运完毕，达到场清地平；

（五）拆迁居民已合理安置。

第七条　申请住宅小区竣工综合验收，应当提交下列文件：

（一）规划部门及其他专业管理部门批准的选址意见书、建设用地规划许可证、建设工程规划许可证、修建性详细规划、及各个单项工程设计文件（图纸）等；

（二）工程发包合同；

（三）工程质量监督机构的各单项工程质量等级评定文件；

（四）竣工资料（图纸）和技术档案资料；

（五）建设行政主管部门规定的其他文件资料。

第八条　住宅小区竣工综合验收应当按照以下程序进行：

（一）住宅小区建设项目全部竣工后，开发建设单位应当向城市人民政府建设行政主管部门提出住宅小区综合竣工验收申请报告并附本办法第六条规定的文件资料；

（二）城市人民政府建设行政主管部门在接到住宅小区竣工综合验收申请报告和有关资料一个月内，应当组成由城建（包括市政工程、公用事业、园林绿化、环境卫生）、规划、房地产、工程质量监督等有关部门及住宅小区经营管理单位参加的综合验收小组；

（三）综合验收小组应当审阅有关验收资料，听取开发建设单位汇报情况，进行现场检查，对住宅小区建设、管理的情况进行全面鉴定和评价，提出验收意见并向城市人民政府建设行政主管部门提交住宅小区竣工综合验收报告；

（四）城市人民政府建设行政主管部门对综合验收报告进行审查。综合验收报告审查合格后，开发建设单位方可将房屋和有关设施办理交付使用手续。

验收合格并已办理交付使用手续的住宅小区，开发建设单位不再承担工程增建、改建费用。

第九条　住宅小区竣工验收合格后，开发建设单位应当按照有关规定将完整的小区综合验收资料报送备案。

第十条　分期建设的住宅小区，可以实行分期验收，待全部建成后进行综合验收。

第十一条　住宅小区综合验收不合格的，由城市人民政府建设行政主管部门责令开发建设单位改正，由此发生的费用由开发建设单位承担。

对违反规划要求、市政公用基础设施和公共设施不配套、工程质量低劣的，由验收小组提请有关部门依法查处。

第十二条　未经综合验收，开发建设单位擅自将房屋和有关设施交付使用的，由城市人民政府建设行政主管部门吊销开发建设单位资质证书，并可处以罚款。

第十三条　省、自治区、直辖市人民政府建设行政主管部门可以根据本办法制定实施细则。

第十四条　本办法由建设部负责解释。

第十五条　本办法自一九九三年十二月一日起施行。

附录五　业主大会和业主委员会指导规则

第一章　总　　则

第一条　为了规范业主大会和业主委员会的活动，维护业主的合法权益，根据《中华人民共和国物权法》、《物业管理条例》等法律法规的规定，制定本规则。

第二条　业主大会由物业管理区域内的全体业主组成，代表和维护物业管理区域内全体业主在物业管理活动中的合法权利，履行相应的义务。

第三条　业主委员会由业主大会依法选举产生，履行业主大会赋予的职责，执行业主大会决定的事项，接受业主的监督。

第四条　业主大会或者业主委员会的决定，对业主具有约束力。

业主大会和业主委员会应当依法履行职责，不得作出与物业管理无关的决定，不得从事与物业管理无关的活动。

第五条　业主大会和业主委员会，对业主损害他人合法权益和业主共同利益的行为，有权依照法律、法规以及管理规约，要求停止侵害、消除危险、排除妨害、赔偿损失。

第六条　物业所在地的区、县房地产行政主管部门和街道办事处、乡镇人民政府负责对设立业主大会和选举业主委员会给予指导和协助，负责对业主大会和业主委员会的日常活动进行指导和监督。

第二章　业　主　大　会

第七条　业主大会根据物业管理区域的划分成立，一个物业管理区域成立一个业主大会。

只有一个业主的，或者业主人数较少且经全体业主同意，不成立业主大会的，由业主共同履行业主大会、业主委员会职责。

第八条　物业管理区域内，已交付的专有部分面积超过建筑物总面积50%时，建设单位应当按照物业所在地的区、县房地产行政主管部门或者街道办事处、乡镇人民政府的要求，及时报送下列筹备首次业主大会会议所需的文件资料：

（一）物业管理区域证明；

（二）房屋及建筑物面积清册；

（三）业主名册；

（四）建筑规划总平面图；

（五）交付使用共用设施设备的证明；

（六）物业服务用房配置证明；

（七）其他有关的文件资料。

第九条　符合成立业主大会条件的，区、县房地产行政主管部门或者街道办事处、乡镇人民政府应当在收到业主提出筹备业主大会书面申请后 60 日内，负责组织、指导成立首次业主大会会议筹备组。

第十条　首次业主大会会议筹备组由业主代表、建设单位代表、街道办事处、乡镇人民政府代表和居民委员会代表组成。筹备组成员人数应为单数，其中业主代表人数不低于筹备组总人数的一半，筹备组组长由街道办事处、乡镇人民政府代表担任。

第十一条　筹备组中业主代表的产生，由街道办事处、乡镇人民政府或者居民委员会组织业主推荐。

筹备组应当将成员名单以书面形式在物业管理区域内公告。业主对筹备组成员有异议的，由街道办事处、乡镇人民政府协调解决。

建设单位和物业服务企业应当配合协助筹备组开展工作。

第十二条　筹备组应当做好以下筹备工作：

（一）确认并公示业主身份、业主人数以及所拥有的专有部分面积；

（二）确定首次业主大会会议召开的时间、地点、形式和内容；

（三）草拟管理规约、业主大会议事规则；

（四）依法确定首次业主大会会议表决规则；

（五）制定业主委员会委员候选人产生办法，确定业主委员会委员候选人名单；

（六）制定业主委员会选举办法；

（七）完成召开首次业主大会会议的其他准备工作。

前款内容应当在首次业主大会会议召开 15 日前以书面形式在物业管理区域内公告。业主对公告内容有异议的，筹备组应当记录并作出答复。

第十三条　依法登记取得或者根据物权法第二章第三节规定取得建筑物专有部分所有权的人，应当认定为业主。

基于房屋买卖等民事法律行为，已经合法占有建筑物专有部分，但尚未依法办理所有权登记的人，可以认定为业主。

业主的投票权数由专有部分面积和业主人数确定。

第十四条　业主委员会委员候选人由业主推荐或者自荐。筹备组应当核查参选人的资格，根据物业规模、物权份额、委员的代表性和广泛性等因素，确定业主委员会委员候选人名单。

第十五条　筹备组应当自组成之日起 90 日内完成筹备工作，组织召开首次业主大会会议。

业主大会自首次业主大会会议表决通过管理规约、业主大会议事规则，并选举产生业主委员会之日起成立。

第十六条　划分为一个物业管理区域的分期开发的建设项目，先期开发部分符合条件的，可以成立业主大会，选举产生业主委员会。首次业主大会会议应当根据分期开发的物业面积和进度等因素，在业主大会议事规则中明确增补业主委员会委员的办法。

第十七条　业主大会决定以下事项：

（一）制定和修改业主大会议事规则；

（二）制定和修改管理规约；
（三）选举业主委员会或者更换业主委员会委员；
（四）制定物业服务内容、标准以及物业服务收费方案；
（五）选聘和解聘物业服务企业；
（六）筹集和使用专项维修资金；
（七）改建、重建建筑物及其附属设施；
（八）改变共有部分的用途；
（九）利用共有部分进行经营以及所得收益的分配与使用；
（十）法律法规或者管理规约确定应由业主共同决定的事项。

第十八条　管理规约应当对下列主要事项作出规定：
（一）物业的使用、维护、管理；
（二）专项维修资金的筹集、管理和使用；
（三）物业共用部分的经营与收益分配；
（四）业主共同利益的维护；
（五）业主共同管理权的行使；
（六）业主应尽的义务；
（七）违反管理规约应当承担的责任。

第十九条　业主大会议事规则应当对下列主要事项作出规定：
（一）业主大会名称及相应的物业管理区域；
（二）业主委员会的职责；
（三）业主委员会议事规则；
（四）业主大会会议召开的形式、时间和议事方式；
（五）业主投票权数的确定方法；
（六）业主代表的产生方式；
（七）业主大会会议的表决程序；
（八）业主委员会委员的资格、人数和任期等；
（九）业主委员会换届程序、补选办法等；
（十）业主大会、业主委员会工作经费的筹集、使用和管理；
（十一）业主大会、业主委员会印章的使用和管理。

第二十条　业主拒付物业服务费，不缴存专项维修资金以及实施其他损害业主共同权益行为的，业主大会可以在管理规约和业主大会议事规则中对其共同管理权的行使予以限制。

第二十一条　业主大会会议分为定期会议和临时会议。
业主大会定期会议应当按照业主大会议事规则的规定由业主委员会组织召开。
有下列情况之一的，业主委员会应当及时组织召开业主大会临时会议：
（一）经专有部分占建筑物总面积20%以上且占总人数20%以上业主提议的；
（二）发生重大事故或者紧急事件需要及时处理的；
（三）业主大会议事规则或者管理规约规定的其他情况。

第二十二条 业主大会会议可以采用集体讨论的形式，也可以采用书面征求意见的形式；但应当有物业管理区域内专有部分占建筑物总面积过半数的业主且占总人数过半数的业主参加。

采用书面征求意见形式的，应当将征求意见书送交每一位业主；无法送达的，应当在物业管理区域内公告。凡需投票表决的，表决意见应由业主本人签名。

第二十三条 业主大会确定业主投票权数，可以按照下列方法认定专有部分面积和建筑物总面积：

（一）专有部分面积按照不动产登记簿记载的面积计算；尚未进行登记的，暂按测绘机构的实测面积计算；尚未进行实测的，暂按房屋买卖合同记载的面积计算；

（二）建筑物总面积，按照前项的统计总和计算。

第二十四条 业主大会确定业主投票权数，可以按照下列方法认定业主人数和总人数：

（一）业主人数，按照专有部分的数量计算，一个专有部分按一人计算。但建设单位尚未出售和虽已出售但尚未交付的部分，以及同一买受人拥有一个以上专有部分的，按一人计算；

（二）总人数，按照前项的统计总和计算。

第二十五条 业主大会应当在业主大会议事规则中约定车位、摊位等特定空间是否计入用于确定业主投票权数的专有部分面积。

一个专有部分有两个以上所有权人的，应当推选一人行使表决权，但共有人所代表的业主人数为一人。

业主为无民事行为能力人或者限制民事行为能力人的，由其法定监护人行使投票权。

第二十六条 业主因故不能参加业主大会会议的，可以书面委托代理人参加业主大会会议。

未参与表决的业主，其投票权数是否可以计入已表决的多数票，由管理规约或者业主大会议事规则规定。

第二十七条 物业管理区域内业主人数较多的，可以幢、单元、楼层为单位，推选一名业主代表参加业主大会会议，推选及表决办法应当在业主大会议事规则中规定。

第二十八条 业主可以书面委托的形式，约定由其推选的业主代表在一定期限内代其行使共同管理权，具体委托内容、期限、权限和程序由业主大会议事规则规定。

第二十九条 业主大会会议决定筹集和使用专项维修资金以及改造、重建建筑物及其附属设施的，应当经专有部分占建筑物总面积三分之二以上的业主且占总人数三分之二以上的业主同意；决定本规则第十七条规定的其他共有和共同管理权利事项的，应当经专有部分占建筑物总面积过半数且占总人数过半数的业主同意。

第三十条 业主大会会议应当由业主委员会作出书面记录并存档。

业主大会的决定应当以书面形式在物业管理区域内及时公告。

第三章 业主委员会

第三十一条 业主委员会由业主大会会议选举产生，由5至11人单数组成。业主委员会委员应当是物业管理区域内的业主，并符合下列条件：

（一）具有完全民事行为能力；
（二）遵守国家有关法律、法规；
（三）遵守业主大会议事规则、管理规约，模范履行业主义务；
（四）热心公益事业，责任心强，公正廉洁；
（五）具有一定的组织能力；
（六）具备必要的工作时间。

第三十二条 业主委员会委员实行任期制，每届任期不超过 5 年，可连选连任，业主委员会委员具有同等表决权。

业主委员会应当自选举之日起 7 日内召开首次会议，推选业主委员会主任和副主任。

第三十三条 业主委员会应当自选举产生之日起 30 日内，持下列文件向物业所在地的区、县房地产行政主管部门和街道办事处、乡镇人民政府办理备案手续：

（一）业主大会成立和业主委员会选举的情况；
（二）管理规约；
（三）业主大会议事规则；
（四）业主大会决定的其他重大事项。

第三十四条 业主委员会办理备案手续后，可持备案证明向公安机关申请刻制业主大会印章和业主委员会印章。

业主委员会任期内，备案内容发生变更的，业主委员会应当自变更之日起 30 日内将变更内容书面报告备案部门。

第三十五条 业主委员会履行以下职责：

（一）执行业主大会的决定和决议；
（二）召集业主大会会议，报告物业管理实施情况；
（三）与业主大会选聘的物业服务企业签订物业服务合同；
（四）及时了解业主、物业使用人的意见和建议，监督和协助物业服务企业履行物业服务合同；
（五）监督管理规约的实施；
（六）督促业主交纳物业服务费及其他相关费用；
（七）组织和监督专项维修资金的筹集和使用；
（八）调解业主之间因物业使用、维护和管理产生的纠纷；
（九）业主大会赋予的其他职责。

第三十六条 业主委员会应当向业主公布下列情况和资料：

（一）管理规约、业主大会议事规则；
（二）业主大会和业主委员会的决定；
（三）物业服务合同；
（四）专项维修资金的筹集、使用情况；
（五）物业共有部分的使用和收益情况；
（六）占用业主共有的道路或者其他场地用于停放汽车车位的处分情况；
（七）业主大会和业主委员会工作经费的收支情况；

（八）其他应当向业主公开的情况和资料。

第三十七条　业主委员会应当按照业主大会议事规则的规定及业主大会的决定召开会议。经三分之一以上业主委员会委员的提议，应当在7日内召开业主委员会会议。

第三十八条　业主委员会会议由主任召集和主持，主任因故不能履行职责，可以委托副主任召集。

业主委员会会议应有过半数的委员出席，作出的决定必须经全体委员半数以上同意。

业主委员会委员不能委托代理人参加会议。

第三十九条　业主委员会应当于会议召开7日前，在物业管理区域内公告业主委员会会议的内容和议程，听取业主的意见和建议。

业主委员会会议应当制作书面记录并存档，业主委员会会议作出的决定，应当有参会委员的签字确认，并自作出决定之日起3日内在物业管理区域内公告。

第四十条　业主委员会应当建立工作档案，工作档案包括以下主要内容：

（一）业主大会、业主委员会的会议记录；

（二）业主大会、业主委员会的决定；

（三）业主大会议事规则、管理规约和物业服务合同；

（四）业主委员会选举及备案资料；

（五）专项维修资金筹集及使用账目；

（六）业主及业主代表的名册；

（七）业主的意见和建议。

第四十一条　业主委员会应当建立印章管理规定，并指定专人保管印章。

使用业主大会印章，应当根据业主大会议事规则的规定或者业主大会会议的决定；使用业主委员会印章，应当根据业主委员会会议的决定。

第四十二条　业主大会、业主委员会工作经费由全体业主承担。工作经费可以由业主分摊，也可以从物业共有部分经营所得收益中列支。工作经费的收支情况，应当定期在物业管理区域内公告，接受业主监督。

工作经费筹集、管理和使用的具体办法由业主大会决定。

第四十三条　有下列情况之一的，业主委员会委员资格自行终止：

（一）因物业转让、灭失等原因不再是业主的；

（二）丧失民事行为能力的；

（三）依法被限制人身自由的；

（四）法律、法规以及管理规约规定的其他情形。

第四十四条　业主委员会委员有下列情况之一的，由业主委员会三分之一以上委员或者持有20%以上投票权数的业主提议，业主大会或者业主委员会根据业主大会的授权，可以决定是否终止其委员资格：

（一）以书面方式提出辞职请求的；

（二）不履行委员职责的；

（三）利用委员资格谋取私利的；

（四）拒不履行业主义务的；

（五）侵害他人合法权益的；

（六）因其他原因不宜担任业主委员会委员的。

第四十五条　业主委员会委员资格终止的，应当自终止之日起 3 日内将其保管的档案资料、印章及其他属于全体业主所有的财物移交业主委员会。

第四十六条　业主委员会任期内，委员出现空缺时，应当及时补足。业主委员会委员候补办法由业主大会决定或者在业主大会议事规则中规定。业主委员会委员人数不足总数的二分之一时，应当召开业主大会临时会议，重新选举业主委员会。

第四十七条　业主委员会任期届满前 3 个月，应当组织召开业主大会会议，进行换届选举，并报告物业所在地的区、县房地产行政主管部门和街道办事处、乡镇人民政府。

第四十八条　业主委员会应自任期届满之日起 10 日内，将其保管的档案资料、印章及其他属于业主大会所有的财物移交新一届业主委员会。

第四章　指导和监督

第四十九条　物业所在地的区、县房地产行政主管部门和街道办事处、乡镇人民政府应当积极开展物业管理政策法规的宣传和教育活动，及时处理业主、业主委员会在物业管理活动中的投诉。

第五十条　已交付使用的专有部分面积超过建筑物总面积 50%，建设单位未按要求报送筹备首次业主大会会议相关文件资料的，物业所在地的区、县房地产行政主管部门或者街道办事处、乡镇人民政府有权责令建设单位限期改正。

第五十一条　业主委员会未按业主大会议事规则的规定组织召开业主大会定期会议，或者发生应当召开业主大会临时会议的情况，业主委员会不履行组织召开会议职责的，物业所在地的区、县房地产行政主管部门或者街道办事处、乡镇人民政府可以责令业主委员会限期召开；逾期仍不召开的，可以由物业所在地的居民委员会在街道办事处、乡镇人民政府的指导和监督下组织召开。

第五十二条　按照业主大会议事规则的规定或者三分之一以上委员提议，应当召开业主委员会会议的，业主委员会主任、副主任无正当理由不召集业主委员会会议的，物业所在地的区、县房地产行政主管部门或者街道办事处、乡镇人民政府可以指定业主委员会其他委员召集业主委员会会议。

第五十三条　召开业主大会会议，物业所在地的区、县房地产行政主管部门和街道办事处、乡镇人民政府应当给予指导和协助。

第五十四条　召开业主委员会会议，应当告知相关的居民委员会，并听取居民委员会的建议。

在物业管理区域内，业主大会、业主委员会应当积极配合相关居民委员会依法履行自治管理职责，支持居民委员会开展工作，并接受其指导和监督。

第五十五条　违反业主大会议事规则或者未经业主大会会议和业主委员会会议的决定，擅自使用业主大会印章、业主委员会印章的，物业所在地的街道办事处、乡镇人民政府应当责令限期改正，并通告全体业主；造成经济损失或者不良影响的，应当依法追究责任人的法律责任。

第五十六条　业主委员会委员资格终止，拒不移交所保管的档案资料、印章及其他属于全体业主所有的财物的，其他业主委员会委员可以请求物业所在地的公安机关协助移交。

业主委员会任期届满后，拒不移交所保管的档案资料、印章及其他属于全体业主所有的财物的，新一届业主委员会可以请求物业所在地的公安机关协助移交。

第五十七条　业主委员会在规定时间内不组织换届选举的，物业所在地的区、县房地产行政主管部门或者街道办事处、乡镇人民政府应当责令其限期组织换届选举；逾期仍不组织的，可以由物业所在地的居民委员会在街道办事处、乡镇人民政府的指导和监督下，组织换届选举工作。

第五十八条　因客观原因未能选举产生业主委员会或者业主委员会委员人数不足总数的二分之一的，新一届业主委员会产生之前，可以由物业所在地的居民委员会在街道办事处、乡镇人民政府的指导和监督下，代行业主委员会的职责。

第五十九条　业主大会、业主委员会作出的决定违反法律法规的，物业所在地的区、县房地产行政主管部门和街道办事处、乡镇人民政府应当责令限期改正或者撤销其决定，并通告全体业主。

第六十条　业主不得擅自以业主大会或者业主委员会的名义从事活动。业主以业主大会或者业主委员会的名义，从事违反法律、法规的活动，构成犯罪的，依法追究刑事责任；尚不构成犯罪的，依法给予治安管理处罚。

第六十一条　物业管理区域内，可以召开物业管理联席会议。物业管理联席会议由街道办事处、乡镇人民政府负责召集，由区、县房地产行政主管部门、公安派出所、居民委员会、业主委员会和物业服务企业等方面的代表参加，共同协调解决物业管理中遇到的问题。

第五章　附　　则

第六十二条　业主自行管理或者委托其他管理人管理物业，成立业主大会，选举业主委员会的，可参照执行本规则。

第六十三条　物业所在地的区、县房地产行政主管部门与街道办事处、乡镇人民政府在指导、监督业主大会和业主委员会工作中的具体职责分工，按各省、自治区、直辖市人民政府有关规定执行。

第六十四条　本规则自 2010 年 1 月 1 日起施行。《业主大会规程》（建住房〔2003〕131号）同时废止。

附录六　物业管理企业财务管理规定

财政部财基字〔1998〕7号

第一章　总　　则

第一条　为了规范物业管理企业财务行为，有利于企业公平竞争，加强财务管理和经济核算，结合物业管理企业的特点及其管理要求，制定本规定。除本规定另有规定外，物业管理企业执行《施工、房地产开发企业财务制度》。

第二条　本规定适用于中华人民共和国境内的各类物业管理企业（以下简称企业），包括国有企业、集体企业、私营企业、外商投资企业等各类经济性质的企业；有限责任公司、股份有限公司等各类组织形式的企业。

其他行业独立核算的物业管理企业也适用本规定。

第二章　代　管　基　金

第三条　代管基金是指企业接受业主管理委员会或者物业产权人、使用人委托代管的房屋共用部位维修基金和共用设施设备维修基金。

房屋共用部位维修基金是指专项用于房屋共用部位大修理的资金。房屋的共用部位，是指承重结构部位（包括楼盖、屋顶、梁、柱、内外墙体和基础等）、外墙面、楼梯间、走廊通道、门厅、楼内存车库等。

共用设施设备维修基金是指专项用于共用设施和共用设备大修理的资金。共用设施设备是指共用的上下水管道、公用水箱、加压水泵、电梯、公用天线、供电干线、共用照明、暖气干线、消防设施、住宅区的道路、路灯、沟渠、池、井、室外停车场、游泳池、各类球场等。

第四条　代管基金作为企业长期负债管理。

代管基金应当专户存储，专款专用，并定期接受业主管理委员会或者物业产权人、使用人的检查与监督。

代管基金利息净收入应当经业主管理委员会或者物业产权人、使用人认可后转作代管基金滚存使用和管理。

第五条　企业有偿使用业主管理委员会或者物业产权人、使用人提供的管理用房、商业用房和共用设施设备，应当设立备查账簿单独进行实物管理，并按照国家法律、法规的规定或者双方签订的合同、协议支付有关费用（如租赁费、承包费等）。

管理用房是指业主管理委员会或者物业产权人、使用人向企业提供的办公用房。

商业用房是指业主管理委员会或者物业产权人、使用人向企业提供的经营用房。

第六条　企业支付的管理用房和商业用房有偿使用费，经业主管理委员会或者物业产权人、使用人认可后转作企业代管的房屋共用部位的维修基金；企业支付的共用设施设备有偿使用费，经业主管理委员会或者物业产权人、使用人认可后转作企业代管的共用设施设备维修基金。

第三章　成本和费用

第七条　企业在从事物业管理活动中，为物业产权人、使用人提供维修、管理和服务等过程中发生的各项支出，按照国家规定计入成本、费用。

第八条　企业在从事物业管理活动中发生的各项直接支出，计入营业成本。营业成本包括直接人工费、直接材料费和间接费用等。实行一级成本核算的企业，可不设间接费用，有关支出直接计入管理费用。

直接人工费包括企业直接从事物业管理活动等人员的工资、奖金及职工福利费等。

直接材料费包括企业在物业管理活动中直接消耗的各种材料、辅助材料、燃料和动力、构配件、零件、低值易耗品、包装物等。

间接费用包括企业所属物业管理单位管理人员的工资、奖金及职工福利费、固定资产折旧费及修理费、水电费、取暖费、办公费、差旅费、邮电通信费、交通运输费、租赁费、财产保险费、劳动保护费、保安费、绿化维护费、低值易耗品摊销及其他费用等。

第九条　企业经营共用设施设备，支付的有偿使用费，计入营业成本。

第十条　企业支付的管理用房有偿使用费，计入营业成本或者管理费用。

第十一条　企业对管理用房进行装饰装修发生的支出，计入递延资产，在有效使用期限内，分期摊入营业成本或者管理费用。

第十二条　企业可以于年度终了，按照年末应收账款余额的 0.3%～0.5%计提坏账准备金，计入管理费用。

企业发生的坏账损失，冲减坏账准备金。收回已核销的坏账，增加坏账准备金。

不计提取坏账准备金的企业，发生的坏账损失，计入管理费用。收回已核销的坏账，冲减管理费用。

第四章　营业收入及利润

第十三条　营业收入是指企业从事物业管理和其他经营活动所取得的各项收入，包括主营业务收入和其他业务收入。

第十四条　主营业务收入是指企业在从事物业管理活动中，为物业产权人、使用人提供维修、管理和服务所取得的收入，包括物业管理收入、物业经营收入和物业大修收入。

物业管理收入是指企业向物业产权人、使用人收取的公共性服务费收入、公众代办性服务费收入和特约服务收入。

物业经营收入是指企业经业主管理委员会或者物业产权人、使用人提供的房屋建筑物和共用设施取得的收入,如房屋出租收入和经营停车场、游泳池、各类球场等共用设施收入。

物业大修收入是指企业接受业主管理委员会或者物业产权人、使用人的委托,对房屋共用部位、共用设施设备进行大修取得的收入。

第十五条 企业应当在劳务已经提供,同时收讫价款或取得收取价款的凭证时确认为营业收入的实现。

物业大修收入应当经业主管理委员会或者物业产权人、使用人签证认可后,确认为营业收入的实现。企业与业主管理委员会或者物业产权人、使用人双方签订付款合同或协议的,应当根据合同或者协议所规定的付款日期确认为营业收入的实现。

第十六条 企业利润总额包括营业利润、投资净收益、营业外收支净额以及补贴收入。

第十七条 补贴收入是指国家拨给企业的政策性亏损补贴和其他补贴。

第十八条 营业利润包括主营业务利润和其他业务利润。

主营业务利润是指主营业务收入减去营业税金及附加,再减去营业成本、管理费用及财务费用后的净额。

营业税金及附加包括营业税、城市维护建设税和教育费附加。

其他业务利润是指其他业务收入减去其他业务支出和其他业务缴纳的税金及附加后的净额。

第十九条 其他业务收入是指企业从事主营业务以外的其他业务活动所取得的收入,包括房屋中介代销手续费收入、材料物资销售收入、废品回收收入、商业用房经营收入及无形资产转让收入等。

商业用房经营收入是指企业利用业主管理委员会或者物业产权人、使用人提供的商业用房,从事经营活动取得的收入,如开办健身房、歌舞厅、美容美发屋、商店、饮食店等经营收入。

第二十条 其他业务支出是指企业从事其他业务活动所发生的有关成本和费用支出。

企业支付的商业用房有偿使用费,计入其他业务支出。

企业对商业用房进行装饰装修发生的支出,计入递延资产,在有效使用期限内,分期摊入其他业务支出。

第五章 附 则

第二十一条 本规定自1998年1月1日起施行。

第二十二条 本规定由财政部负责解释和修订。

附录七　住宅专项维修资金管理办法

中华人民共和国建设部 中华人民共和国财政部令第 165 号《住宅专项维修资金管理办法》已经 2007 年 10 月 30 日建设部第 142 次常务会议讨论通过，经财政部联合签署，现予发布，自 2008 年 2 月 1 日起施行。

建设部部长　汪光焘

财政部部长　谢旭人

二〇〇七年十二月四日

第一章　总　　则

第一条　为了加强对住宅专项维修资金的管理，保障住宅共用部位、共用设施设备的维修和正常使用，维护住宅专项维修资金所有者的合法权益，根据《物权法》《物业管理条例》等法律、行政法规，制定本办法。

第二条　商品住宅、售后公有住房住宅专项维修资金的交存、使用、管理和监督，适用本办法。

本办法所称住宅专项维修资金，是指专项用于住宅共用部位、共用设施设备保修期满后的维修和更新、改造的资金。

第三条　本办法所称住宅共用部位，是指根据法律、法规和房屋买卖合同，由单幢住宅内业主或者单幢住宅内业主及与之结构相连的非住宅业主共有的部位，一般包括：住宅的基础、承重墙体、柱、梁、楼板、屋顶以及户外的墙面、门厅、楼梯间、走廊通道等。

本办法所称共用设施设备，是指根据法律、法规和房屋买卖合同，由住宅业主或者住宅业主及有关非住宅业主共有的附属设施设备，一般包括电梯、天线、照明、消防设施、绿地、道路、路灯、沟渠、池、井、非经营性车场车库、公益性文体设施和共用设施设备使用的房屋等。

第四条　住宅专项维修资金管理实行专户存储、专款专用、所有权人决策、政府监督的原则。

第五条　国务院建设主管部门会同国务院财政部门负责全国住宅专项维修资金的指导和监督工作。

县级以上地方人民政府建设（房地产）主管部门会同同级财政部门负责本行政区域内住宅专项维修资金的指导和监督工作。

第二章　交　　存

第六条　下列物业的业主应当按照本办法的规定交存住宅专项维修资金：

（一）住宅，但一个业主所有且与其他物业不具有共用部位、共用设施设备的除外；

（二）住宅小区内的非住宅或者住宅小区外与单幢住宅结构相连的非住宅。

前款所列物业属于出售公有住房的，售房单位应当按照本办法的规定交存住宅专项维修资金。

第七条　商品住宅的业主、非住宅的业主按照所拥有物业的建筑面积交存住宅专项维修资金，每平方米建筑面积交存首期住宅专项维修资金的数额为当地住宅建筑安装工程每平方米造价的 5%至 8%。

直辖市、市、县人民政府建设（房地产）主管部门应当根据本地区情况，合理确定、公布每平方米建筑面积交存首期住宅专项维修资金的数额，并适时调整。

第八条　出售公有住房的，按照下列规定交存住宅专项维修资金：

（一）业主按照所拥有物业的建筑面积交存住宅专项维修资金，每平方米建筑面积交存首期住宅专项维修资金的数额为当地房改成本价的 2%。

（二）售房单位按照多层住宅不低于售房款的 20%、高层住宅不低于售房款的 30%，从售房款中一次性提取住宅专项维修资金。

第九条　业主交存的住宅专项维修资金属于业主所有。从公有住房售房款中提取的住宅专项维修资金属于公有住房售房单位所有。

第十条　业主大会成立前，商品住宅业主、非住宅业主交存的住宅专项维修资金，由物业所在地直辖市、市、县人民政府建设（房地产）主管部门代管。

直辖市、市、县人民政府建设（房地产）主管部门应当委托所在地一家商业银行，作为本行政区域内住宅专项维修资金的专户管理银行，并在专户管理银行开立住宅专项维修资金专户。

开立住宅专项维修资金专户，应当以物业管理区域为单位设账，按房屋户门号设分户账；未划定物业管理区域的，以幢为单位设账，按房屋户门号设分户账。

第十一条　业主大会成立前，已售公有住房住宅专项维修资金，由物业所在地直辖市、市、县人民政府财政部门或者建设（房地产）主管部门负责管理。

负责管理公有住房住宅专项维修资金的部门应当委托所在地一家商业银行，作为本行政区域内公有住房住宅专项维修资金的专户管理银行，并在专户管理银行开立公有住房住宅专项维修资金专户。开立公有住房住宅专项维修资金专户，应当按照售房单位设账，按幢设分账；其中，业主交存的住宅专项维修资金，按房屋户门号设分户账。

第十二条　商品住宅的业主应当在办理房屋入住手续前，将首期住宅专项维修资金存入住宅专项维修资金专户。

已售公有住房的业主应当在办理房屋入住手续前，将首期住宅专项维修资金存入公有住房住宅专项维修资金专户或者交由售房单位存入公有住房住宅专项维修资金专户。

公有住房售房单位应当在收到售房款之日起 30 日内，将提取的住宅专项维修资金存入公有住房住宅专项维修资金专户。

第十三条　未按本办法规定交存首期住宅专项维修资金的，开发建设单位或者公有住房售房单位不得将房屋交付购买人。

第十四条　专户管理银行、代收住宅专项维修资金的售房单位应当出具由财政部或者省、自治区、直辖市人民政府财政部门统一监制的住宅专项维修资金专用票据。

第十五条　业主大会成立后，应当按照下列规定划转业主交存的住宅专项维修资金：

（一）业主大会应当委托所在地一家商业银行作为本物业管理区域内住宅专项维修资金的专户管理银行，并在专户管理银行开立住宅专项维修资金专户。

开立住宅专项维修资金专户，应当以物业管理区域为单位设账，按房屋户门号设分户账。

（二）业主委员会应当通知所在地直辖市、市、县人民政府建设（房地产）主管部门；涉及已售公有住房的，应当通知负责管理公有住房住宅专项维修资金的部门。

（三）直辖市、市、县人民政府建设（房地产）主管部门或者负责管理公有住房住宅专项维修资金的部门应当在收到通知之日起 30 日内，通知专户管理银行将该物业管理区域内业主交存的住宅专项维修资金账面余额划转至业主大会开立的住宅专项维修资金账户，并将有关账目等移交业主委员会。

第十六条　住宅专项维修资金划转后的账目管理单位，由业主大会决定。业主大会应当建立住宅专项维修资金管理制度。

业主大会开立的住宅专项维修资金账户，应当接受所在地直辖市、市、县人民政府建设（房地产）主管部门的监督。

第十七条　业主分户账面住宅专项维修资金余额不足首期交存额 30% 的，应当及时续交。成立业主大会的，续交方案由业主大会决定。

未成立业主大会的，续交的具体管理办法由直辖市、市、县人民政府建设（房地产）主管部门会同同级财政部门制定。

第三章　使　　用

第十八条　住宅专项维修资金应当专项用于住宅共用部位、共用设施设备保修期满后的维修和更新、改造，不得挪作他用。

第十九条　住宅专项维修资金的使用，应当遵循方便快捷、公开透明、受益人和负担人相一致的原则。

第二十条　住宅共用部位、共用设施设备的维修和更新、改造费用，按照下列规定分摊：

（一）商品住宅之间或者商品住宅与非住宅之间共用部位、共用设施设备的维修和更新、改造费用，由相关业主按照各自拥有物业建筑面积的比例分摊。

（二）售后公有住房之间共用部位、共用设施设备的维修和更新、改造费用，由相关业主和公有住房售房单位按照所交存住宅专项维修资金的比例分摊；其中，应由业主承担的，再由相关业主按照各自拥有物业建筑面积的比例分摊。

（三）售后公有住房与商品住宅或者非住宅之间共用部位、共用设施设备的维修和更新、改造费用，先按照建筑面积比例分摊到各相关物业。其中，售后公有住房应分摊的费用，再由相关业主和公有住房售房单位按照所交存住宅专项维修资金的比例分摊。

第二十一条　住宅共用部位、共用设施设备维修和更新、改造，涉及尚未售出的商品住宅、非住宅或者公有住房的，开发建设单位或者公有住房单位应当按照尚未售出商品住宅或者公有住房的建筑面积，分摊维修和更新、改造费用。

第二十二条 住宅专项维修资金划转业主大会管理前，需要使用住宅专项维修资金的，按照以下程序办理：

（一）物业服务企业根据维修和更新、改造项目提出使用建议；没有物业服务企业的，由相关业主提出使用建议；

（二）住宅专项维修资金列支范围内专有部分占建筑物总面积三分之二以上的业主且占总人数三分之二以上的业主讨论通过使用建议；

（三）物业服务企业或者相关业主组织实施使用方案；

（四）物业服务企业或者相关业主持有关材料，向所在地直辖市、市、县人民政府建设（房地产）主管部门申请列支；其中，动用公有住房住宅专项维修资金的，向负责管理公有住房住宅专项维修资金的部门申请列支；

（五）直辖市、市、县人民政府建设（房地产）主管部门或者负责管理公有住房住宅专项维修资金的部门审核同意后，向专户管理银行发出划转住宅专项维修资金的通知；

（六）专户管理银行将所需住宅专项维修资金划转至维修单位。

第二十三条 住宅专项维修资金划转业主大会管理后，需要使用住宅专项维修资金的，按照以下程序办理：

（一）物业服务企业提出使用方案，使用方案应当包括拟维修和更新、改造的项目、费用预算、列支范围、发生危及房屋安全等紧急情况以及其他需临时使用住宅专项维修资金的情况的处置办法等；

（二）业主大会依法通过使用方案；

（三）物业服务企业组织实施使用方案；

（四）物业服务企业持有关材料向业主委员会提出列支住宅专项维修资金；其中，动用公有住房住宅专项维修资金的，向负责管理公有住房住宅专项维修资金的部门申请列支；

（五）业主委员会依据使用方案审核同意，并报直辖市、市、县人民政府建设（房地产）主管部门备案；动用公有住房住宅专项维修资金的，经负责管理公有住房住宅专项维修资金的部门审核同意；直辖市、市、县人民政府建设（房地产）主管部门或者负责管理公有住房住宅专项维修资金的部门发现不符合有关法律、法规、规章和使用方案的，应当责令改正；

（六）业主委员会、负责管理公有住房住宅专项维修资金的部门向专户管理银行发出划转住宅专项维修资金的通知；

（七）专户管理银行将所需住宅专项维修资金划转至维修单位。

第二十四条 发生危及房屋安全等紧急情况，需要立即对住宅共用部位、共用设施设备进行维修和更新、改造的，按照以下规定列支住宅专项维修资金：

（一）住宅专项维修资金划转业主大会管理前，按照本办法第二十二条第四项、第五项、第六项的规定办理；

（二）住宅专项维修资金划转业主大会管理后，按照本办法第二十三条第四项、第五项、第六项和第七项的规定办理。

发生前款情况后，未按规定实施维修和更新、改造的，直辖市、市、县人民政府建设（房地产）主管部门可以组织代修，维修费用从相关业主住宅专项维修资金分户账中列支；

其中，涉及已售公有住房的，还应当从公有住房住宅专项维修资金中列支。

第二十五条　下列费用不得从住宅专项维修资金中列支：

（一）依法应当由建设单位或者施工单位承担的住宅共用部位、共用设施设备维修、更新和改造费用；

（二）依法应当由相关单位承担的供水、供电、供气、供热、通信、有线电视等管线和设施设备的维修、养护费用；

（三）应当由当事人承担的因人为损坏住宅共用部位、共用设施设备所需的修复费用；

（四）根据物业服务合同约定，应当由物业服务企业承担的住宅共用部位、共用设施设备的维修和养护费用。

第二十六条　在保证住宅专项维修资金正常使用的前提下，可以按照国家有关规定将住宅专项维修资金用于购买国债。

利用住宅专项维修资金购买国债，应当在银行间债券市场或者商业银行柜台市场购买一级市场新发行的国债，并持有到期。

利用业主交存的住宅专项维修资金购买国债的，应当经业主大会同意；未成立业主大会的，应当经专有部分占建筑物总面积三分之二以上的业主且占总人数三分之二以上业主同意。

利用从公有住房售房款中提取的住宅专项维修资金购买国债的，应当根据售房单位的财政隶属关系，报经同级财政部门同意。

禁止利用住宅专项维修资金从事国债回购、委托理财业务或者将购买的国债用于质押、抵押等担保行为。

第二十七条　下列资金应当转入住宅专项维修资金滚存使用：

（一）住宅专项维修资金的存储利息；

（二）利用住宅专项维修资金购买国债的增值收益；

（三）利用住宅共用部位、共用设施设备进行经营的，业主所得收益，但业主大会另有决定的除外；

（四）住宅共用设施设备报废后回收的残值。

第四章　监 督 管 理

第二十八条　房屋所有权转让时，业主应当向受让人说明住宅专项维修资金交存和结余情况并出具有效证明，该房屋分户账中结余的住宅专项维修资金随房屋所有权同时过户。

受让人应当持住宅专项维修资金过户的协议、房屋权属证书、身份证等到专户管理银行办理分户账更名手续。

第二十九条　房屋灭失的，按照以下规定返还住宅专项维修资金：

（一）房屋分户账中结余的住宅专项维修资金返还业主；

（二）售房单位交存的住宅专项维修资金账面余额返还售房单位；售房单位不存在的，按照售房单位财务隶属关系，收缴同级国库。

第三十条　直辖市、市、县人民政府建设（房地产）主管部门，负责管理公有住房住宅专项维修资金的部门及业主委员会，应当每年至少一次与专户管理银行核对住宅专项维

修资金账目,并向业主、公有住房售房单位公布下列情况:

(一)住宅专项维修资金交存、使用、增值收益和结存的总额;

(二)发生列支的项目、费用和分摊情况;

(三)业主、公有住房售房单位分户账中住宅专项维修资金交存、使用、增值收益和结存的金额;

(四)其他有关住宅专项维修资金使用和管理的情况。

业主、公有住房售房单位对公布的情况有异议的,可以要求复核。

第三十一条　专户管理银行应当每年至少一次向直辖市、市、县人民政府建设(房地产)主管部门,负责管理公有住房住宅专项维修资金的部门及业主委员会发送住宅专项维修资金对账单。

直辖市、市、县建设(房地产)主管部门,负责管理公有住房住宅专项维修资金的部门及业主委员会对资金账户变化情况有异议的,可以要求专户管理银行进行复核。

专户管理银行应当建立住宅专项维修资金查询制度,接受业主、公有住房售房单位对其分户账中住宅专项维修资金使用、增值收益和账面余额的查询。

第三十二条　住宅专项维修资金的管理和使用,应当依法接受审计部门的审计监督。

第三十三条　住宅专项维修资金的财务管理和会计核算应当执行财政部有关规定。

财政部门应当加强对住宅专项维修资金收支财务管理和会计核算制度执行情况的监督。

第三十四条　住宅专项维修资金专用票据的购领、使用、保存、核销管理,应当按照财政部以及省、自治区、直辖市人民政府财政部门的有关规定执行,并接受财政部门的监督检查。

第五章　法　律　责　任

第三十五条　公有住房售房单位有下列行为之一的,由县级以上地方人民政府财政部门会同同级建设(房地产)主管部门责令限期改正:

(一)未按本办法第八条、第十二条第三款规定交存住宅专项维修资金的;

(二)违反本办法第十三条规定将房屋交付买受人的;

(三)未按本办法第二十一条规定分摊维修、更新和改造费用的。

第三十六条　开发建设单位违反本办法第十三条规定将房屋交付买受人的,由县级以上地方人民政府建设(房地产)主管部门责令限期改正;逾期不改正的,处以3万元以下的罚款。

开发建设单位未按本办法第二十一条规定分摊维修、更新和改造费用的,由县级以上地方人民政府建设(房地产)主管部门责令限期改正;逾期不改正的,处以1万元以下的罚款。

第三十七条　违反本办法规定,挪用住宅专项维修资金的,由县级以上地方人民政府建设(房地产)主管部门追回挪用的住宅专项维修资金,没收违法所得,可以并处挪用金额2倍以下的罚款;构成犯罪的,依法追究直接负责的主管人员和其他直接责任人员的刑事责任。

物业服务企业挪用住宅专项维修资金，情节严重的，除按前款规定予以处罚外，还应由颁发资质证书的部门吊销资质证书。

直辖市、市、县人民政府建设（房地产）主管部门挪用住宅专项维修资金的，由上一级人民政府建设（房地产）主管部门追回挪用的住宅专项维修资金，对直接负责的主管人员和其他直接责任人员依法给予处分；构成犯罪的，依法追究刑事责任。

直辖市、市、县人民政府财政部门挪用住宅专项维修资金的，由上一级人民政府财政部门追回挪用的住宅专项维修资金，对直接负责的主管人员和其他直接责任人员依法给予处分；构成犯罪的，依法追究刑事责任。

第三十八条　直辖市、市、县人民政府建设（房地产）主管部门违反本办法第二十六条规定的，由上一级人民政府建设（房地产）主管部门责令限期改正，对直接负责的主管人员和其他直接责任人员依法给予处分；造成损失的，依法赔偿；构成犯罪的，依法追究刑事责任。

直辖市、市、县人民政府财政部门违反本办法第二十六条规定的，由上一级人民政府财政部门责令限期改正，对直接负责的主管人员和其他直接责任人员依法给予处分；造成损失的，依法赔偿；构成犯罪的，依法追究刑事责任。

业主大会违反本办法第二十六条规定的，由直辖市、市、县人民政府建设（房地产）主管部门责令改正。

第三十九条　对违反住宅专项维修资金专用票据管理规定的行为，按照《财政违法行为处罚处分条例》的有关规定追究法律责任。

第四十条　县级以上人民政府建设（房地产）主管部门、财政部门及其工作人员利用职务上的便利，收受他人财物或者其他好处，不依法履行监督管理职责，或者发现违法行为不予查处的，依法给予处分；构成犯罪的，依法追究刑事责任。

第六章　附　　则

第四十一条　省、自治区、直辖市人民政府建设（房地产）主管部门会同同级财政部门可以依据本办法，制定实施细则。

第四十二条　本办法实施前，商品住宅、公有住房已经出售但未建立住宅专项维修资金的，应当补建。具体办法由省、自治区、直辖市人民政府建设（房地产）主管部门会同同级财政部门依据本办法制定。

第四十三条　本办法由国务院建设主管部门、财政部门共同解释。

第四十四条　本办法自 2008 年 2 月 1 日起施行，1998 年 12 月 16 日建设部、财政部发布的《住宅共用部位共用设施设备维修基金管理办法》（建住房〔1998〕213 号）同时废止。

附录八　物业服务收费管理办法

发改价格〔2003〕1864号

第一条　为规范物业服务收费行为，保障业主和物业管理企业的合法权益，根据《中华人民共和国价格法》和《物业管理条例》，制定本办法。

第二条　本办法所称物业服务收费，是指物业管理企业按照物业服务合同的约定，对房屋及配套的设施设备和相关场地进行维修、养护、管理，维护相关区域内的环境卫生和秩序，向业主所收取的费用。

第三条　国家提倡业主通过公开、公平、公正的市场竞争机制选择物业管理企业；鼓励物业管理企业开展正当的价格竞争，禁止价格欺诈，促进物业服务收费通过市场竞争形成。

第四条　国务院价格主管部门会同国务院建设行政主管部门负责全国物业服务收费的监督管理工作。

县级以上地方人民政府价格主管部门会同同级房地产行政主管部门负责本行政区域内物业服务收费的监督管理工作。

第五条　物业服务收费应当遵循合理、公开以及费用与服务水平相适应的原则。

第六条　物业服务收费应当区分不同物业的性质和特点分别实行政府指导价和市场调节价。具体定价形式由省、自治区、直辖市人民政府价格主管部门会同房地产行政主管部门确定。

第七条　物业服务收费实行政府指导价的，有定价权限的人民政府价格主管部门应当会同房地产行政主管部门根据物业管理服务等级标准等因素，制定相应的基准价及其浮动幅度，并定期公布。具体收费标准由业主与物业管理企业根据规定的基准价和浮动幅度在物业服务合同中约定。

实行市场调节价的物业服务收费，由业主与物业管理企业在物业服务合同中约定。

第八条　物业管理企业应当按照政府价格主管部门的规定实行明码标价，在物业管理区域内的显著位置，将服务内容、服务标准以及收费项目、收费标准等有关情况进行公示。

第九条　业主与物业管理企业可以采取包干制或者酬金制等形式约定物业服务费用。

包干制是指由业主向物业管理企业支付固定物业服务费用，盈余或者亏损均由物业管理企业享有或者承担的物业服务计费方式。

酬金制是指在预收的物业服务资金中按约定比例或者约定数额提取酬金支付给物业管理企业，其余全部用于物业服务合同约定的支出，结余或者不足均由业主享有或者承担的物业服务计费方式。

第十条　建设单位与物业买受人签订的买卖合同，应当约定物业管理服务内容、服务标准、收费标准、计费方式及计费起始时间等内容，涉及物业买受人共同利益的约定应当一致。

第十一条　实行物业服务费用包干制的，物业服务费用的构成包括物业服务成本、法定税费和物业管理企业的利润。

实行物业服务费用酬金制的，预收的物业服务资金包括物业服务支出和物业管理企业的酬金。

物业服务成本或者物业服务支出构成一般包括以下部分：
1. 管理服务人员的工资、社会保险和按规定提取的福利费等；
2. 物业共用部位、共用设施设备的日常运行、维护费用；
3. 物业管理区域清洁卫生费用；
4. 物业管理区域绿化养护费用；
5. 物业管理区域秩序维护费用；
6. 办公费用；
7. 物业管理企业固定资产折旧；
8. 物业共用部位、共用设施设备及公众责任保险费用；
9. 经业主同意的其他费用。

物业共用部位、共用设施设备的大修、中修和更新、改造费用，应当通过专项维修资金予以列支，不得计入物业服务支出或者物业服务成本。

第十二条　实行物业服务费用酬金制的，预收的物业服务支出属于代管性质，为所交纳的业主所有，物业管理企业不得将其用于物业服务合同约定以外的支出。

物业管理企业应当向业主大会或者全体业主公布物业服务资金年度预决算并每年不少于一次公布物业服务资金的收支情况。

业主或者业主大会对公布的物业服务资金年度预决算和物业服务资金的收支情况提出质询时，物业管理企业应当及时答复。

第十三条　物业服务收费采取酬金制方式，物业管理企业或者业主大会可以按照物业服务合同约定聘请专业机构对物业服务资金年度预决算和物业服务资金的收支情况进行审计。

第十四条　物业管理企业在物业服务中应当遵守国家的价格法律法规，严格履行物业服务合同，为业主提供质价相符的服务。

第十五条　业主应当按照物业服务合同的约定按时足额交纳物业服务费用或者物业服务资金。业主违反物业服务合同约定逾期不交纳服务费用或者物业服务资金的，业主委员会应当督促其限期交纳；逾期仍不交纳的，物业管理企业可以依法追缴。

业主与物业使用人约定由物业使用人交纳物业服务费用或者物业服务资金的，从其约定，业主负连带交纳责任。

物业发生产权转移时，业主或者物业使用人应当结清物业服务费用或者物业服务资金。

第十六条　纳入物业管理范围的已竣工但尚未出售，或者因开发建设单位原因未按时交给物业买受人的物业，物业服务费用或者物业服务资金由开发建设单位全额交纳。

第十七条　物业管理区域内，供水、供电、供气、供热、通讯、有线电视等单位应当向最终用户收取有关费用。物业管理企业接受委托代收上述费用的,可向委托单位收取手续费,不得向业主收取手续费等额外费用。

第十八条 利用物业共用部位、共用设施设备进行经营的,应当在征得相关业主、业主大会、物业管理企业的同意后,按照规定办理有关手续。业主所得收益应当主要用于补充专项维修资金,也可以按照业主大会的决定使用。

第十九条 物业管理企业已接受委托实施物业服务并相应收取服务费用的,其他部门和单位不得重复收取性质和内容相同的费用。

第二十条 物业管理企业根据业主的委托提供物业服务合同约定以外的服务,服务收费由双方约定。

第二十一条 政府价格主管部门会同房地产行政主管部门,应当加强对物业管理企业的服务内容、标准和收费项目、标准的监督。物业管理企业违反价格法律、法规和规定,由政府价格主管部门依据《中华人民共和国价格法》和《价格违法行为行政处罚规定》予以处罚。

第二十二条 各省、自治区、直辖市人民政府价格主管部门、房地产行政主管部门可以依据本办法制定具体实施办法,并报国家发展和改革委员会、建设部备案。

第二十三条 本办法由国家发展和改革委员会会同建设部负责解释。

第二十四条 本办法自2004年1月1日起执行,原国家计委、建设部印发的《城市住宅小区物业管理服务收费暂行办法》(计价费〔1996〕266号)同时废止。

附录九 最高人民法院关于审理物业服务纠纷案件具体应用法律若干问题的解释

法释〔2009〕8号

《最高人民法院关于审理物业服务纠纷案件具体应用法律若干问题的解释》已于2009年4月20日由最高人民法院审判委员会第1466次会议通过,现予公布,自2009年10月1日起施行。

为正确审理物业服务纠纷案件,依法保护当事人的合法权益,根据《中华人民共和国民法通则》、《中华人民共和国物权法》、《中华人民共和国合同法》等法律规定,结合民事审判实践,制定本解释。

第一条 建设单位依法与物业服务企业签订的前期物业服务合同,以及业主委员会与业主大会依法选聘的物业服务企业签订的物业服务合同,对业主具有约束力。业主以其并非合同当事人为由提出抗辩的,人民法院不予支持。

第二条 符合下列情形之一,业主委员会或者业主请求确认合同或者合同相关条款无效的,人民法院应予支持:

(一)物业服务企业将物业服务区域内的全部物业服务业务一并委托他人而签订的委托合同;

(二)物业服务合同中免除物业服务企业责任、加重业主委员会或者业主责任、排除业主委员会或者业主主要权利的条款。

前款所称物业服务合同包括前期物业服务合同。

第三条 物业服务企业不履行或者不完全履行物业服务合同约定的或者法律、法规规定以及相关行业规范确定的维修、养护、管理和维护义务,业主请求物业服务企业承担继续履行、采取补救措施或者赔偿损失等违约责任的,人民法院应予支持。

物业服务企业公开作出的服务承诺及制定的服务细则,应当认定为物业服务合同的组成部分。

第四条 业主违反物业服务合同或者法律、法规、管理规约,实施妨害物业服务与管理的行为,物业服务企业请求业主承担恢复原状、停止侵害、排除妨害等相应民事责任的,人民法院应予支持。

第五条 物业服务企业违反物业服务合同约定或者法律、法规、部门规章规定,擅自扩大收费范围、提高收费标准或者重复收费,业主以违规收费为由提出抗辩的,人民法院应予支持。

业主请求物业服务企业退还其已收取的违规费用的,人民法院应予支持。

第六条 经书面催交,业主无正当理由拒绝交纳或者在催告的合理期限内仍未交纳物业费，物业服务企业请求业主支付物业费的，人民法院应予支持。物业服务企业已经按照合同约定以及相关规定提供服务，业主仅以未享受或者无需接受相关物业服务为抗辩理由的，人民法院不予支持。

第七条　业主与物业的承租人、借用人或者其他物业使用人约定由物业使用人交纳物业费，物业服务企业请求业主承担连带责任的，人民法院应予支持。

第八条　业主大会按照物权法第七十六条规定的程序作出解聘物业服务企业的决定后，业主委员会请求解除物业服务合同的，人民法院应予支持。

物业服务企业向业主委员会提出物业费主张的，人民法院应当告知其向拖欠物业费的业主另行主张权利。

第九条　物业服务合同的权利义务终止后，业主请求物业服务企业退还已经预收，但尚未提供物业服务期间的物业费的，人民法院应予支持。

物业服务企业请求业主支付拖欠的物业费的，按照本解释第六条规定处理。

第十条　物业服务合同的权利义务终止后，业主委员会请求物业服务企业退出物业服务区域、移交物业服务用房和相关设施，以及物业服务所必需的相关资料和由其代管的专项维修资金的，人民法院应予支持。

物业服务企业拒绝退出、移交，并以存在事实上的物业服务关系为由，请求业主支付物业服务合同权利义务终止后的物业费的，人民法院不予支持。

第十一条　本解释涉及物业服务企业的规定，适用于物权法第七十六条、第八十一条、第八十二条所称其他管理人。

第十二条　因物业的承租人、借用人或者其他物业使用人实施违反物业服务合同，以及法律、法规或者管理规约的行为引起的物业服务纠纷，人民法院应当参照本解释关于业主的规定处理。

第十三条　本解释自 2009 年 10 月 1 日起施行。

本解释施行前已经终审，本解释施行后当事人申请再审或者按照审判监督程序决定再审的案件，不适用本解释。

附录十 最高人民法院关于审理建筑物区分所有权纠纷案件具体应用法律若干问题的解释

2009年3月23日最高人民法院审判委员会第1464次会议通过

《最高人民法院关于审理建筑物区分所有权纠纷案件具体应用法律若干问题的解释》已于2009年3月23日由最高人民法院审判委员会第1464次会议通过,现予公布,自2009年10月1日起施行。

二〇〇九年五月十四日

为正确审理建筑物区分所有权纠纷案件,依法保护当事人的合法权益,根据《中华人民共和国物权法》等法律的规定,结合民事审判实践,制定本解释。

第一条 依法登记取得或者根据物权法第二章第三节规定取得建筑物专有部分所有权的人,应当认定为物权法第六章所称的业主。

基于与建设单位之间的商品房买卖民事法律行为,已经合法占有建筑物专有部分,但尚未依法办理所有权登记的人,可以认定为物权法第六章所称的业主。

第二条 建筑区划内符合下列条件的房屋,以及车位、摊位等特定空间,应当认定为物权法第六章所称的专有部分:

(一)具有构造上的独立性,能够明确区分;
(二)具有利用上的独立性,可以排他使用;
(三)能够登记成为特定业主所有权的客体。

规划上专属于特定房屋,且建设单位销售时已经根据规划列入该特定房屋买卖合同中的露台等,应当认定为物权法第六章所称专有部分的组成部分。

本条第一款所称房屋,包括整栋建筑物。

第三条 除法律、行政法规规定的共有部分外,建筑区划内的以下部分,也应当认定为物权法第六章所称的共有部分:

(一)建筑物的基础、承重结构、外墙、屋顶等基本结构部分,通道、楼梯、大堂等公共通行部分,消防、公共照明等附属设施、设备,避难层、设备层或者设备间等结构部分;
(二)其他不属于业主专有部分,也不属于市政公用部分或者其他权利人所有的场所及设施等。

建筑区划内的土地,依法由业主共同享有建设用地使用权,但属于业主专有的整栋建筑物的规划占地或者城镇公共道路、绿地占地除外。

第四条 业主基于对住宅、经营性用房等专有部分特定使用功能的合理需要,无偿利用屋顶以及与其专有部分相对应的外墙面等共有部分的，不应认定为侵权。但违反法律、法规、管理规约，损害他人合法权益的除外。

第五条 建设单位按照配置比例将车位、车库，以出售、附赠或者出租等方式处分给业主的，应当认定其行为符合物权法第七十四条第一款有关"应当首先满足业主的需要"的规定。

前款所称配置比例是指规划确定的建筑区划内规划用于停放汽车的车位、车库与房屋套数的比例。

第六条 建筑区划内在规划用于停放汽车的车位之外，占用业主共有道路或者其他场地增设的车位，应当认定为物权法第七十四条第三款所称的车位。

第七条 改变共有部分的用途、利用共有部分从事经营性活动、处分共有部分，以及业主大会依法决定或者管理规约依法确定应由业主共同决定的事项，应当认定为物权法第七十六条第一款第（七）项规定的有关共有和共同管理权利的"其他重大事项"。

第八条 物权法第七十六条第二款和第八十条规定的专有部分面积和建筑物总面积，可以按照下列方法认定：

（一）专有部分面积，按照不动产登记簿记载的面积计算；尚未进行物权登记的，暂按测绘机构的实测面积计算；尚未进行实测的，暂按房屋买卖合同记载的面积计算。

（二）建筑物总面积，按照前项的统计总和计算。

第九条 物权法第七十六条第二款规定的业主人数和总人数，可以按照下列方法认定：

（一）业主人数，按照专有部分的数量计算，一个专有部分按一人计算。但建设单位尚未出售和虽已出售但尚未交付的部分，以及同一买受人拥有一个以上专有部分的，按一人计算。

（二）总人数，按照前项的统计总和计算。

第十条 业主将住宅改变为经营性用房，未按照物权法第七十七条的规定经有利害关系的业主同意，有利害关系的业主请求排除妨害、消除危险、恢复原状或者赔偿损失的，人民法院应予支持。

将住宅改变为经营性用房的业主以多数有利害关系的业主同意其行为进行抗辩的，人民法院不予支持。

第十一条 业主将住宅改变为经营性用房，本栋建筑物内的其他业主，应当认定为物权法第七十七条所称"有利害关系的业主"。建筑区划内，本栋建筑物之外的业主，主张与自己有利害关系的，应证明其房屋价值、生活质量受到或者可能受到不利影响。

第十二条 业主以业主大会或者业主委员会作出的决定侵害其合法权益或者违反了法律规定的程序为由，依据物权法第七十八条第二款的规定请求人民法院撤销该决定的，应当在知道或者应当知道业主大会或者业主委员会作出决定之日起一年内行使。

第十三条 业主请求公布、查阅下列应当向业主公开的情况和资料的，人民法院应予支持：

（一）建筑物及其附属设施的维修资金的筹集、使用情况；

（二）管理规约、业主大会议事规则，以及业主大会或者业主委员会的决定及会议记录；

（三）物业服务合同、共有部分的使用和收益情况；

（四）建筑区划内规划用于停放汽车的车位、车库的处分情况；

（五）其他应当向业主公开的情况和资料。

第十四条　建设单位或者其他行为人擅自占用、处分业主共有部分、改变其使用功能或者进行经营性活动，权利人请求排除妨害、恢复原状、确认处分行为无效或者赔偿损失的，人民法院应予支持。

属于前款所称擅自进行经营性活动的情形，权利人请求行为人将扣除合理成本之后的收益用于补充专项维修资金或者业主共同决定的其他用途的，人民法院应予支持。行为人对成本的支出及其合理性承担举证责任。

第十五条　业主或者其他行为人违反法律、法规、国家相关强制性标准、管理规约，或者违反业主大会、业主委员会依法作出的决定，实施下列行为的，可以认定为物权法第八十三条第二款所称的其他"损害他人合法权益的行为"：

（一）损害房屋承重结构，损害或者违章使用电力、燃气、消防设施，在建筑物内放置危险、放射性物品等危及建筑物安全或者妨碍建筑物正常使用；

（二）违反规定破坏、改变建筑物外墙面的形状、颜色等损害建筑物外观；

（三）违反规定进行房屋装饰装修；

（四）违章加建、改建，侵占、挖掘公共通道、道路、场地或者其他共有部分。

第十六条　建筑物区分所有权纠纷涉及专有部分的承租人、借用人等物业使用人的，参照本解释处理。

专有部分的承租人、借用人等物业使用人，根据法律、法规、管理规约、业主大会或者业主委员会依法作出的决定，以及其与业主的约定，享有相应权利，承担相应义务。

第十七条　本解释所称建设单位，包括包销期满，按照包销合同约定的包销价格购买尚未销售的物业后，以自己名义对外销售的包销人。

第十八条　人民法院审理建筑物区分所有权案件中，涉及有关物权归属争议的，应当以法律、行政法规为依据。

第十九条　本解释自 2009 年 10 月 1 日起施行。

因物权法施行后实施的行为引起的建筑物区分所有权纠纷案件，适用本解释。

本解释施行前已经终审，本解释施行后当事人申请再审或者按照审判监督程序决定再审的案件，不适用本解释。

附录十一 《物业管理法律法规》参考作业题

一、《物业管理条例》

1. 简述《物业管理条例》对物业管理的定位。
2. 简述物业管理的特征。
3. 简述物业管理的市场化特征。
4. 简述市场原则作为物业管理活动的前提条件。
5. 简述我国物业管理的产生和发展。
6. 简述我国改革开放前城镇住房制度的主要特征。
7. 简述物业管理在社会经济中的地位和作用。
8. 简述我国物业管理制度建设的历史沿革。
9. 简述政府在我国物业管理发展中的特殊地位。
10. 简述《物业管理条例》颁布前物业管理制度建设的主要特点。
11. 简述《城市新建住宅小区管理办法》的基本内容。
12. 简述《物业管理条例》颁布后物业管理制度建设的主要特点。
13. 简述《物业管理条例》的指导思想。
14. 简述《物业管理条例》创设的法律制度及其内容。
15. 简述《物业管理条例》的主要内容。
16. 简述《物业管理条例》法律责任的特点。
17. 简述《物业管理条例》确立的基本法律关系。

二、《前期物业服务协议》《物业服务合同》

1. 简述物业管理服务的特点。
2. 简述物业管理服务的内容。
3. 简述物业服务合同约定以外的服务。
4. 简述物业管理服务标准。
5. 简述物业服务收费的原则。
6. 简述物业服务收费的定价形式。
7. 简述物业服务费用的计费方式。
8. 简述物业服务定价成本监审。
9. 简述物业服务费用的成本构成。
10. 简述物业服务定价成本的原则和依据。
11. 简述物业服务定价成本审核的方法和标准。
12. 简述实行酬金制的物业服务企业的义务。

13．简述物业服务企业代收代交各项公用事业费用的规定。
14．简述物业服务合同的主要内容。
15．简述物业管理资料的移交。
16．简述前期物业服务合同的主要条款。
17．简述前期物业服务合同的特征。
18．简述前期物业服务合同的时效。
19．简述物业服务企业的义务。
20．简述物业服务企业的责任。
21．简述物业使用和维护的相关法律规范。
22．简述利用共用部位、共用设施设备进行经营的相关规定。
23．简述业主装饰装修房屋的规范。

三、《业主公约》《前期物业管理合同》《物业招投标法》《住宅专项维修资金管理办法》

1．简述业主的权利。
2．简述业主的义务。
3．简述业主大会的组成。
4．简述业主大会的性质。
5．简述成立业主大会的限制和选择。
6．简述业主大会的筹备程序。
7．简述筹备业主大会的工作要求。
8．简述业主大会的成立。
9．简述业主大会的职责。
10．简述召开业主大会临时会议的三种情况。
11．简述业主大会的表决规则。
12．简述业主委员会的性质。
13．简述业主委员会的职责。
14．简述业主委员会的备案。
15．简述业主委员会委员的资格条件。
16．简述业主委员会委员的资格终止。
17．简述业主委员会会议的规范。
18．简述业主大会、业主委员会的限制性要求。
19．简述管理规约的性质。
20．简述管理规约的主要内容。
21．简述管理规约的特殊作用。
22．简述管理规约的法律效力。
23．简述临时管理规约的特殊主体。
24．简述临时管理规约的内容。

25. 简述临时管理规约的违约责任。
26. 简述《条例》关于临时管理规约的规定。
27. 简述业主使用物业应当遵守的规则。
28. 简述前期物业管理招投标的原则。
29. 简述前期物业管理招投标的特殊性。
30. 简述前期物业管理招投标的强制性规定。
31. 简述前期物业管理招标文件的内容。
32. 简述物业管理招标的备案。
33. 简述物业管理投标文件的内容。
34. 简述物业管理招标程序的规则。
35. 简述物业管理招投标的中标和备案。
36. 简述违反前期物业管理招投标规定的法律责任。
37. 简述我国实行物业承接查验制度的现实性。
38. 简述物业承接查验的内容。
39. 简述建设单位应当移交的物业管理资料。
40. 简述物业的保修责任。
41. 简述房屋的保修范围和期限。
42. 简述物业服务企业资质管理的必要性。
43. 简述物业服务企业的资质等级。
44. 简述《条例》关于不同资质等级企业承接项目的规定。
45. 简述资质证书的颁发和管理。
46. 简述物业服务企业资质等级的核定。
47. 简述物业服务企业违规行为的行政处罚。
48. 简述物业管理职业道德的主要内容。
49. 简述住宅专项维修资金的使用情况。
50. 简述住宅共用部位共用设施设备的范围。
51. 简述住宅专项维修资金的管理原则。
52. 简述住宅专项维修资金的交存主体。
53. 住宅专项维修资金的交存金额是多少？
54. 住宅专项维修资金的交存方式有哪些？
55. 简述住宅专项维修资金的管理。
56. 简述住宅专项维修资金使用的范围和原则。
57. 简述住宅专项维修资金的分摊规则。
58. 简述住宅专项维修资金使用的程序。
59. 简述住宅专项维修资金使用的禁止条款。
60. 简述住宅专项维修资金使用的其他规定。
61. 简述住宅专项维修资金的监督管理。
62. 简述住宅专项维修资金相关主体的法律责任。

四、《民法典》

1. 简述建筑物区分所有权的作用。
2. 简述建筑物区分所有权的构成。
3. 简述行使专有部分所有权的相关规定。
4. 简述住宅改变为经营性用房的条件。
5. 简述行使共有部分所有权的相关规定。
6. 简述道路、绿地、物业管理用房等所有权归属。
7. 简述车位、车库的所有权归属。
8. 简述业主共同决定事项的范围。
9. 简述业主共同决定事项的表决规则。
10. 简述业主大会和业主委员会的设立。
11. 简述业主大会和业主委员会的决定效力。
12. 简述业主大会和业主委员会的处置权。
13. 简述建筑物及其附属设施维修资金的所有权归属与使用。
14. 简述管理费用分摊与收益分配。
15. 简述建筑物及其附属设施的管理形式。
16. 简述业主对物业服务企业的监督权。
17. 简述业主的诉讼权利。

附录十二　其他法律法规

物业管理合同（范本）

商品房销售管理办法

物业承接查验办法

住宅室内装饰装修管理办法

建设工程质量管理条例

物业接管验收标准作业规程

中华人民共和国招标投标法实施条例